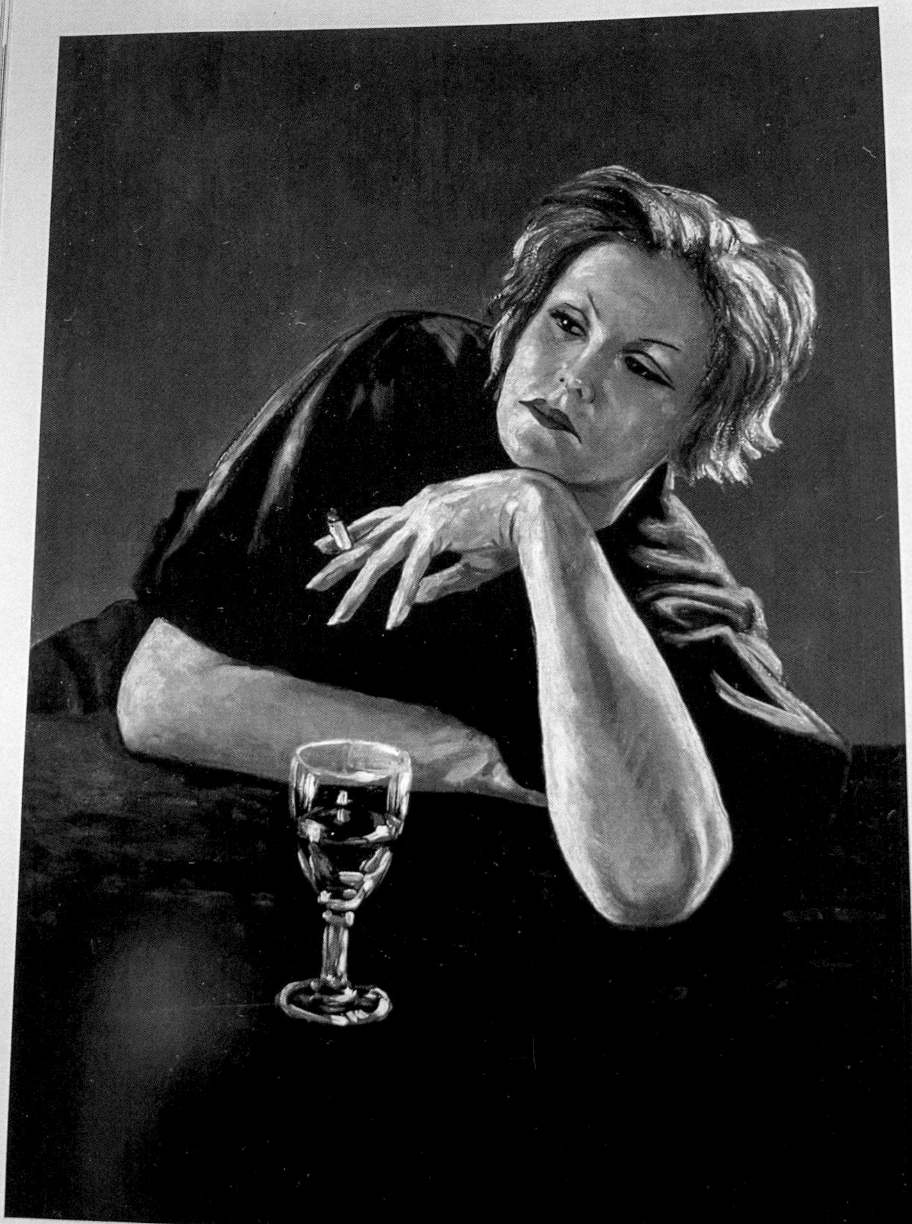

Scale 1:5

COSIMA VON BONIN

Songs for Gay Dogs

Mudam Luxembourg – Musée d'Art Moderne Grand-Duc Jean

JRP|Editions

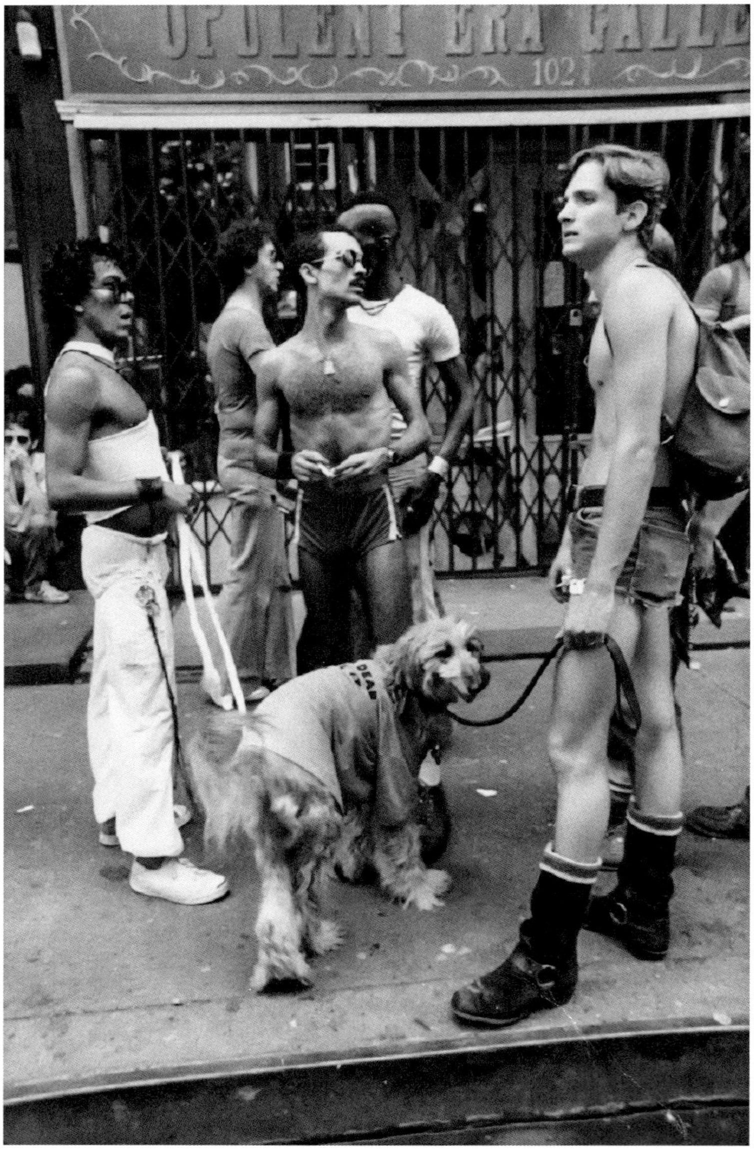
OPULENT ERA GALLE
102

Table of Contents
Sommaire

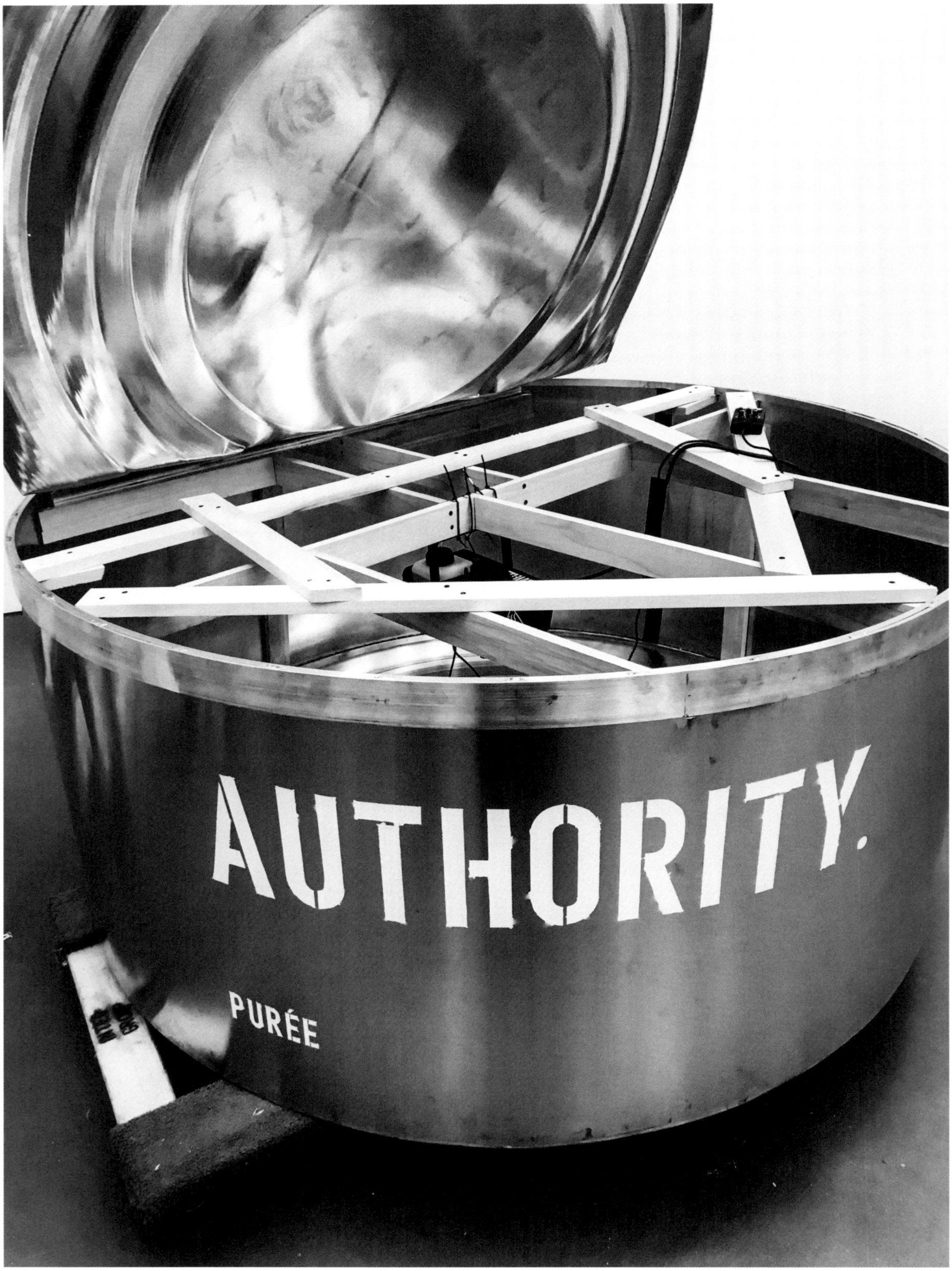
AUTHORITY.
PURÉE

Foreword

I have just read a message sent by Cosima von Bonin to a number of people in her circle. The email ends with a postscript: *PS: What the Cosi wants, the Cosi gets.* The message is about how she is 'fed up' with the term 'rags' (*Lappen* in German) being used to define her works in fabric, and how she would like them to be referred to as 'panels' from now on. It does not matter that this is not the accurate translation of the German word. We all know that renaming something is almost impossible. Back in 1994, Cosima von Bonin and Kai Althoff had an exhibition at the Künstlerhaus Stuttgart, curated by Nicolaus Schafhausen. The two artists considered themselves as being part of the installation at the gallery and served the guests in costume at the bar, but only if they felt like it. This kind of anarchic pleasure in humorous incongruities is what I appreciate so much about Cosima von Bonin.
What other artist today would dare create an entire series of works about smoking? Smoking has always been associated with non-conformism and rebellion. Smoking implies the wasting of time and defies current ideas of civility – it is unhealthy and unproductive. Deviance combines humour with seriousness, because what does it mean for an artist to work against the mainstream, to break out of productivity loops? What does Daffy Duck have to say about this? And why is a fish playing the guitar? The cute characters who populate Cosima von Bonin's world are sometimes exhausted; they get into accidents, or they fail to deal with the present day. But they survive all these moments with ease, making us smile in the process.

Cartoons help us better understand and put up with life's complex reality, to face ourselves with humour and in doing so help us build up resilience, which we may need now more than ever. Cartoon characters are everyday heroes, they feel close to us. Cartoon punch lines are often the best way to laugh at our unspeakable, sometimes unbearable everyday lives.

Songs for Gay Dogs is Cosima von Bonin's first major monographic exhibition in Luxembourg and her first institutional exhibition outside of Germany in eight years. It contains plenty of said punch lines, which are revealed to spectators in various scenarios. Along with rockets and other objects, Mudam's upper floor is populated by the aforementioned cartoon characters and animals, drawn from Cosima von Bonin's dazzlingly large cosmos of figures. In addition, the museum's Grand Hall plays host to an expansive, site-specific installation: a scenography of outsized tables, made especially for the museum, sets the stage for a new series of sculptures which can be appreciated from a variety of perspectives. The soundtrack for the exhibition was created with Cosima von Bonin's long-time collaborator Moritz von Oswald.

Cosima von Bonin arranges her exhibitions 'supermarket style', with a large number of works cavorting in clusters, rattling about, standing at the centre of the room, hanging from the ceiling. In short, they do everything possible to break away from the walls and smash through institutional norms. These moments of absurdity are what Cosima von Bonin concentrates on above all. There are many variations on what sculpture can be, reflecting on mass consumption, pop culture and entertainment with dark humour. Things are never boring in the fantastic worlds of Cosima von Bonin.

It gives me great pleasure to see Mudam presenting a German artist who enjoys iconic status in her home country. Cosima von Bonin is an artist who, since the beginning of her career in the 1990s, has pushed the boundaries of the art world, going beyond established disciplines and working with a variety of collaborators. This exhibition extends into adjacent disciplines, including fashion, film, music and performance. Most of the works included have been created in the last ten years – picking up where the artist left off after her last round of major solo exhibitions. *Songs for Gay Dogs* shows what came next.

With this publication, Cosima von Bonin has taken the liberty of producing a very personal book, an artist's book that reflects her distinctive editorial choices and proposes a radically new approach to her work. This is reflected in Estelle Hoy's play and Clémentine Proby's text and in the choice, shape and combination of the illustrations in the book. They stem in large part from Cosima von Bonin's personal archive, and the artist made the conscious choice to print a number of them in black and white. This bilingual book is the first to include texts about her work in French, reflecting the museum's engagement with expanding the artist's public and introducing new readers to her work, while adding to the linguistic trove that also extends our understanding of an artist's practice.

Above all, I would like to thank Cosima von Bonin for her commitment and enthusiasm, for always making sure that *the Cosi gets what the Cosi wants*: I hope this attitude never changes. A big thank you also to her closest partners in crime, Simone Junker and Eddie the dog. No production of hers is complete without the drag queens Mary Messhausen, proddy produzentin and Buzz Shatford: my heartfelt thanks to them too.

I would particularly like to thank Clémentine Proby for her curatorial work: she has put together an outstanding project, in close collaboration with Clément Minighetti. From the team at Mudam, I would like to thank Clarisse Fahrtmann for her editorial work on this publication, as well as Paula Fernandes and Boris Reiland for producing the exhibition. I am highlighting just a few of the people who worked on the show but I am well aware that no exhibition or book would have come to fruition without the committed, professional, wonderful work of the entire team at Mudam – every single one of its members has made a decisive contribution to the success of the exhibition and this publication.
The exhibition was created in close co-operation with the Schirn Kunsthalle Frankfurt, and I would like to extend my gratitude to Katharina Dohm and Elke Walter in particular for their trust and their warm-hearted collaboration. None of this would have been possible without the teams at the galleries Neu, House of Gaga and Petzel. The book came to life thanks to our authors and Yvonne Quirmbach, who designed the publication with her customary brilliance. We warmly thank JRP|Editions for being our publishing partner.
In addition to the lending institutions which have given such generous support, I would also like to thank Mudam's sponsors as well as the museum's board and, last but not least, the Ministry of Culture of Luxembourg, who all support our work with great benevolence and commitment. Without them, our work would not be possible.

Bettina Steinbrügge
Director, Mudam Luxembourg

Préface

Je viens de lire un message envoyé par Cosima von Bonin à un groupe de personnes de son entourage. Dans le post-scriptum, elle déclare : *What the Cosi wants, the Cosi gets.* [Ce que le Cosi veut, le Cosi l'obtient.] Elle y explique par ailleurs qu'elle en a « marre » de voir qualifier ses œuvres en tissu de *rags* (chiffons) et entend désormais les appeler panels. Peu importe si ce n'est plus la traduction littérale du mot en allemand (*Lappen*). Chacun·e d'entre nous sait à quel point il est difficile, sinon impossible, de renommer les choses qui nous sont familières. En 1994 déjà, Cosima von Bonin exposait avec Kai Althoff au Künstlerhaus Stuttgart sous la houlette de Nicolaus Schafhausen. Se considérant comme partie intégrante de l'installation, les deux artistes, dans des tenues confectionnées pour l'occasion, y animaient un bar où le duo servait le public – mais seulement quand ça leur chantait. C'est précisément ce plaisir anarchique pour un genre d'humour décalé, si ce n'est déviant, que j'apprécie tant chez Cosima von Bonin.

Aujourd'hui, quelle autre artiste oserait encore réaliser toute une série d'œuvres sur la cigarette ? Fumer a toujours été associé à l'anticonformisme et à la rébellion. Fumer est une perte de temps, ce qui va à l'encontre des conventions de la société actuelle, avec ses impératifs de santé et de productivité. La déviance permet d'allier sérieux et dérision car que signifie aujourd'hui, pour une artiste, le fait de travailler à contre-courant et de sortir de la logique productiviste ? Qu'en dit Daffy Duck ? Et pourquoi un poisson joue-t-il de la guitare ? Les adorables personnages qui peuplent l'univers artistique de Cosima von Bonin sont parfois victimes d'épuisement, d'accidents ou d'échecs existentiels, mais ils survivent à tous ces événements sans broncher pour mieux nous faire sourire. Ainsi, les dessins animés nous aident à mieux comprendre et à mieux supporter la redoutable complexité de la vie, à ne pas nous prendre au sérieux et à cultiver ainsi cette résilience dont nous avons sans doute plus que jamais besoin. Les personnages de dessins animés sont des héros du quotidien ; ils sont proches de nous, et souvent la *punch line* est le meilleur moyen de rire d'un quotidien indicible et, à bien des égards, insupportable.

Songs for Gay Dogs est la première exposition monographique de Cosima von Bonin au Luxembourg et la première exposition institutionnelle majeure de l'artiste en dehors de l'Allemagne en huit ans. Elle foisonne de *punch lines* qui se révèlent aux spectateur·rices à travers les différents scénarios imaginés par l'artiste. Outre les personnages de dessins animés et les animaux qui, au côté de fusées et d'autres objets incongrus, occupent le premier étage du Mudam, le Grand Hall accueille une vaste installation in situ. Un décor composé de tables surdimensionnées, spécialement fabriquées pour l'exposition, fait office de scène pour une nouvelle série de sculptures pouvant ainsi être contemplées sous différents angles. La bande sonore qui accompagne l'exposition a été créée avec Moritz von Oswald, collaborateur de longue date de l'artiste.

Dans les expositions de Cosima von Bonin, les œuvres sont présentées comme dans un supermarché. Elles s'accumulent, s'entrechoquent, s'amoncellent au milieu de la pièce ou pendent du plafond, déterminées à se détacher du mur et à briser les conventions institutionnelles. C'est sur les moments absurdes que l'artiste concentre toute son attention. Les mille manières de faire sculpture qu'elle décline interrogent avec humour (noir) les phénomènes saillants de notre époque : consommation de masse, culture pop, divertissement. On ne s'ennuie jamais dans les mondes fantastiques de Cosima von Bonin.

C'est un plaisir particulier pour moi que le musée que je dirige soit en mesure de mettre à l'honneur une artiste allemande qui est une véritable icône dans son pays ; une artiste qui a commencé sa carrière dans les années 1990 et qui, depuis, repousse sans cesse les frontières du monde de l'art, se jouant des conventions en multipliant les collaborations avec des personnalités de champs divers. Son exposition s'ouvre ainsi aux disciplines sœurs que sont le cinéma, la musique, la performance et la mode. Dans la mesure où toutes les œuvres présentées ici ont été créées au cours des dix dernières années, l'exposition reprend le fil de ses dernières expositions personnelles majeures *Songs for Gay Dogs* montre ce qui est venu après.

Avec cette publication, Cosima von Bonin réalise un livre très personnel, un livre d'artiste qui traduit ses choix éditoriaux et propose une approche radicalement nouvelle de son travail. En témoignent la pièce de théâtre d'Estelle Hoy et le texte de Clémentine Proby, ainsi que le choix, la forme et les associations d'illustrations de l'ouvrage. Ces dernières proviennent en grande partie des archives personnelles de l'artiste, qui a choisi d'en imprimer un certain nombre en noir et blanc. Ce livre bilingue est le premier à inclure des textes sur l'œuvre de Cosima von Bonin en français, répondant à l'engagement du Mudam d'élargir le public de l'artiste et de faire découvrir son œuvre à un nouveau lectorat, tout en enrichissant le patrimoine linguistique qui permet également de mieux comprendre le travail d'un·e artiste.

Je tiens tout d'abord à remercier Cosima von Bonin pour son engagement et son enthousiasme, grâce auxquels « Cosi » a, une fois encore, obtenu ce qu'elle voulait ; j'espère qu'elle conservera cette attitude ! Un grand merci également à ses indéfectibles complices, Simone Junker et son chien Eddie. J'adresse par ailleurs mes plus vifs remerciements aux drag queens Mary Messhausen, proddy produzentin et Buzz Shatford, sans lesquelles aucune production de Cosima von Bonin ne serait complète.
Pour son commissariat de l'exposition, je tiens à remercier tout particulièrement Clémentine Proby, qui a réalisé un projet exceptionnel en étroite collaboration avec Clément Minighetti. Au sein du Mudam, je remercie Clarisse Fahrtmann pour la direction éditoriale de cette publication, et Paula Fernandes et Boris Reiland pour la supervision de la production de l'exposition. Je ne mentionne que quelques-unes des personnes qui ont travaillé sur l'exposition, qui, comme ce livre, n'aurait pas vu le jour sans l'engagement, le professionnalisme et le merveilleux travail de toute l'équipe du Mudam – chacun·e de ses membres a contribué de façon remarquable à la réussite de l'exposition et de cette publication.
L'exposition a été réalisée en coopération avec la Schirn Kunsthalle de Francfort. À ce titre, je remercie Katharina Dohm et Elke Walter pour la confiance et la complicité qui ont marqué notre collaboration. Par ailleurs, sans les équipes des galeries Neu, House of Gaga et Petzel, rien de tout ceci n'aurait été possible. Le livre a vu le jour grâce à nos auteur·rices et à Yvonne Quirmbach qui, comme à son habitude, a brillamment pensé la mise en page. Nous remercions chaleureusement JRP|Editions d'être notre partenaire éditorial.
Outre les institutions et collections qui nous ont généreusement prêté leurs œuvres, je tiens à remercier les mécènes de cette exposition et du Mudam, de même que le Conseil d'administration du musée et le ministère de la Culture du Luxembourg, qui accompagnent notre travail avec bienveillance et engagement. Sans eux, nos projets ne pourraient voir le jour.

Bettina Steinbrügge
Directrice, Mudam Luxembourg

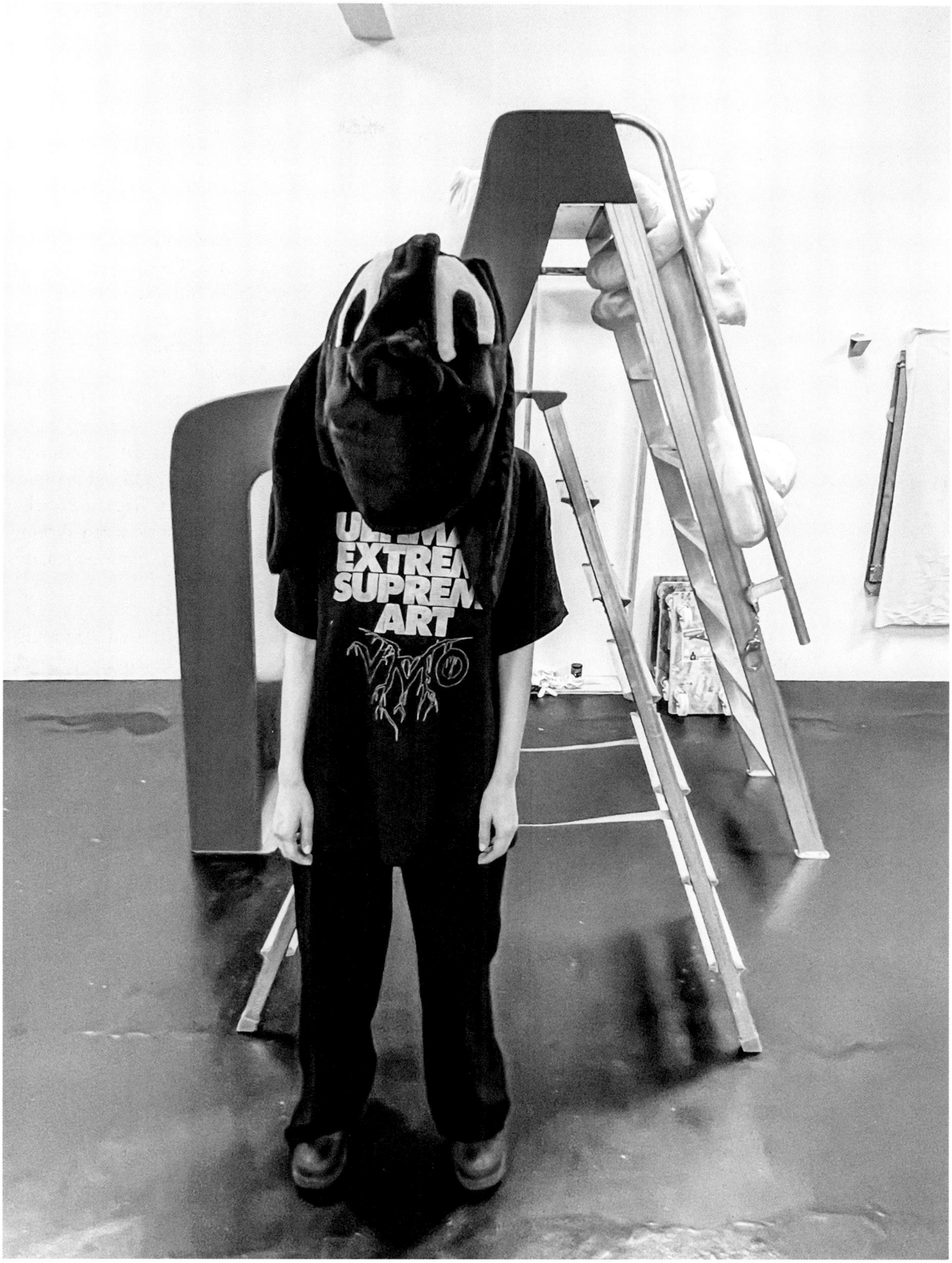

Whodunit, 2024 (in the background)
222 × 61 × 215 cm

The Faker, 2024

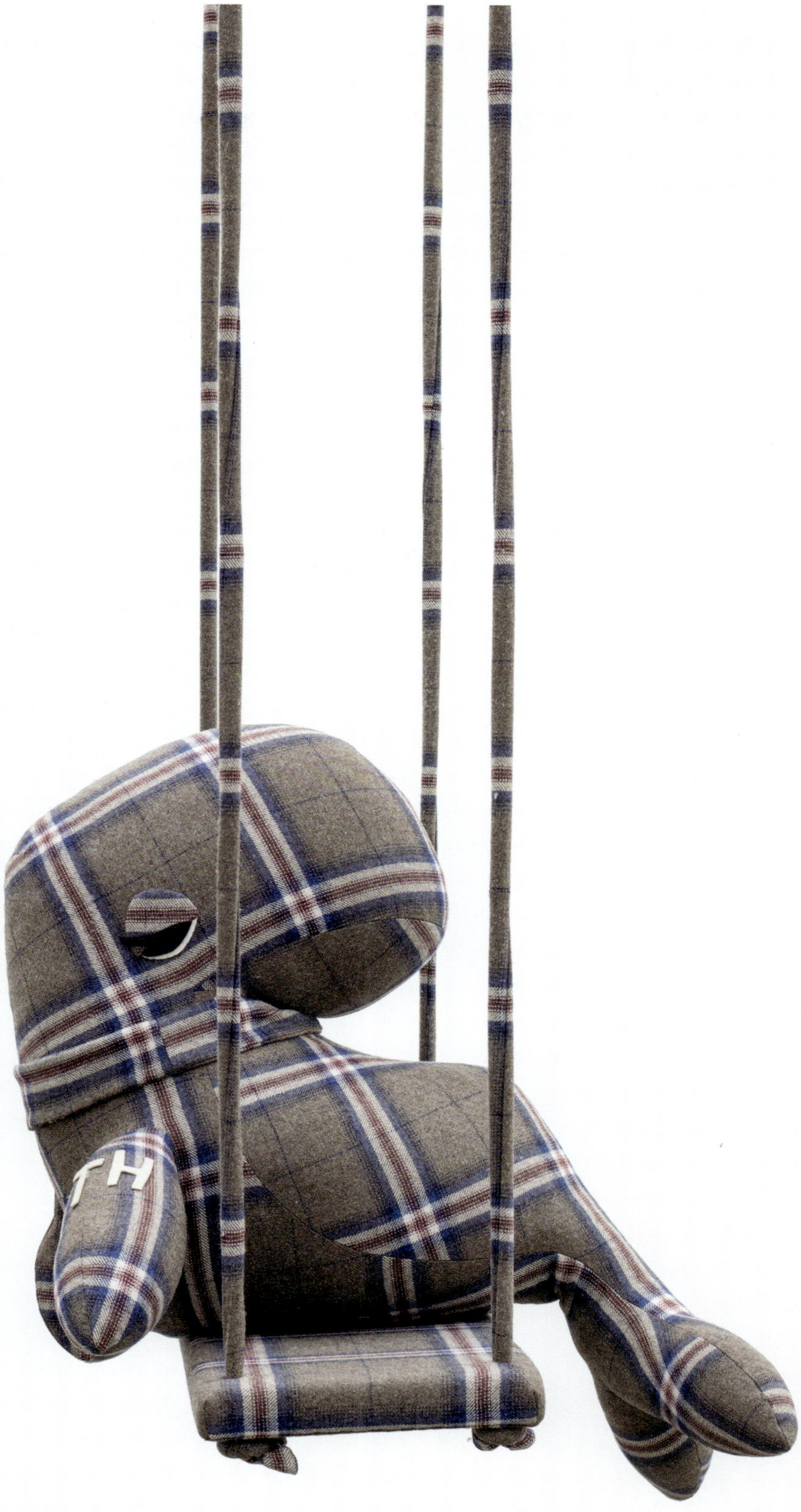

Mae Day Petite Version (They), 2024
77 × 68 × 70 cm

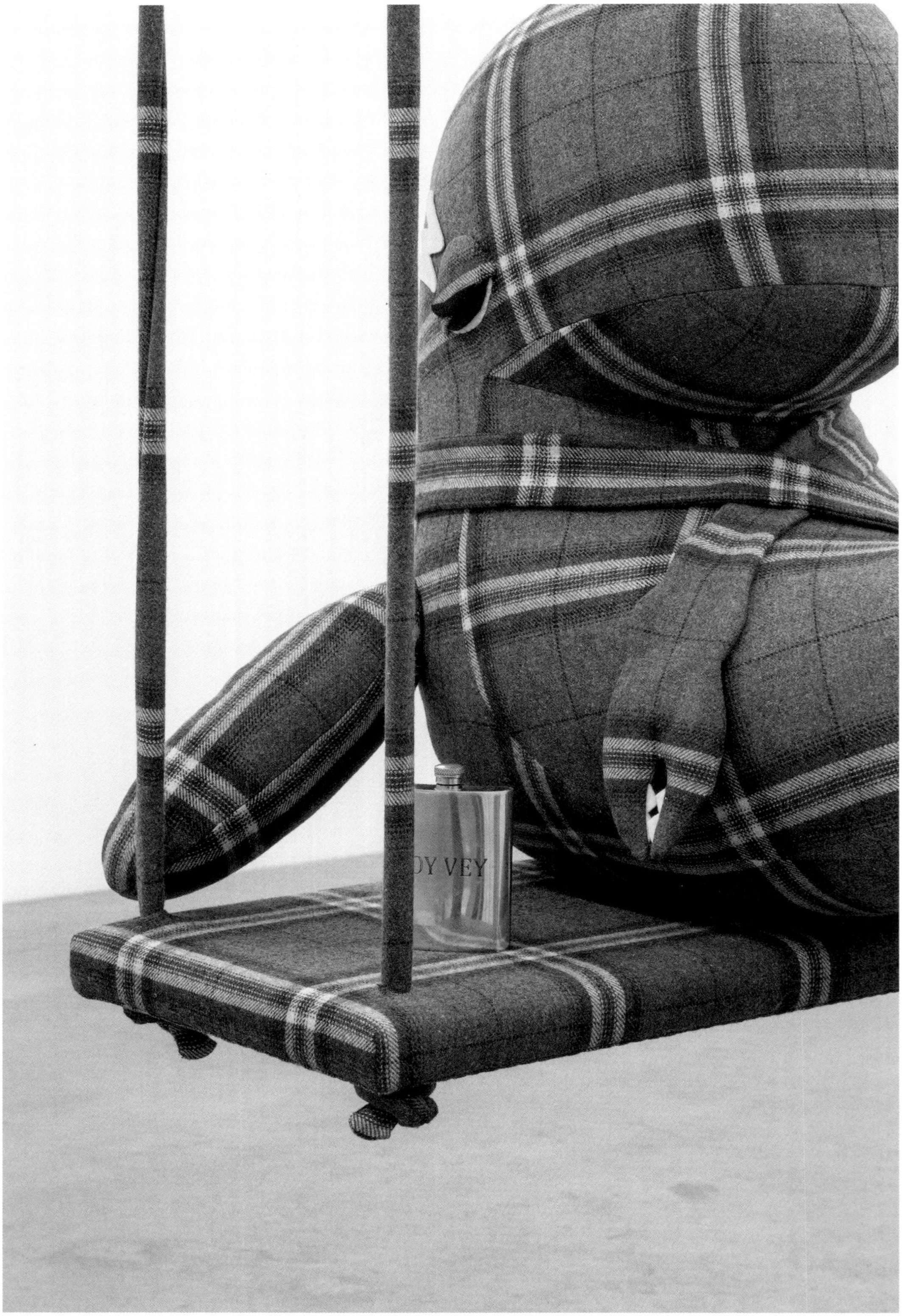

Mae Day IX (We), 2024
85 × 79 × 77 cm

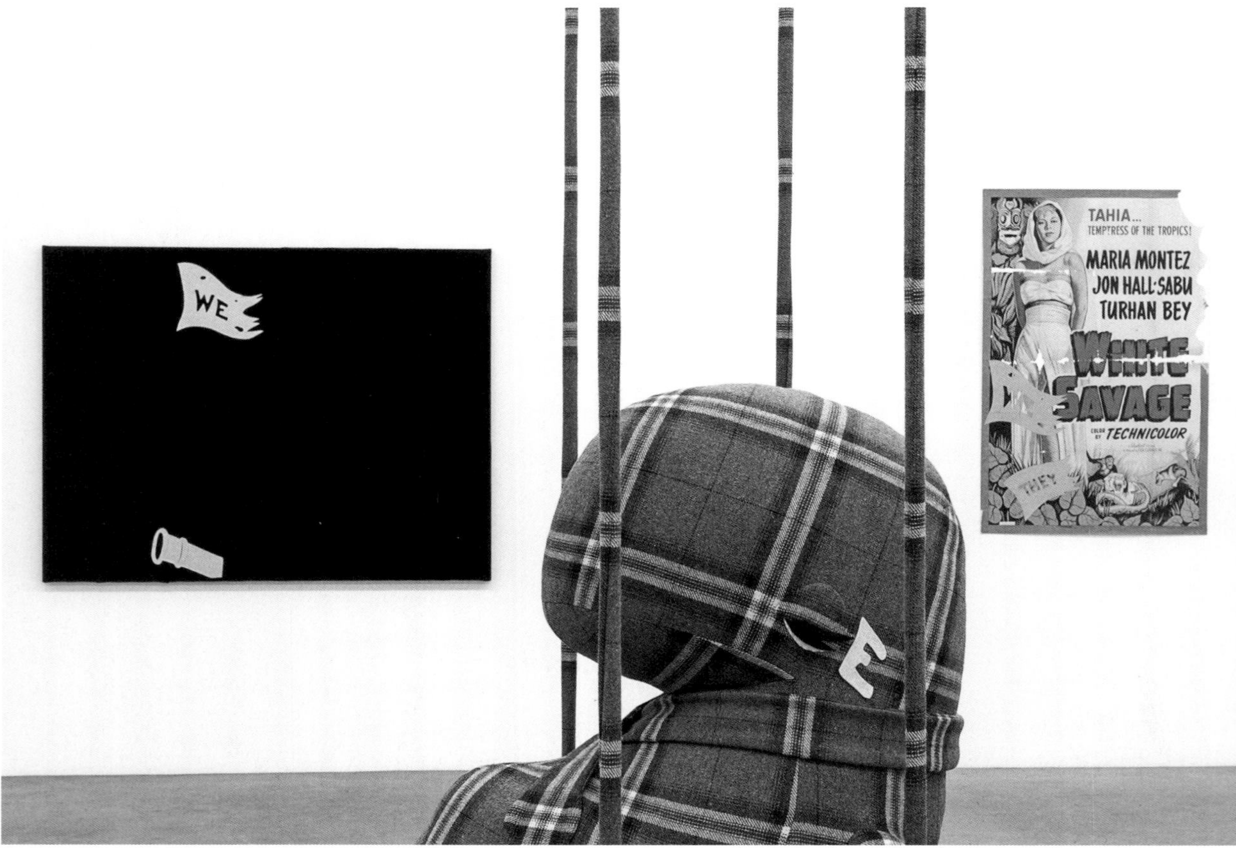
WE
TAHIA...
TEMPTRESS OF THE TROPICS!
MARIA MONTEZ
JON HALL·SABU
TURHAN BEY
WHITE
SAVAGE
TECHNICOLOR
THEY
E

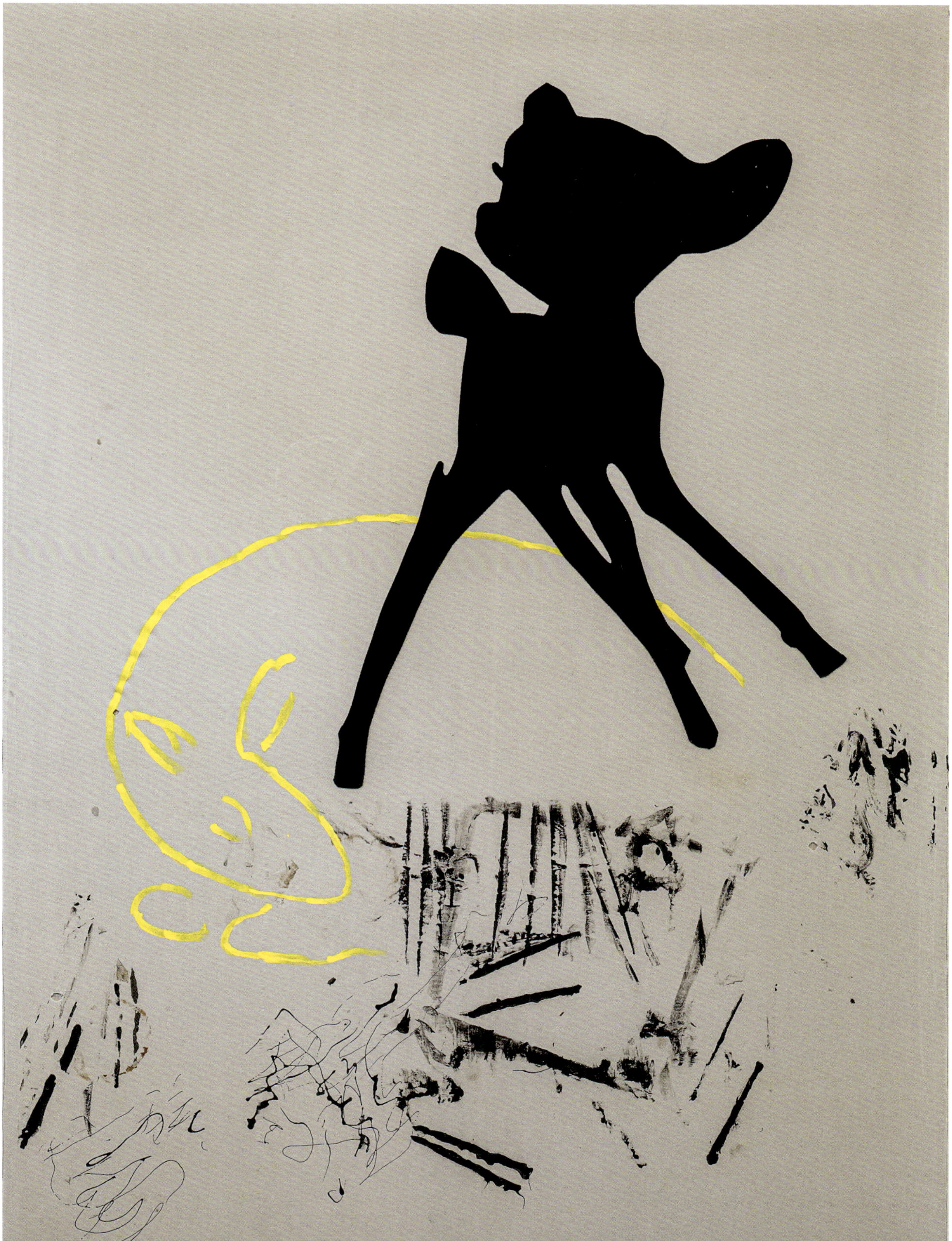

Deer, 2024
194 × 146 × 4.5 cm

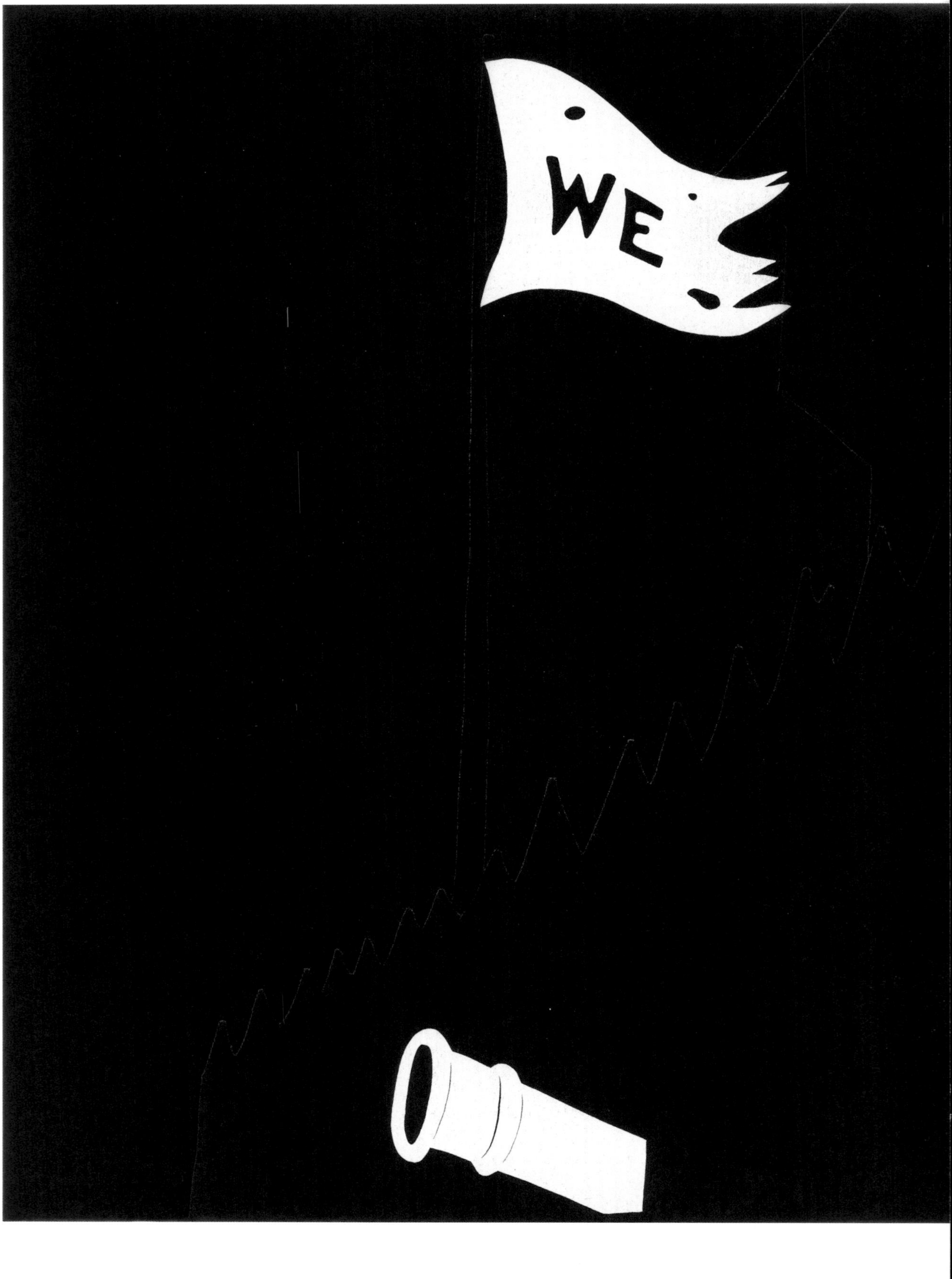
WE

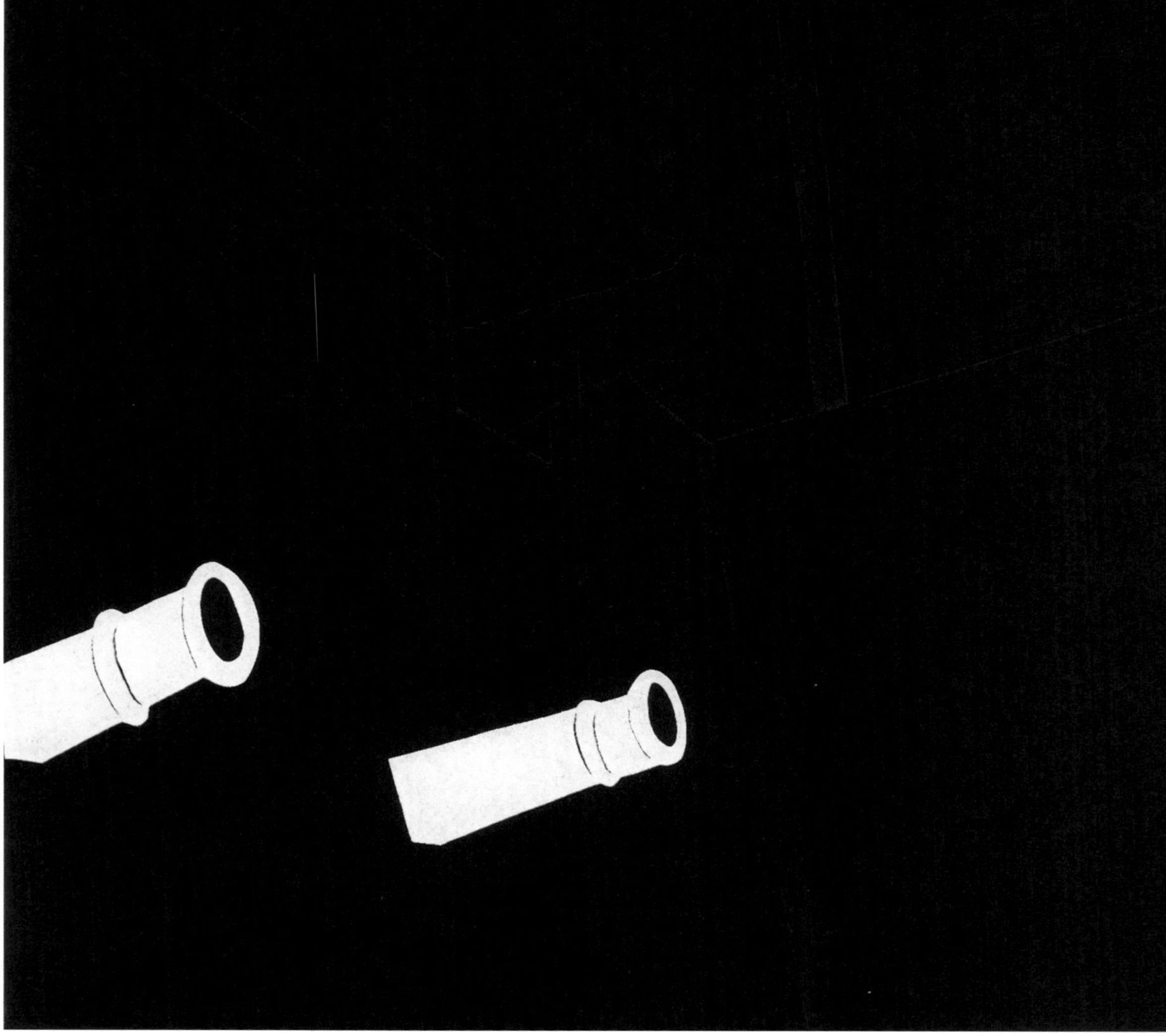
THEY

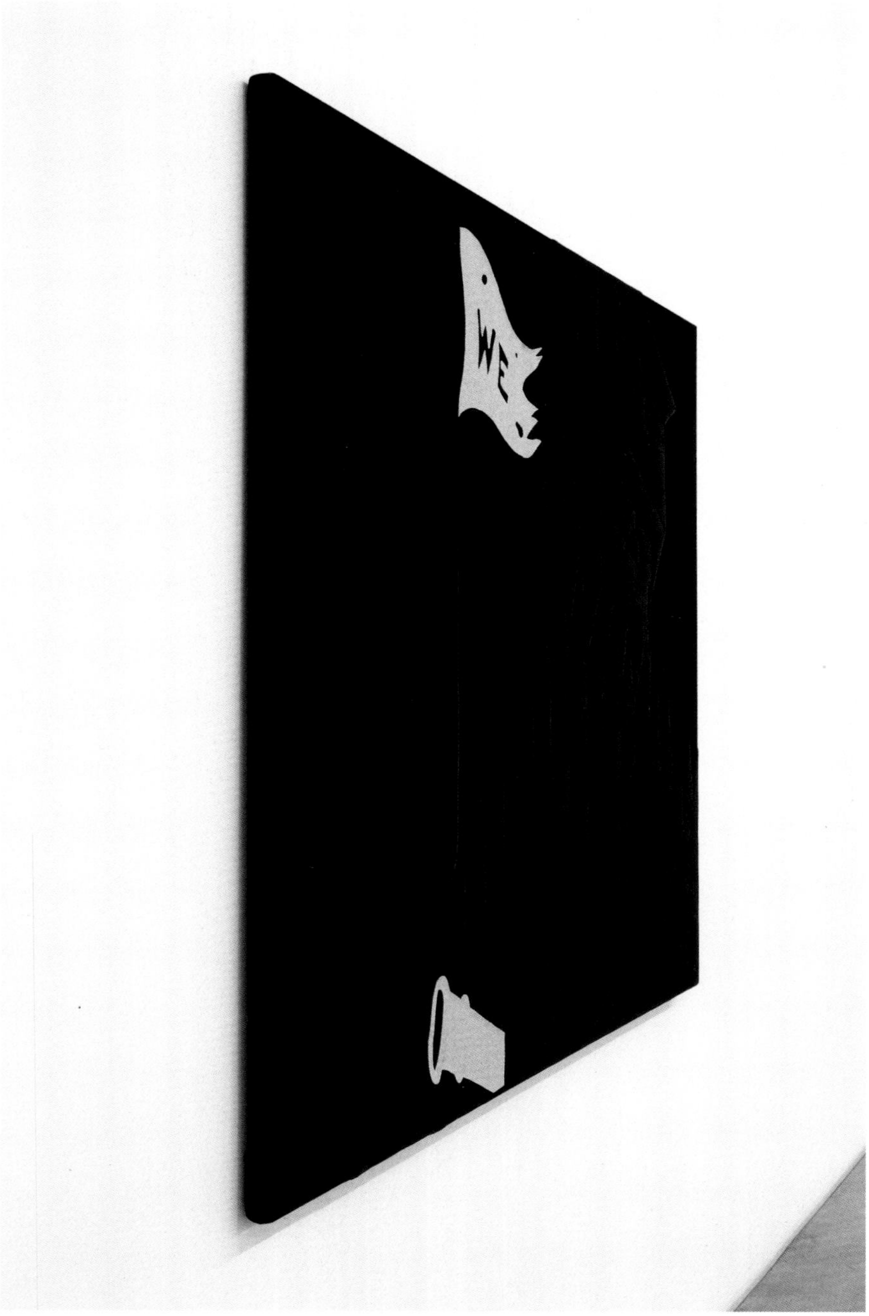

We, 2024
142 × 190 × 4.5 cm

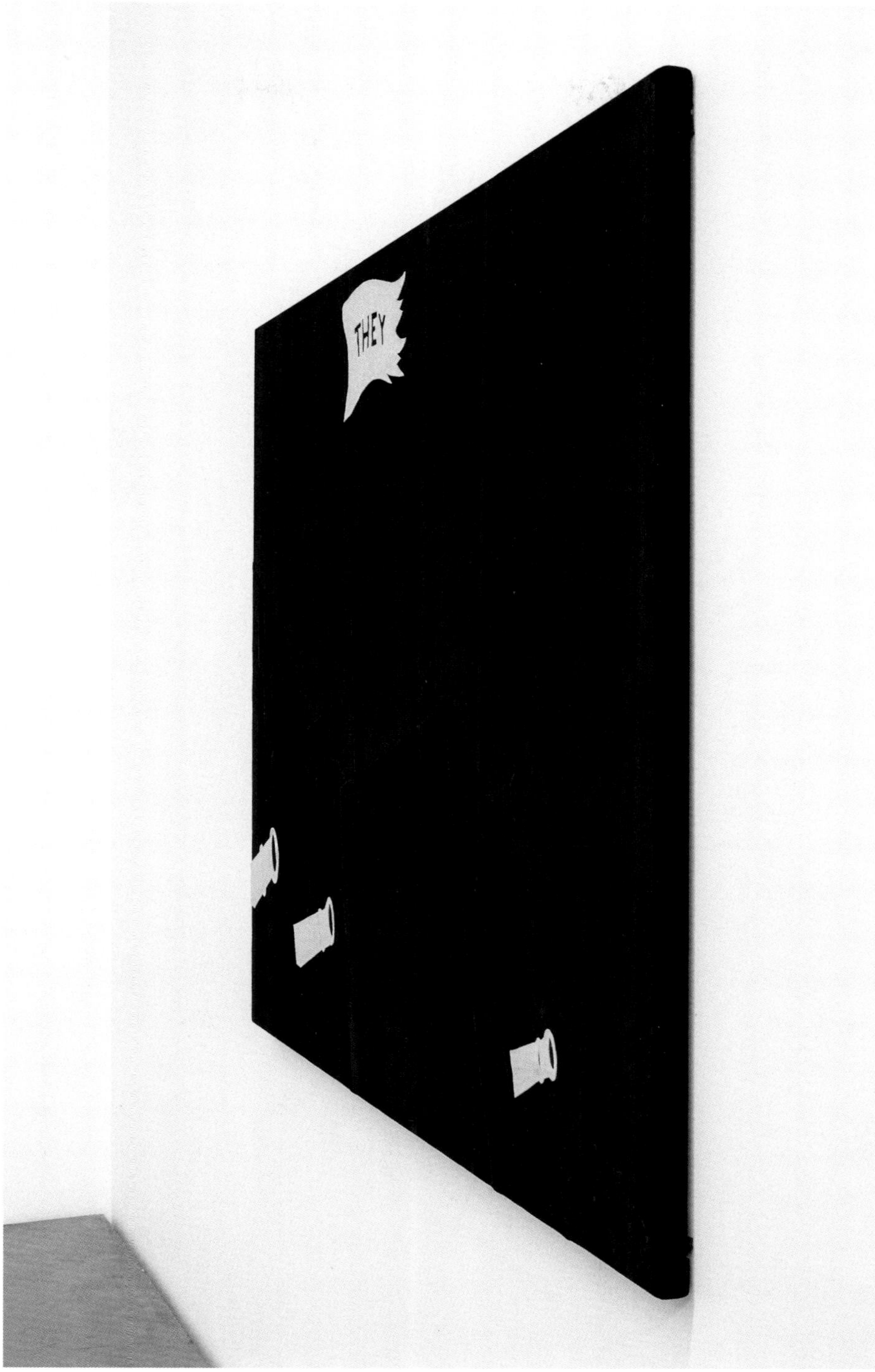

They, 2024
138 × 182 × 4.5 cm

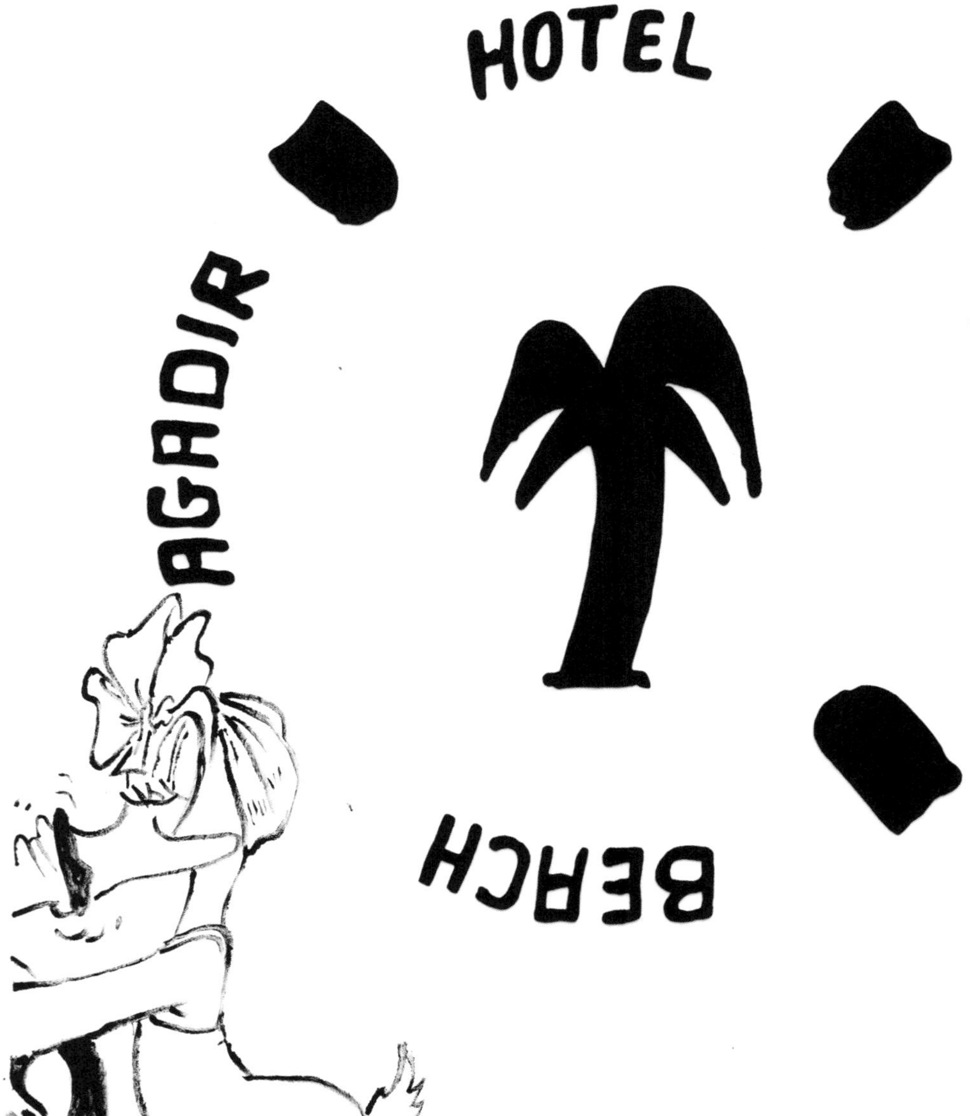
HOTEL
BEACH
BEACH
AGADIR

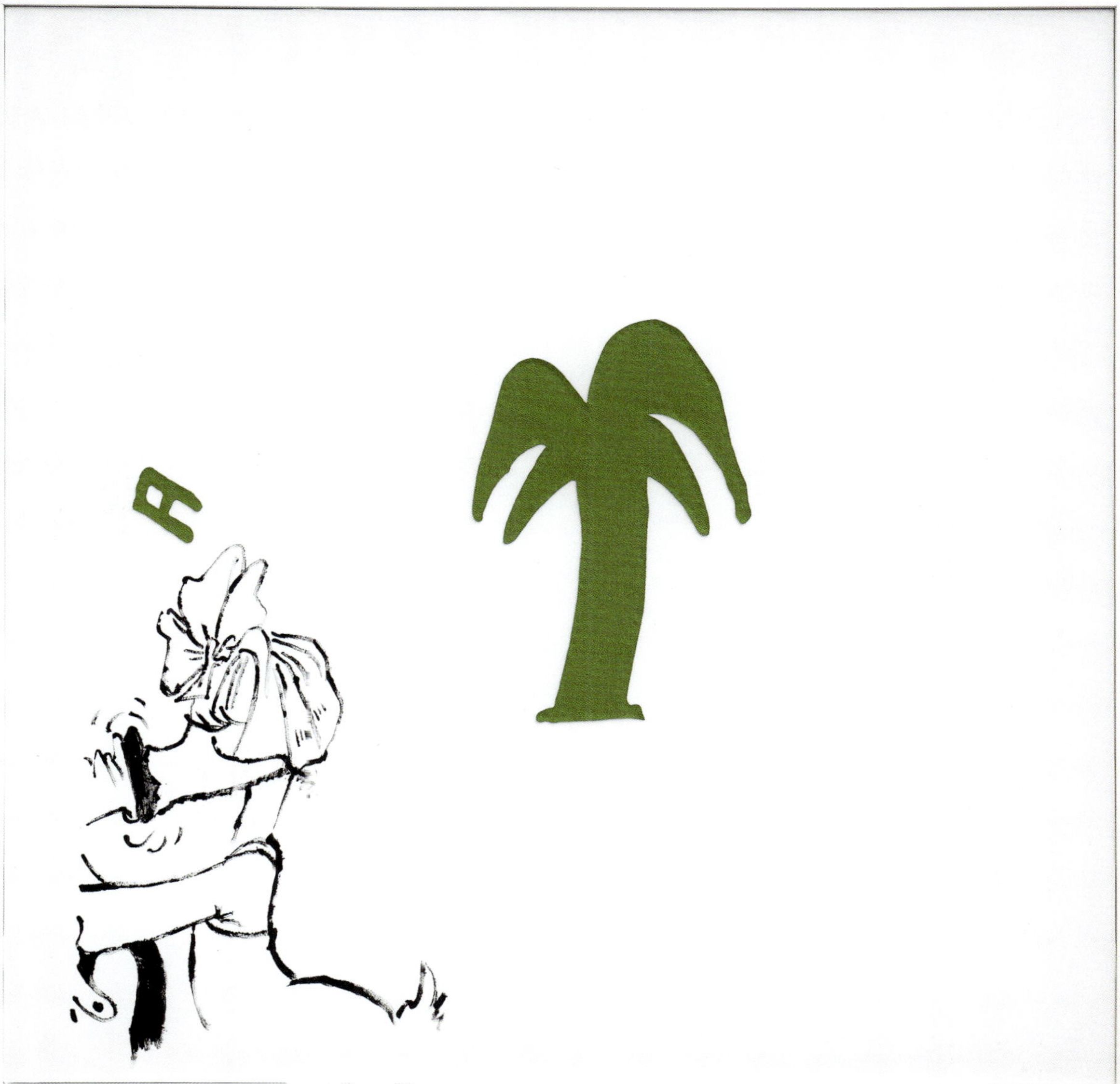

How to Decorate Without Going Broke 1, 2024
142 × 148 cm

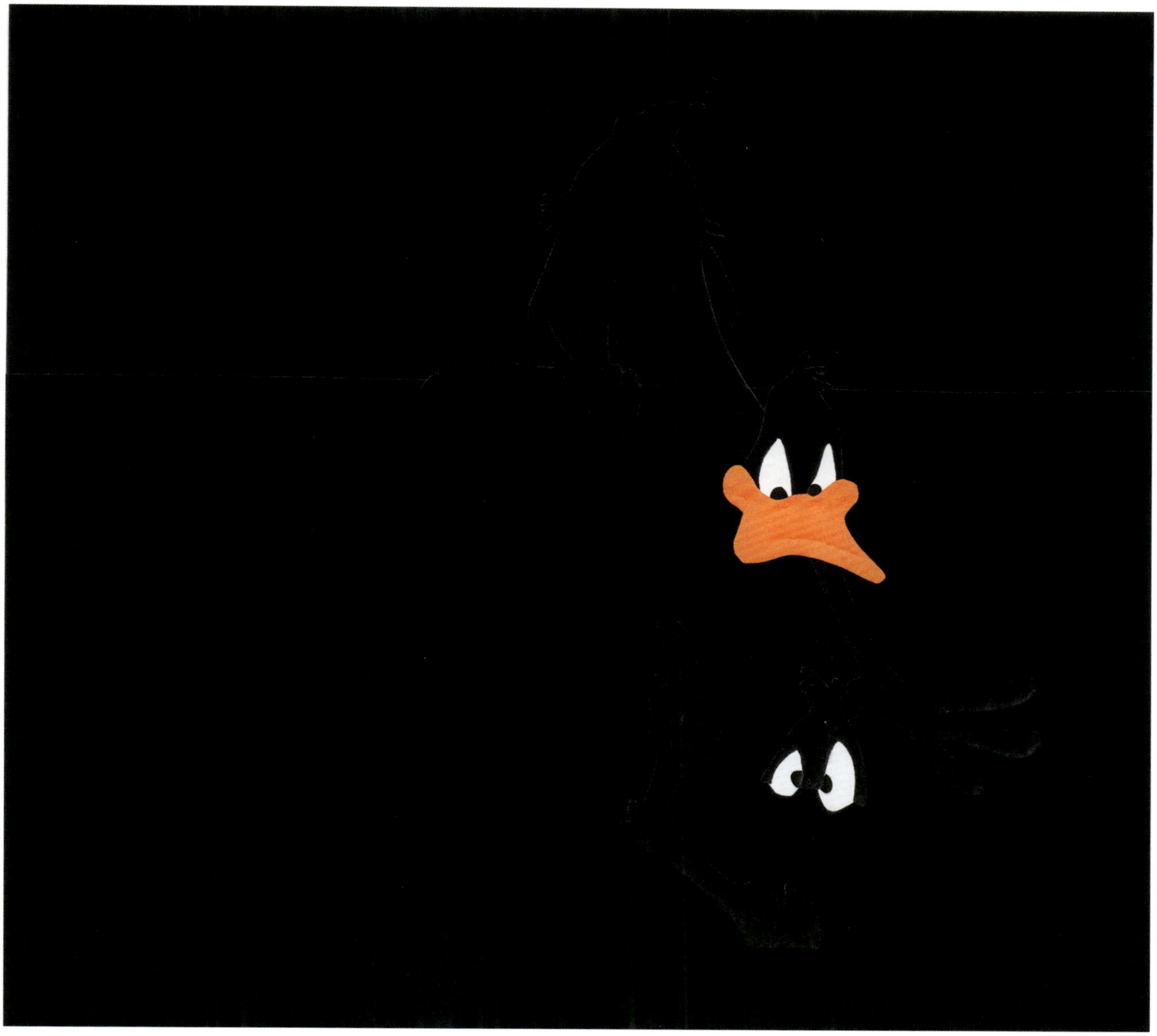

Hustlers, 2024
170 × 192 × 4.5 cm

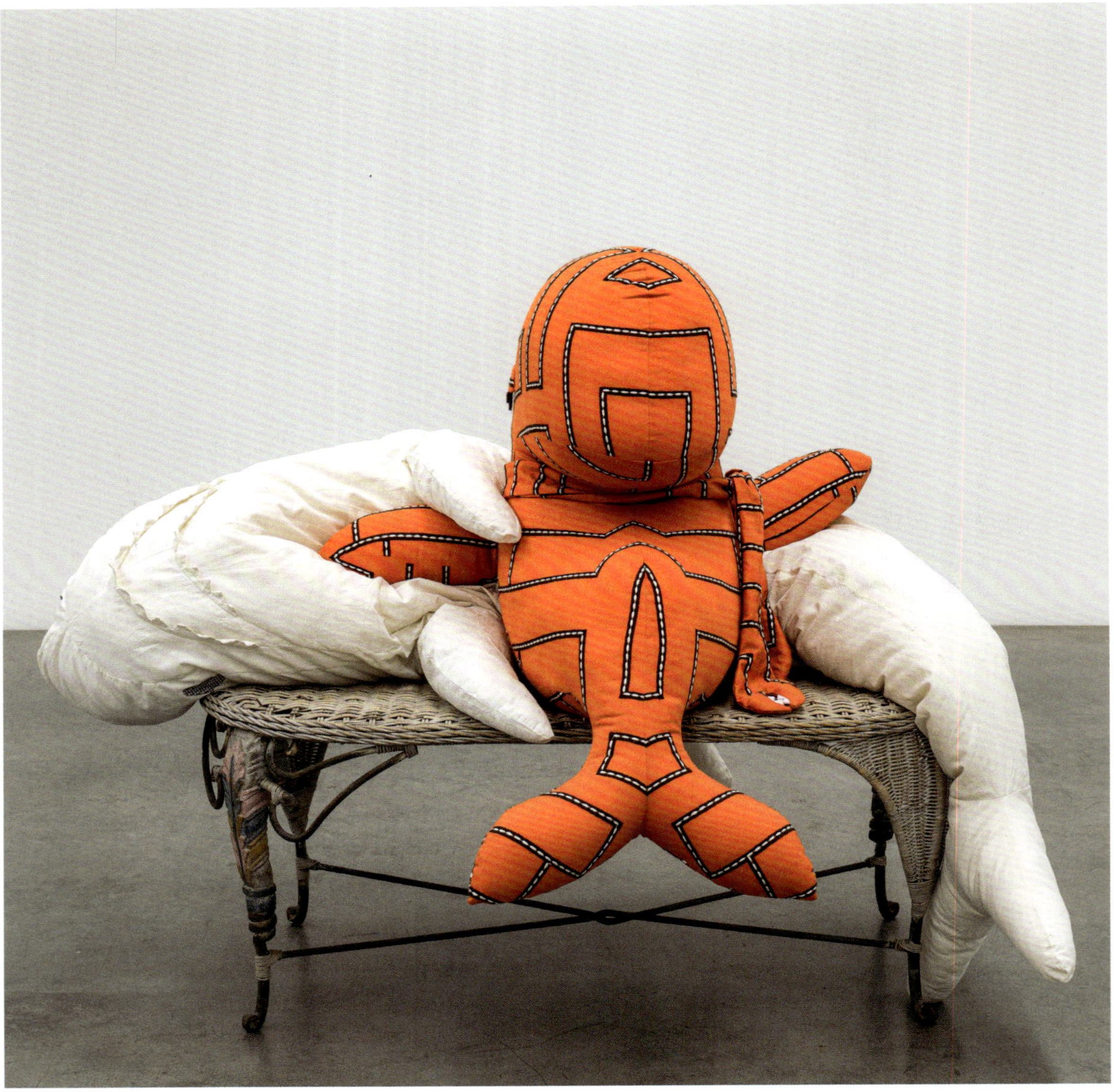

Mae Day VIII (Wal Visconti Hai Version), 2024
110 × 130 × 110 cm

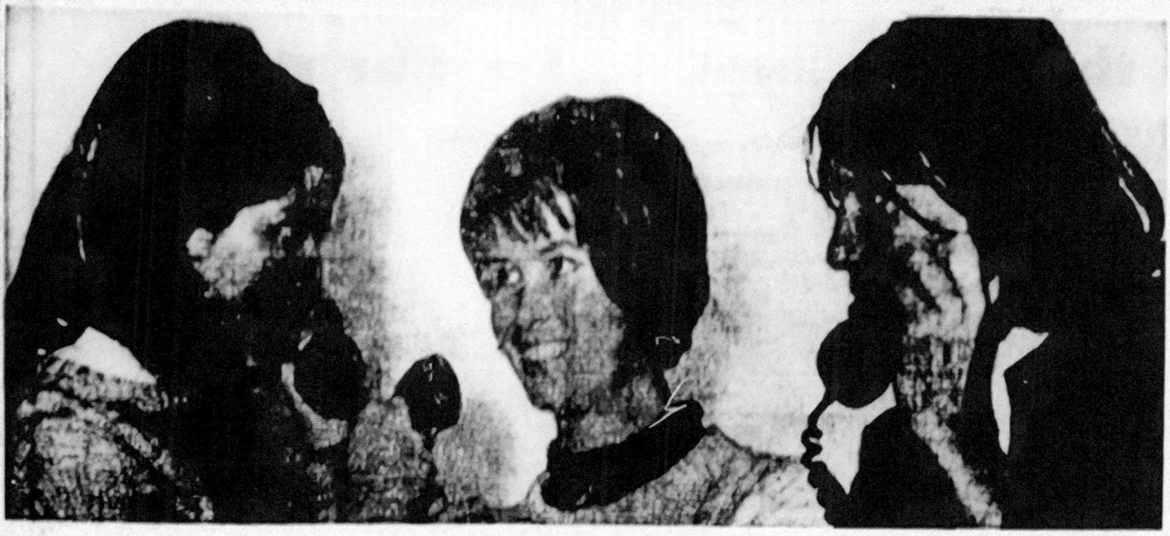

—AP Wirephotos

Students, From Left, Ann Longfellow, Nancy Horner And Ellen Emerson In Phone Interview

Bidders For 'Surplus' Hippo Find Purchase Can't Be Taken Lightly

Special To The Times From The N.Y. Herald Tribune

NEW YORK — The city's Department of Purchase said yesterday it is not sure whether it wants to sell Betsy, the mean, 4,000-pound hippopotamus, to either of her bidders: Three Smith College girls or a producer of avant-garde movies.

Deputy Commissioner Gabriel A. Wechsler said the department would definitely not turn over Betsy to the three girls — Ellen Emerson, 19, Nancy Horner, 20, and Ann Longfellow, 19 — unless they give the hippopotamus to a zoo. As for the second highest bidder, Jack Smith, Commissioner Wechsler said the department might require him to give Betsy to a zoo, too.

The Smith girls, who offered $400, and Smith, who bid $150, were the only persons who submitted bids for Betsy. The hippotamus and 30 other zoo animals were auctioned off on Tuesday.

BETSY'S MATE DIED four years ago. She has a 5-year-old daughter. The zoo wants to sell Betsy so it can bring a young male over from the Central Park Zoo to mate with Betsy's daughter.

Miss Emerson said that she and her two friends became interested in the hippopotamus after reading of the city's auction of the surplus zoo animals. "The hippopotamus was the most interesting animal," said Miss Longfellow.

Miss Longfellow said yesterday that she and her partners definitely had the $400, wanted Betsy, and were looking around for a zoo.

Smith, who would be next in line for Betsy if the girls' bid is rejected, said he plans to use the hippopotamus in an "Arabian Nights movie," Smith is the producer of "Flaming Creatures." A film that was ruled obscene by the city's Criminal Court last August. He is a member of the Film Makers' Cooperative, headed by Village Voice film critic Jonas Mekas.

COMMISSIONER WECHSLER SAID he was afraid that Smith might have Betsy "running around in the streets." The head keeper at the Prospect Park Zoo, where Betsy lives, said Tuesday the hippo would "just as soon eat you as look at you."

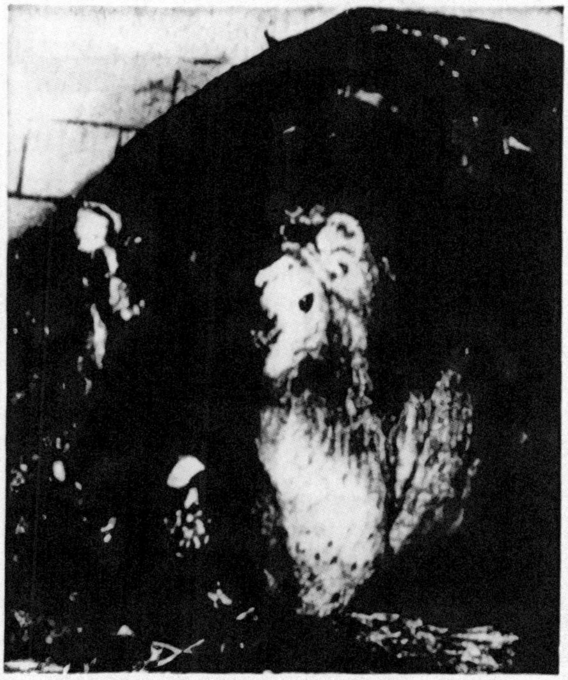

Betsy: Big Bundle For Bidders

But Smith said that he planned to film Betsy "in its natural habitat — a pool — somewhere. It needs to be submerged in water." He also said he was not worried about the hippopotamus' character.

"There must be something that can put a hippopotamus in a good mood," he said, "perhaps some delicacy. Maybe in a lot of heat, it might become torpid. Or it might respond to music, like Rimsky-Korsakoff's Scheherazade."

Smith said he wanted a hippopotamus for his movie because "to me, it represents the apex of exoticism."

"An actor will be led by me to the hippopotamus in the pool, and recline on the hippopotamus, smoking a large, exotic pipe of hashish," said Smith. "It all centers around the hippopotamus."

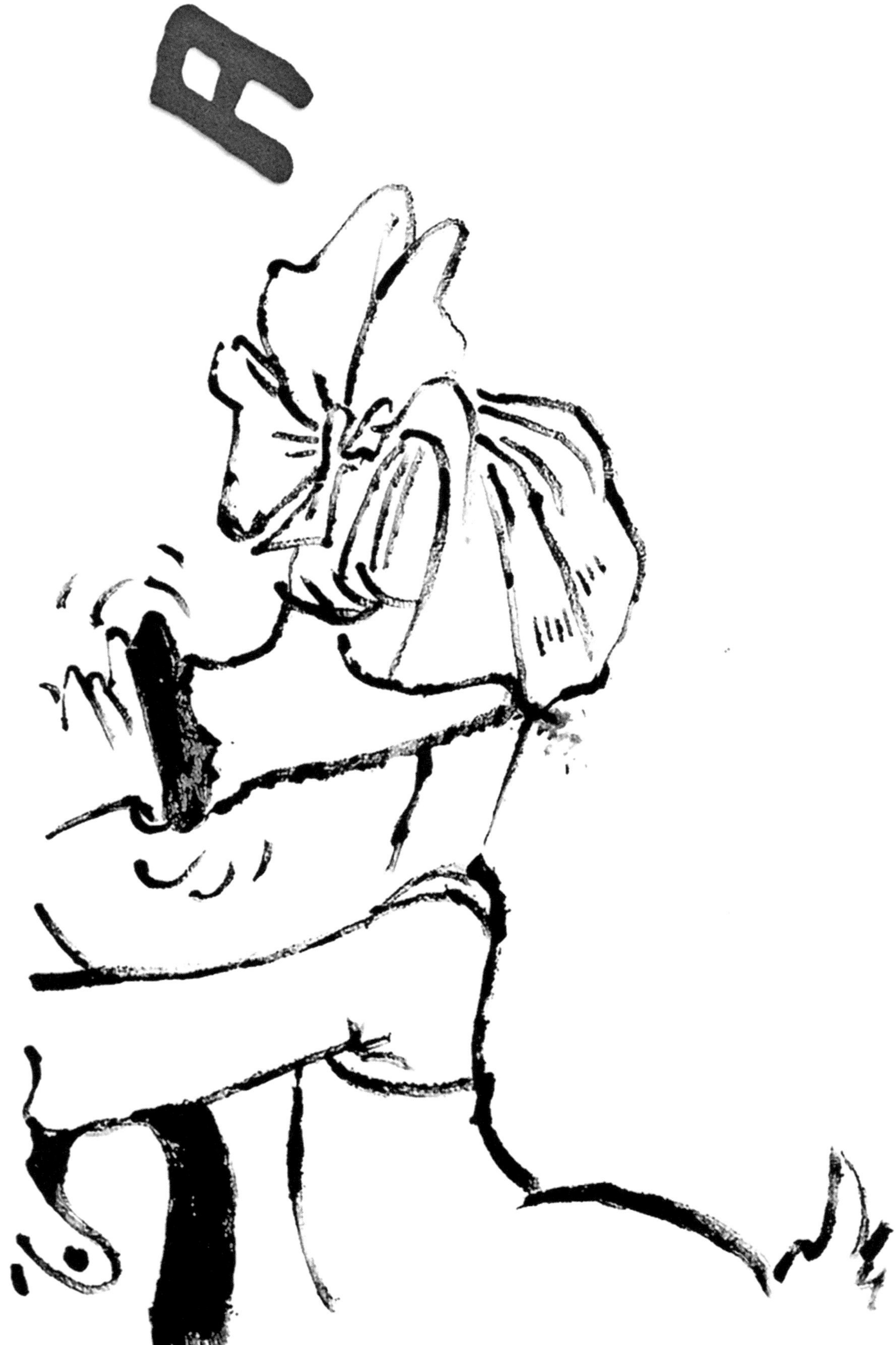

Daisy 1

Dress to Impress: On Reality and the Carnivalesque in the Work of Cosima von Bonin

CLÉMENTINE PROBY

The history of our times calls to mind those cartoon characters who rush madly over the edge of a cliff without seeing it: the power of their imagination keeps them suspended in midair; but as soon as they look down and see where they are, they fall.
– Raoul Vaneigem, *The Revolution of Everyday Life*, 1967

Cosima von Bonin reigns over a queendom of characters, ironies and attitudes. Not one of divine law, but one she has been building since the late 1980s, working hard on pretending she is not working hard. She first served as a waiter at Königswasser bar, headquarters of the vibrant Cologne art scene at the time. Some representatives of this circle found their way into her art, others into her heart: 'Every evening Kippenberger was at the bar, and Michael Krebber. I thought Michael Krebber was strange and he thought I was strange. I went to Walther König Bookstore every morning to read through all the art books, from A to Z. It was in those publications that I saw the work of, for instance, Cadere and Broodthaers for the first time. This bookstore and the Königswasser were my education.'[1] There she delved into conceptual art, electronic music and fashion, and honed the irreverent tone that became her signature.

1: Eleanor Heartney, 'Cosima von Bonin with Eleanor Heartney', *The Brooklyn Rail*, April 2018. See https://brooklynrail.org/2018/04/art/COSIMA-VON-BONIN-with-Eleanor-Heartney/.

Encouraging her to start making art, those artists – her friends – appeared in her work through names, quotes, ideas and collaborations. Cosima von Bonin's defiance towards notions of authorship and authenticity persisted over time as she claimed (and still does) to rely on a team of skilled craftspeople who have been sourcing, fabricating, drawing and sewing her fabric panels and sculptures: 'I've always had professionals work with me. I can't sew. If I touch the scissors, I get really worried … I was a very strange kid and I hid in bed. Now I work in bed. Everyone thinks I'm lying there like Oblomov,[2] but I have all these people and I only have to say something and they understand it. And that's the fun of it.'[3] Since the early 2000s, governing partly from her bed, Cosima von Bonin has been staging large-scale multimedia installations subverting the codes of pop and consumer culture. Her work expanded in scale, ambition and drama.

2: Ilya Ilitch Oblomov is the main character of an eponymous novel by Russian writer Ivan Gontcharov, published for the first time in 1859. A land-owner from Saint Petersburg, Oblomov is lazy and spends his days lying in his bed until the end of his life.

3: Heartney, op. cit.

Songs for Gay Dogs, an exhibition mostly presenting works produced after 2014, draws on those developments. It is composed of a series of scenes and situations orchestrated by the artist that involve characters often pulled from the world of animation and comic strips, or from under the sea. These have progressively become omnipresent, replacing some of the human figures that used to populate her exhibitions. Among the 'it girls'[4] present at Mudam are Daffy Duck and Bambi, alongside a host of unknowns: fish, whales, shells, rabbits, sharks and pigs. However, not a gay dog in sight.

4: A term popularised by women's magazines to designate a young woman whose fame is due to her attractive physique, charisma, style and public presence.

In these scenes, nothing is set in stone, nothing is still – in fact, the artist reserves the right to change the exhibition's layout until the very last minute. With irreverence and intuition, she gives life to artworks, to characters; placing and assembling them, treating gallery spaces as if they were (as she puts it) a supermarket, filling them to the brim with objects that, once installed, seem to come alive and gain a certain autonomy. Perhaps these creatures will refuse to be exhibited, trapped between the white walls of the museum. Perhaps the communities they form will mix and merge in a merry mess. They do appear to be relatively independent, often caught mid-activity (or in an act of idleness) in a world that, despite resembling our own, does not purport to be orderly. It is a world that embraces its inherent chaos, vulnerability and occasional vice. Cosima von Bonin's characters are human-like, strangely familiar, almost banal. And while she does sometimes make them as despicable as human beings (Daffy in particular is on the receiving end of this), her affection for them is also evident. They are her entourage – perhaps even family, like the one you do not choose and argue with at Christmas. Setting the pace of the exhibition, these scenes draw on human interactions, rituals, games and symbols. In other words, markers of life in society. For instance, a group of fish placed in a circle (pp. 108–109), as if they were taking part in a spiritual ceremony whose guru is a huge cat food tin can stating 'Authority Purée' (p. 111) and releasing a plume of thick white smoke. Or are they getting ready for something, dressed to impress at the start of a parade?

Cosima von Bonin's work manifests itself through a multitude of paradoxes and tensions that she commits to leaving open to interpretation and untouched by received notions (the artist withholds explanation or justification for her work, a principle from which she rarely strays): the soft and the hard, the funny and the dark, popular culture and obscure references. These coexisting, overlapping contrasts confer a disconcerting but also humorous aspect to her work, opening up new perspectives on the systems, patterns, objects and trends that surround us, without providing them at first glance. There are nods to the artist Martin Kippenberger; to the Looney Tunes; to concrete mixers – referring to the extractive industry in which her family distinguished itself, which she sometimes wraps, unexpectedly, in a bright orange crocheted cover reminiscent of a grandmother's knitwear patiently waiting to welcome a newborn. The artist practices *détournement*,[5] that is, a 'rerouting' of familiar forms – like the aforementioned animals and other cartoonish characters – to make them express, sometimes explicitly, messages one might not typically associate with them. By superimposing the silhouette of Bambi over the words 'gaslighting' (p. 52) and 'love bombing'[6] (p. 53) on her eponymous works, the artist outs Bambi as a fuckboy[7] to be wary of. In the sculpture *Hetero* (2020) (pp. 74, 75), Bambi, with his spindly legs, is standing on top of an acid green trunk as if to protect its contents. Don't be fooled: behind this angelic image are all the skeletons hidden in Bambi's closet. Just like the group of little pigs (or should I say, total swines) in the series *Open Your Shirt Please* (2019) (pp. 80–93), who are caught fast asleep, still attired in the handcuffs and leather accessories from the previous night's BDSM session. With Cosima von Bonin, nothing is as it seems, so be ready to shake up your prejudices with some exclusive revelations.

By bringing together seemingly unrelated signs whose imaginations can be completely contradictory, the artist creates amusing situations in which she metaphorically reveals the dark side of the society of the spectacle. She points to a manipulative entertainment industry that contributes to shaping us from an early age by encouraging us to identify with and understand the world through characters that have fixed, simplistic and normative personalities, but who are in fact ideological tools for social control. The friendly characters of our childhood were impostors. Daffy Duck? An embittered, alcoholic drag queen! Mickey Mouse? A brainless puppet! Bambi? Disingenuously naïve (and, gasp, maybe even gay)! In *The Revolution of Everyday Life*, former member of the Situationist International Raoul Vaneigem argues that civil obedience is no longer ensured by religion, but rather 'results from a mass of minor hypnoses: news, culture, town-planning, publicity, mechanisms of conditioning and suggestion in the service of any order, established or to come'.[8] Cosima von Bonin makes these mechanisms visible by placing them in front of a magnifying glass – or a distorting mirror, as in a funhouse. She breaks the spell. Wake up! No more mass hypnosis!

Russian literary theorist Mikhail Bakhtin wrote in his book *Rabelais and His World* about the tradition of the carnival, which emerged in the Middle Ages: a fleeting, festive moment during which social and class hierarchies are completely suspended or even reversed. A time for imitation, mockery, transformation and parody, mainly through dress-up. Laughter became cathartic, allowing the people to vent the frustrations and suffering of a life that was, at least at the time, one of submission and oppression. For a few hours of celebration, fools could be queens. Chaos reigned. Though fleeting, this moment could be seen as a time to question established norms, where participants might catch a glimpse of and try out a social order and relationships that were different, and in doing so lay foundations for future change.

5: *Détournement* is an artistic method that was used by the Situationist International from the 1950s onwards and consists in 'hijacking' signs to turn 'expressions of the capitalist system and its media culture against itself' (Douglas B. Holt).

6: These terms, made popular in recent years via psychology and personal development sources, refer to psychological manipulation mechanisms often used in romantic relationships. Gaslighting involves making a person doubt their perception and mental health, reversing the roles of victim and perpetrator, whereas 'love bombing' is characterised by an impetuous and fleeting outpouring of attention and affection.

7: A young and seductive heterosexual man who treats his many partners with little to no respect.

8: Raoul Vaneigem, *The Revolution of Everyday Life*, trans. John Fullerton & Paul Sieveking, London: Rebel Press, 1972 [1967], p. 27.

The carnivalesque stemmed from this tradition and became a style that could be applied to other forms and contexts, such as literature and visual art.

According to Bakhtin, carnivalesque language possesses 'a characteristic logic, the peculiar logic of the "inside out" (*à l'envers*), of the "turnabout", of a continual shifting from top to bottom, from front to rear, of numerous parodies and travesties, humiliations, profanations, comic crownings and uncrownings'.[9] It is easy to see Cosima von Bonin's work reflected in Bakhtin's statement. Let us not forget that for the duration of an exhibition, a group of fish seem to be on their way to an oceanside bonfire, humans have disappeared, and Daffy Duck, in full megalomaniacal delusion, thinks he is the messiah. They make up a grotesque world where all behave in a more or less deviant way, defying the assumptions attributed to them, as well as norms of decency. The artist mistreats her references, quoting and desecrating the memory of her masters or, should I say, the princes of the art historical canon – *Le Perdant Radical* (2021) (p. 66) is an obvious nod to Kippenberger's misshapen street lamps, and *Mike Kelley is my Goddess* (2023) (p. 217) tenderly misgenders the American artist. After all, legend has it that Cosima von Bonin proclaimed herself an artist in the 1990s – an induction she conducted from behind the counter of the Cologne bar where she was serving the (mostly male) German art establishment. The world she creates is distorted, 'inside out' both conceptually and formally. At Mudam, giant tables alter the way we perceive not only our bodies, but also the space they sit in, shattering the glass bell tower of this cathedral of contemporary art. They take us back to childhood, when we perceived the world from below, crawling on all fours under the table at tedious adult dinners, the tablecloth becoming a playhouse and the crumbs on the floor a meal for imaginary friends. Likewise, instead of placing her fabric panels neatly on the walls, as might be expected, she often exhibits them on pedestals, bunched up to the point of looking like forests or labyrinths, or facing each other, revealing their reverse side. If the carnivalesque 'belongs to the borderline between art and life … it is life itself, but shaped according to a certain pattern of play',[10] it is precisely the process used by the artist, who seeks to reactivate, through familiar forms, the curiosity, spontaneity and open-mindedness that characterises childhood.

9: Mikhail Bakhtin, *Rabelais and His World*, Bloomington: Indiana University Press, 1984, p. 11.

10: Ibid., p. 7.

Cosima von Bonin also upholds the carnivalesque tradition through her use of fabric which, here again, sidesteps the official art-historical narrative whereby fabric is associated with the domestic sphere and feminist advocacy. No, really, she is not talking about reproductive labour here. Her interest in fabric is visible in her signature patchwork panels, the costumes and accessories with which she adorns her sculptures, her use of uniforms, regular references to fashion houses and brands (Yves Saint Laurent, A.P.C., etc.) and even a fashion show she organised with Kai Althoff and modelled for in 1996. Clothes can be social markers of class, age, gender, sexual preference and political leaning. Through them, we purport to belong to a group or, conversely, to be distinct from it. They are also one of the things that separates humans from animals, stemming both from a functional need to cover up, but also from a desire for ostentation: the need to surround oneself – or in this case, wrap oneself – in beauty, to assert one's personality and one's place in the world. It is an 'excess of sensibility', as philosopher Emanuele Coccia puts it, the possibility of transforming oneself physically and therefore being active in composing one's identity.[11] This is why, come winter, we are amused and enamoured by dogs wearing clothes: the fact that they are dressed gives the illusion of agency, as if they had deliberately chosen to imitate humans and missed the mark. Whether she is dressing them up or accessorising them, Cosima von Bonin anthropomorphises the animals that inhabit her practice. By allowing her fantastical creatures and animals to be cutesy, annoyed, shy or perverted – in other words, to possess human characteristics – Cosima von Bonin grants them power, disrupting the subordinate relationship animals have to humans to give them some autonomy. The fish and sharks in *What If It Barks* (2018) (pp. 108–121) are a good example of this. These particular ocean-dwellers are made from seafood restaurant signs and bins to which the artist has affixed skirts, loincloths, chains, bass guitars, handbags, surfboards, ribbons and ukuleles. The association with marine animals is subtle, since the accessories they don symbolise a world that is closely connected to them in our collective imagination: the beach. The aquatic world as it has been appropriated or even fetishised by humans. Even the mushrooms that have prominently populated the artist's work for many years (p. 154) wear camouflage patterns that evoke the military or hunting (when not in tartan or tweed), as if to blend into a wooded area populated by humans.

11: Emanuele Coccia, 'La liberté sensible', in *La Mode comme indiscipline*, Paris: Editions B42, 2024.

Uniforms are another of the artist's kinks. Take for example her film *Roger Alles Commander* (2001) – shot the same year in the exhibition *Bruder Poul Sticht in See* at the Kunstverein in Hamburg – in which real and fake sailors perform an approximative ballet number wearing striped uniforms and little pompom hats suited for the occasion. Uniforms represent a state of belonging to a government body, of submission to official order. They symbolise discipline, individuality vanishing into the collective – a meticulously orchestrated collective with a clear hierarchy. Yet, when Cosima von Bonin uses uniforms in her work, they are made to be slightly ridiculous, reduced to their more childish, benign aspects or to refer to a homoerotic aesthetic of the orders they represent, all of which were traditionally exclusively male. The elephant in the room. By substituting the precision of military choreography with a clumsy amateur ballet choreography – a discipline deeply anchored in the 'feminine' – Cosima von Bonin derides the systems that rule our society and challenges the patriarchal authority they stand for. She creates her own carnival, far removed from rigid official celebrations. There is no hierarchy here, no waving around of rifles. Everyone is invited to take part in a modest choreography without fear of missteps. In fact, the themes of failure, fatigue and amateurism are constants in the artist's work. She qualifies herself as a dilettante, and when asked about appropriation, she laughingly retorts that she does not appropriate, she steals! This nonchalant, provocative tone, found in her work through the regular use of foul words, is reminiscent of carnival language, liberated 'from norms of etiquette and decency'.[12]

12: Bakhtin, op. cit., p. 10.

In 'Demon Clearing Service' (pp. 223–224), Clara Drechsler puts forth an enlightening hypothesis: Daffy Duck, a central character in Cosima von Bonin's recent works, is a chicken in drag. Indeed, the artist disguises as much as she reveals. Perhaps she even reveals by way of disguise – and is that not the very heart of drag culture? Her work is in fact steeped in the codes of the practice, with drag queens Mary Messhausen and proddy produzentin performing at her openings. Much to the consternation of institutions, lenders and insurers, they handle and comment on Cosima von Bonin's works, using them as a backdrop for their performances. They even occasionally speak on the artist's behalf, delivering hilarious mock artist talks. Here again, the artist creates the conditions for an 'inside out world', where each person takes on an identity that suits them, following the principles of the carnival. Following Bakhtin, like the carnival, the carnivalesque has the capacity to virtually upend the status quo by abolishing any pre-existing hierarchy, creating a space of possibilities based on a renewed communication between individuals who are then on an equal footing. Curator Claire Tancons has observed that while the carnival has lost ground as a popular celebration, the carnivalesque is still used as a political tool of subversion, rebellion and rallying through laughter, which Tancons sees, for example, in the Occupy Wall Street movement in New York City in 2011.[13] While its history is distinct, drag employs similar language. In her seminal work *Gender Trouble*,[14] philosopher Judith Butler describes how drag queens challenge binary gender norms by parodying them. This transgression highlights the process of social and ideological gender construction through performance and the internalisation of a host of attributes and behaviours. The carnivalesque, in short, fragments identities and their underlying hierarchies, highlighting their arbitrary nature, while also pointing to our ability to change them. Daffy is not the only one in drag, Cosima von Bonin's entire world is. It is human society that is hiding in it, or rather revealing itself through it. Through carnivalesque parades that are darker than they appear, the artist unveils both reality and an inside out world, where power relations and identity are malleable, reversible, open to play and *détournement*. She snaps her fingers, and her characters wake up with a start – perhaps we will as well?

13: Claire Tancons, 'Occupy Wall Street: Carnival Against Capital? Carnivalesque as Protest Sensibility', *e-flux journal*, issue 30, December 2011.

14: Judith Butler, *Gender Trouble*, London: Routledge, 2006.

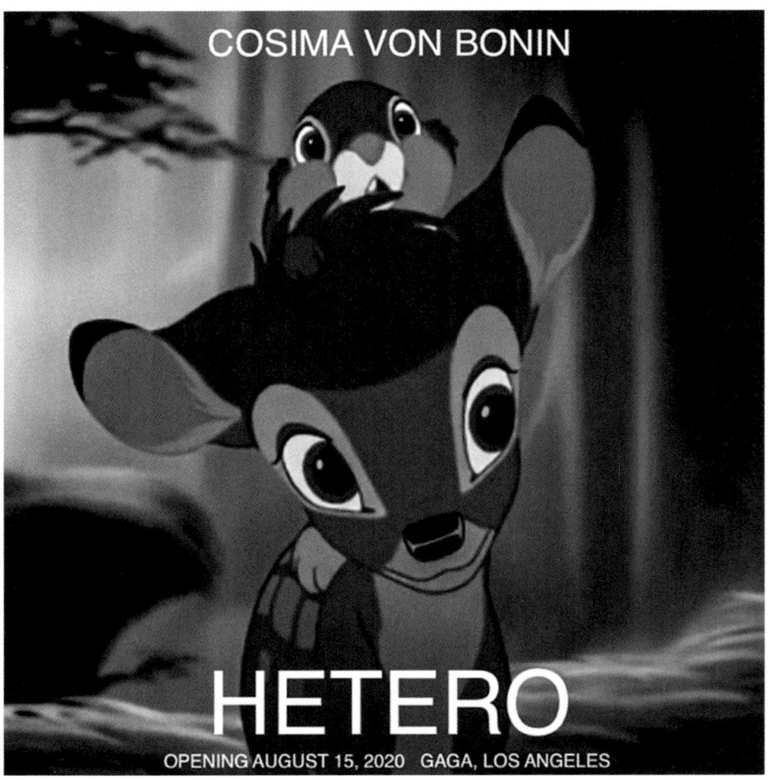

Dress to Impress: réalité et carnavalesque dans le travail de Cosima von Bonin

CLÉMENTINE PROBY

L'histoire présente évoque certains personnages de dessins animés, qu'une course folle entraîne soudain au-dessus du vide sans qu'ils s'en aperçoivent, de sorte que c'est la force de leur imagination qui les fait flotter à une telle hauteur ; mais viennent-ils à en prendre conscience, ils tombent aussitôt.
– Raoul Vaneigem, *Traité de savoir-vivre à l'usage des jeunes générations*, 1967

Cosima von Bonin dirige un reinaume peuplé de personnages, d'ironies et d'attitudes. Celui-ci n'est pas de droit divin : elle l'a construit, peu à peu, depuis la fin des années 1980, tout en s'acharnant à donner l'illusion du dilettantisme. Elle a d'abord travaillé comme serveuse au bar Königswasser, à Cologne, QG de la dynamique scène artistique locale d'alors, dont certaines figures ont pris leurs quartiers dans son art, et d'autres même dans son cœur. « Kippenberger était au bar tous les soirs, Michael Krebber aussi. Je trouvais Michael Krebber bizarre et lui aussi me trouvait bizarre. J'allais à la librairie de Walther König tous les matins pour lire tous les livres d'art, de A à Z. C'est dans ces publications que j'ai pu voir le travail de Cadere et de Broodthaers pour la première fois. Cette librairie, et le Königswasser, c'était mon éducation. »[1] C'est là-bas qu'elle s'est plongée dans l'art conceptuel, dans la musique électronique, dans la mode, et qu'elle a pu aiguiser le ton impertinent qui est sa marque de fabrique.

1: Eleanor Heartney, « Cosima von Bonin with Eleanor Heartney », *The Brooklyn Rail*, avril 2018. Voir https://brooklynrail.org/2018/04/art/COSIMA-VON-BONIN-with-Eleanor-Heartney/.

L'encourageant à créer, ces artistes – ses ami·es – sont apparu·es dans son travail à travers des noms, des citations, des idées et des collaborations. La défiance de l'artiste envers les notions d'auteur·rice et d'authenticité a persisté et s'illustre encore aujourd'hui lorsqu'elle clame dépendre d'une équipe d'artisan·es de talent qui source, fabrique, dessine et coud ses panels en tissu et ses sculptures. « J'ai toujours travaillé avec des professionnel·les. Je ne sais pas coudre. Si je touche des ciseaux, je panique. [...] J'étais une enfant un peu étrange, je me cachais dans mon lit. Aujourd'hui, je travaille dans mon lit. Tout le monde pense que je me prélasse comme Oblomov[2], mais j'ai toutes ces personnes à mes côtés, je n'ai qu'à leur dire ce que je veux et elles me comprennent. Et c'est ça qui m'amuse. »[3] Depuis le début des années 2000, gouvernant désormais en partie depuis son lit, l'artiste met en scène des installations multimédia de grande ampleur, qui malmènent les codes de la culture pop et de la consommation. L'échelle, l'ambition et la dramaturgie de son travail se sont ainsi développées.

L'exposition *Songs for Gay Dogs* (en français : Chansons pour chiens gays), qui présente en majorité des œuvres produites après 2014, met ces évolutions en lumière. Elle est composée d'une série de scènes et de situations orchestrées par Cosima von Bonin, impliquant des personnages souvent issus de l'univers du dessin animé, de la bande dessinée, ou simplement du monde marin, qui ont progressivement remplacé certaines des figures humaines qui peuplaient ses expositions. Parmi les *it girls*[4] présentes au Mudam, on trouve en première ligne Daffy Duck, Bambi, mais aussi une foule d'inconnu·es : poissons, baleines, coquillages, lapins, requins, cochons. En revanche, pas de chien gay à l'horizon.

Dans ces scènes, rien n'est certain, rien n'est figé – d'ailleurs, l'artiste se réserve le droit de modifier l'accrochage de l'exposition jusqu'au dernier moment. Avec irrévérence et intuition, elle donne vie à des œuvres, à des personnages, les place et les assemble en traitant les espaces d'exposition comme s'il s'agissait (selon ses dires) d'un supermarché : pleins à ras bords d'objets, qui, une fois installés, semblent prendre vie, gagner une certaine autonomie. Peut-être que ces créatures refuseront ainsi d'être exposées, coincées entre les murs blancs du musée, peut-être que les communautés qu'elles forment se mélangeront, fusionneront dans un joyeux bordel. Elles paraissent en effet relativement indépendantes, souvent en pleine activité (ou bien prises en flagrant délit d'oisiveté) dans un monde qui ressemble au nôtre, mais qui, contrairement à lui, ne feint pas l'ordre. Un monde qui assume le chaos, la vulnérabilité et parfois le vice qui lui sont intrinsèques. Cosima von Bonin cherche à donner une apparence humaine à des personnages étrangement familiers, presque banals. Si elle les rend parfois aussi méprisables que des êtres humains (Daffy en particulier en prend pour son grade), elle leur porte aussi une tendresse manifeste. Ils forment son entourage – peut-être une famille, celle qu'on ne choisit pas et avec qui on se dispute à Noël. Ces scènes qui rythment l'exposition rappellent donc nos interactions, nos rituels, nos jeux et nos symboles. C'est-à-dire des marqueurs de la vie en société. Les poissons sont ainsi présentés en cercle (pp. 108–109), comme participant à une cérémonie spirituelle dont le gourou serait la gigantesque conserve de pâtée pour chat sur laquelle on peut lire « Authority Purée » (p. 111), dont s'échappe une épaisse fumée blanche. Ou bien serait-ce plutôt un moment

2: Ilya Ilitch Oblomov est le personnage principal du roman éponyme de l'écrivain russe Ivan Gontcharov, publié pour la première fois en 1859. Propriétaire terrien originaire de Saint Pétersbourg, il est paresseux et passe ses journées allongé dans son lit, tant et si bien qu'il y finira ses jours.

3: Heartney, *op. cit.*

4: Terme popularisé par la presse féminine qui désigne une jeune femme dont la célébrité est due à un physique séduisant, son charisme, son style et sa présence sociale.

d'organisation, le démarrage d'une parade pour laquelle tous·tes se sont costumé·es avec soin ?

L'œuvre de Cosima von Bonin se manifeste à travers une multitude de paradoxes et de tensions qu'elle s'attache à laisser ouverts, vierges d'interprétations préalables (l'artiste se refuse à expliquer ou justifier son travail, c'est un principe auquel elle déroge rarement) : le doux et le dur, le drôle et le sombre, culture populaire et références obscures. Ces contrastes qui coexistent et se superposent donnent un aspect déconcertant, mais aussi humoristique à son œuvre ; ils ouvrent de nouveaux points de vue sur les systèmes, les motifs, les objets et les tendances qui nous entourent, sans pour autant nous en donner les clefs de prime abord. S'y retrouvent des clins d'œil à l'artiste Martin Kippenberger, aux Looney Tunes ; ou des bétonnières qui font référence à l'industrie extractiviste dans laquelle sa famille s'est illustrée, qu'elle recouvre parfois, contre toute attente, d'une housse en crochet orange vif qui rappelle le tricot d'une grand-mère attendant patiemment l'arrivée d'une nouvelle naissance. L'artiste pratique le détournement[5] en faisant énoncer à des formes familières – par exemple ces animaux et autres personnages cartoonesques –, parfois explicitement, des messages qui ne leur sont a priori pas associés. En superposant la silhouette du faon aux messages « gaslighting » (p. 52) et « love bombing »[6] (p. 53) sur ses œuvres éponymes, l'artiste out[7] Bambi en *fuckboy*[8] dont il faudra se méfier. Dans la sculpture *Hetero* (2020) (pp. 74, 75), il se tient, debout sur ses pattes frêles, sur une malle au vert acidulé, comme pour en protéger le contenu. Ne soyez pas dupe : Bambi, sous son air angélique, a des secrets plein les tiroirs. Tout comme le groupe de petits cochons (ou devrais-je dire, de petits porcs) en peluche de la série *Open Your Shirt Please* (2019) (pp. 80–93), que l'on surprend, endormis, toujours munis des menottes et autres accessoires en cuir nécessaires à leurs jeux BDSM de la veille. Avec Cosima von Bonin, les apparences sont trompeuses, alors préparez-vous à secouer un peu vos préjugés, au gré de révélations exclusives.

En rapprochant des signes a priori décorrélés, dont les imaginaires sont parfois en absolue contradiction, Cosima von Bonin crée des situations cocasses dans lesquelles elle dévoile métaphoriquement la face sombre de la société du spectacle. Elle pointe la manipulation opérée par les industries du spectacle et du divertissement, qui contribuent à nous formater dès le plus jeune âge en nous encourageant à nous identifier et à comprendre le monde à travers des personnages aux personnalités fixes, simplistes et normatives, qui, en fait, sont des outils idéologiques de contrôle social. Les personnages bienveillants de notre enfance étaient des imposteurs. Daffy Duck ? Une drag queen soûlarde et aigrie ! Mickey Mouse ? Un pantin sans cervelle ! Bambi ? Faux ingénu (et ô scandale… peut-être même gay) ! L'ancien membre de l'Internationale Situationniste Raoul Vaneigem, dans son *Traité de savoir-vivre à l'usage des jeunes générations*, affirme que l'obéissance des citoyen·nes n'est désormais plus assurée par la religion, mais « résulte d'une foule de petites hypnoses : information, culture, urbanisme, publicité, suggestions coordonnantes au service de tout ordre en place et à venir »[9]. L'artiste rend ces mécanismes visibles en les mettant face à un miroir grossissant – voire déformant, comme à la fête foraine. Elle rompt le charme. Helloooo ! Fini l'hypnose collective !

5: Le détournement fait ici référence à une méthode artistique utilisée par l'Internationale Situationniste depuis les années 1950. Il consiste à détourner des signes existants pour retourner « des expressions du système capitaliste et sa culture médiatique contre elles-mêmes » (Douglas B. Holt).

6: Ces termes, popularisés ces dernières années par la psychologie et le développement personnel, désignent des mécanismes de manipulation psychologique souvent utilisés dans des relations romantiques. Le « gaslighting » consiste à faire douter une personne de sa perception et de sa santé mentale pour inverser les rôles de victime et coupable, quand le « love bombing » est caractérisé par un impétueux et passager déferlement d'attention et d'affection.

7: Cette expression est utilisée en anglais pour qualifier la révélation (contre son gré) de l'orientation sexuelle ou du genre d'une personne. Elle est cependant de plus en plus utilisée (comme ici) de manière générale et ironique, concernant la révélation d'un secret sur une autre personne.

8: Encore un anglicisme (pardon) qui désigne un jeune homme hétérosexuel séducteur qui traite ses nombreuses partenaires avec peu d'égard.

9: Raoul Vaneigem, *Traité de savoir-vivre à l'usage des jeunes générations*, Paris, La Découverte, 1967.

Dans *L'œuvre de François Rabelais et la culture populaire au Moyen Âge et sous la Renaissance*[10], le théoricien russe Mikhaïl Bakhtine s'attarde sur la tradition du carnaval apparue au Moyen Âge : un moment fugace et festif pendant lequel les hiérarchies sociales et de classes sont totalement suspendues, voire inversées. On imite, on moque, on transforme, on parodie, notamment à travers le costume. Le rire devient un procédé cathartique, permettant au peuple d'évacuer un peu les frustrations et les souffrances d'une vie qui, au moins à l'époque, était faite de soumission et d'oppression. Pendant quelques heures de célébration, le fou peut prendre la place de la reine. Le chaos règne. S'il est fugace, ce moment peut s'envisager comme un temps pendant lequel on questionne les normes en place, et où l'on peut entrevoir et tester un ordre et des relations sociales différentes, et donc poser les bases d'un changement futur. Le carnavalesque découle de cette tradition, devenant un style pouvant s'appliquer à d'autres formes et d'autres contextes – la littérature ou les arts visuels par exemple.

10: Mikhaïl Bakhtine, *L'œuvre de François Rabelais et la culture populaire au Moyen Âge et sous la Renaissance*, Paris, Gallimard, 1970.

La langue carnavalesque est, selon Bakhtine, « marquée, notamment, par la logique originale des choses "à l'envers", "au contraire", des permutations constantes du haut et du bas [...], de la face et du derrière, par les formes les plus diverses de parodie et de travestissement, rabaissements, profanations, couronnements et détrônements bouffons. »[11] Comment ne pas voir dans cette tirade le travail de Cosima von Bonin ? Rappelons que, le temps d'une exposition, les poissons semblent en route pour un feu de camp au bord de la mer, les humains ont disparu, Daffy Duck, en plein délire mégalo, se prend pour le Messie. Ils forment un monde grotesque ou chacun·e se comporte de manière plus ou moins déviante, défiant les présupposés qui lui sont attribués, ainsi que les normes de bienséance. Cosima von Bonin malmène ses références, cite et profane la mémoire de ses maîtres, ou dirais-je, les princes de l'histoire de l'art canonique – *Le Perdant Radical* (2021) (p. 66) est un clin d'œil évident aux lampadaires déformés de Martin Kippenberger, et *Mike Kelley is my Goddess* (2023) (p. 217) mégenre avec tendresse l'icône américaine. Après tout, la légende veut que Cosima von Bonin se soit autoproclamée artiste dans les années 1990, un sacre qu'elle orchestra de derrière le comptoir du bar de Cologne où elle servait les pontes (pour la plupart masculins) de l'art allemand. Le monde qu'elle crée est distordu, « à l'envers », tant conceptuellement que formellement. Au Mudam, des tables géantes modifient totalement la perception de notre corps mais aussi de l'espace, cassant le clocher de verre de cette cathédrale de l'art contemporain. Elles nous ramènent à l'enfance, lorsque nous observions tout « d'en bas ». À quatre pattes sous la table du soporifique dîner des adultes, la nappe devenait une cabane, et les miettes ramassées par terre, le repas de nos ami·es imaginaires. De même, au lieu de placer ses panels de tissu sagement aux murs, comme il est de mise, elle les présente souvent sur des socles, groupés jusqu'à l'entassement, à la manière d'une forêt ou d'un labyrinthe ; ou bien se faisant face de sorte que l'on puisse en voir l'envers. Si le carnavalesque « se situe aux frontières de l'art et de la vie [...] c'est la vie même présentée sous les traits particuliers du jeu »[12], c'est précisément le procédé employé par l'artiste, qui cherche à réactiver, par des formes familières, la curiosité, la spontanéité et l'ouverture d'esprit qui caractérisent l'enfance.

11: Bakhtine, *op. cit.*, p. 19.

12: *Ibid.*, p. 15

Cosima von Bonin s'illustre aussi dans la tradition carnavalesque par son utilisation du tissu, qui, là encore, fait un pas de côté par rapport au récit officiel de l'histoire de l'art, qui l'associe traditionnellement à la sphère domestique et à des revendications féministes. Non, vraiment, il n'est pas question ici de travail reproductif. Cet intérêt se traduit par les panels faits de patchworks de tissus qui sont sa signature, mais aussi les costumes et accessoires dont elle pare ses sculptures, des références régulières à des marques ou des maisons de mode (Yves Saint Laurent, A.P.C., etc.) ou même l'organisation avec Kai Althoff, en 1996, d'un défilé dont elle était elle-même l'une des mannequins. Les vêtements sont des marqueurs sociaux de classe, d'âge, de genre, d'orientation sexuelle ou politique. À travers eux, on prétend appartenir à un groupe, ou au contraire s'en démarquer. C'est aussi l'une des choses qui distingue l'humain de l'animal, relevant à la fois du besoin fonctionnel de se couvrir, mais aussi d'une certaine fantaisie : le besoin de s'entourer, ou plutôt, dans ce cas, de s'envelopper de beauté, d'affirmer sa personnalité et sa place dans le monde. C'est un « excès de sensibilité », comme l'écrit le philosophe Emanuele Coccia, la possibilité de se transformer physiquement, et donc d'agir sur son identité[13]. C'est pourquoi, en hiver, les chiens affublés d'un vêtement nous amusent, voire nous attendrissent : être habillés donne l'illusion de l'agentivité, comme s'ils avaient volontairement choisi d'imiter les humains, sans y arriver tout à fait. Qu'elle les costume ou les accessoirise, Cosima von Bonin anthropomorphise les animaux qui habitent sa pratique. En permettant à ses créatures fantastiques ou animales d'être coquettes, énervées, timides ou perverses, c'est-à-dire de posséder des caractéristiques humaines, l'artiste leur octroie du pouvoir. Elle brise la relation de subordination qui lie les animaux aux humains, leur conférant ainsi une certaine autonomie. Les poissons et autres requins qui composent l'ensemble *What If It Barks* (2018) (pp. 108–121), en sont un exemple. Ceux-ci sont faits à partir de panneaux destinés aux devantures des restaurants de fruits de mer, auxquels l'artiste a affublé jupettes, pagnes, chaînes, guitares basses, sacs à main, planches de surf, rubans et autres ukulélés. L'association avec les animaux marins relève d'un décalage subtil, puisque ces accessoires évoquent souvent un univers proche de ces créatures dans l'imaginaire collectif : celui de la plage. Le monde aquatique, tel qu'approprié, voire fétichisé par les humains. Même les fameux champignons qui peuplent l'œuvre de l'artiste depuis de nombreuses années (p. 154) se parent d'un motif camouflage emprunté au monde militaire ou de la chasse (quand ce n'est pas un tartan ou un tweed), comme pour se fondre dans un sous-bois peuplé d'humains.

13: Emanuele Coccia, « La liberté sensible », dans *La Mode comme indiscipline*, Paris, Éditions B42, 2024.

Les uniformes sont un autre *kink*[14] de l'artiste. On pense au film *Alles Roger Commander* (2001) tourné la même année dans l'exposition *Bruder Poul Sticht in See* au Kunstverein de Hambourg, dans lequel de vrais et faux marins exécutaient une chorégraphie de danse classique approximative, tous vêtus d'un uniforme rayé et du petit bonnet à pompon de circonstance. L'uniforme représente l'appartenance à un corps d'État, la soumission à l'ordre officiel. C'est le symbole de la discipline, de l'individualité qui se doit de disparaître dans le collectif – un collectif minutieusement orchestré et bien évidemment hiérarchisé. Or, quand Cosima von Bonin l'utilise dans son travail, l'uniforme est toujours un peu ridiculisé, ramené à son côté enfantin, légèrement benêt, ou bien fait référence à l'esthétique homoérotique de ces corporations qui étaient traditionnellement exclusivement masculines. *The elephant in the room*[15]. En substituant

14: Désigne habituellement une pratique sexuelle non conventionelle. Ici le terme est utilisé pour qualifier une affinité particulière.

15: Signifiant littéralement « l'éléphant dans la salle », c'est une expression anglaise qui désigne un sujet tabou quoique connu de tous·tes, que l'on évite soigneusement d'aborder.

la chorégraphie militaire et millimétrée par un ballet amateur et maladroit inspiré de la danse classique – une discipline profondément ancrée dans le « féminin » –, Cosima von Bonin se moque des systèmes qui régissent notre société et met à mal l'autorité patriarcale qu'ils symbolisent. Elle organise son propre carnaval, à l'écart des rigides célébrations officielles. Ici, pas de hiérarchie, pas de levée de fusil. Tout le monde est invité à prendre part à une modeste chorégraphie, sans craindre les faux pas. Les thèmes de l'échec, de la fatigue, de l'amateurisme sont d'ailleurs une constante dans le travail de l'artiste. Elle se revendique dilettante, et lorsqu'on lui parle d'appropriation, elle rétorque en s'esclaffant qu'elle n'approprie pas, elle vole ! Ce ton nonchalant et provocateur, qui se retrouve dans son travail à travers l'utilisation régulière de mots grossiers, rappelle la langue carnavalesque, libérée « des formes courantes de l'étiquette et de la décence »[16].

16: Bakhtine, *op. cit.*, p. 19.

Dans son texte *Service d'évacuation des démons* (pp. 225–227), l'autrice Clara Drechsler émet une hypothèse éclairante : Daffy Duck, personnage central du royaume de Cosima von Bonin de ces dernières années, serait un poulet déguisé. Et de fait, l'artiste travestit autant qu'elle dévoile. Peut-être même dévoile-t-elle en travestissant – et n'est-ce pas là l'idée même de la culture *drag*[17] ? En effet, son travail est imprégné des codes de la pratique : les drag queens Mary Messhausen et proddy produzentin performent à chacun de ses vernissages. Au grand dam des institutions, organismes prêteurs et autres assurances, elles manipulent et commentent ses œuvres, les utilisant comme toile de fond de leur performance. Parfois même prennent-elles la parole à la place de l'artiste, donnant lieu à une conférence factice et hilarante. Là encore, Cosima von Bonin crée les conditions pour « un monde à l'envers » où chacun·e revêt l'identité qui lui sied, suivant les principes du carnaval. Selon Bakhtine, le carnavalesque a, comme le carnaval, la capacité de renverser virtuellement le statu quo en abolissant toute hiérarchie préexistante, créant ainsi un espace de potentialités fondé sur une communication renouvelée entre les individus, qui sont alors sur un pied d'égalité. La curatrice Claire Tancons observe que si le carnaval a perdu du terrain en tant que célébration populaire, le carnavalesque est lui particulièrement utilisé comme outil politique de subversion, de rébellion et de ralliement par le rire – c'était le cas pendant le mouvement Occupy Wall Street, qui eut lieu à New York de septembre à novembre 2011[18]. Le drag, si son histoire est bien distincte, emploie un langage similaire. Dans l'ouvrage fondateur *Gender Trouble*[19], Judith Butler démontre ainsi l'aptitude des drag queens à remettre en question les normes de genre binaires en les parodiant. La transgression qui s'opère souligne que le processus de construction sociale et idéologique du genre par la performance et l'internalisation d'une multitude d'attributs et de comportements. Le carnavalesque, en somme, fragmente les identités et les hiérarchies qui s'y rattachent, soulignant ainsi leur caractère arbitraire, tout en pointant notre capacité d'agir pour les modifier. Si Daffy est en drag, il est loin d'être le seul : l'univers entier de Cosima von Bonin l'est. C'est la société humaine qui s'y cache, ou plutôt s'y révèle. À travers des parades carnavalesques plus sombres qu'il n'y paraît, l'artiste donne à voir tout à la fois la réalité, mais propose aussi un monde à l'envers, où les relations de pouvoir et l'identité sont malléables, réversibles, disponibles au jeu et au détournement. Elle claque des doigts, ses personnages se réveillent en sursaut – peut-être que nous aussi ?

17: Le *drag* est une forme de performance consistant à adopter, en les exagérant et en les spectacularisant, des caractéristiques genrées. Née de la scène LGBTQIA+, cette forme de divertissement s'est popularisée ces dernières années avec le succès d'émission TV telles que « RuPaul's Drag Race ».

18: Claire Tancons, « Occupy Wall Street: Carnival Against Capital? Carnivalesque as Protest Sensibility », *e-flux*, numéro 30, décembre 2011.

19: Judith Butler, *Gender Trouble*, Londres, Routledge, 2006. [Traduit en français par Cynthia Krauss, *Trouble dans le genre*, Paris, La Découverte, 2005.]

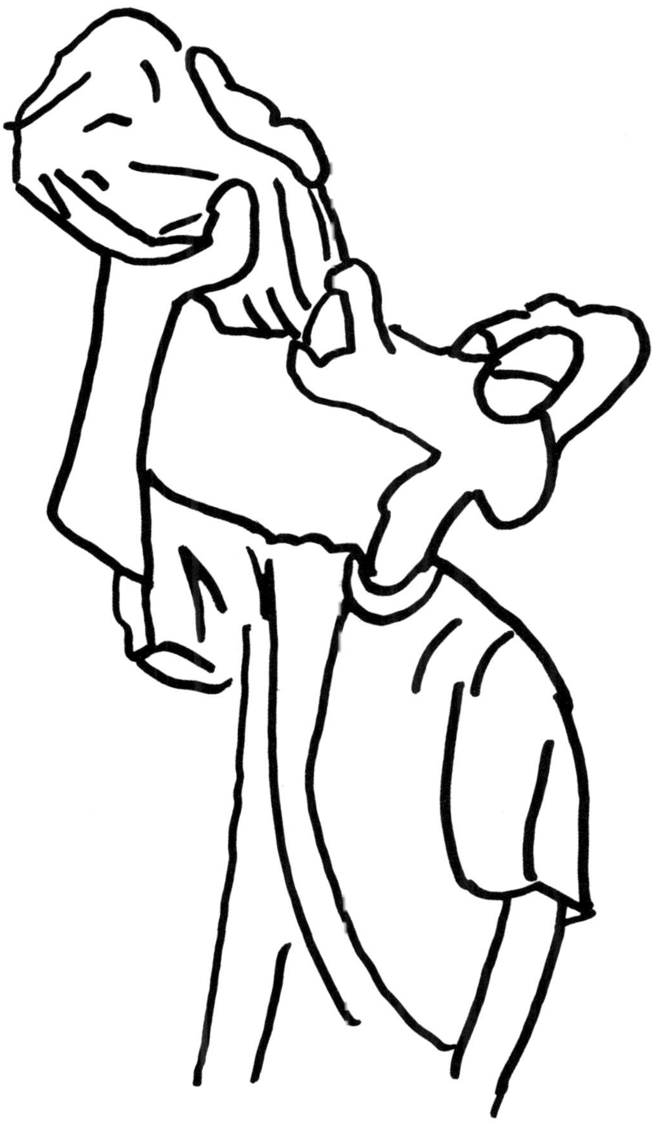

Daffy 1

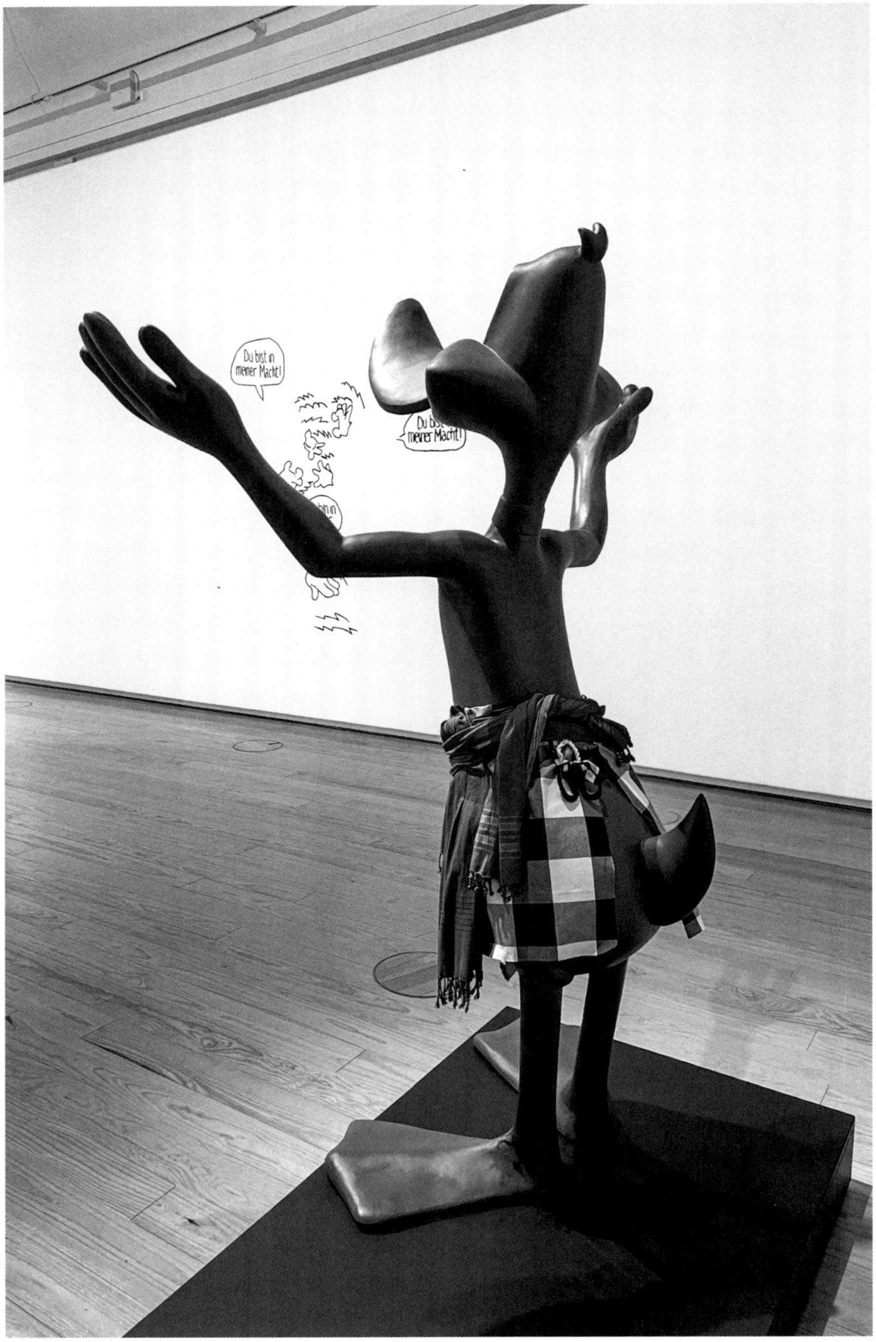

Church of Daffy, 2023
175 × 45 × 40 cm

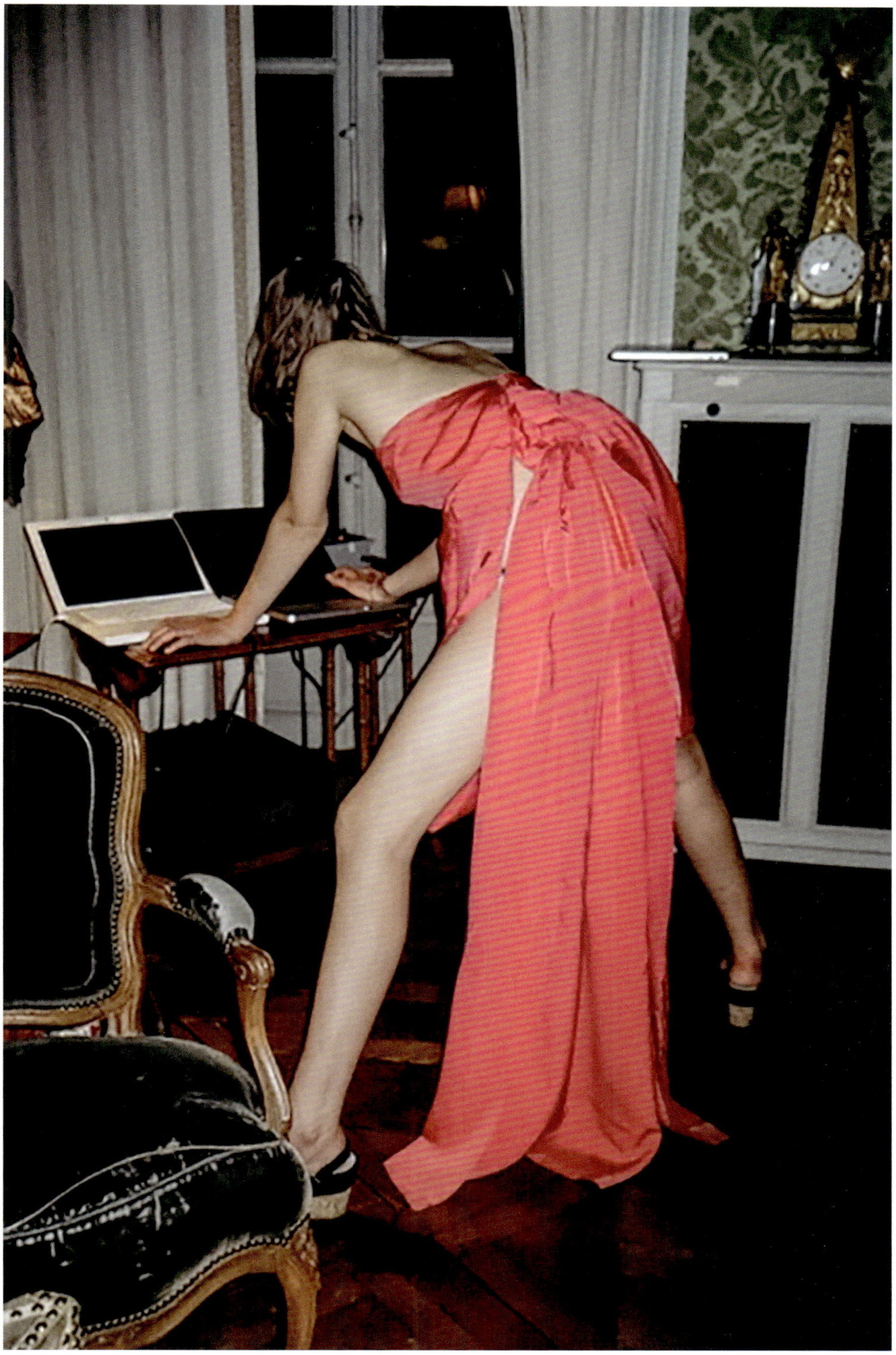

Greta von Oswald

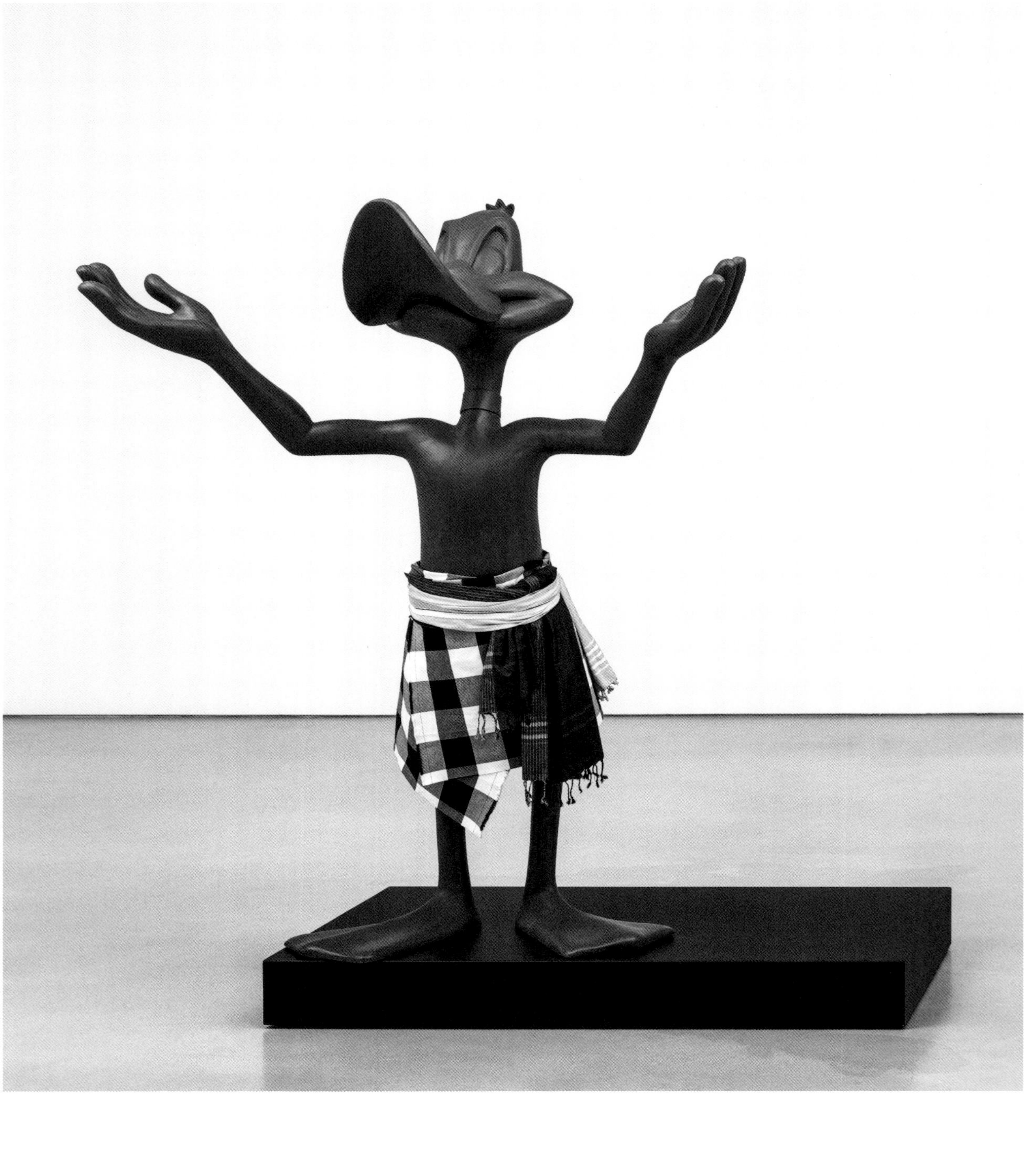

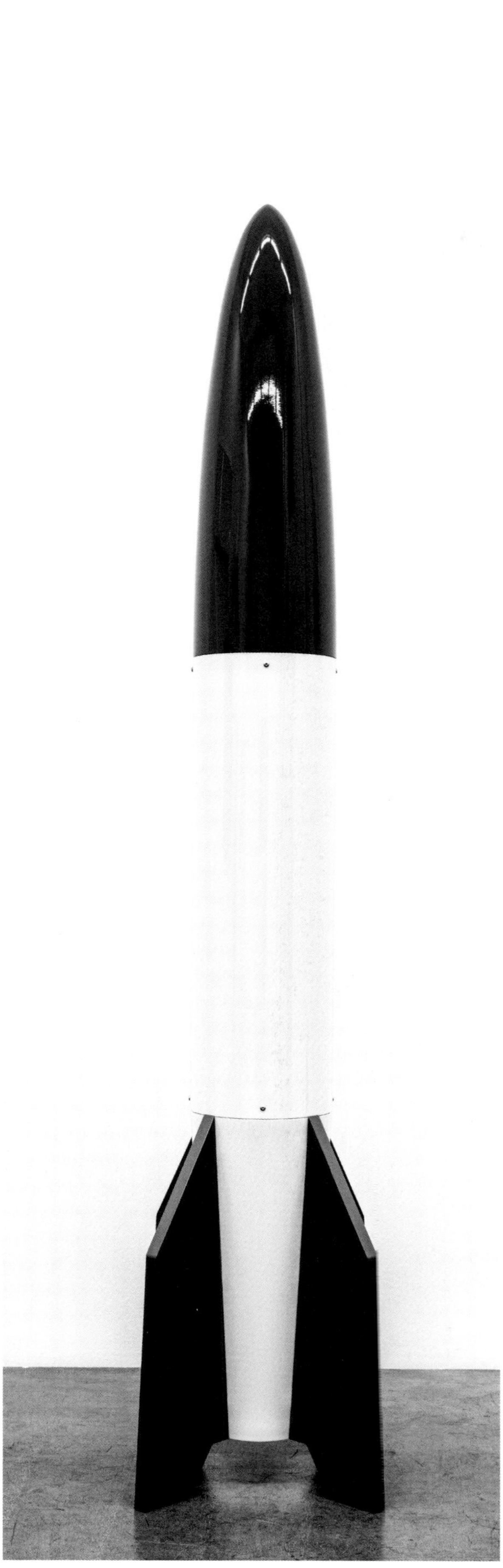

The Loser (White Green Version), 2023
221 × 56 × 56 cm

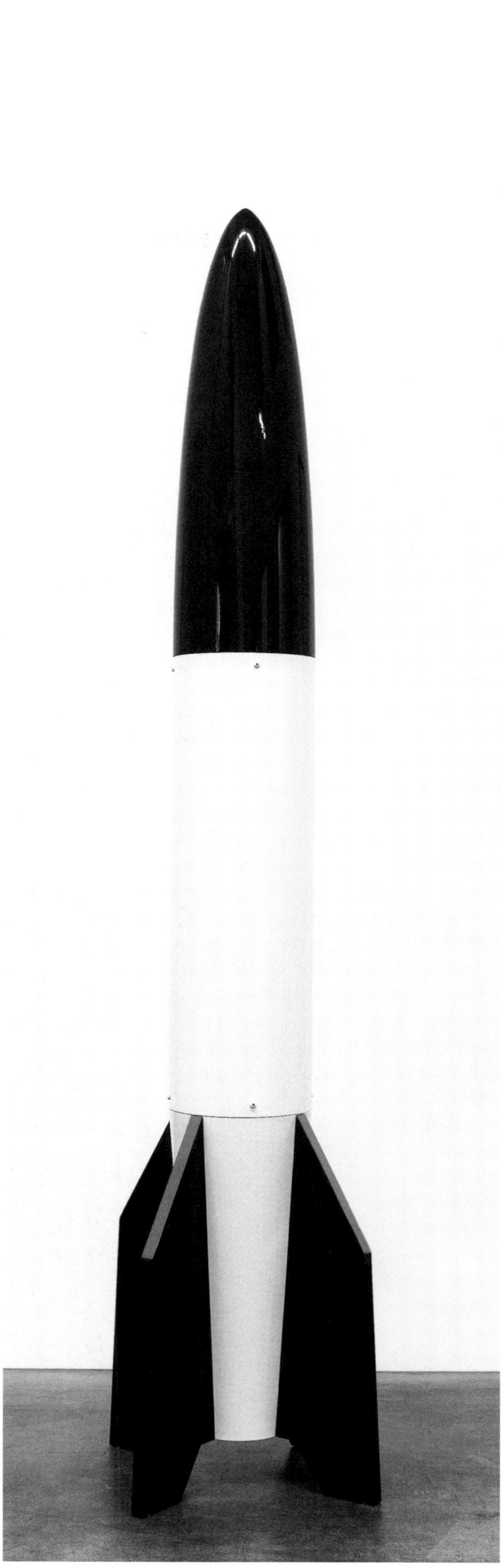

The Loser (Red White Version), 2023
221 × 56 × 56 cm

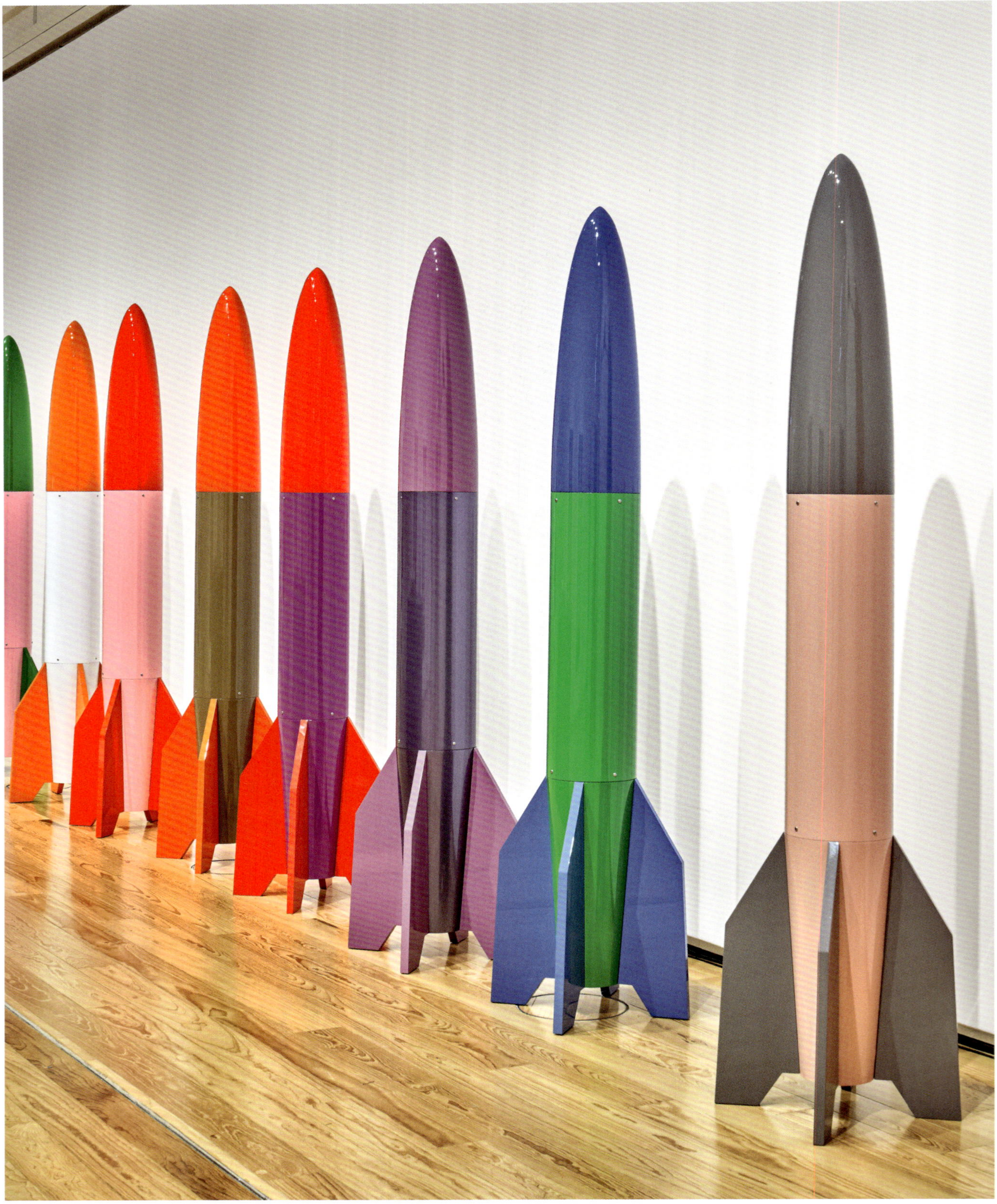

Feelings
Schirn Kunsthalle Frankfurt, 2024

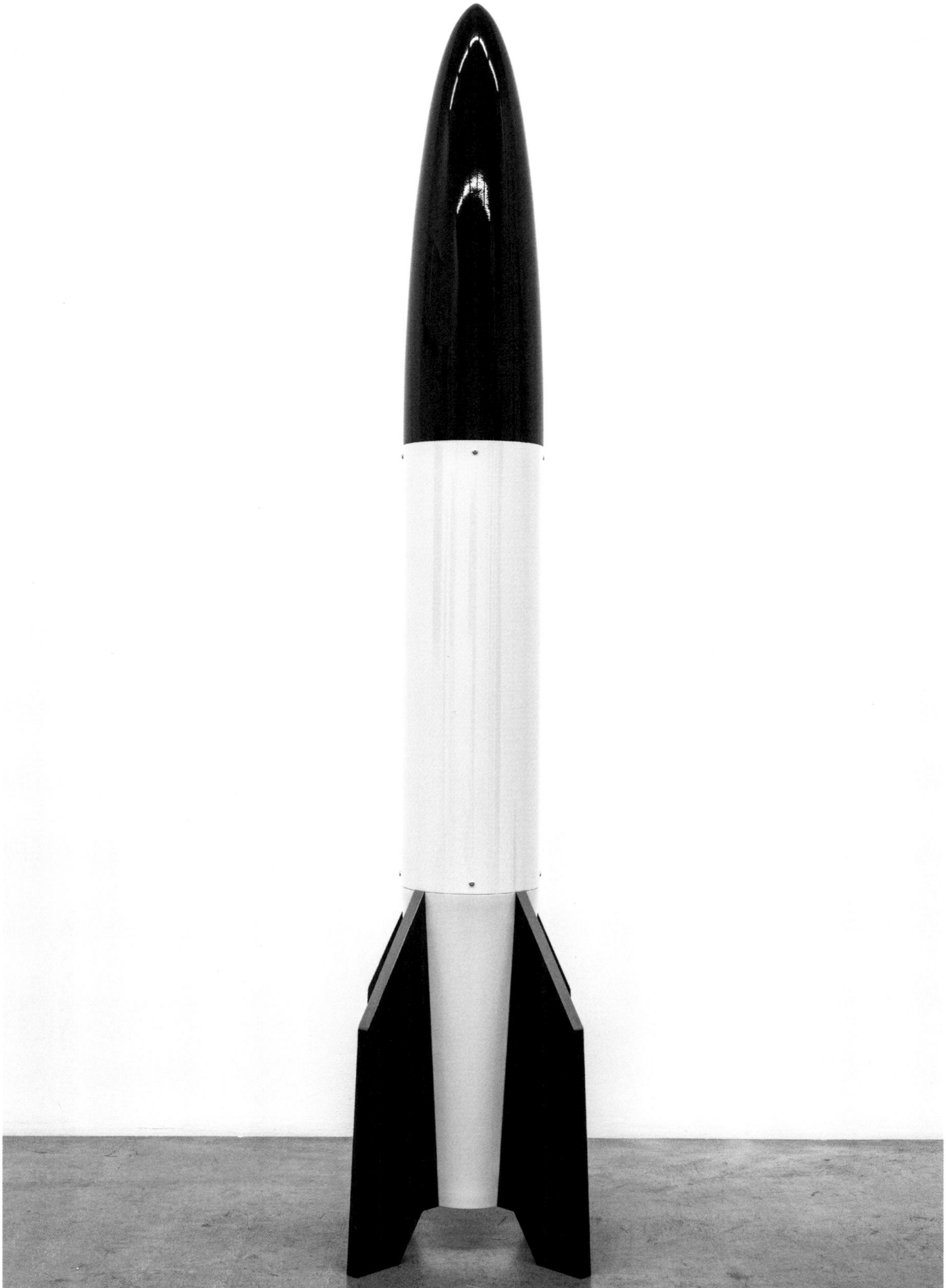

The Loser (Grey Green Version), 2023
221 × 56 × 56 cm

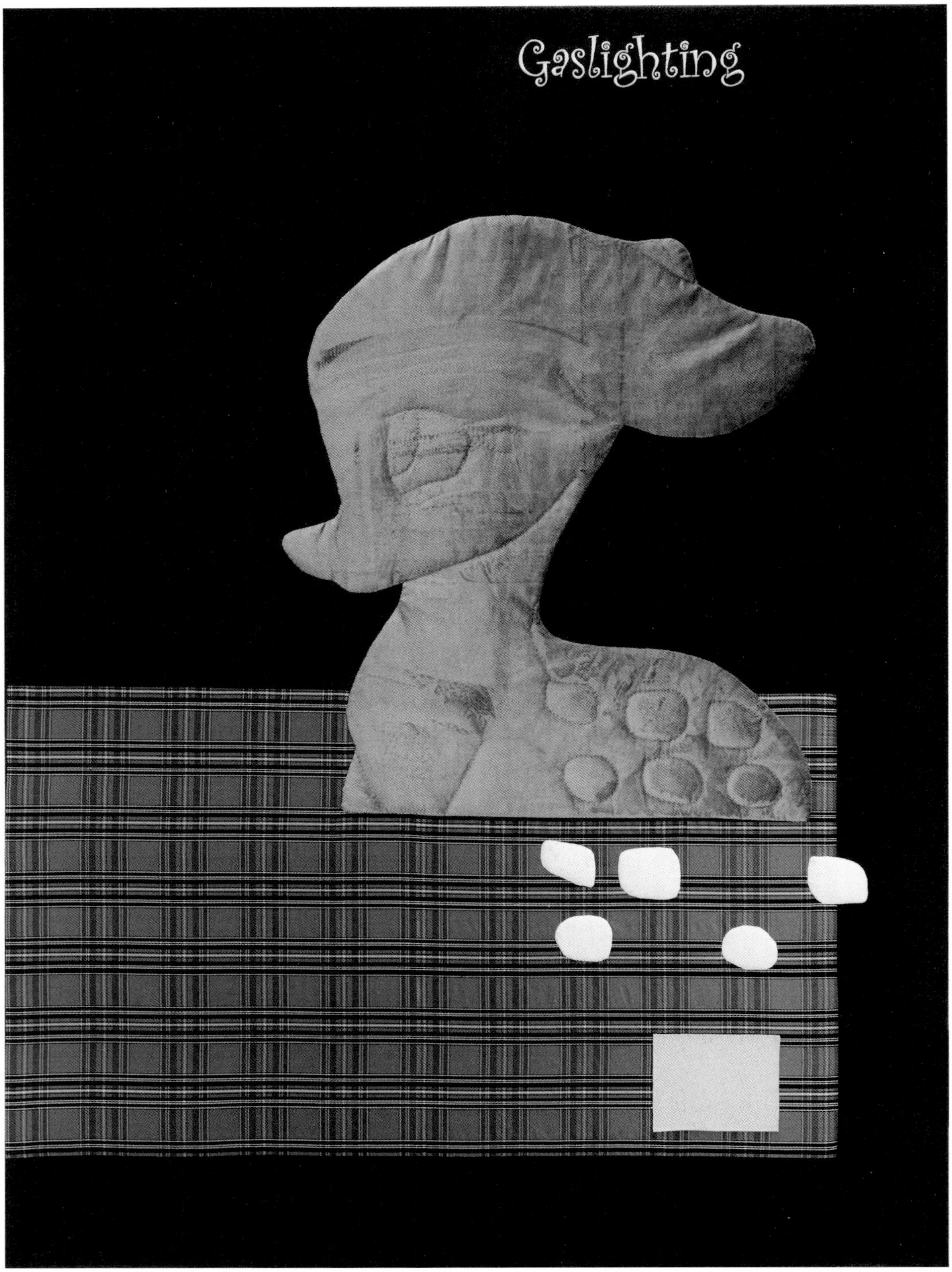

Gaslighting, 2023
202 × 152 × 4 cm

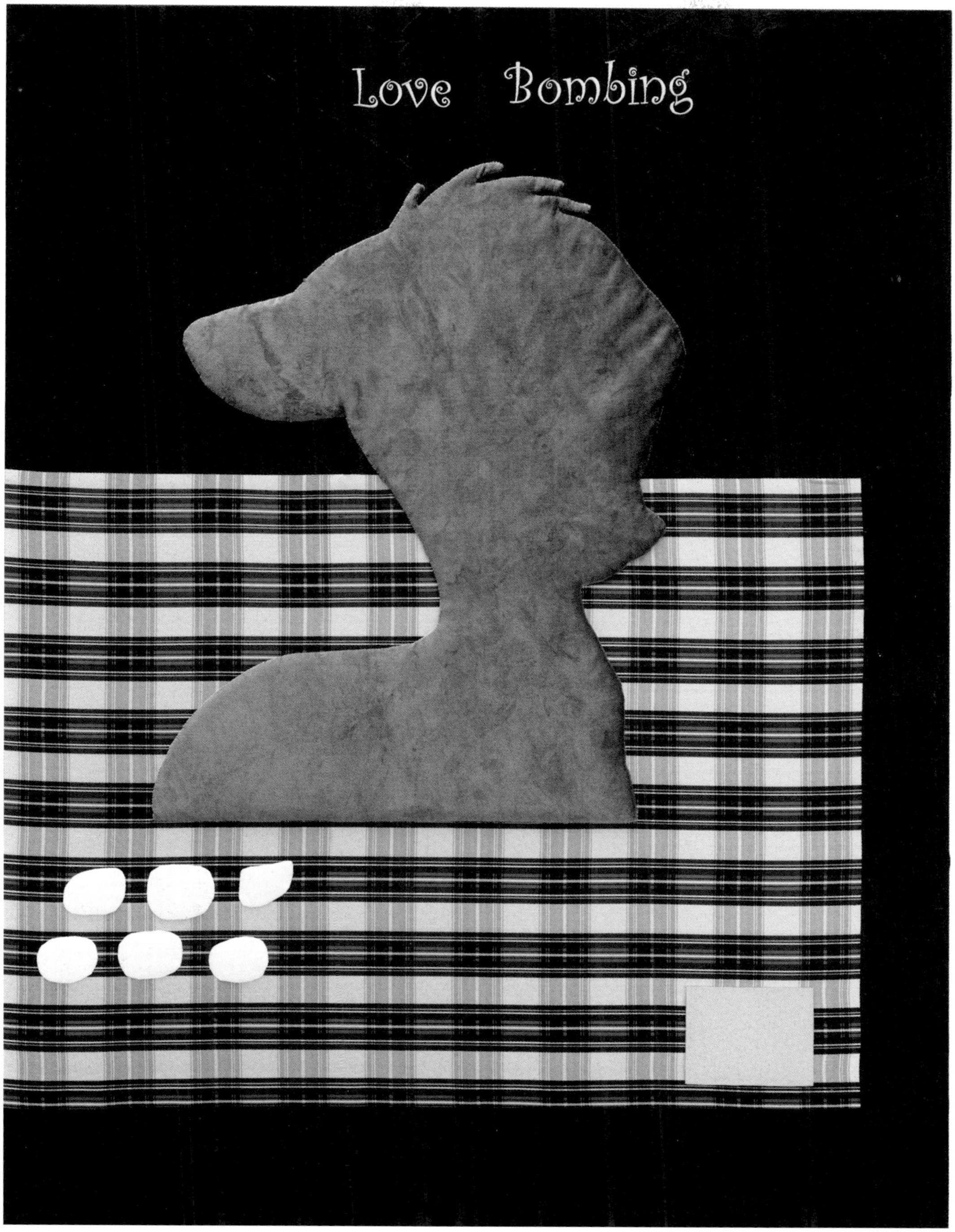

Love Bombing, 2023
192 × 150 × 4 cm

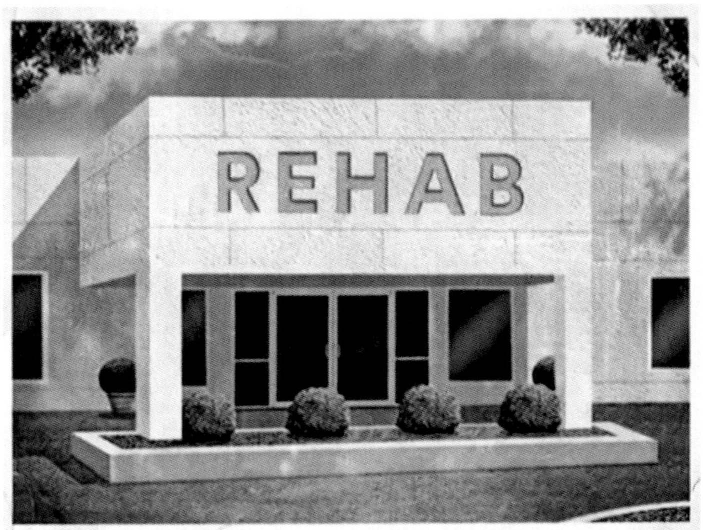
REHAB

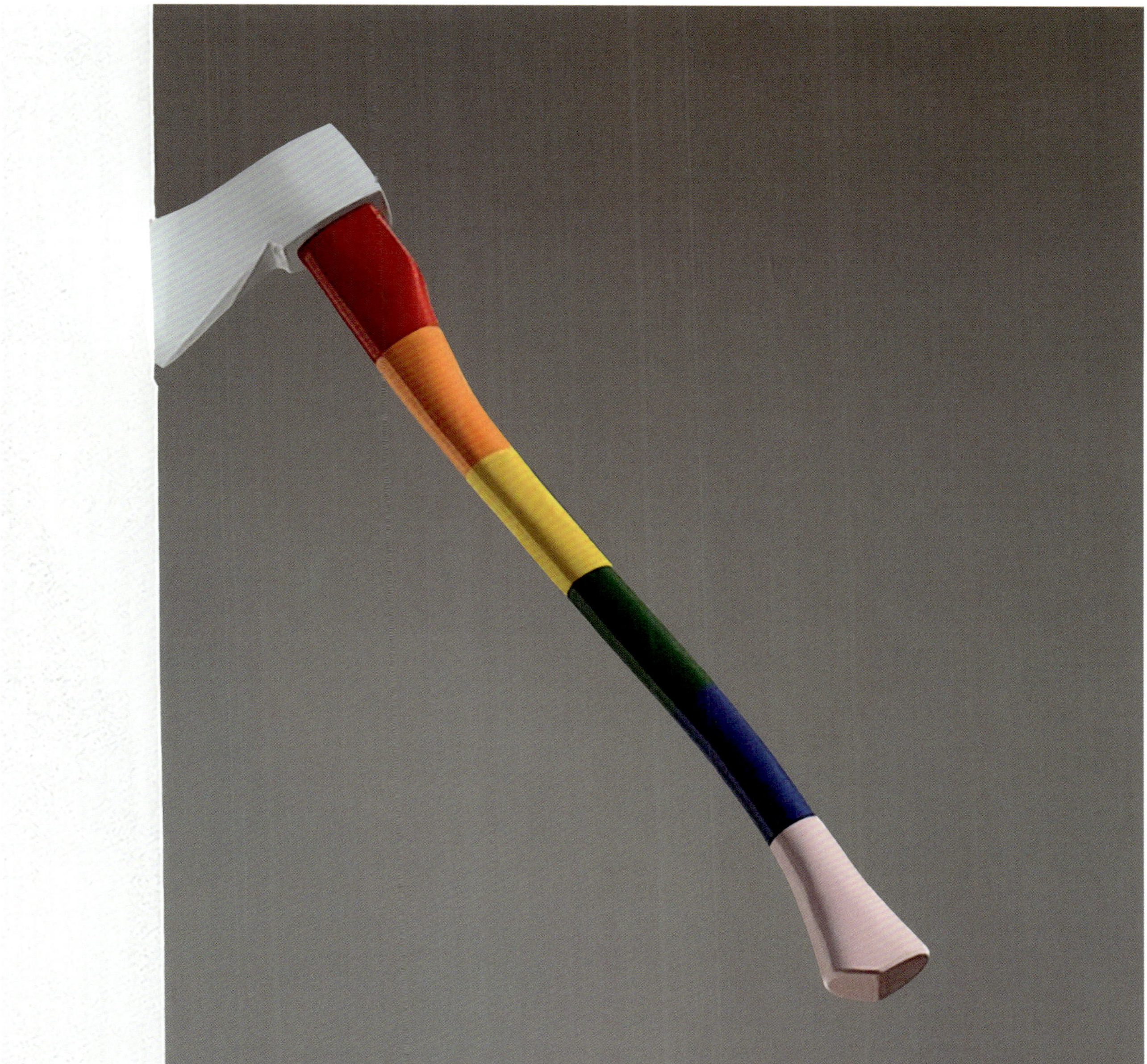

Axe 152, 2022
152 × 45 × 9 cm

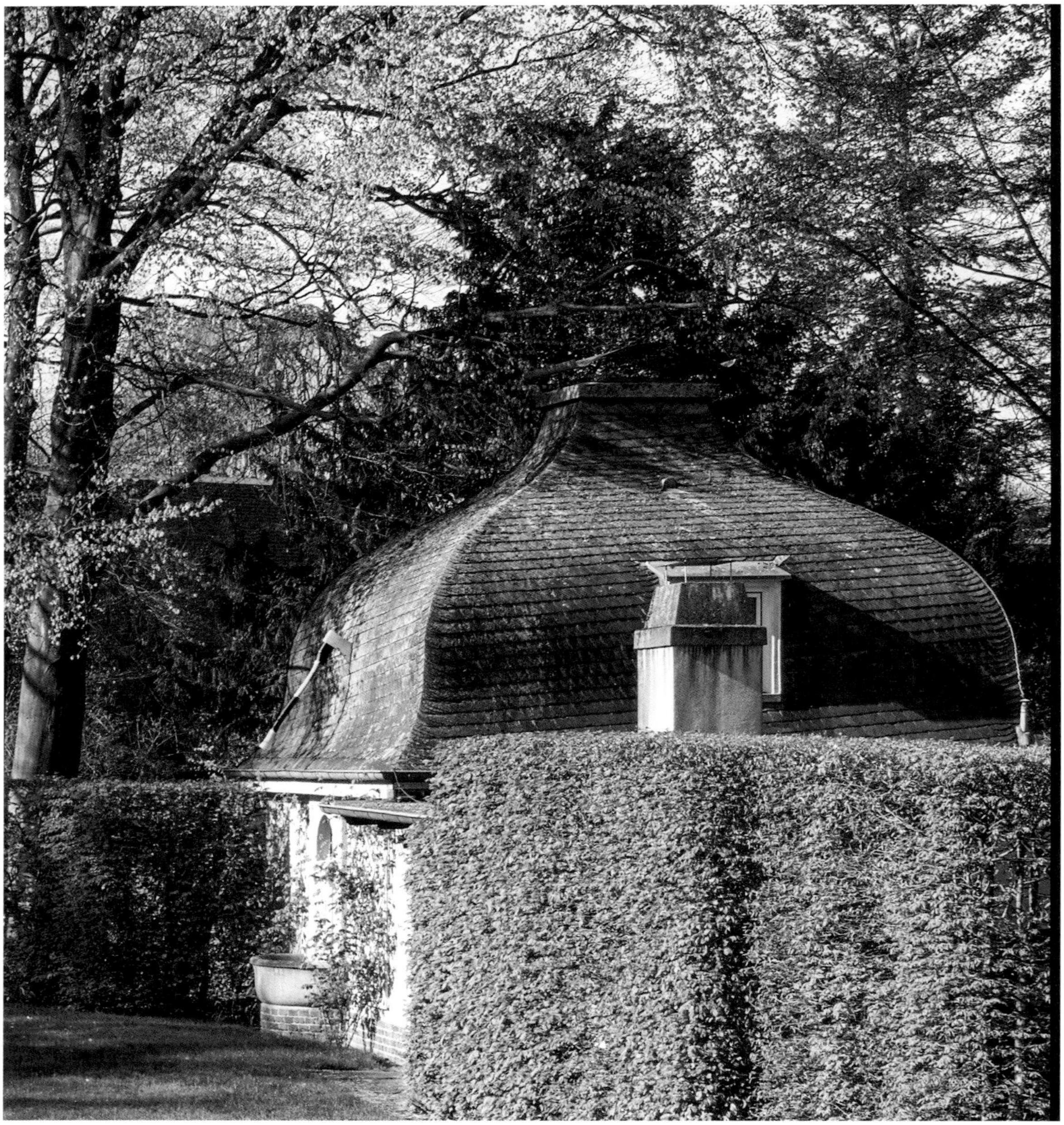

Axe 152, 2022
Sabine and Christian DuMont Schütte's garden house, Cologne

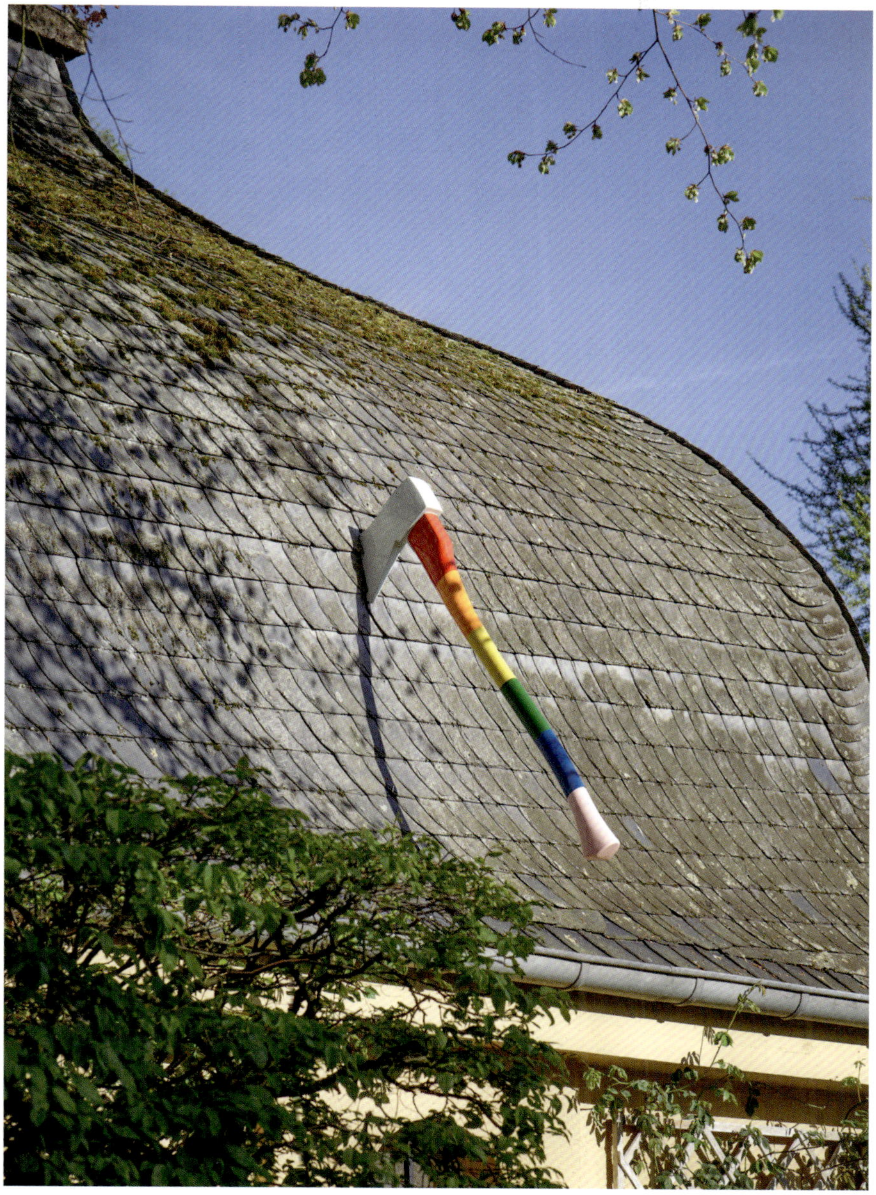

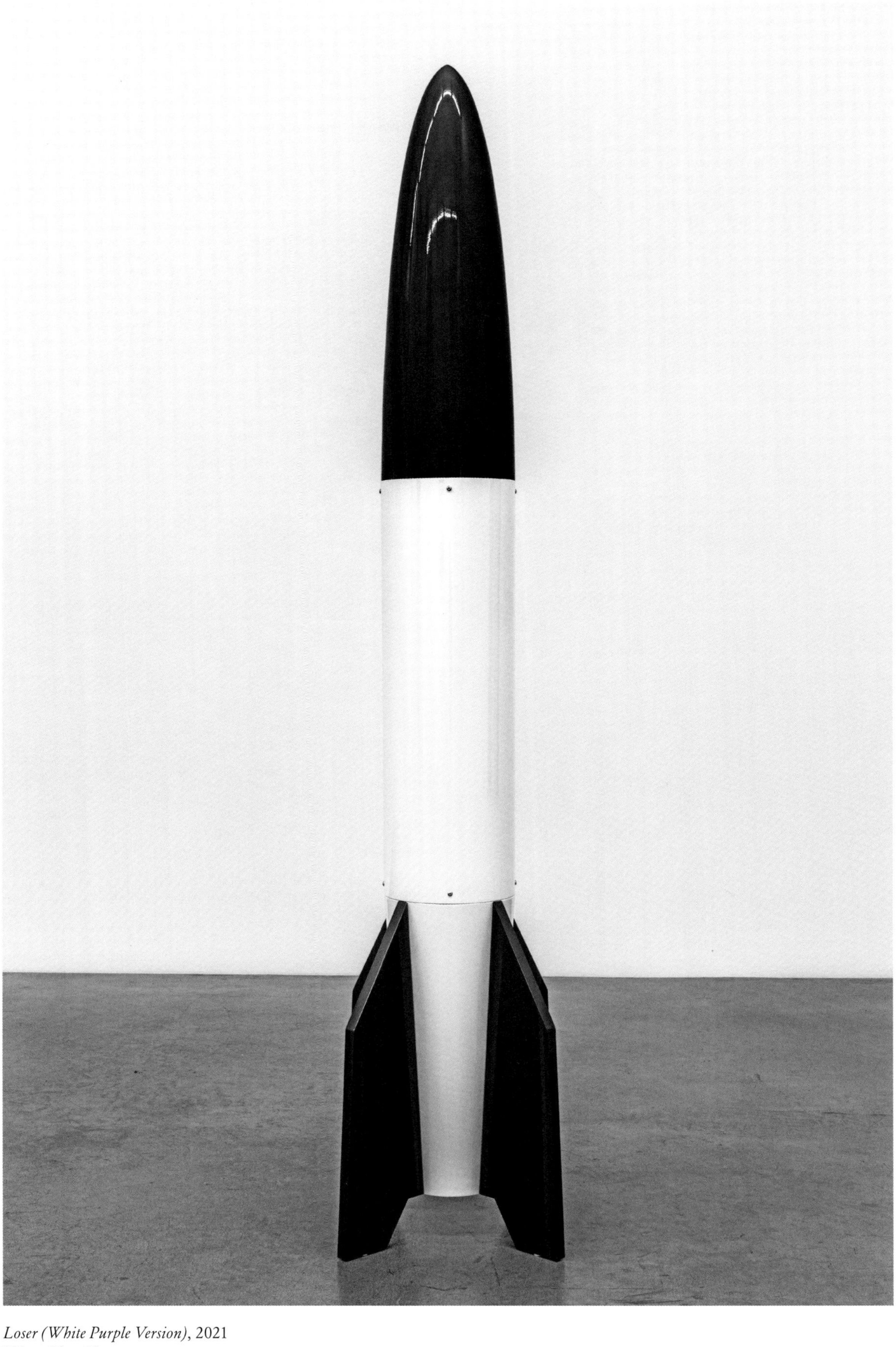

Loser (White Purple Version), 2021
221 × 56 × 56 cm

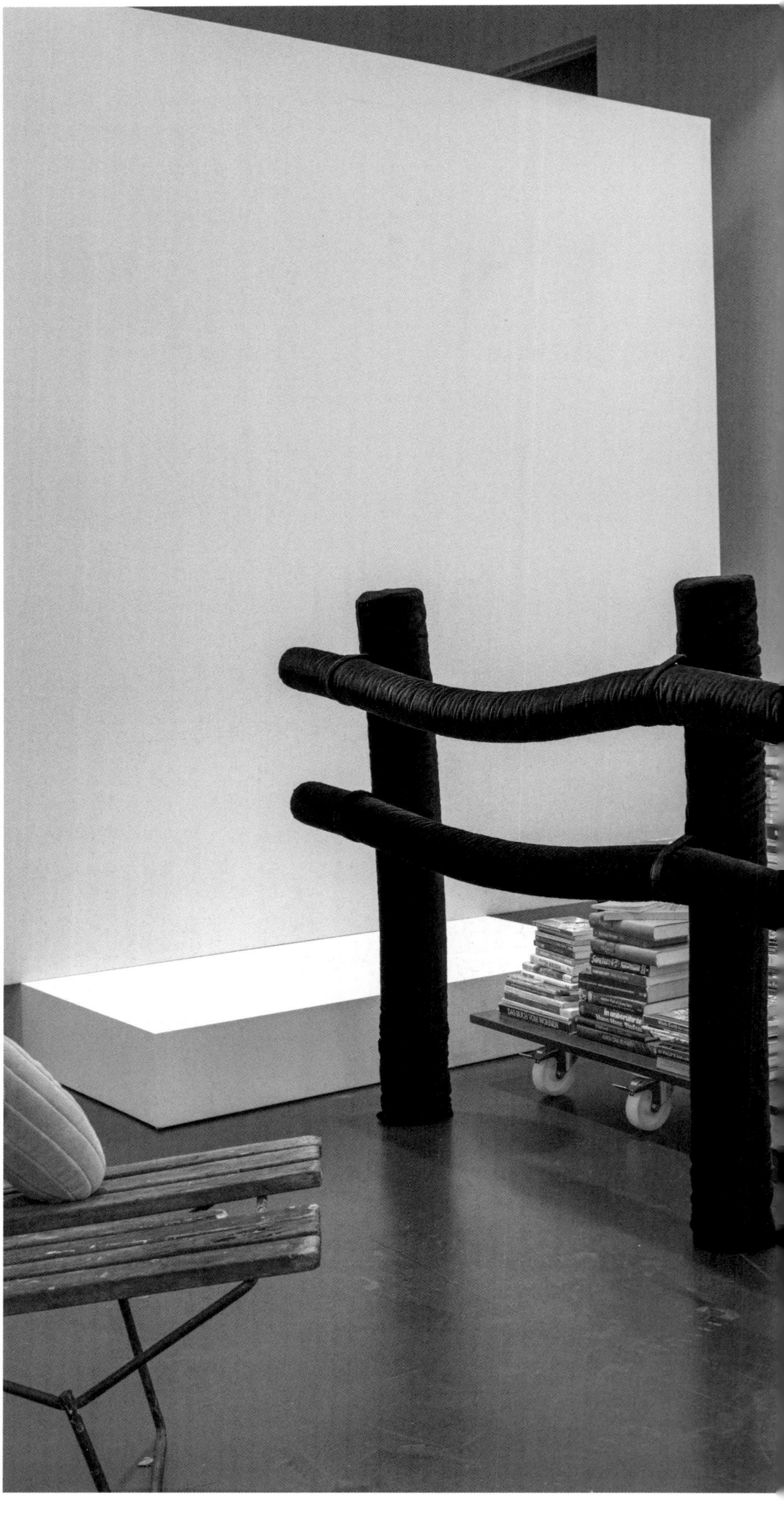

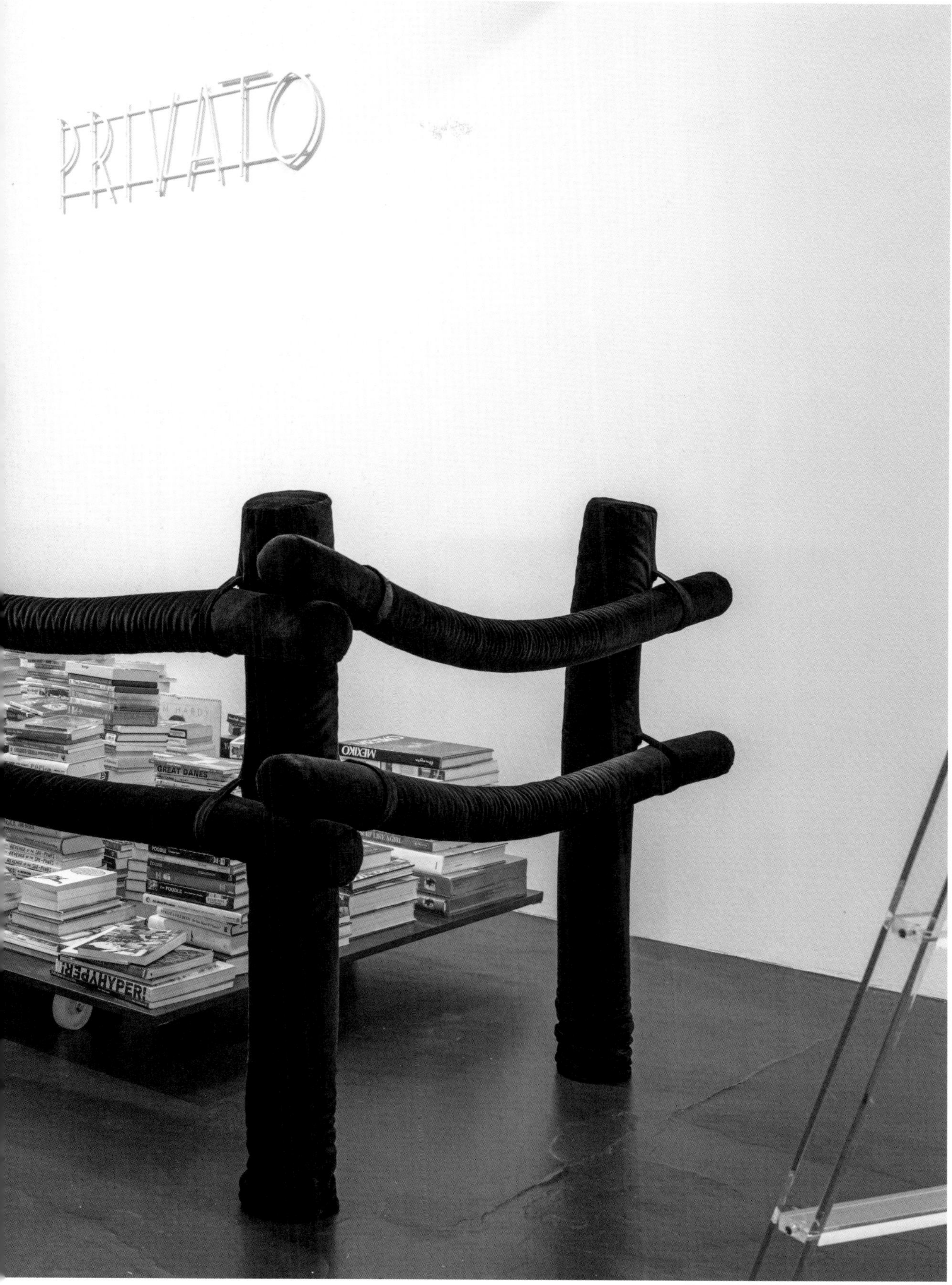

Do Nothing Club, 2021
Dimensions variable

Fence (Corner Version), 2021
112 × 260 × 140 cm

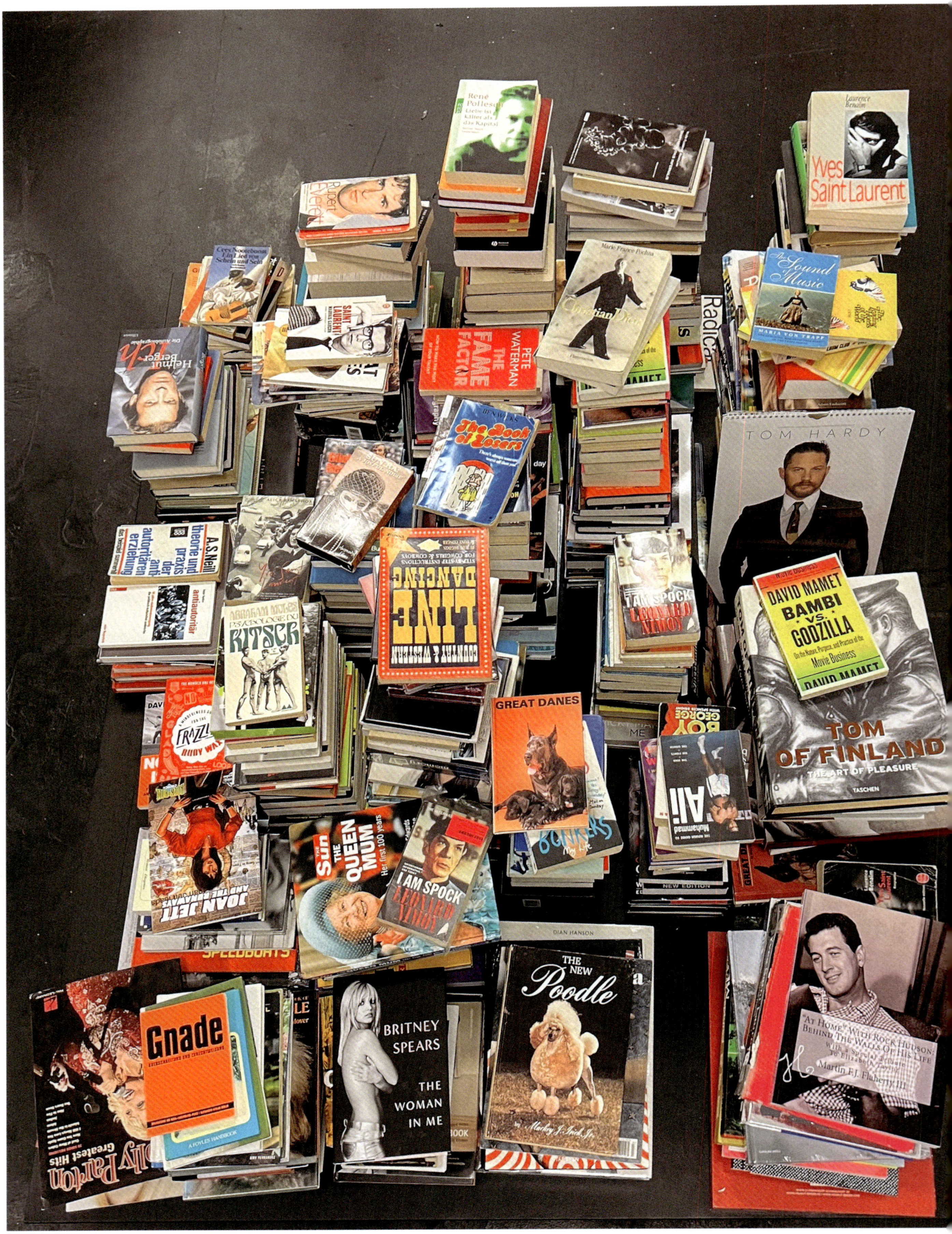
René Pollesch
Liebe ist kälter als das Kapital
Laurence Benaïm
Yves Saint Laurent
Rupert Everett
Cees Nooteboom
Ein Lied von Schein und Sein
Helmut Berger
Die Autobiographie
PETE WATERMAN
THE FAME FACTOR
Marie-France Pochna
Christian Dior
The Sound of Music
MARIA VON TRAPP
Radical
The Book of Losers
TOM HARDY
A.S. Neill
theorie und praxis der antiautoritären erziehung
antiautoritär
Abraham Moles
Psychologie des Kitsch
COUNTRY & WESTERN
LINE DANCING
I AM SPOCK
LEONARD NIMOY
DAVID MAMET
BAMBI vs. GODZILLA
On the Nature, Purpose, and Practice of the Movie Business
TOM OF FINLAND
THE ART OF PLEASURE
TASCHEN
GREAT DANES
BOY GEORGE
Ali
Muhammad
Bonkers
My Life
FRAZZLE
JOAN JETT AND THE BLACKHEARTS
The Sun
THE QUEEN MUM
Her first 100 years
SPEEDBOATS
Gnade
A FOYLES HANDBOOK
Dolly Parton
Greatest Hits
BRITNEY SPEARS
THE WOMAN IN ME
DIAN HANSON
THE NEW Poodle
"AT HOME" WITH ROCK HUDSON:
BEHIND THE WALLS OF HIS LIFE
Martin F.J. Flaherty III

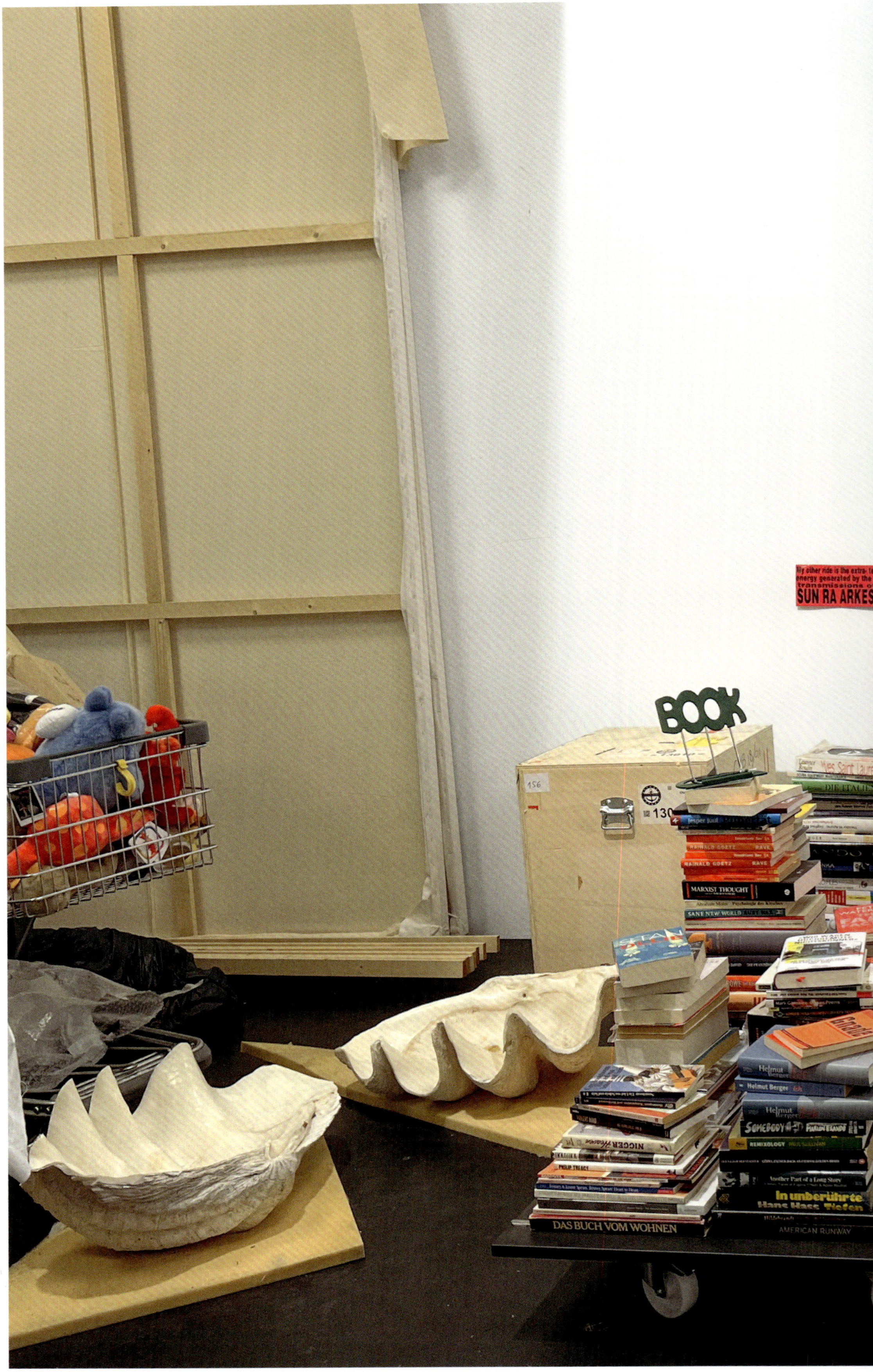
BOOK
MARXIST THOUGHT
Helmut Berger
DAS BUCH VOM WOHNEN
AMERICAN RUNWAY

Köln

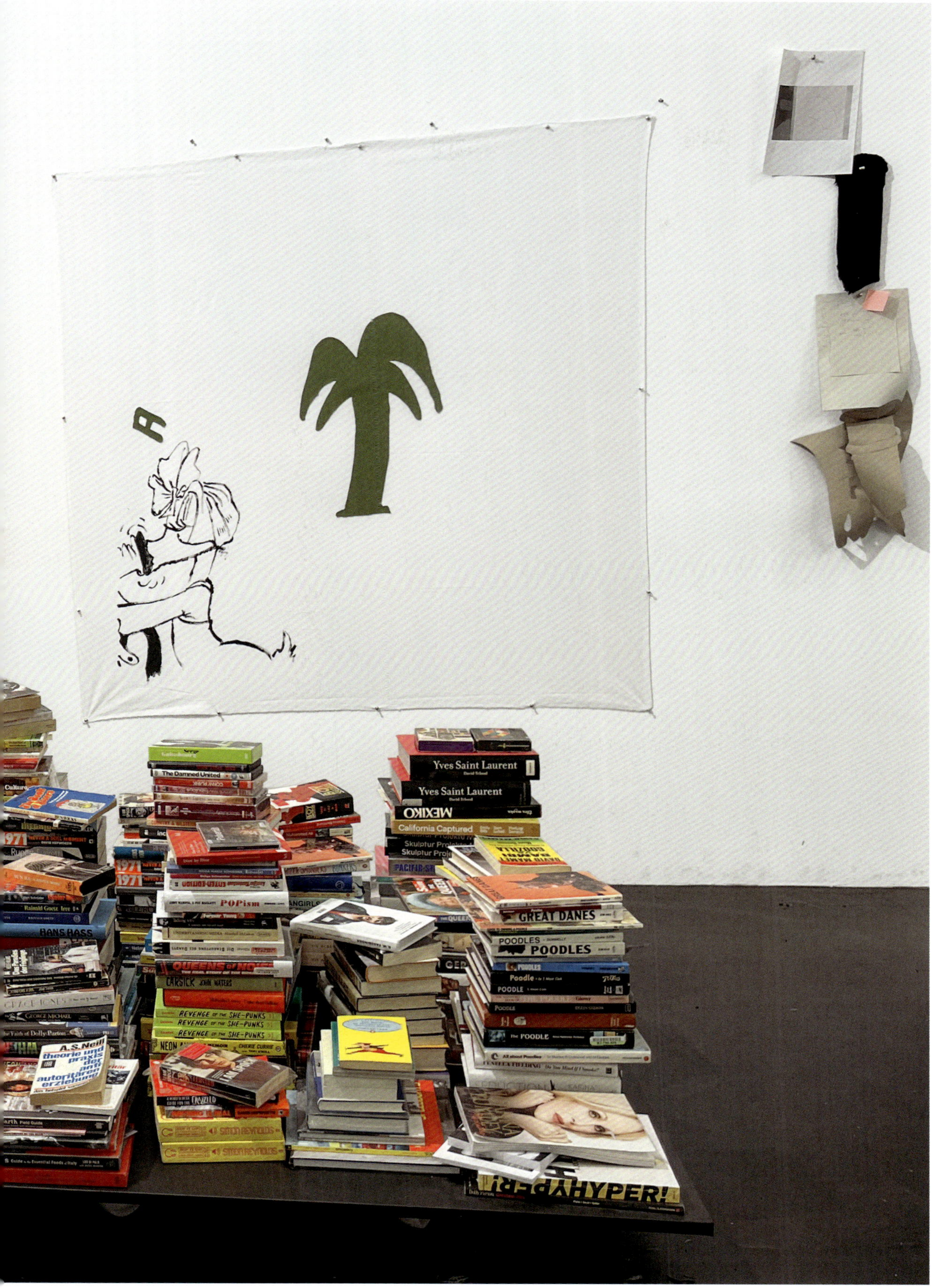
Yves Saint Laurent
Yves Saint Laurent
MEXIKO
California Captured
Skulptur Projekte
The Damned United
POPism
GREAT DANES
POODLES
QUEENS of NOISE
CARSICK JOHN WATERS
REVENGE OF THE SHE-PUNKS
REVENGE OF THE SHE-PUNKS
REVENGE OF THE SHE-PUNKS
A.S. Neill
theorie und praxis der antiautoritären erziehung
HANS HASS
SIMON REYNOLDS
SIMON REYNOLDS
HYPER!

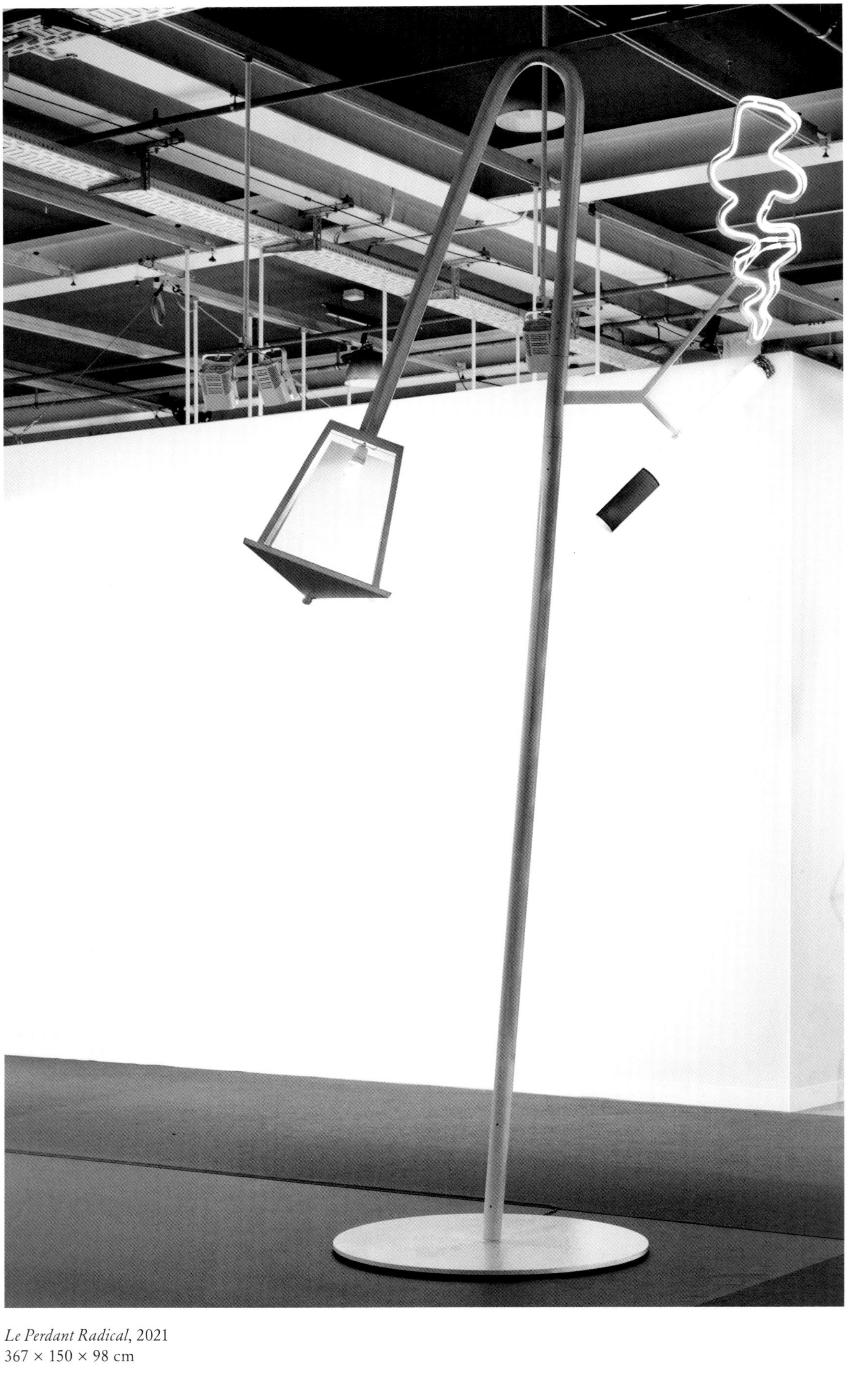

Le Perdant Radical, 2021
367 × 150 × 98 cm

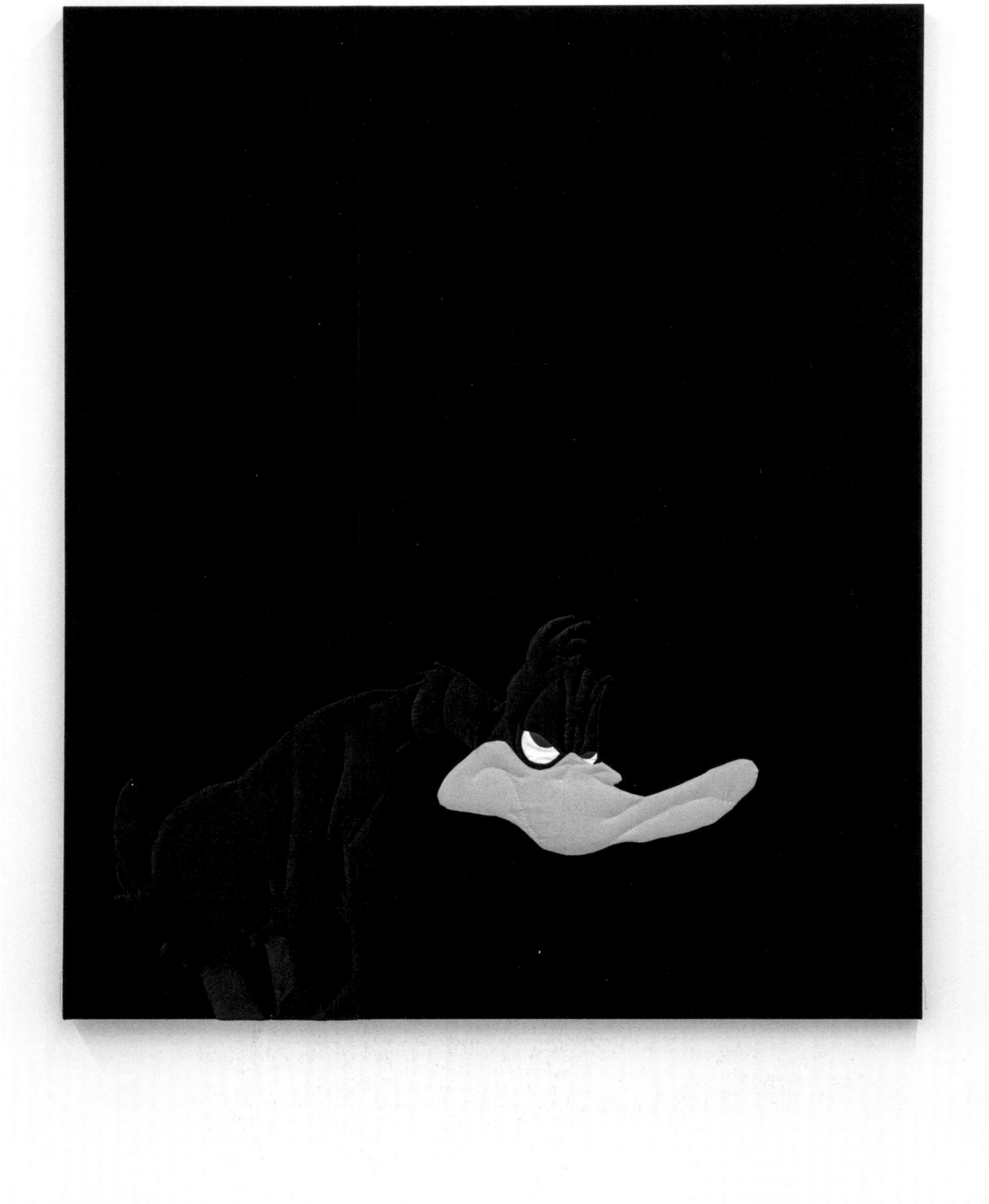

Idle Mafia, 2021
205 × 175 cm

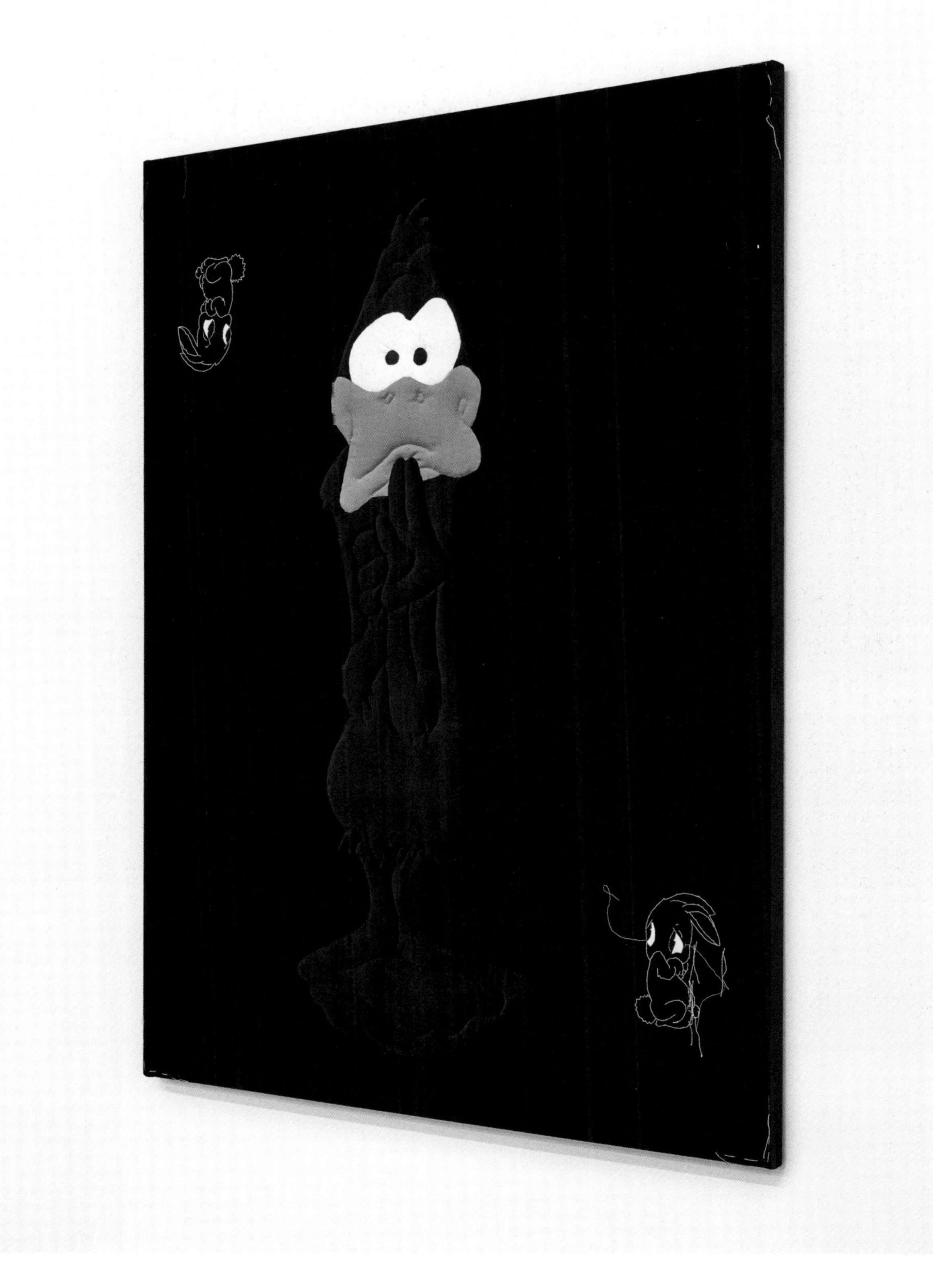

I Love Rilke, 2020
194.3 × 164.5 cm

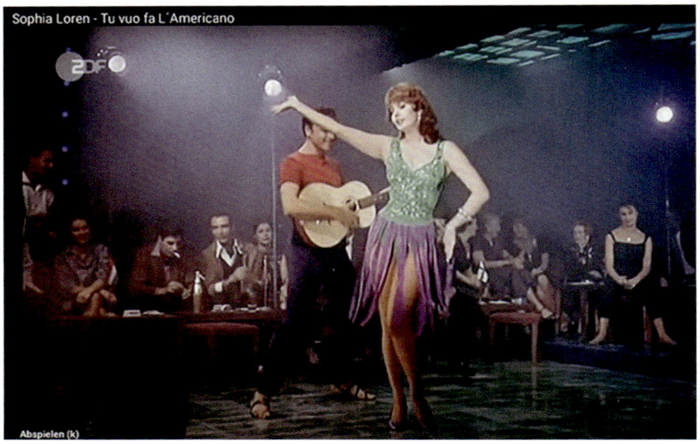
Sophia Loren - Tu vuo fa L´Americano
Abspielen (k)

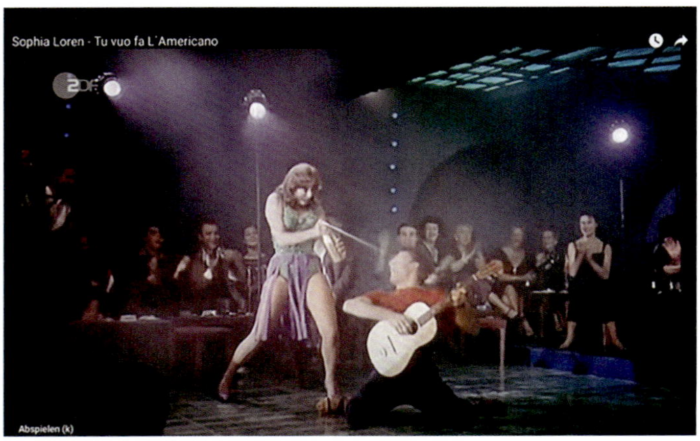
Sophia Loren - Tu vuo fa L´Americano
Abspielen (k)

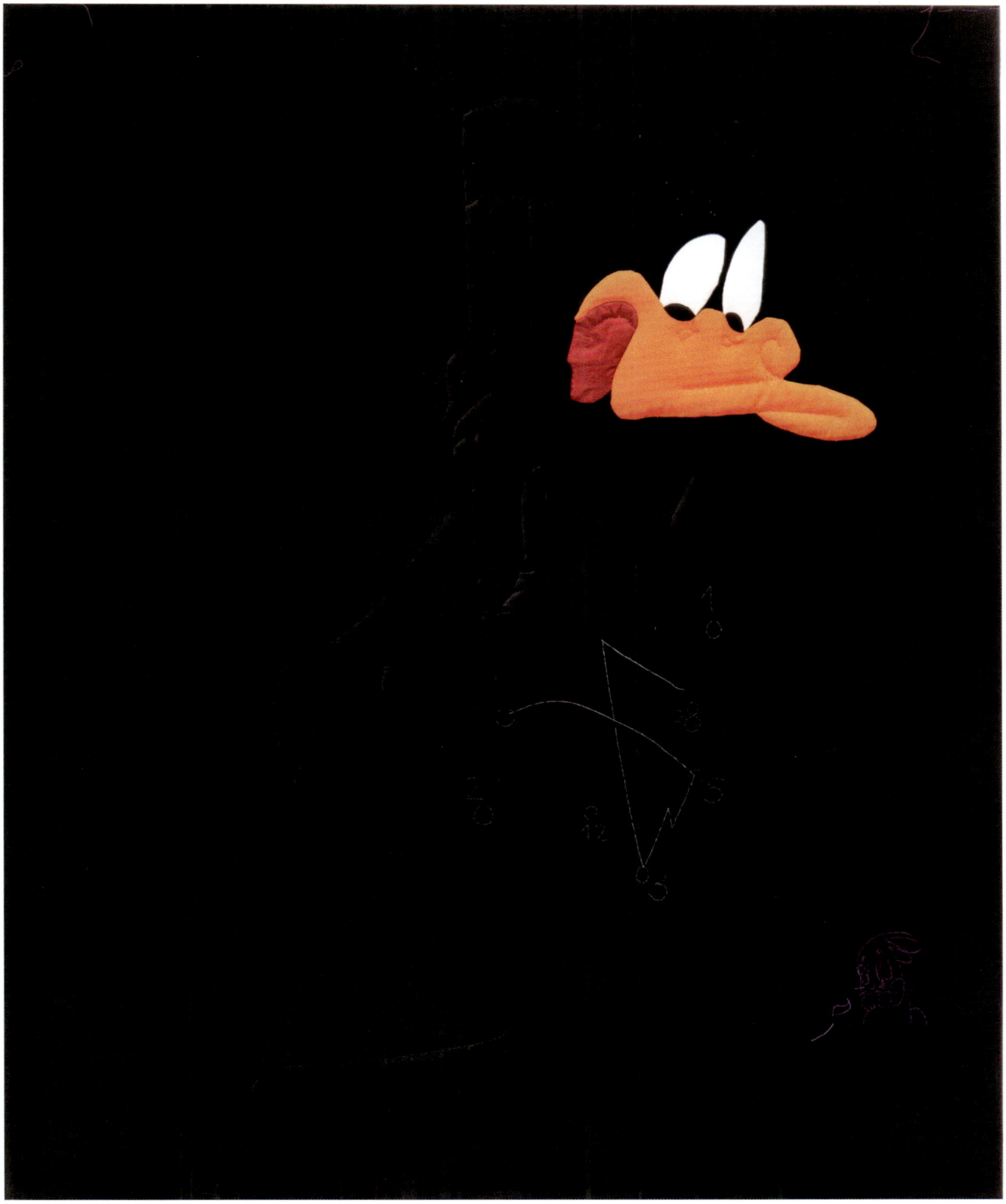

L'Americano, 2020
193.7 × 164.5 cm

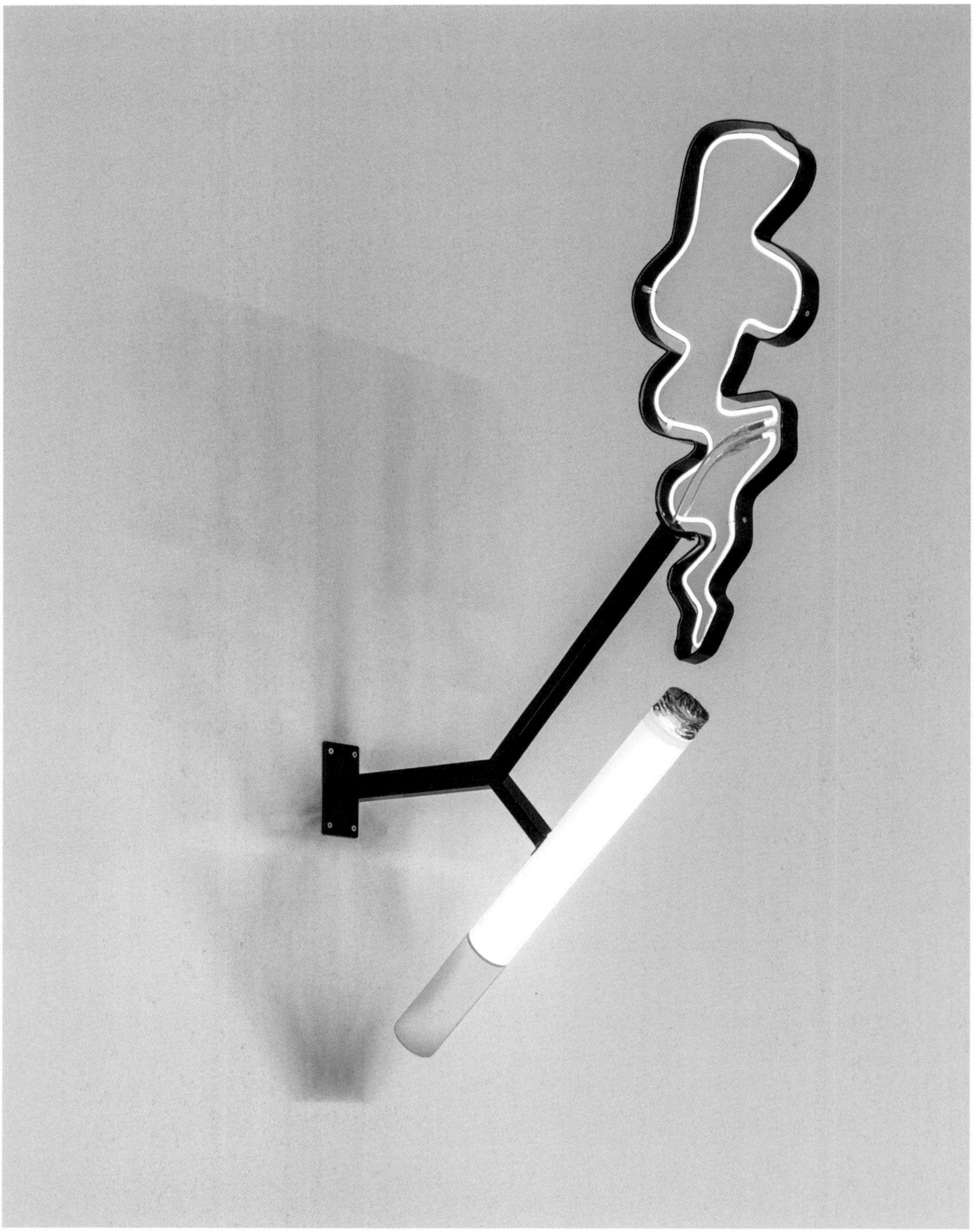

Smoke (black), 2020
137 × 73 × 9 cm

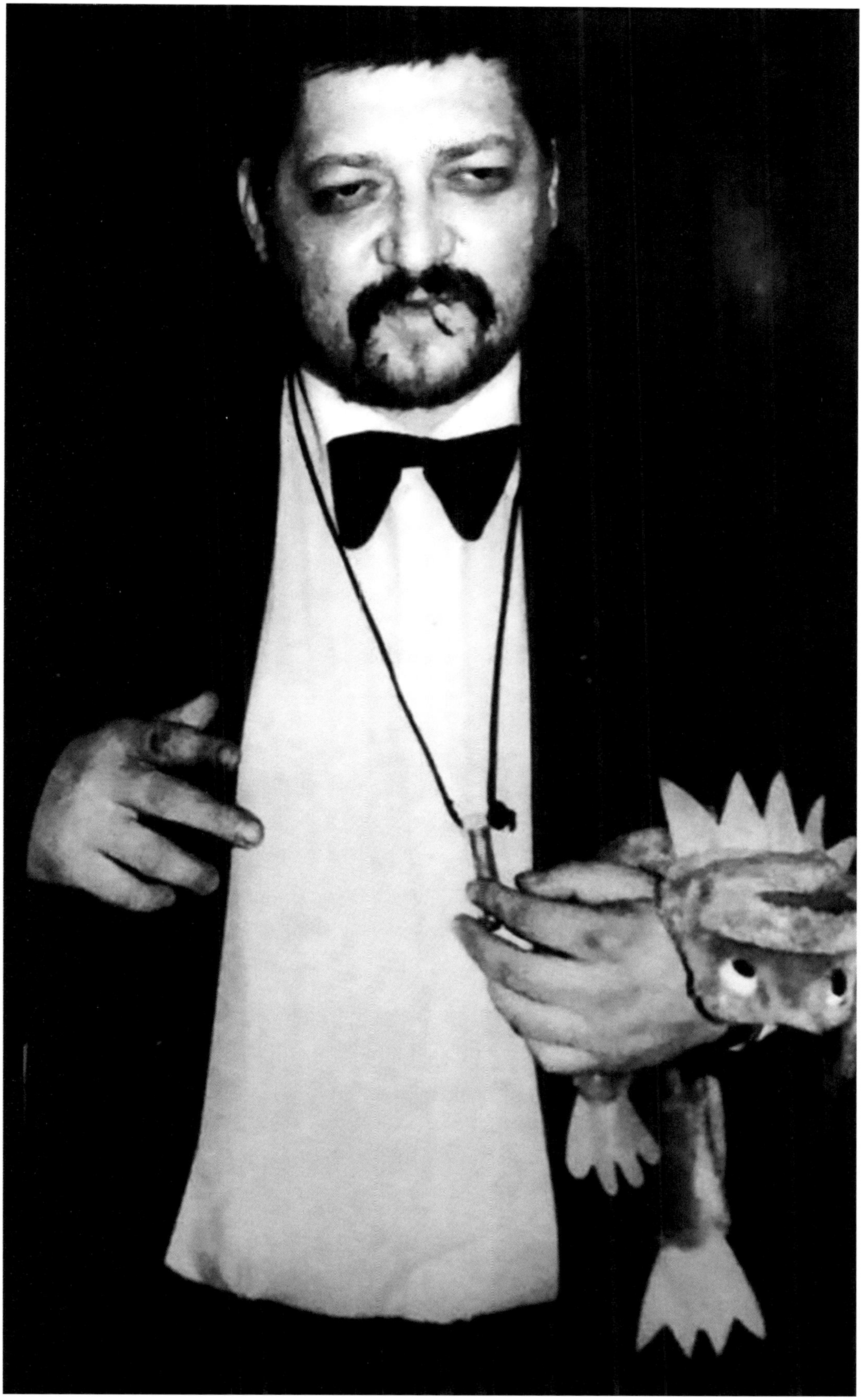

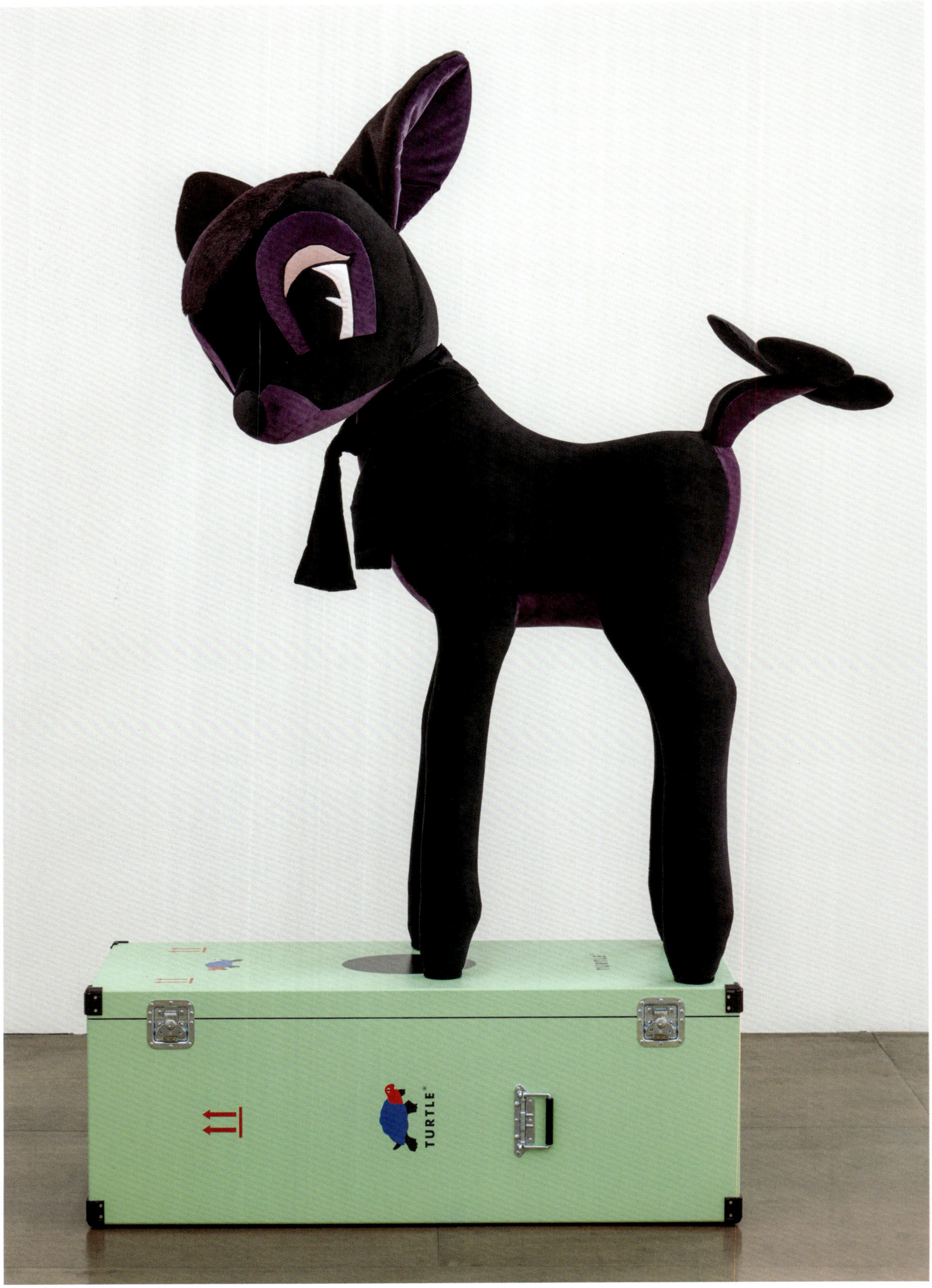

Hetero, 2020
251.5 × 175.3 × 73.7 cm

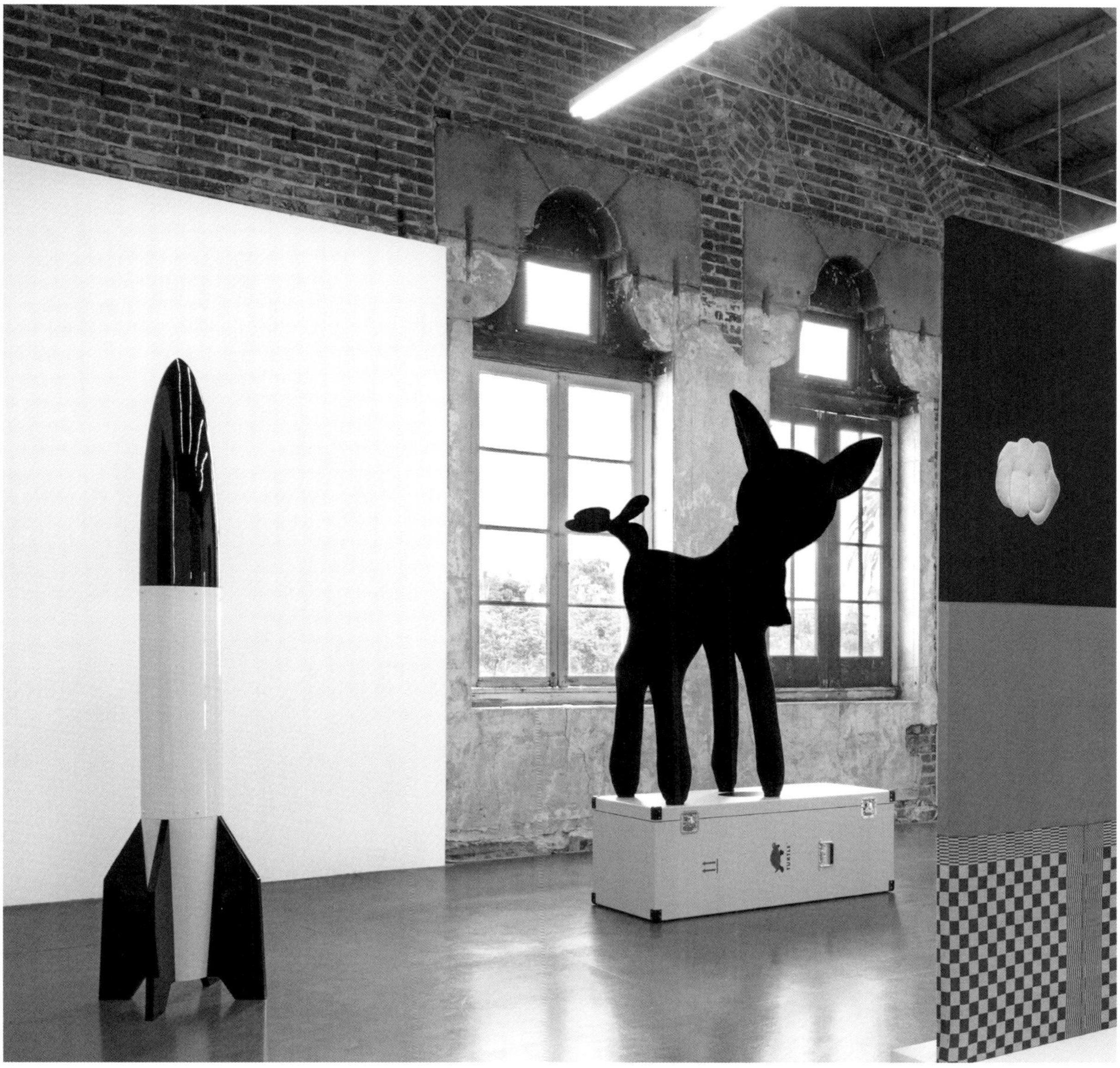

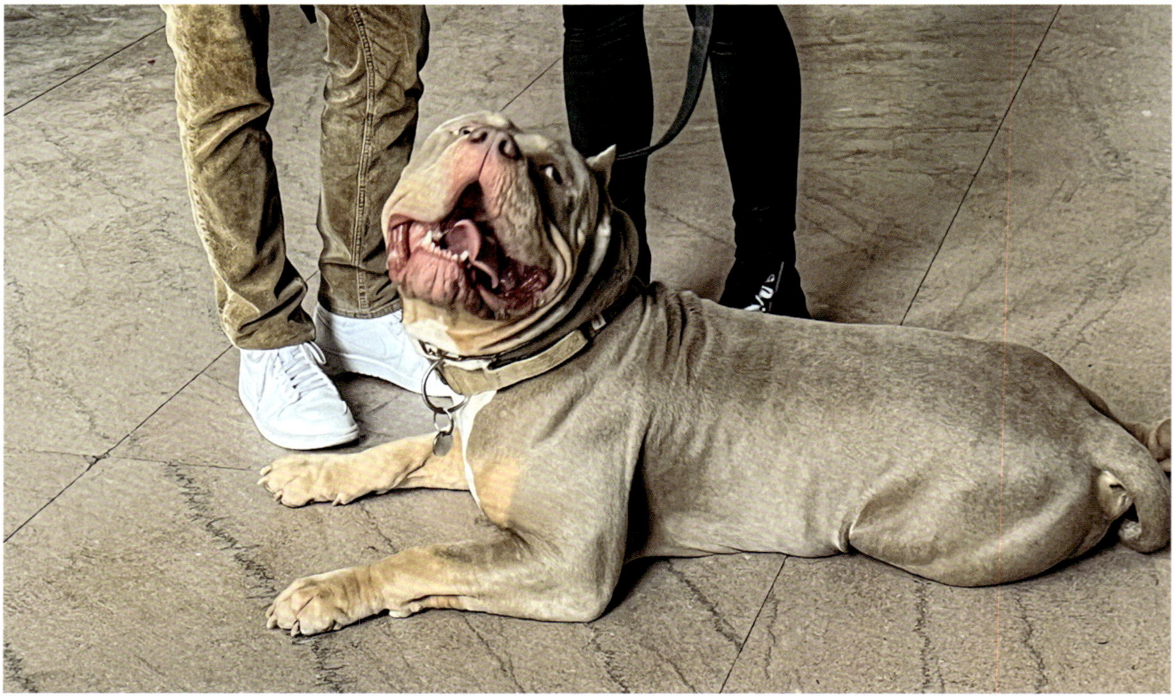

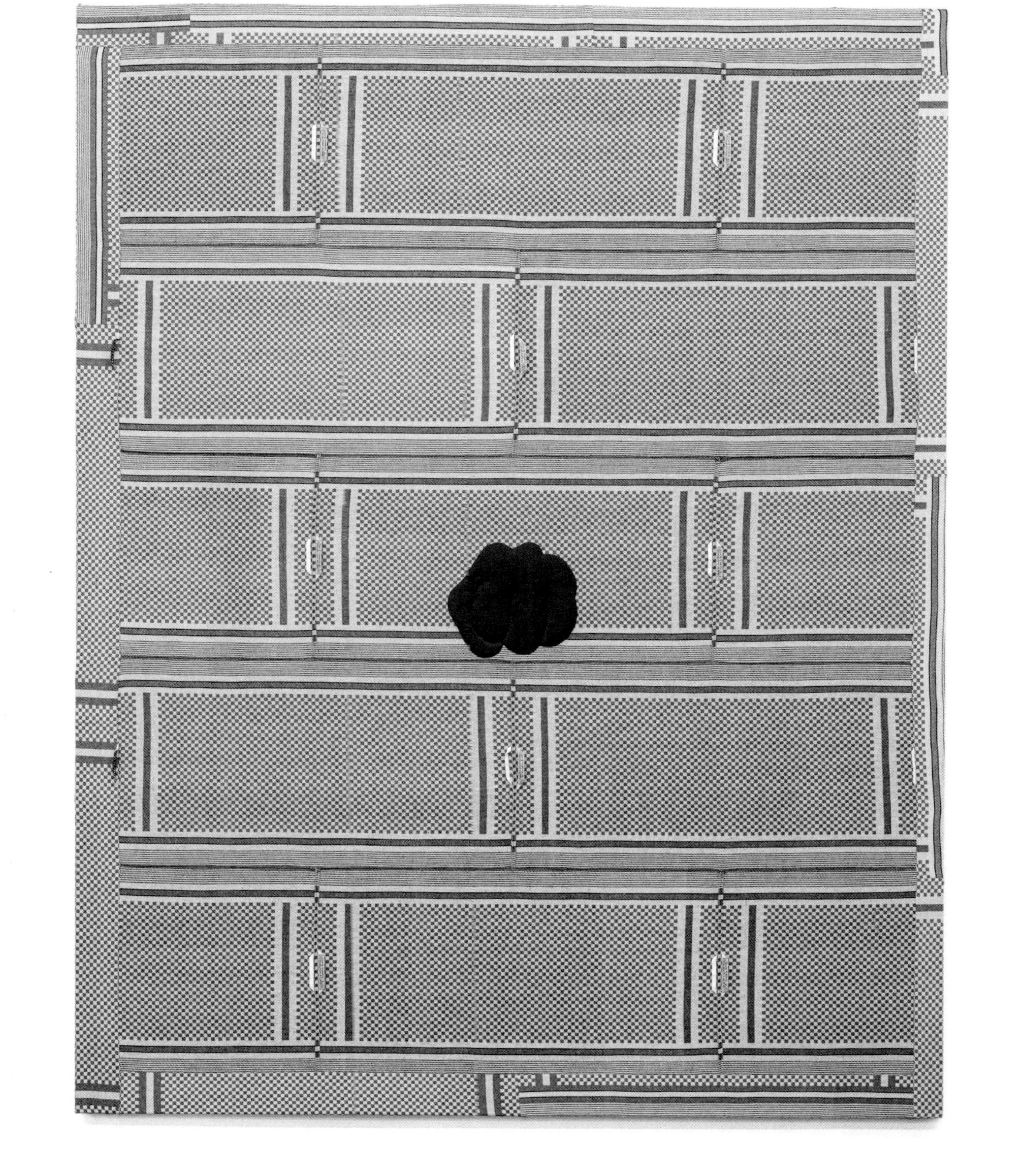

Faust, 2020
274 × 217 × 4 cm

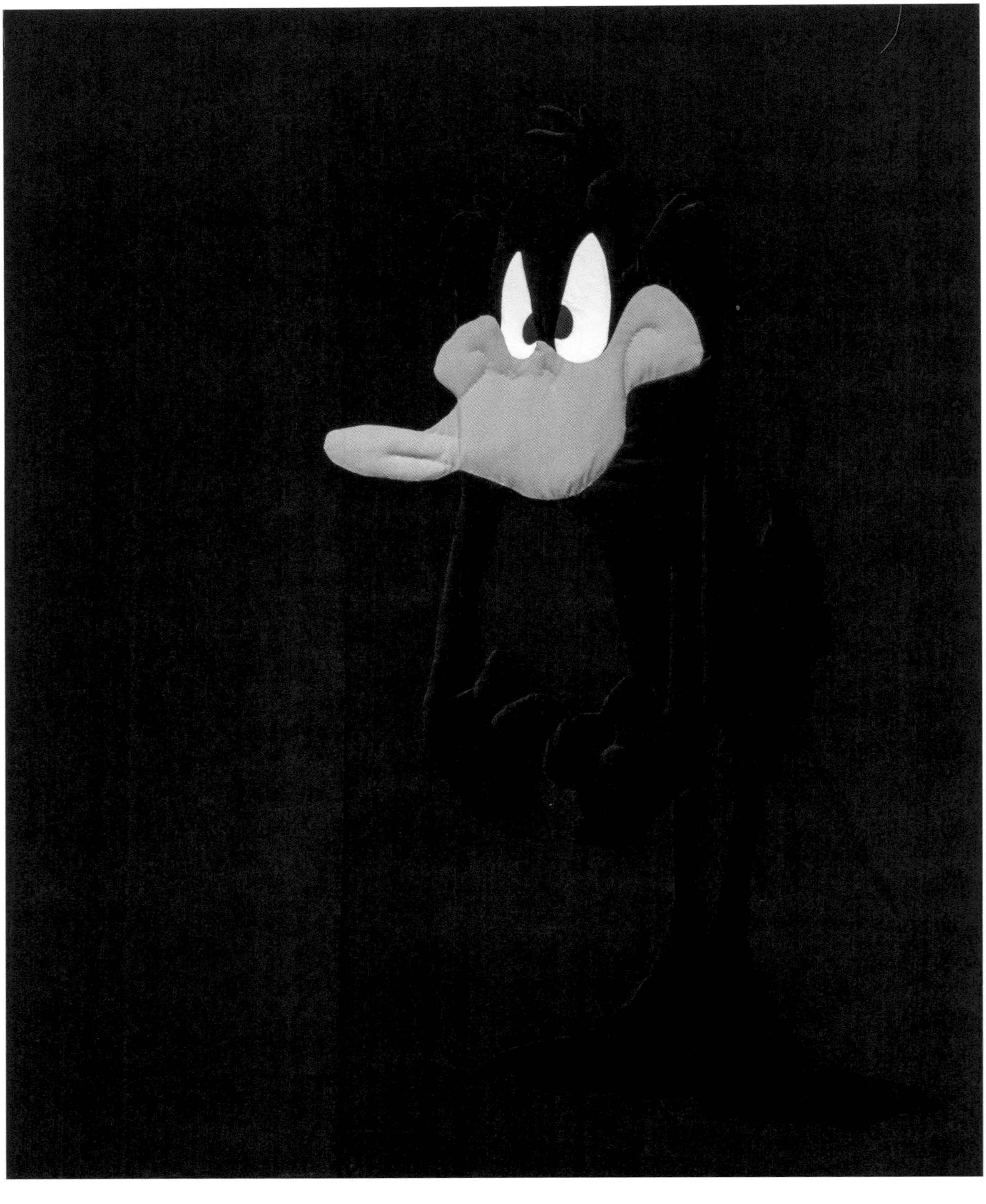

Duck. Black. Ill-Tempered. Analogue. Knows Nothing. Friend., 2019
185 × 155 cm

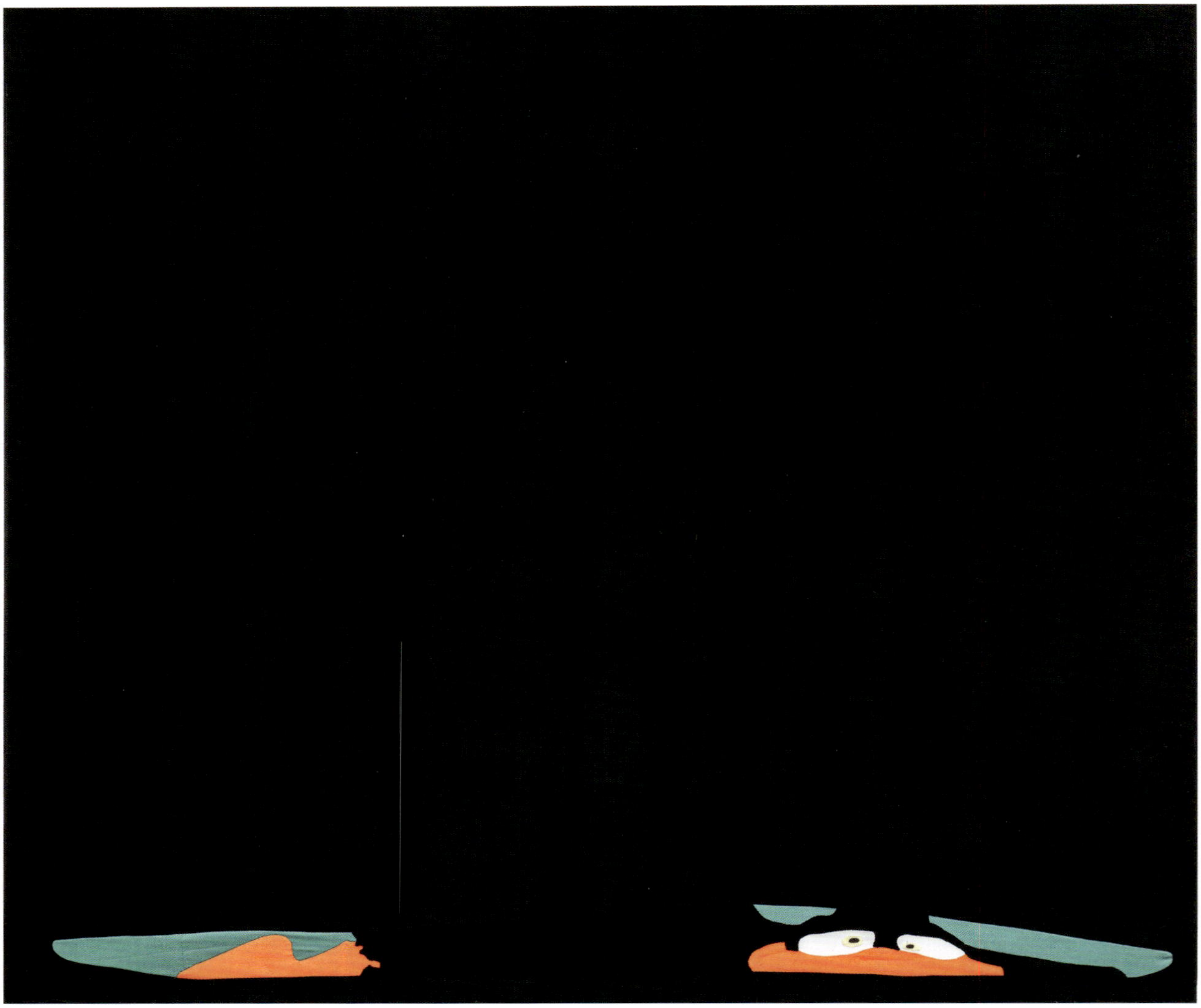

Open Your Shirt Please 1, 2019
155 × 185 cm

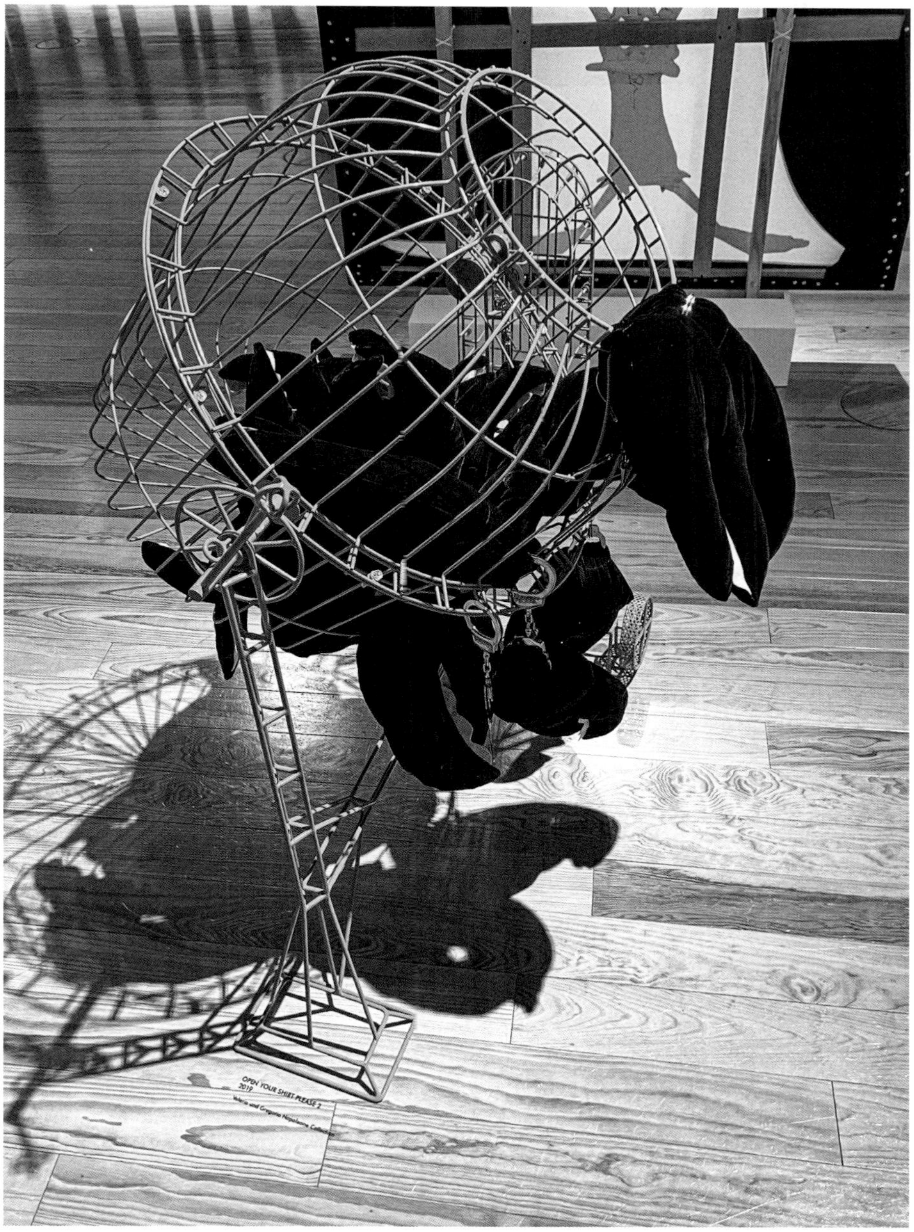

Open Your Shirt Please 2, 2019
142 × 140 × 110 cm

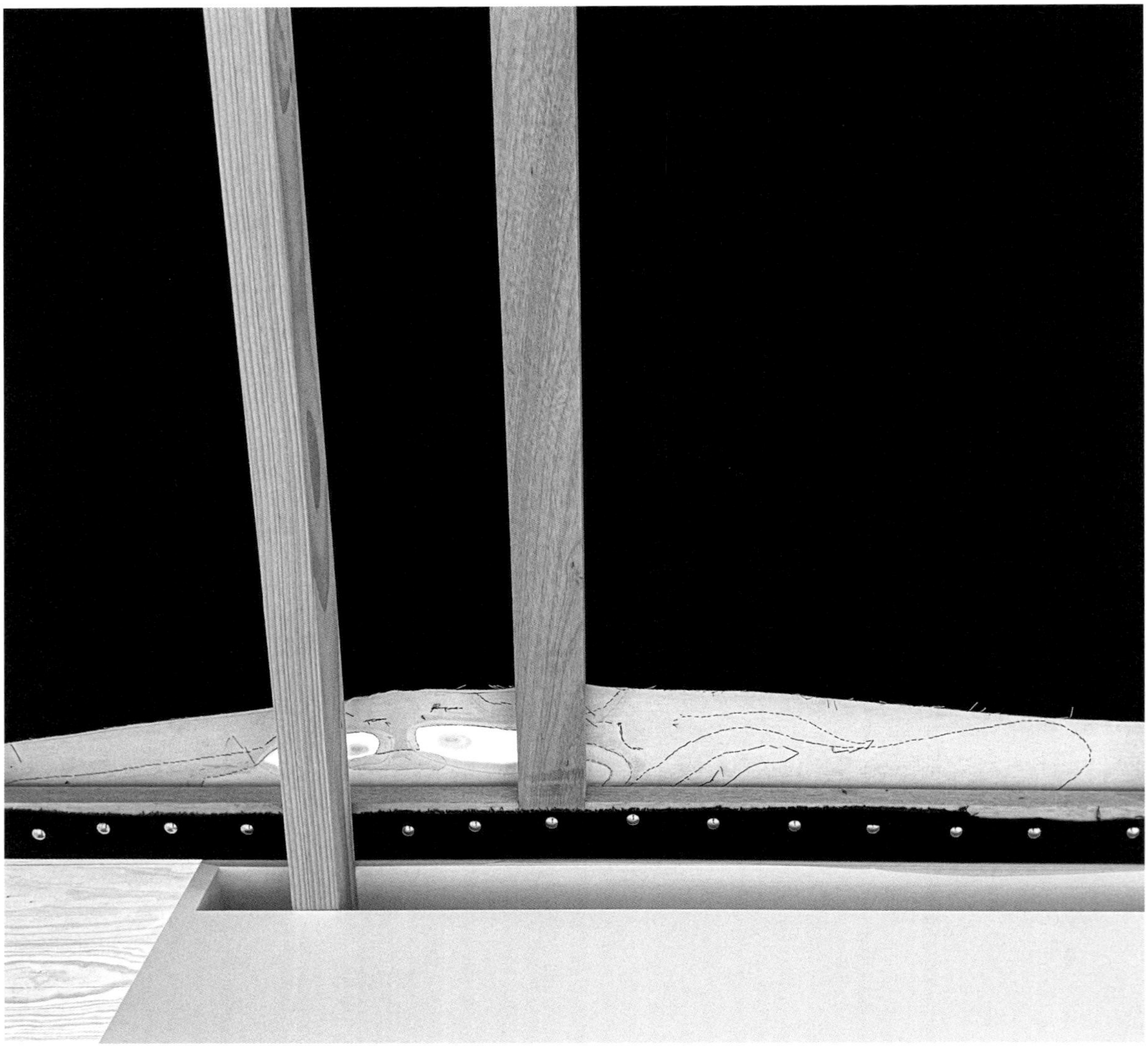

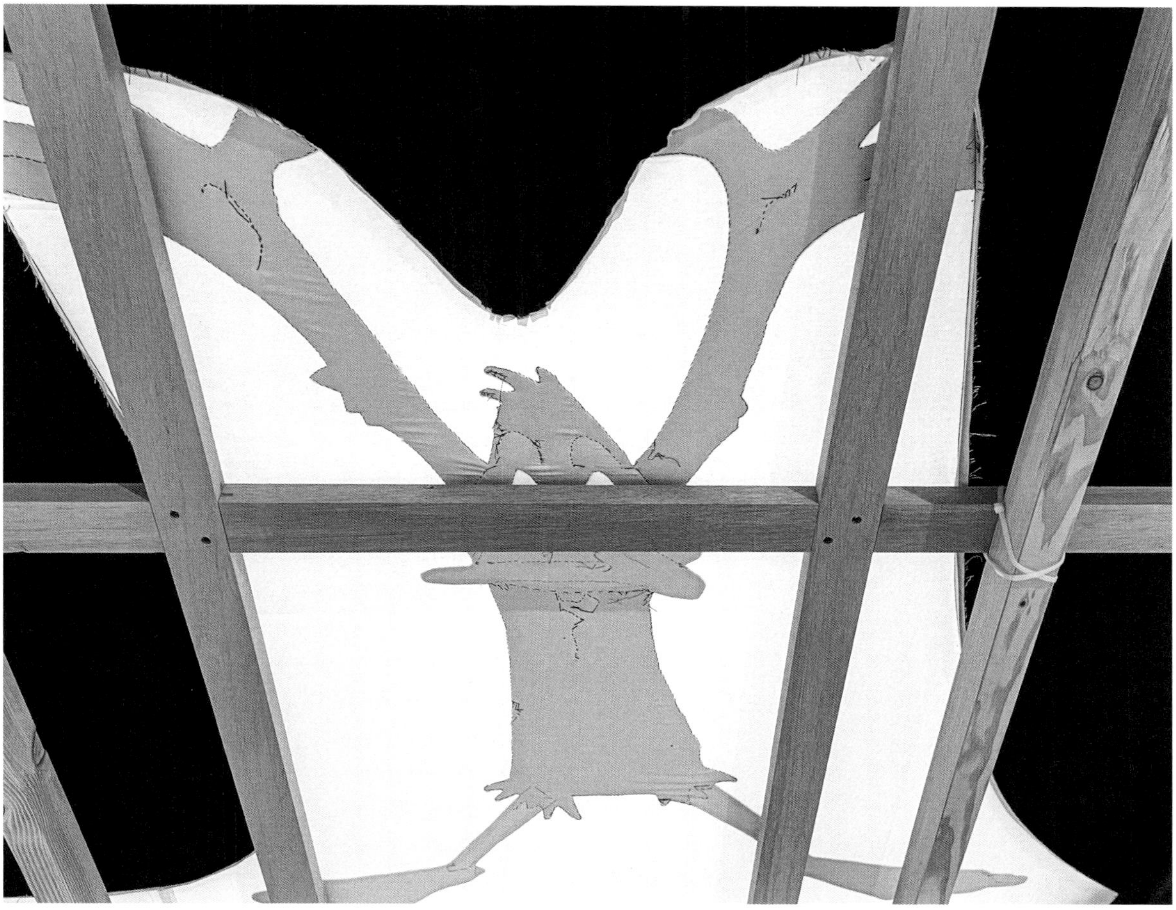

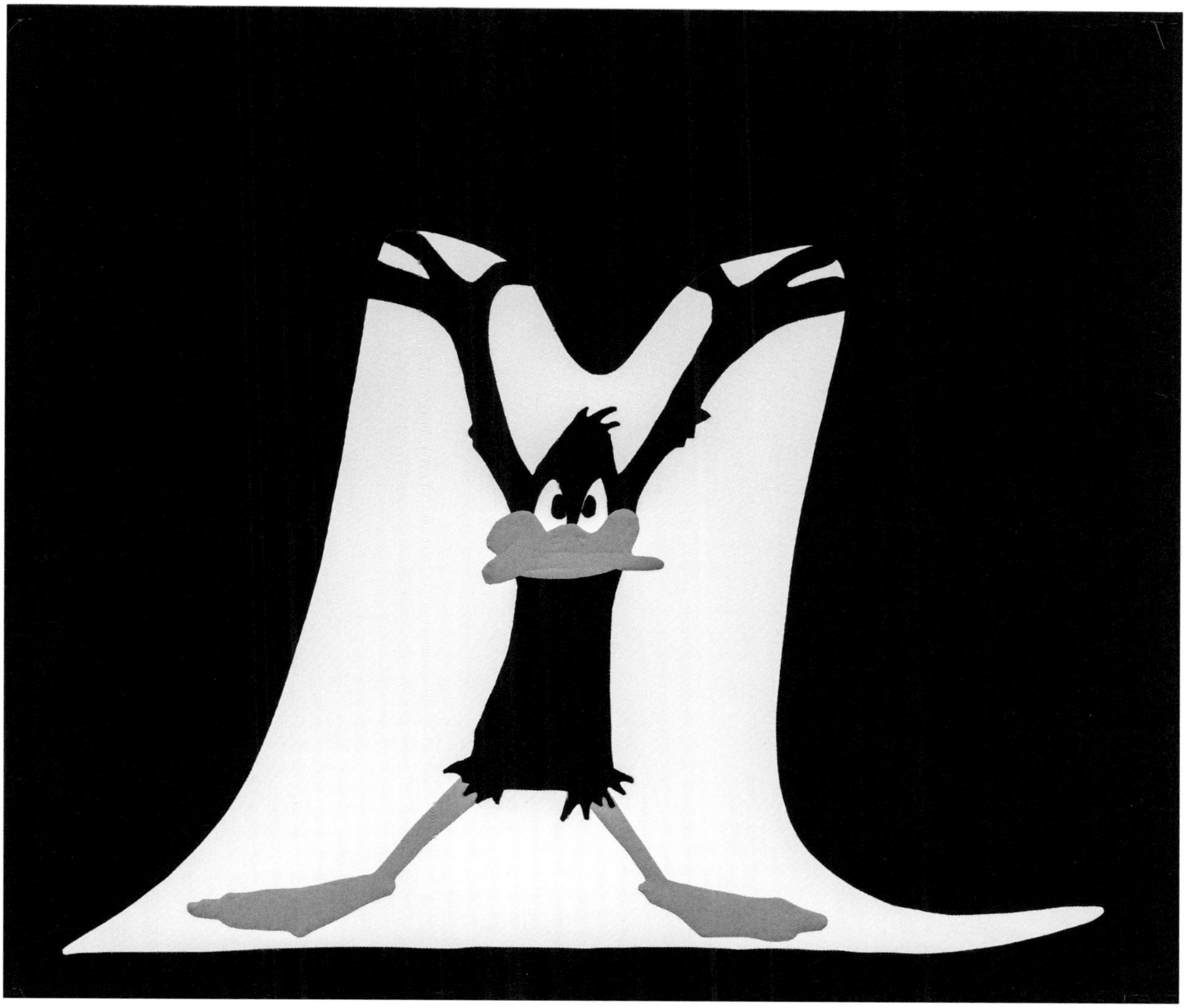

Open Your Shirt Please 3, 2019
155 × 185 cm

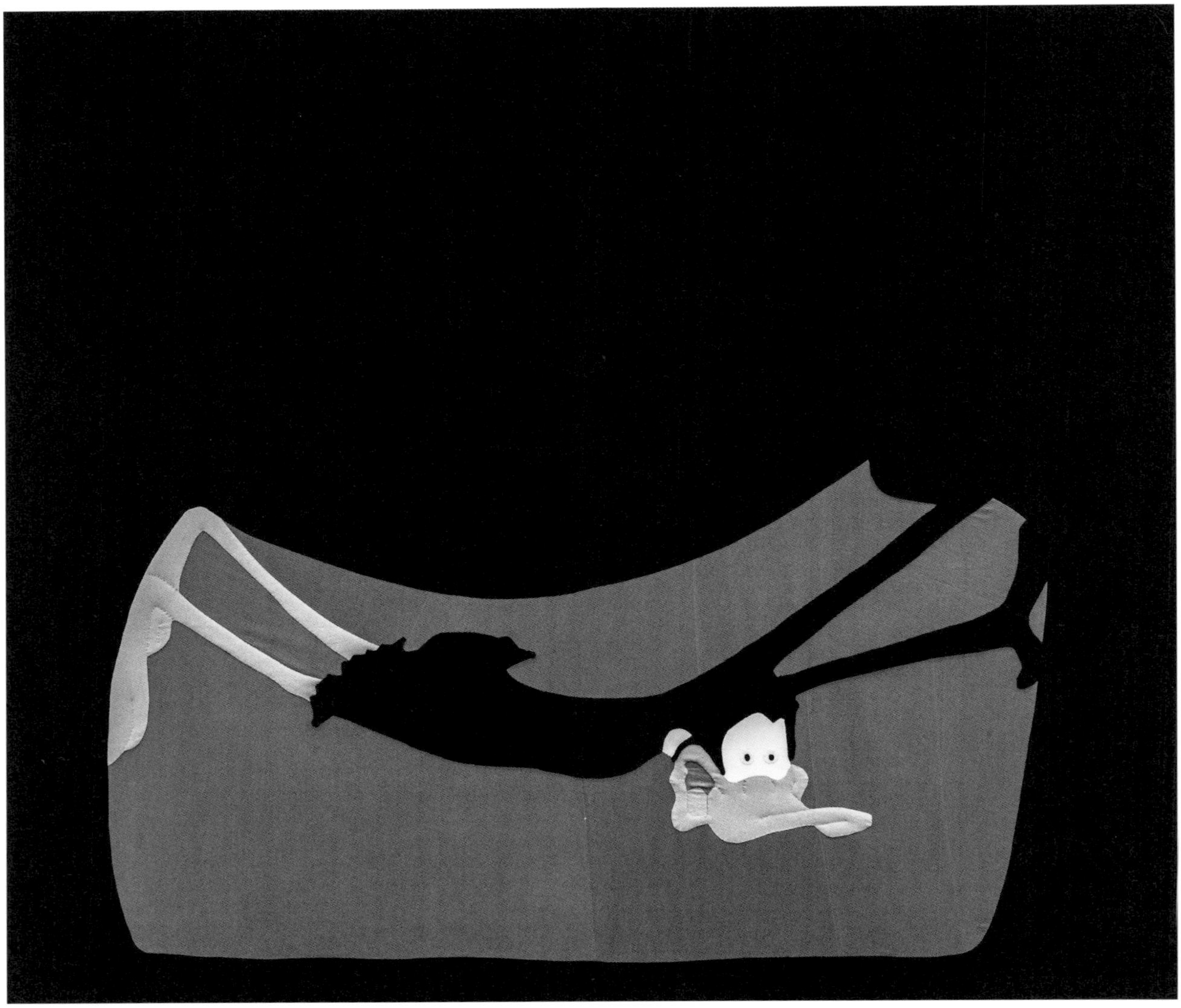

Open Your Shirt Please 4, 2019
155 × 185 cm

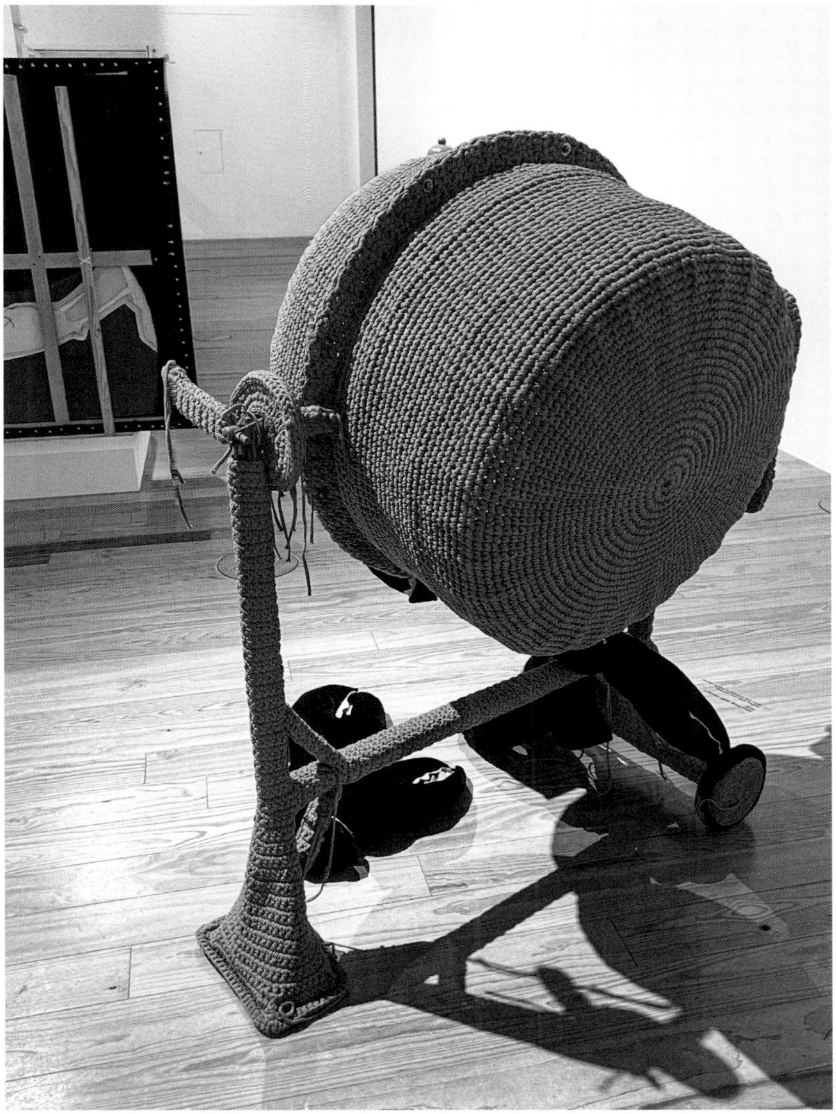

Open Your Shirt Please 5, 2019
148 × 141 × 86 cm

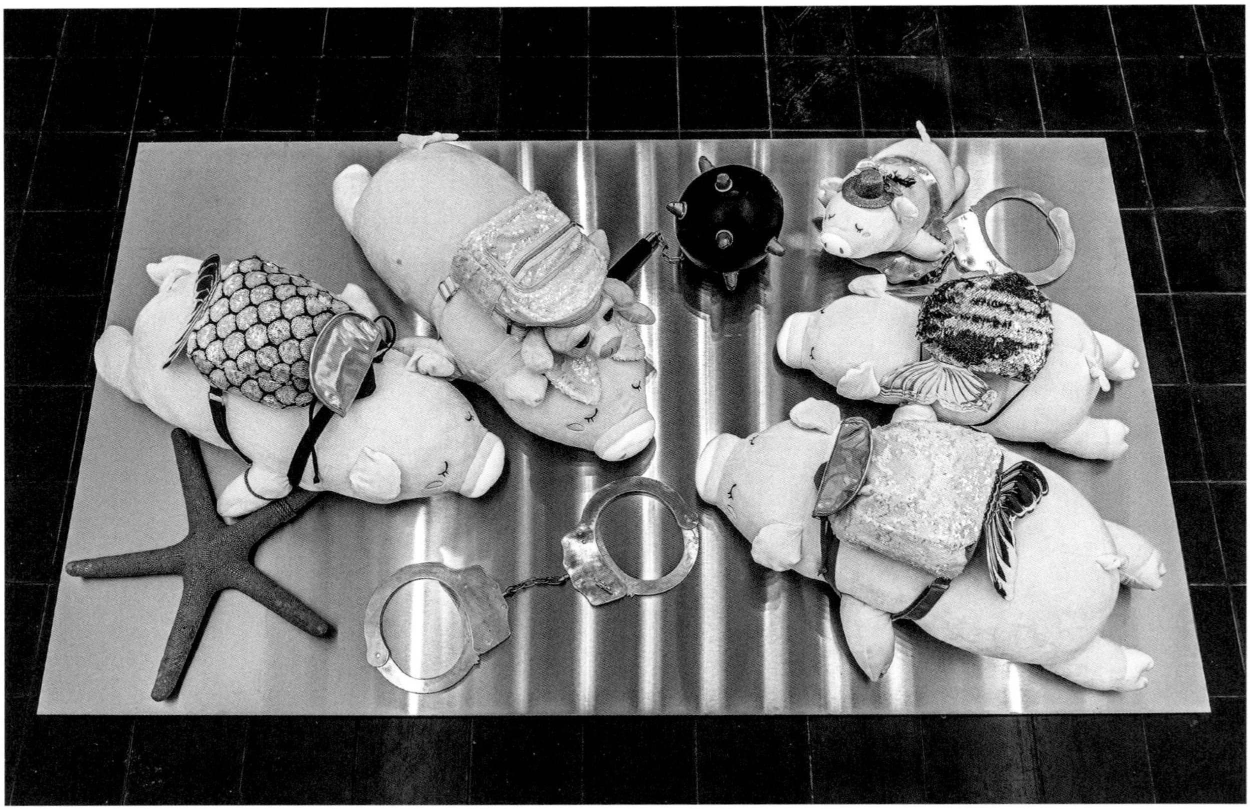

Open Your Shirt Please 6, 2019
40 × 210 × 120 cm

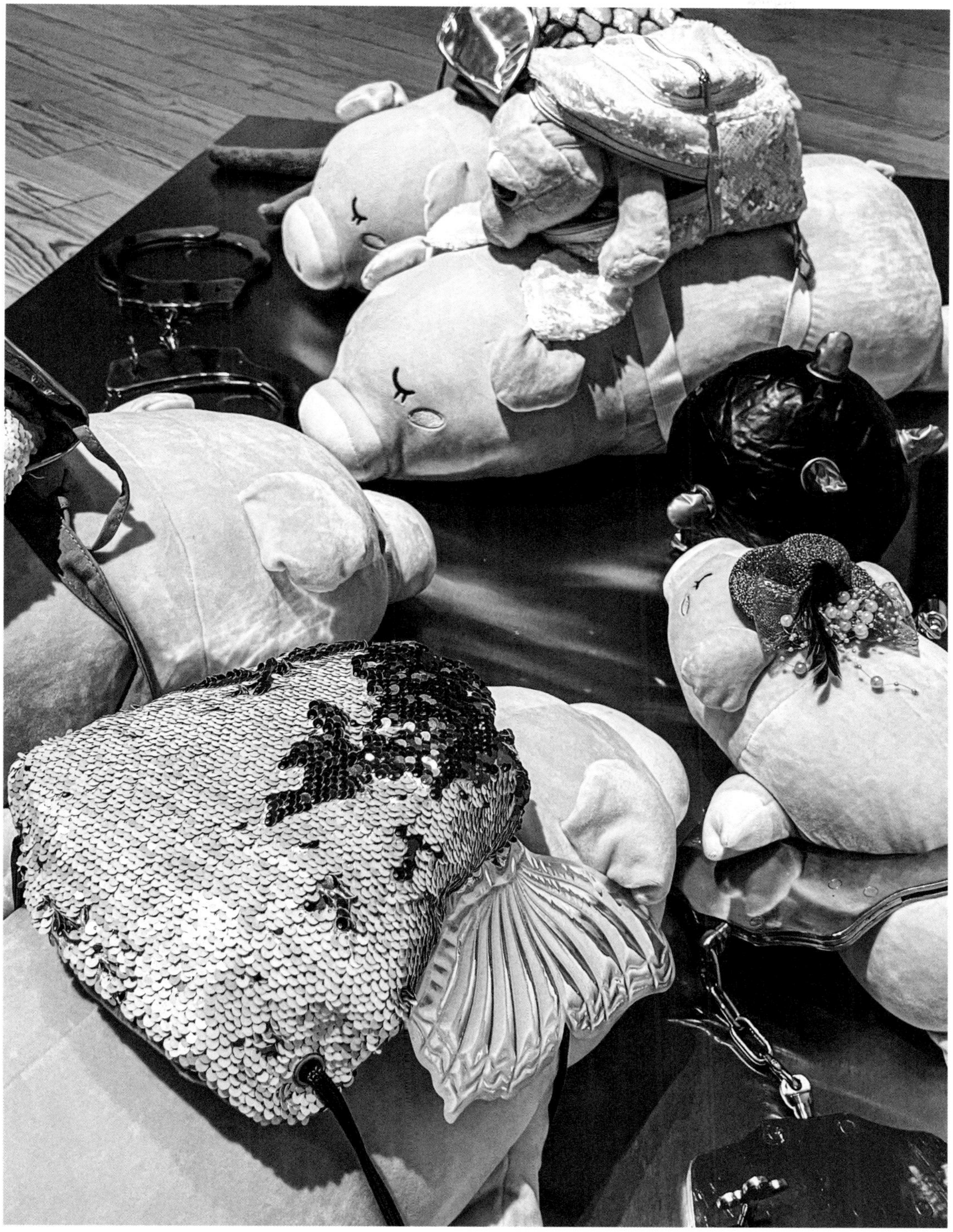

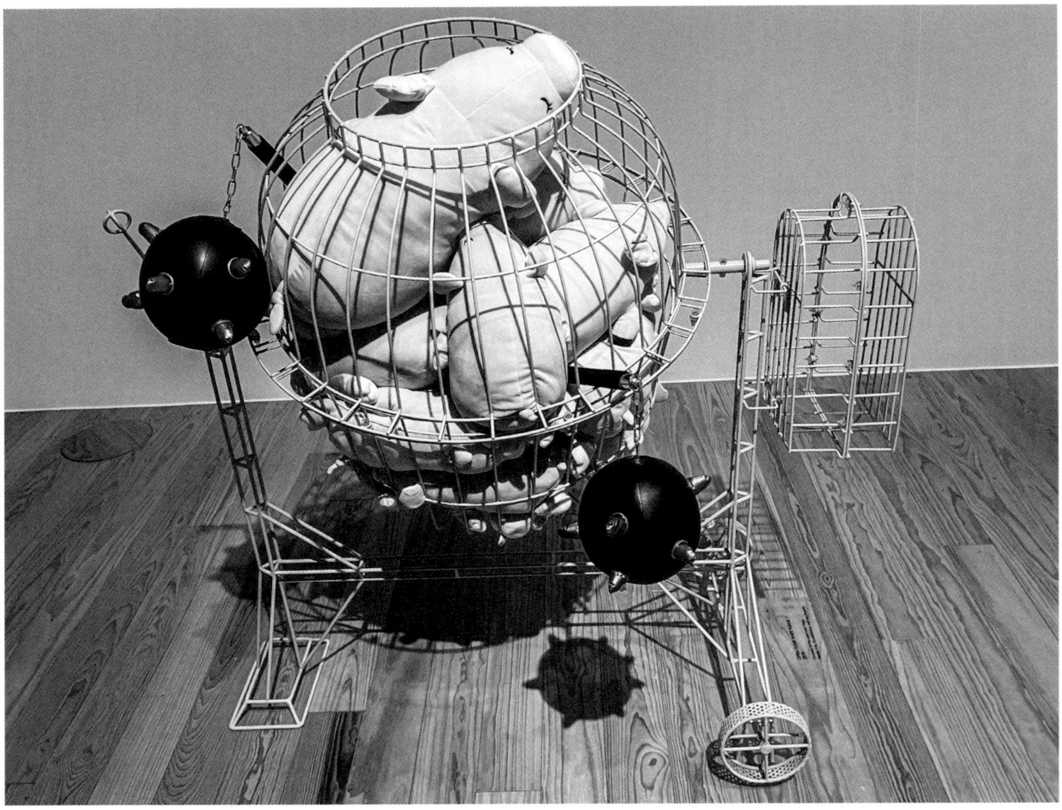

Open Your Shirt Please 7, 2019
143 × 140 × 100 cm

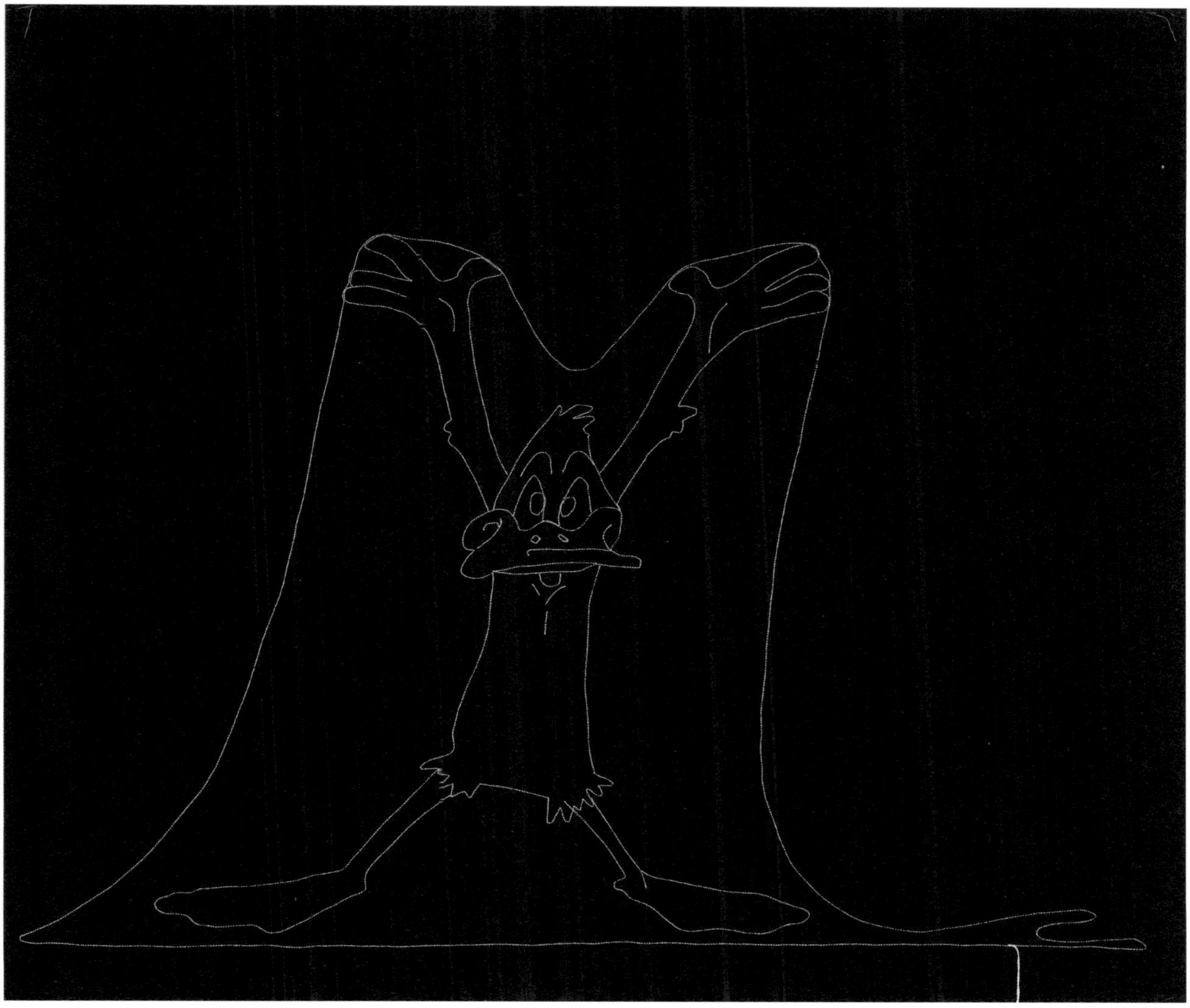

Open Your Shirt Please 8, 2019
155 × 185 cm

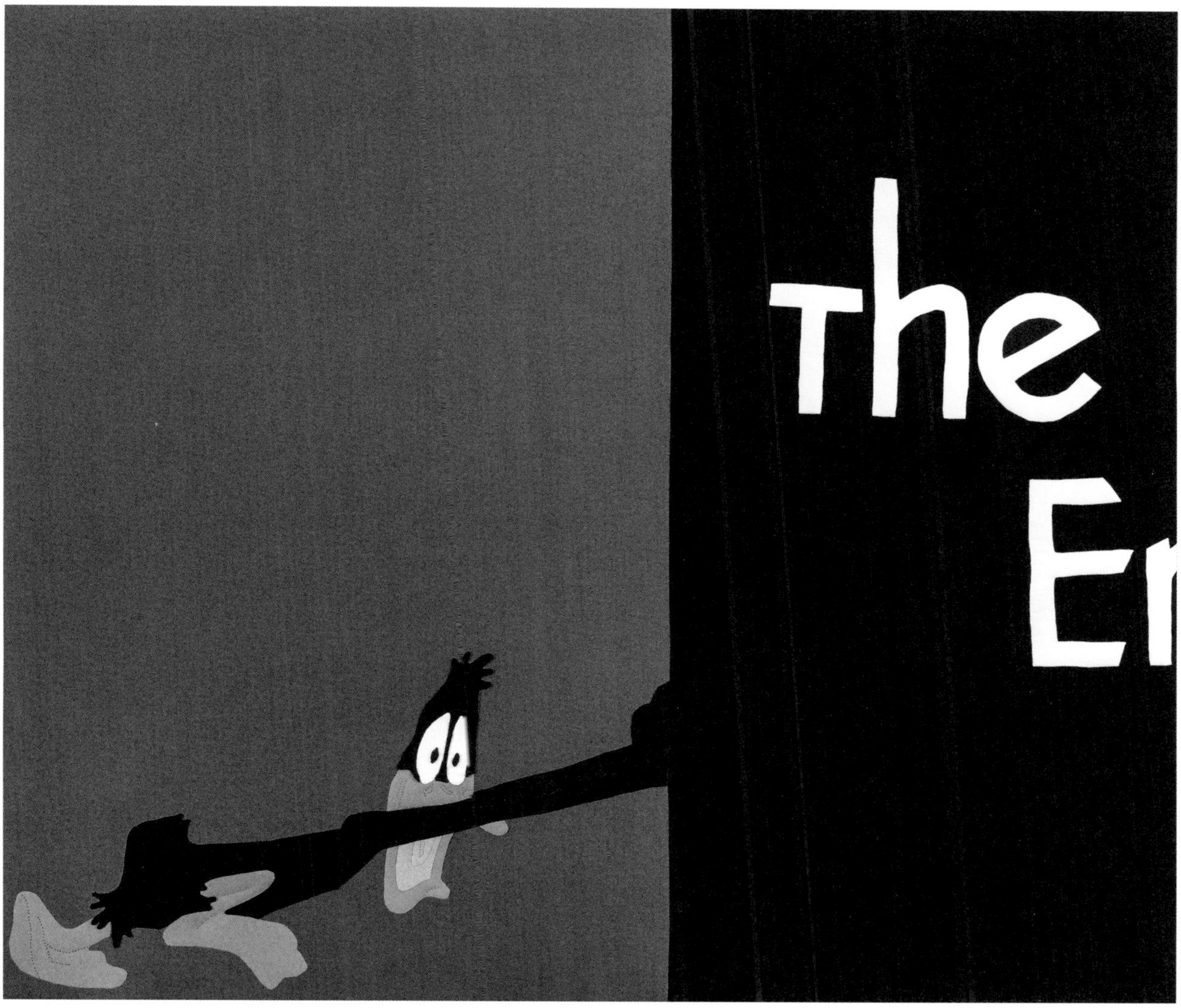

Open Your Shirt Please 9, 2019
155 × 185 cm

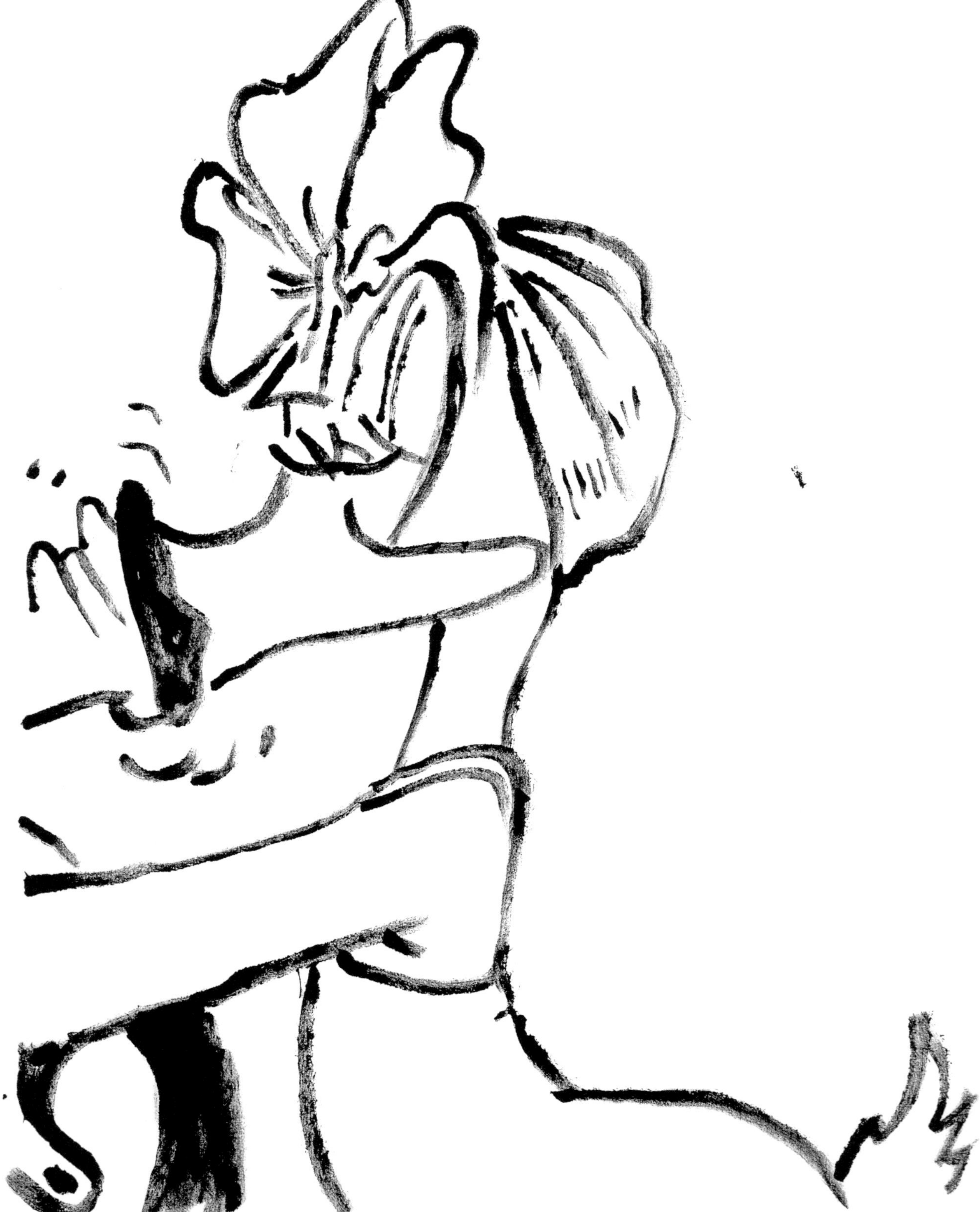

Daisy 2

What's Up, Doc?

ESTELLE HOY

CAST:
Narrator: Psychoanalyst
Friedrich Nietzsche: Daffy Duck
Epicurus: Porky Pig
Aristotle: Bambi
Gilles Deleuze: Wile E. Coyote or Winnie the Pooh [undecided]

The scene begins with a clinic with a thick brown Mozart analyst's couch down one side of the wall; a bad Paddy Roberts record plays from the other room, occasionally skipping on the chorus:

And he never says a word if he can help it
That's why people say he's always full of phlegm
He's quite unmoved by atom bombs and rockets to the sun
He never speaks to strangers, for it simply isn't done

PSYCHOANALYST:
[Brechtian aside to the audience]
Seven years, *SEVEN YEARS* I spent studying to be a therapist in the psychoanalytic tradition, six days a week, trips to Bordeaux three times a year to speak to total strangers about their *feelings* (I hate strangers. And *feelings*), but it's a total crock of shit. It pays well, so I persist, living on the turnpike of discouragement. I've turned my apartment into a practice, a small clinic with large windows and a metre-long fish tank filled with opal fish and littleneck clams that can't survive in fresh water. To keep them good company, since my company's rubbish, I add figurines of whatever takes my fancy, a miniature Pinocchio whose phallic nose doubles as a trough for fish food, which I occasionally provide. I also occasionally offer ahas and hmms to my patients' endless, mindless chatter, worried about this and that, queerness, capitalism, war and peace, food and death, general ennui, yada yada. Oy vey. I never say a word if I can help it.
I'm booked out today, but I might as well get them out of the way before I leave for Toulouse next week since the weather's turned good. Getting through analytic sessions is mind-numbingly dull and repetitious; the same story every week, occasionally verbatim, half-assed Electra complex, misty eyes here and there, with the only possible survival method – for myself – planted on the window sill: a little mushroom apothecary hidden in plain sight. Psilocybin is good for brain synapses, but attacks of immoderate laughter are a small, threatening hazard that you need to time well with the patient, waiting for a funny moment or brief interlude, then get it out of your system. Daffy Duck's up first, which is a total drag; all his nihilistic, God-is-dead rhetoric is a contagious suffering. But ending the analysis is out of the question for reasons we'll get to.

Daffy Duck enters the therapy session, quarter-drunk, nicotine stains on his fingers, dumping himself on the Mozart couch with a kerfuffle, mumbling, lisping and spluttering something to himself about a woman with a smiley-face handbag.

DAFFY DUCK:
[To the analyst]
Sufferin' Succotash, what's there to smile about? There's nothing to smile about. Why carry that thing, all that Chanel and shit, rub it into our faces, and pink! Cut the romance already. What is this, Valentine's month? It's been a terrible week, just terrible, and everything's meaningless; to live is to suffer. Sufferin' Succotash! All week, I've been gazing into the abyss of my marriage, the chaos is unbearable, and all he cares about is fucking. *Let's fuck*, he says, like it's an improvement on life. His skin is so scaly, dry as, hmm, well, we're in a rut, honestly, we're in a rut, and all that's left is death and then nothing, nada, Nichts. But really it's fine, I had a business idea. It came in a dream.

PSYCHOANALYST:
Hmm.

DAFFY DUCK:
Exactly. In the dream, I walked into a gallery, its white cube walls filled with loneliness and deathly sterility, so I said to the curator: Gingham is the answer. You need rugs, panels or whatever, of gingham patchwork on walls, or floors, giant textiles, like magic carpets. Patches, squares, checks, the occasional vintage flower for the feminine touch, women like that sort of thing, I'm told. It's saleable. I want this business to happen. What the Daffy wants, the Daffy gets.

PSYCHOANALYST:
Our time is up.

DAFFY DUCK:
You're kicking me out, Doc! What kind of variable-length sessions are these? I'm paying 300 euros for this.

[Exits]

PORKY PIG:
[To the analyst]
Ba dee ba dee the-the the the the train was running late, I'm so-so-so-sorry, it wasn't my intention to have you wait. My-my my mistake, forgive me. Gosh, darn, all these folks out there in the street with their flat stomachs, they haven't had mascarpone in their lives. Well, Doc, I've had a helluva day; there's just nothing about it that took my fancy. We were at Tom Yum off Grätzlstraße, eating dumplings from a lazy Susan that turned around on the table. I wanted the jiaozi with the pulled pork, and all-the all-the all the people at the table were aghast, as though I'd announced I was killing my own mother. Technically, I might have been, but who are they to judge? There were a few greasy gyoza and edamame that flung off the lazy Susan as it rotated; it was a small mess. But then, Doc, I tried to circle the pork jiaozi closer to my side of the table, but the rotator got stuck on my stomach, and it wouldn't move. And neither could I, st-st-stuck between the wall and the lazy Susan turntable because of my gut. I cannot tell you the shame I felt. You've got to be trim to make it in this world; you've got to be svelte, but Doc, I thought I was! Only a little too much puddin' in the behind, but other than that, I thought I was impressive. Everybody was watching my rolls of fat stop the entire dinner procession. I didn't want everyone looking, but then Elmer says, tickled pink, he s-s-says to the table, 'Come on guys, don't make fun of the fat guy … he might eat you.' There were roars of laughter; my friend totally hung me out to dry. Humiliated. Shamed in a theatre of the round. I may not weigh 100 pounds, but I have loads of good q-q-qualities.

PSYCHOANALYST:
So you're saying you bring a lot to the table?

PORKY PIG:
Not you, too! I didn't come here to be insulted, to hear you throw your weight around, ba-dee ba-dee pardon the pun, none of you will see me again. *That's all Folks*!

[Exits]

'The Little Piggy' by Paddy Roberts scratches:

Tired out with life / I lay down in the gutter / A little piggy down beside me lay /
A lady passing by was softly heard to mutter / You can always tell who boozes, and the company he chooses / So the little pig got up and walked away.

PSYCHOANALYST:
[Brechtian aside to the audience]
God, this is agony, he's always got a disaster up his sleeve. It's all a bit too Woody Allen for me. This isn't about to get any better; my next patient is Bambi, eyelashes for days, charcoal smudged around slanted eyes, with her wimpy fawn trauma response. She couldn't be more than fifteen, sixteen tops, all spindly and whatnot. Bambi's been seeing two psychoanalysts, and on the fox hunt for a third, which is me, I guess. She tells her analysts different things, depending on her mood, which personality would go that day, and cries every third session to keep her health insurance on board. Her health insurance was her dear mother who owed her this, and besides, it takes a lot of sessions on the couch to reinforce the skill of agreeing with yourself. Her best friend, Thumper, sits around listening to the latest pathetic breakdown, her abandonment issues and pathetic fawning over her narcissistic lover; I mean, what is female friendship if not constant amateurish psychoanalysis?

BAMBI:
So I said to my other analyst, Minnie – well, she's from the suburbs, so probably unqualified … or misqualified – I said, don't you think, Doc, given my meagre improvement, I might resume affection for my mother? Minnie has an opinion of me based on the real fact that I'm crazy depressed, and the only cure to my miserable, pseudo-borderline existence is to take more Adderall, cut my mother out of my life and buy a drought-resistant plant. So you see, she's done me a world of good.

I check back on my session notes since nothing Bambi ever said was even remotely memorable to me. I'd written: *Bambi presents with a reckless approach towards her gaslighting boyfriend and irresponsible mother, with almost no concern for her retirement plan. She's fixated on the younger, downcast female figure and transferred virtually all of her libidinal energy to the hallucinatory idea that life gets any better.*
Anyway, it ended up terribly, as things involving neurosis and Adderall tend to do. Sixty-two thousand euros later, Bambi was no closer to breaking bread with her alters, but in her defence,

she'd gone a long way to sink her mother's financial ship. It's always more compelling to fuck people over inadvertently. Around Bambi, I always felt slightly in danger, which gave me a fleeting sense of purpose. But it's OK, I was sure it would pass.

BAMBI:
I have this recurring dream where this duck, Daffy, who I met in your waiting room, thinks he's some sort of god of a made-up religion. He's always wearing a black-and-white chequered skirt and some purple, red and indigo scarf around his waist. Never has a shirt on, which, believe me, he should. His hands are lifted, palms up, like he's waiting for the rapture or giving a sermon. Daffy tells me repeatedly that I'm as fat as a killer whale or rhinoceros.

PSYCHOANALYST:
And your boyfriend, are you still together since he told you, *again*, that everything about you is feeble, pathetic, clingy and that you're putting on weight?

BAMBI:
I mean, he *did* say that. But to be fair, he'd had a long day at the gym, and besides, he told me he loved me more than anything; he brought me a chia pet with wheatgrass growing out of it. It's a sort of purification ritual we've got going. He believes in the primacy of the individual, so I do, too.

[Bambi exits, limping]

Since sitting around being myself had never really paid off for me, I thought about getting a little sales reppy with my underachieving patients, shelving my ironic unhappiness till morning. My voice went up a few peppy octaves to try it out. It was appealing to no one.
Wile E. Coyote had the final slot for the day. He's a queer doctor of philosophy at Strasbourg University, so he's busy being insane and cunning all the time. God, I wish he'd shut up. God, I wish I'd shut up.

PROFESSOR WILE E. COYOTE:
[Affected speech, at psychoanalyst]
You see, traditionally, Doc, difference is seen as a derivative of identity. *Au contraire!* I claim that all identities are effects of difference. Identities are neither logical nor metaphysical prior to difference, given that differences of nature exist between things of the same genus. That is, not only are no two things ever the same, but the categories used to identify individuals in the first place derive from differences. Difference, in other words, goes all the way down.

Ugh, my work is not done because I don't work. It's so unfair. Why do I have to do everything around here? I can't seize *every* goddam day.

PSYCHOANALYST:
Mm hmm.

[I was pretty committed to being passive-aggressive for the next forty-five years.]

PROFESSOR WILE E. COYOTE:
I had a dream last night that I was in a field of enormous mushrooms covered in warped camouflage print. Everyone was smoking, and a weird drunk pink octopus was falling from the ceiling with boxing fists at the ready, atom bombs and rockets whistling past. There was this deep urge in me to jump on one of the orange or green rockets, saddle it up and ride it like a horse, fly away like a bird. I think there was also a blue mackerel with an electric guitar threaded around its waist. A yellow chain, like it's a belt. Indubitably. It felt like the end was coming. Someone was playing bass in the background, howling out the lyrics, and when I listened carefully, I knew it was the album *Songs for Gay Dogs*. What do you think it means, Doc? Do you think the songs are for me? *I'm* the gay dog. Why do I think I'm a dog? And if a queer dog, what kind of dog: Pomeranian, Doberman, coyote, Chihuahua? So many different breeds. So many different interpretations.

PSYCHOANALYST:
Hmm, yes, difference goes all the way down.

END

Quoi d'neuf, docteur ?

ESTELLE HOY

AVEC :
Narrateur : le psychanalyste
Friedrich Nietzsche : Daffy Duck
Épicure : Porky Pig
Aristote : Bambi
Gilles Deleuze : Vil Coyote ou Winnie l'ourson [à définir]

La scène s'ouvre sur une clinique, où un cossu divan brun de psychanalyste occupe tout un pan de mur. D'une autre pièce, on entend la musique d'un mauvais disque de Paddy Roberts qui, de temps à autre, saute sur le refrain :

Et il ne dit mot s'il peut l'éviter
C'est pour ça qu'on dit de lui qu'il est flegmatique
Les bombes atomiques et les roquettes envoyées vers le soleil le laissent de marbre
Il ne parle jamais aux inconnus, car cela ne se fait pas

PSYCHANALYSTE :
[Aparté brechtien adressé au public]
Sept ans, j'ai fait *SEPT ANS* d'études pour devenir thérapeute dans la tradition psychanalytique, six jours par semaine, trois séjours par an à Bordeaux pour parler avec de parfaits inconnus de leurs sentiments (Je hais les inconnus. Et les *sentiments*), mais tout ça, ce n'est que des conneries. Comme ça paye bien, je persévère, je roule sur l'autoroute du découragement. J'ai fait de mon appartement mon cabinet, une petite clinique à larges fenêtres, avec un aquarium d'un mètre de long rempli de poissons borelli opal et de palourdes japonaises incapables de survivre dans l'eau douce. Pour que ces bestioles soient en bonne compagnie, vu que la mienne est vraiment pourrie, j'ajoute des figurines, ce qui me passe par la tête, un Pinocchio miniature dont le nez phallique fait office de gamelle pour la nourriture des poissons, que je fournis de temps à autre. Il m'arrive aussi de proposer des ahahhs et des hmmms en réponse aux divagations interminables, abrutissantes de mes patients qui s'inquiètent de tout et de rien, de leur queerness, du capitalisme, de la guerre, de la paix, de la nourriture et de la mort, de l'ennui général, etc., etc., etc. Quel enfer. Je ne dis mot si je peux l'éviter.
Je suis complet aujourd'hui, mais je ferais bien de me débarrasser d'eux avant de partir à Toulouse la semaine prochaine, comme il fait finalement beau. Les séances d'analyse, il n'y a rien de plus morne, répétitif et abrutissant : chaque semaine la même histoire, parfois au mot près, complexe d'Électre à la con, œil embué ici et là, et le seul moyen de survie – pour ma pomme – est planté sur le rebord de la fenêtre : une boîte à pharmacie contenant des champignons dissimulés à la vue de tous. La psilocybine est bonne pour les synapses, mais les fous rires font partie des petits aléas menaçants que l'on doit savoir placer au bon moment avec le patient, attendre quelque chose de drôle ou une courte pause pour s'en libérer.
Daffy Duck est le premier aujourd'hui, il est chiant à mourir : toute sa rhétorique nihiliste, « Dieu-est-mort », est un calvaire contagieux. Mais il est hors de question de mettre un terme à l'analyse pour des raisons sur lesquelles nous reviendrons.

Entre Daffy Duck, un peu bourré, les doigts tachés par la nicotine, il s'écroule avec fracas sur le divan cossu, en grommelant, bredouillant, marmonnant, zézayant, postillonnant à lui-même quelque chose à propos d'une femme portant un sac à main orné d'un smiley.

DAFFY DUCK :
[Au psychanalyste]
Sapristi saucisse, y a-t-il matière à sourire ? Non, y'a pas de quoi sourire. Pourquoi porter ce machin, tout ce Chanel et je sais pas quoi, nous l'étaler sous le nez, et rose en plus ! Sortez les violons. C'est la Saint-Valentin ou quoi ? Quelle semaine épouvantable, tout simplement épouvantable, et rien n'a de sens : vivre, c'est souffrir. Sapristi saucisse ! Toute la semaine, j'ai contemplé l'abîme de mon mariage, le chaos est intolérable, tout ce qui l'intéresse, c'est de baiser. « Allez, baisons », dit-il, comme si ça améliorait l'existence. Il a la peau qui pèle, et tellement sèche comme, mhhh, eh ben, on est enlisés dans la routine, franchement enlisés, et ne reste plus que la mort et puis rien, nada, Nichts. Mais bon, ça va, j'ai eu une idée de business. Ça m'est venu dans un rêve.

PSYCHANALYSTE :
Mmh.

DAFFY DUCK :
Exactement. Dans mon rêve, j'entre dans une galerie, un cube blanc aux murs imprégnés de solitude, d'une stérilité mortelle, alors je dis au curateur : le vichy est la réponse. Il faut des tapis, des panels, n'importe quoi avec du patchwork vichy au mur, au sol, des tissus géants, comme des tapis volants. Patchs, carreaux, damiers, ici ou là une fleur vintage pour la touche féminine, les femmes apprécient ce genre de chose, à ce qu'il paraît. C'est vendable. Je veux que ce business devienne réalité. Ce que le Daffy veut, le Daffy l'obtient.

PSYCHANALYSTE :
Notre temps est écoulé.

DAFFY DUCK :
Vous me jetez dehors, docteur ! Qu'est-ce que c'est que ces séances à durée variable ?
Je paye 300 balles pour ça.

[Il sort]

PORKY PIG :
[Au psychanalyste]
Tra la la la la, le le le le le train était en retard, je suis dé-dé-dé-désolé, je ne voulais pas vous faire attendre. C'est de ma ma ma faute, je vous prie de m'excuser. Mon Dieu, fichtre, tous ces gens dans la rue avec leur ventre plat, ils n'ont jamais mangé de mascarpone de leur vie. Eh bien, docteur, j'ai eu une sacrée journée ; rien pour me plaire. On était chez Tom Yum, sur Grätzlstraße, et on mangeait des raviolis sur un plateau rotatif posé sur la table. Je voulais les jiaozi au porc effiloché, et tout tout tout tout le monde à la table a eu l'air estomaqué, comme si je venais d'annoncer que je voulais tuer ma propre mère. Techniquement, ç'aurait pu être vrai, mais qui sont ces gens pour me juger ? Des gyozas bien gras et des edamames ont été éjectés du plateau alors même qu'il tournait : ça faisait un peu désordre. Mais ensuite, docteur, j'ai essayé de rapprocher les jiaozi au porc de mon côté de la table, mais le plateau tournant s'est coincé sur mon ventre et ne bougeait plus. Et moi non plus, je ne pouvais plus bouger, coincé entre le mur et le plateau à cause de mon ventre. Je ne saurais vous dire ma honte. Il faut être mince pour survivre en ce bas monde ; il faut être svelte, mais, docteur, je croyais l'être ! Un peu trop de dessert dans le derrière peut-être, mais, à part ça, je pensais avoir une silhouette prodigieuse. Tout le monde regardait mes bourrelets arrêter net la procession dînatoire. Je ne voulais pas que tout le monde regarde, mais alors Elmer, hilare, a d-d-d-dit à toute la tablée : « Ça suffit, les gars, ne vous moquez pas du gros… il pourrait vous bouffer. » Les gens hurlaient de rire ; il m'avait bien enfoncé, mon ami. Humilié. Couvert de honte dans ce théâtre circulaire. Je ne pèse peut-être pas cinquante kilos, mais j'ai plein de belles q-q-q-qualités.

PSYCHANALYSTE :
Donc, vous dites que vous avez des qualités de poids ?

PORKY PIG :
Ah non, vous n'allez pas vous y mettre vous aussi ! Je ne suis pas venu pour me faire insulter, pour vous entendre faire pencher la balance de leur côté ! Tra la la, pardon pour le calembour, aucun d'entre vous ne me reverra. *C'est fini, les amis !*

[Il sort]

« The Little Piggy » de Paddy Roberts tourne en craquant :

Fatigué de la vie / J'étais couché dans le caniveau / Un petit cochon allongé à mes côtés / On a pu entendre marmonner doucement une dame qui passait / Tu peux toujours deviner qui picole, et la compagnie qu'il se choisit / Alors le porcelet s'est levé et m'a quitté.

PSYCHANALYSTE :
[Aparté brechtien adressé au public]
Seigneur, c'est atroce, il a toujours une catastrophe en réserve. Tout ça ressemble un peu trop à du Woody Allen à mon goût. Et ça ne va pas aller en s'arrangeant : mon prochain patient est Bambi, des cils à n'en plus finir, l'œil de biche charbonneux, et la réaction traumatique d'un froussard de faon. Elle n'avait pas plus de quinze ans, seize à tout casser, un physique de brindille et j'en passe. Bambi voit déjà deux psys et elle est à la recherche d'un troisième, ce sera moi, j'imagine. Elle raconte à ses psys des choses différentes selon son humeur, sa personnalité du jour, et, une séance sur trois, elle pleure pour conserver son assurance maladie. Son assurance maladie, c'était sa bichette de mère, elle lui devait bien ça, et en plus, il en faut des séances sur le divan pour conforter son aptitude à être d'accord avec soi-même. Sa meilleure amie, Panpan, l'écoute patiemment parler de sa pathétique dernière crise, de sa peur de l'abandon, de ses tentatives ridicules pour lécher les bottes de son amant pervers narcissique. Mais qu'est-ce que l'amitié féminine, sinon une psychanalyse de comptoir de chaque instant ?

BAMBI :
Alors, j'ai dit à mon autre psy, Minnie – enfin, elle vient de banlieue, alors elle n'est sans doute pas qualifiée… ou mal qualifiée –, j'ai dit, vous ne croyez pas, docteure, que compte tenu de mes maigres progrès, je pourrais retrouver de l'affection pour ma mère ? L'opinion que Minnie s'est faite de moi repose sur un fait : je suis au fond du trou, et le seul remède à ma misérable et pseudo-borderline existence, c'est de prendre plus d'Adderall, de rompre tout lien avec ma mère et d'acheter une plante qui résiste à la sécheresse. Donc, vous voyez tout le bien qu'elle m'a fait.

———

Je reprends mes notes de séance, car rien de ce que Bambi a dit ne m'a jamais paru mémorable.
J'avais écrit : *Bambi présente un attachement sans retenue à un petit ami manipulateur et à une mère irresponsable, sans se soucier guère de son plan de retraite. Elle fait une fixette sur la figure de la femme jeune et démoralisée et a transféré la quasi-totalité de son énergie libidinale sur l'idée hallucinatoire selon laquelle la vie peut s'améliorer.*
Quoi qu'il en soit, ça s'est très mal terminé, comme c'est généralement le cas quand la névrose s'associe à l'Adderall. Soixante-deux mille euros plus tard, Bambi n'était toujours pas prête à faire la paix avec ses alter ego, mais, pour sa défense, elle s'était donnée pour couler le navire financier de sa mère. C'est toujours bien plus impressionnant de mettre les gens dans la merde par inadvertance. En compagnie de Bambi, je me suis toujours senti légèrement en danger et cela me donnait l'impression fugace d'avoir une mission à accomplir. Mais ça va, j'étais certain que ça ne durerait pas.

———

BAMBI :
Je fais souvent un rêve dans lequel Daffy, ce canard que j'ai rencontré dans votre salle d'attente, se prend pour une espèce de dieu d'une religion de son invention. Il porte toujours une jupe à carreaux noirs et blancs et une écharpe violette, rouge et indigo nouée autour de la taille. Il est toujours torse nu, et, croyez-moi, il ferait bien de se couvrir. Il a les mains levées, les paumes vers le ciel, comme s'il attendait le ravissement ou prononçait un sermon. Daffy me répète à plusieurs reprises que je suis grosse comme un cachalot ou un rhinocéros.

PSYCHANALYSTE :
Et votre petit ami, êtes-vous toujours ensemble, depuis qu'il vous a dit, *une fois de plus*, que vous étiez faible, pathétique, collante, et que vous aviez grossi ?

BAMBI :
Oui, c'est vrai qu'il a *dit* ça. Mais, pour être honnête, il avait eu une longue journée à la salle de sport, et, à part ça, il m'a dit qu'il m'aimait plus que tout au monde. Il m'a offert une figurine en terre cuite dans laquelle pousse de l'herbe de blé. C'est une sorte de rite de purification que nous pratiquons. Il croit en la primauté de l'individu, du coup moi aussi.

[Bambi sort en boitant]

———

Puisqu'être moi-même ne m'avait jamais trop réussi, j'ai envisagé de jouer les représentants de commerce avec mes ratés de patients et de remiser mon malheur, et les sarcasmes qui allaient avec, jusqu'au lendemain matin. Ma voix s'est élevée de quelques octaves pleines d'entrain pour essayer, elle n'a séduit personne.
Vil Coyote avait réservé le dernier créneau de la journée. Docteur en philosophie de l'université de Strasbourg, queer, il est trop occupé à être fourbe et cinglé. Mon Dieu, si seulement il pouvait la fermer. Mon Dieu, si seulement je pouvais la fermer.

PROFESSEUR VIL COYOTE :
[Ton affecté, au psychanalyste]
Vous voyez, docteur, traditionnellement, on considère que la différence dérive de l'identité. Je prétends – a contrario ! – que toutes les identités sont des effets de la différence. Les identités ne sont ni logiques ni métaphysiques antérieurement à la différence, étant donné qu'il n'y a de différences de nature qu'entre choses du même genre. Ainsi, non seulement il ne peut exister deux choses identiques, mais les catégories employées pour identifier les individus dérivent elles-mêmes de différences. La différence, en d'autres termes, va jusqu'au fondement.

Beurk, mon travail n'est pas fini parce que je ne travaille pas. C'est tellement injuste. Pourquoi est-ce que je dois tout faire ici ? Je ne peux pas profiter de *chaque* foutue journée.

PSYCHANALYSTE :
Hmm Hmmm.

[J'avais la ferme intention d'être passif-agressif pour les quarante-cinq prochaines années.]

PROFESSEUR VIL COYOTE :
La nuit dernière, j'ai rêvé que j'étais dans un champ où il y avait de gigantesques champignons recouverts d'un drôle d'imprimé camouflage. Tout le monde fumait, et une étrange pieuvre rose, complètement bourrée, tombait du plafond les poings serrés, disposée à se battre, tandis que des bombes atomiques et des fusées fusaient tout autour. J'avais une folle envie de sauter sur l'une de ces roquettes orange ou verte, de me mettre en selle, de la chevaucher comme un cheval, et de m'envoler au loin comme un oiseau. Je crois qu'il y avait aussi un maquereau bleu avec une guitare électrique attachée autour de la taille. Une chaîne jaune, comme une ceinture. Sans aucun doute. J'avais le sentiment que la fin approchait. Quelqu'un jouait de la basse à l'arrière-plan, hurlait les paroles, et, en tendant l'oreille, j'ai su qu'il s'agissait de l'album *Songs for Gay Dogs*. À votre avis, qu'est-ce que ça signifie, docteur ? Vous pensez que ces chansons me sont adressées ? Ce chien gay, c'est *moi*. Pourquoi est-ce que je crois être un chien ? Et si je suis un chien queer, quel genre de chien : un loulou de Poméranie, un doberman, un coyote, un chihuahua ? Il y a tant de races différentes. Tant d'interprétations différentes.

PSYCHANALYSTE :
Hmmm, oui, la différence va jusqu'au fondement.

FIN

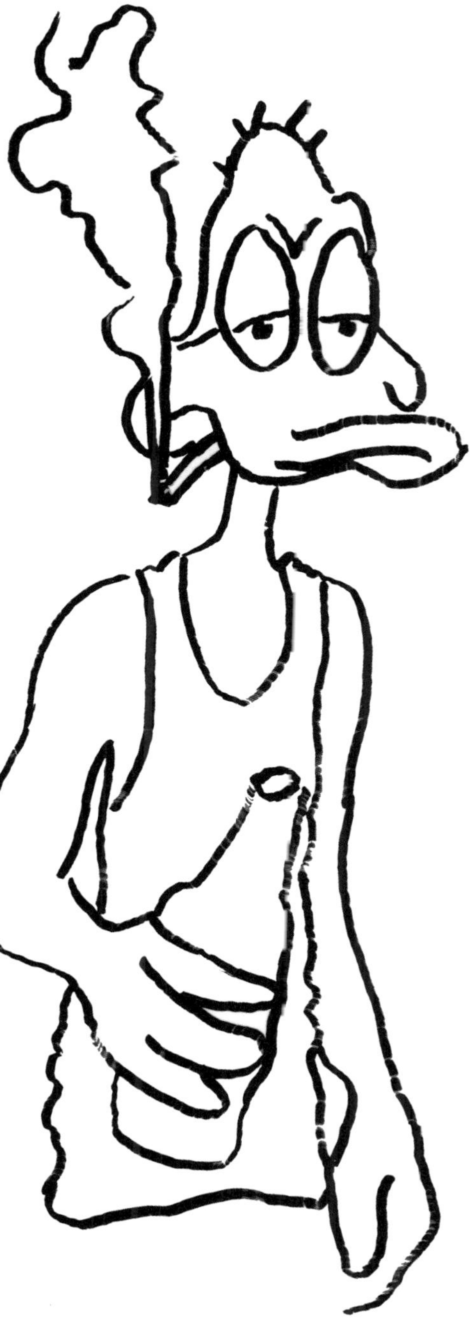

Daffy 2

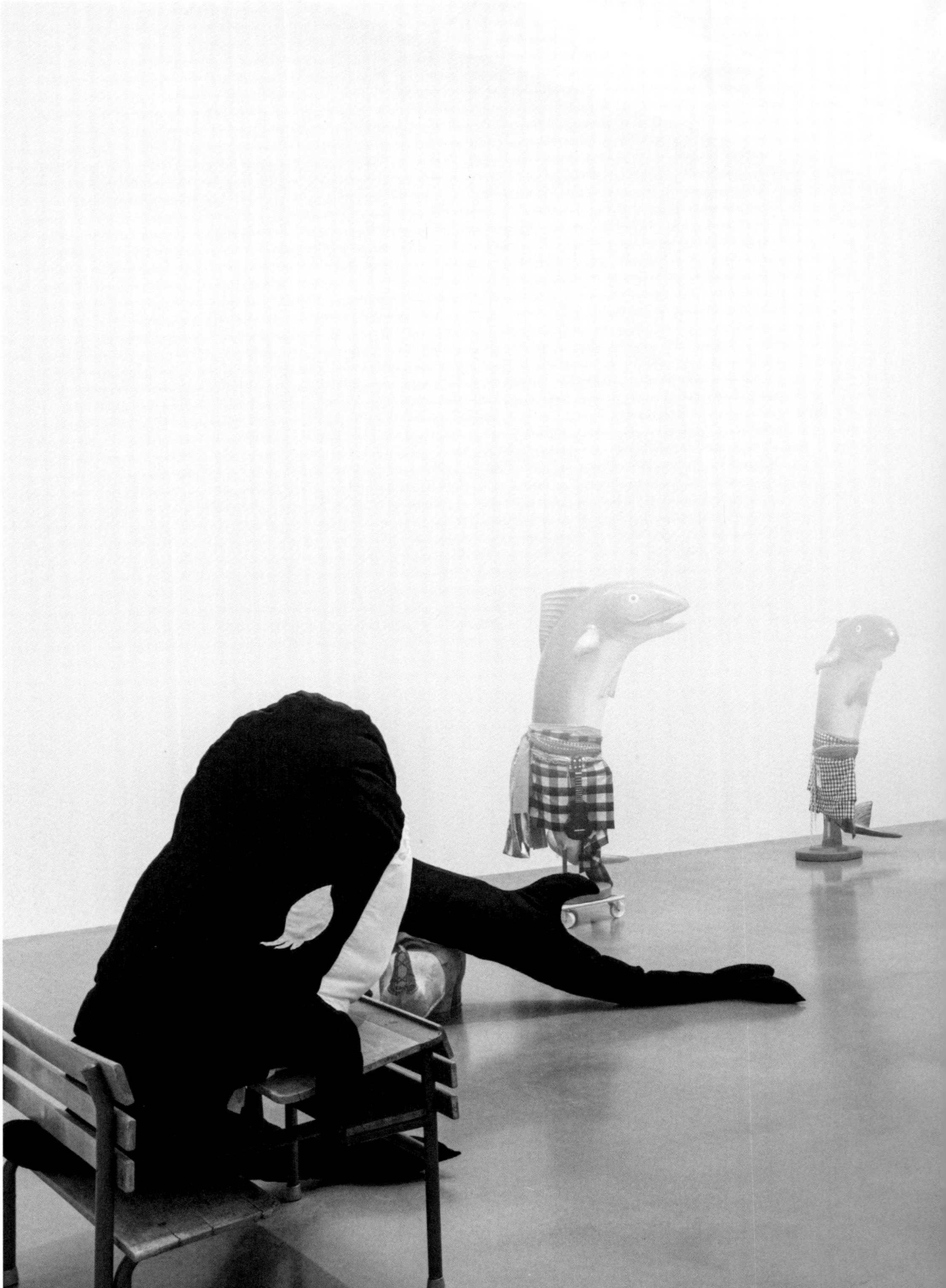

What If It Barks?, 2018

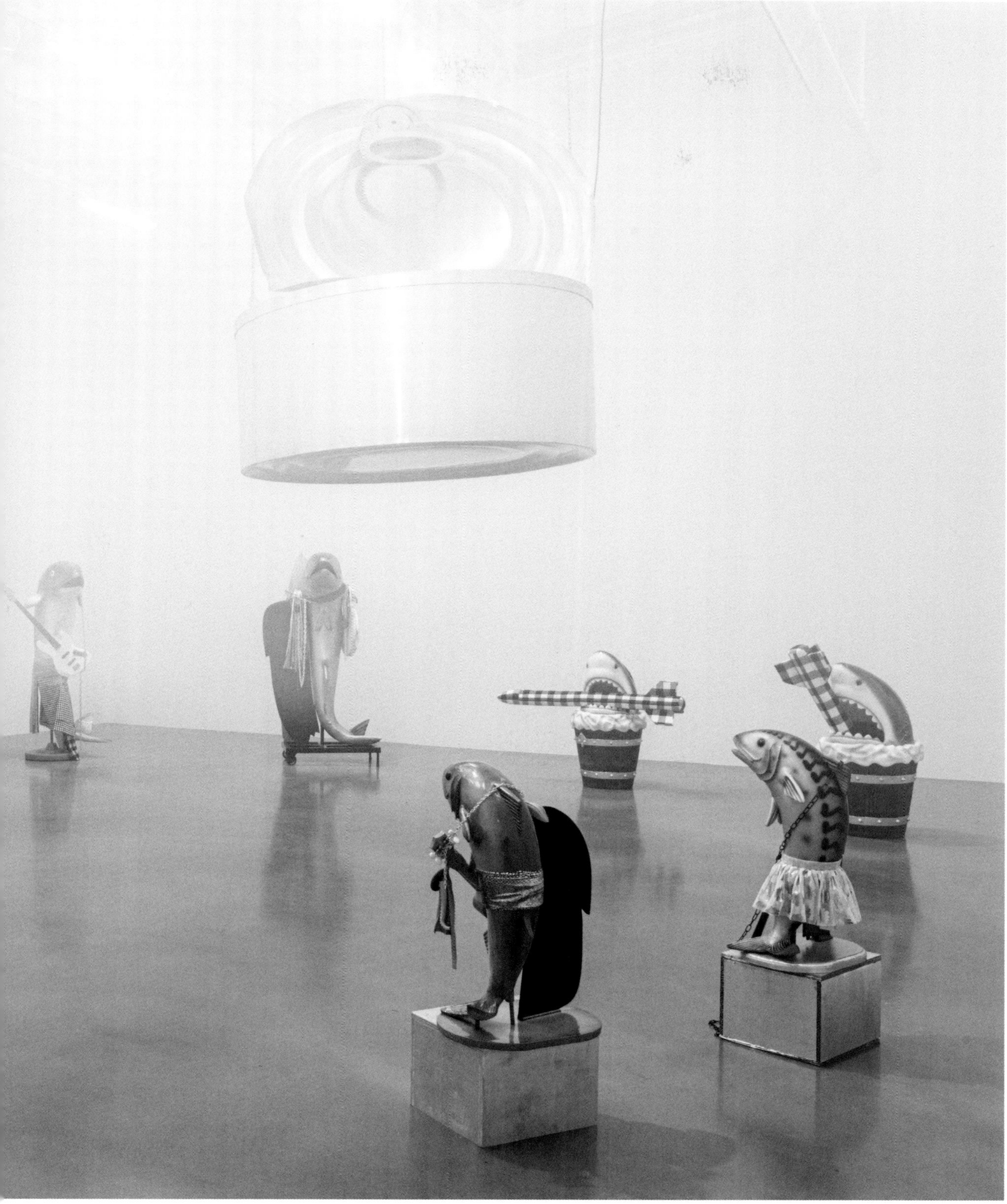

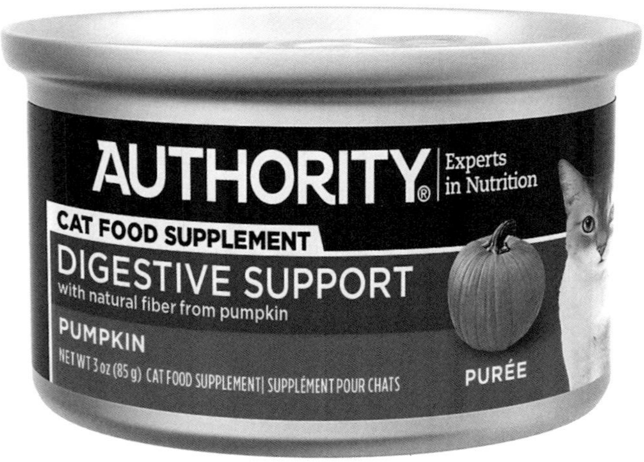
AUTHORITY®
Experts in Nutrition
CAT FOOD SUPPLEMENT
DIGESTIVE SUPPORT
with natural fiber from pumpkin
PUMPKIN
NET WT 3 oz (85 g) CAT FOOD SUPPLEMENT| SUPPLÉMENT POUR CHATS
PURÉE

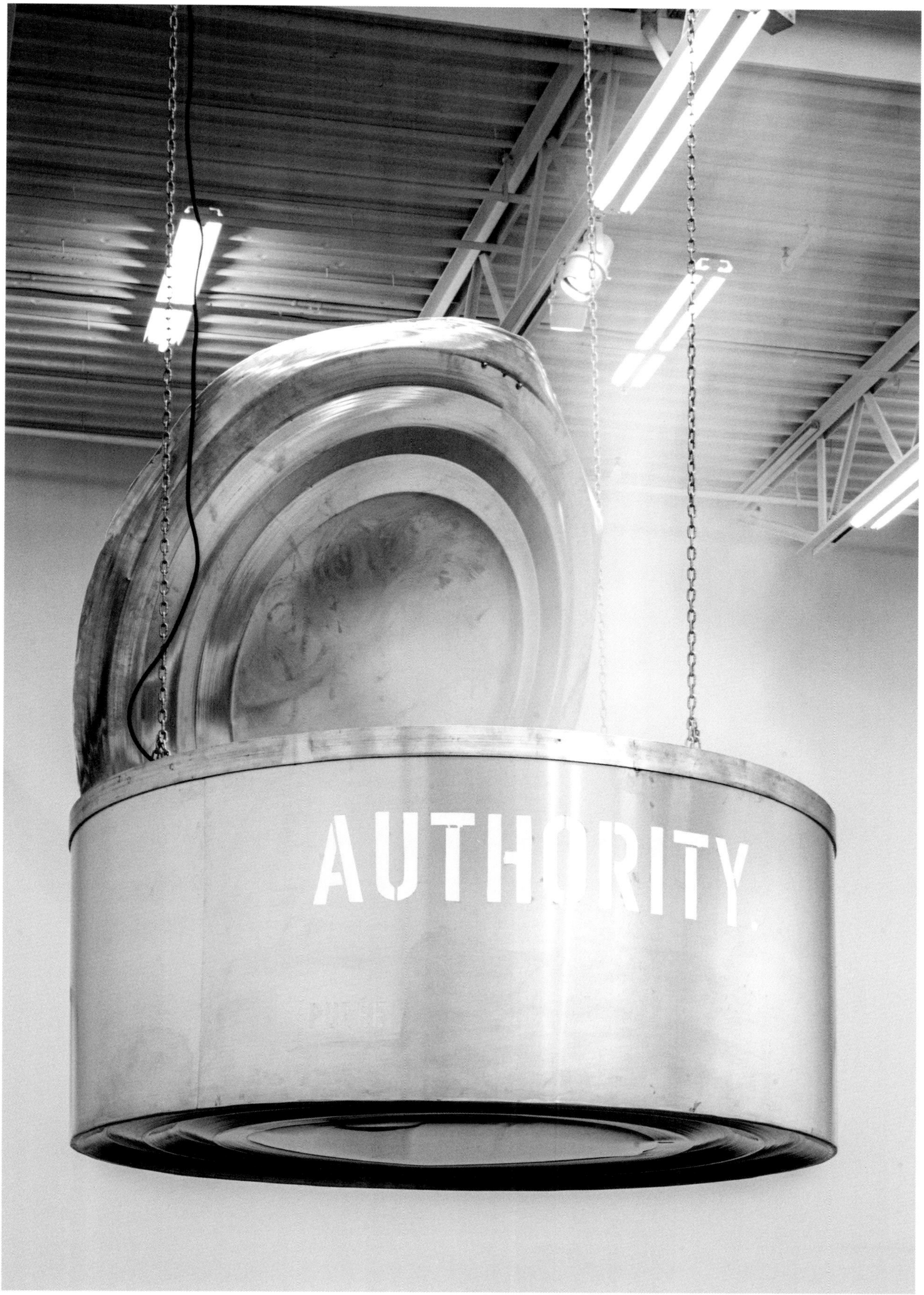

Authority Purée, 2018
ø 185 cm

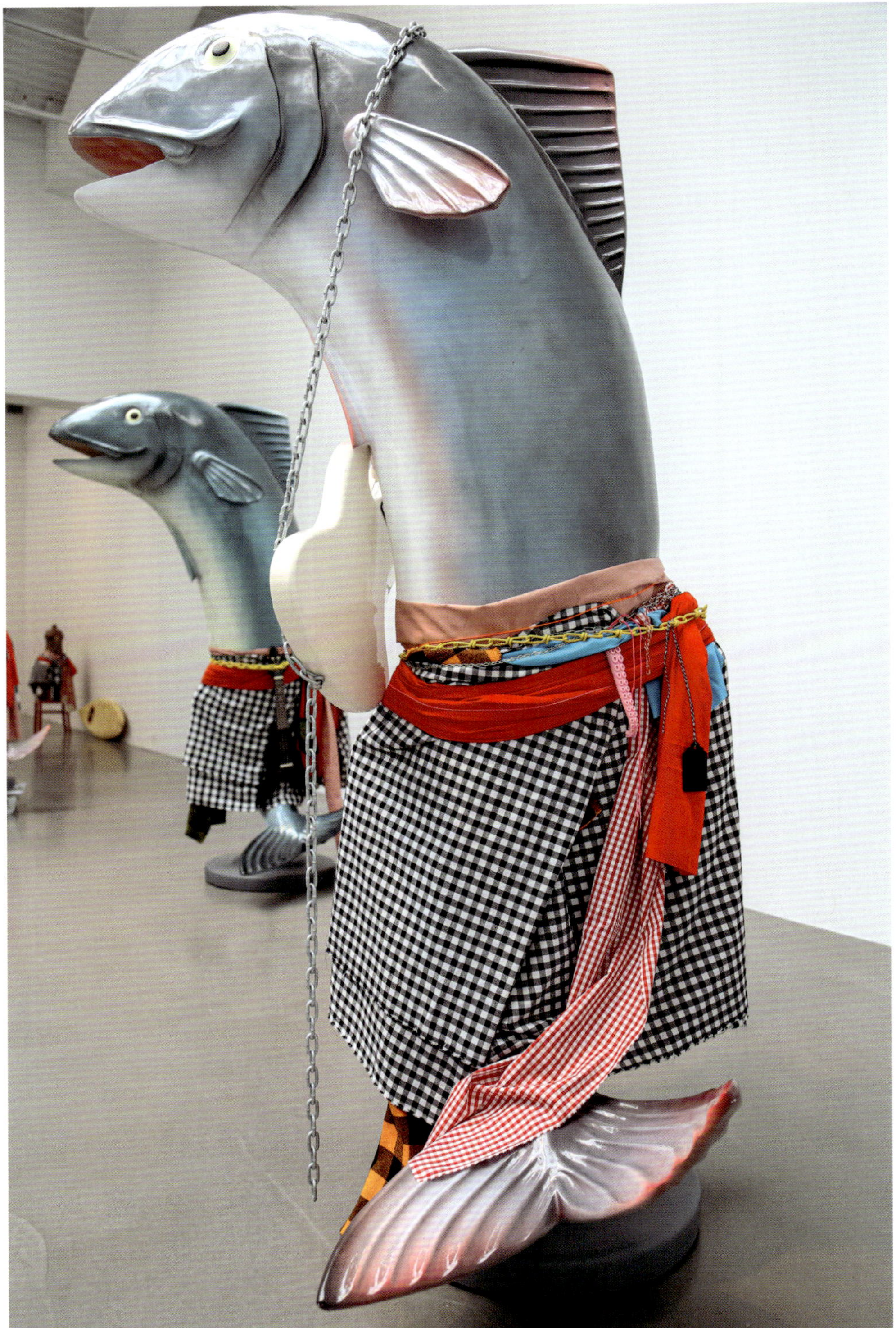

What If It Barks 1 (White Bass Guitar Version), 2018
193 × 127 × 121.9 cm

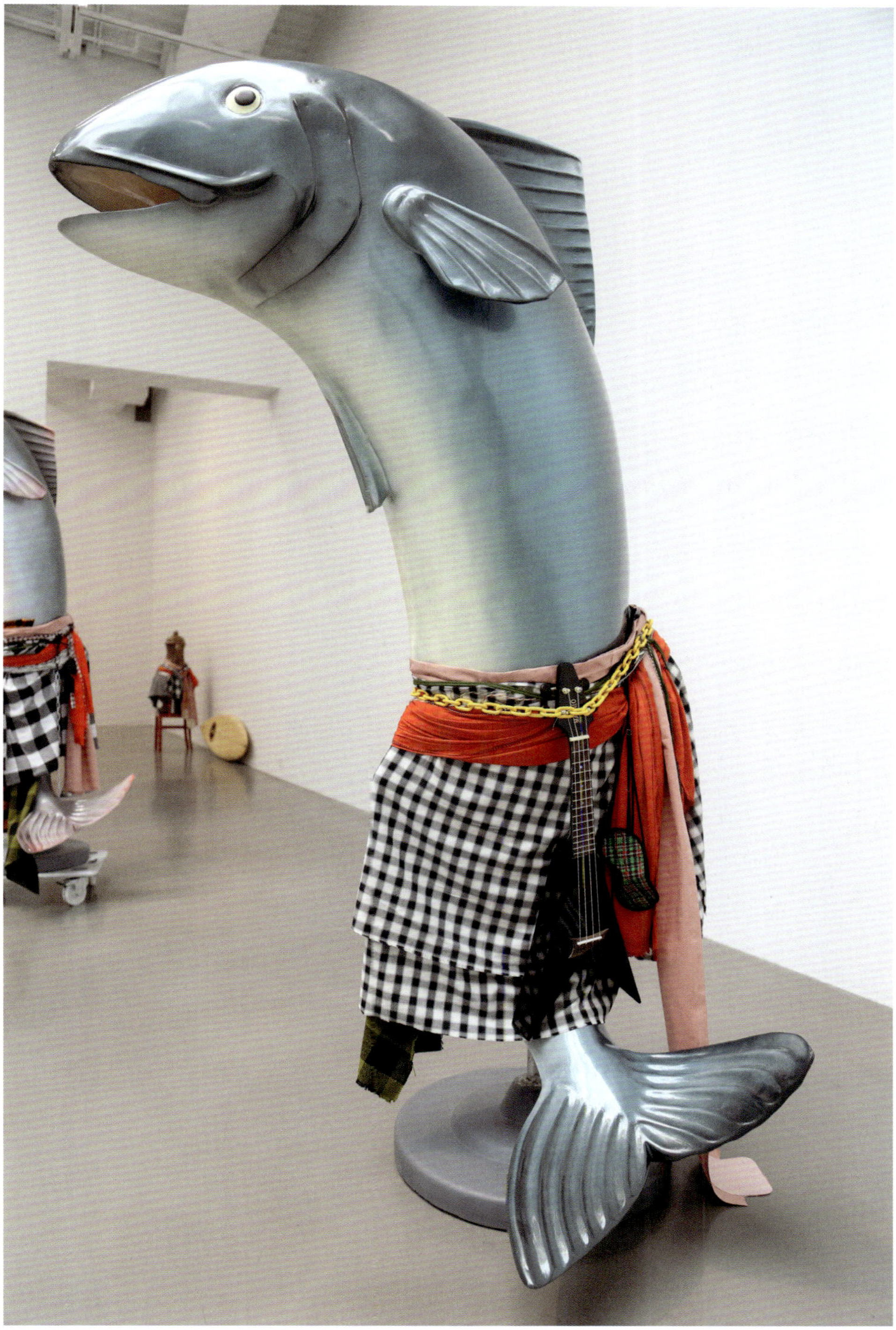

What If It Barks 3 (Black Ukulele Version with Ghost), 2018
195.6 × 91.4 × 101.6 cm

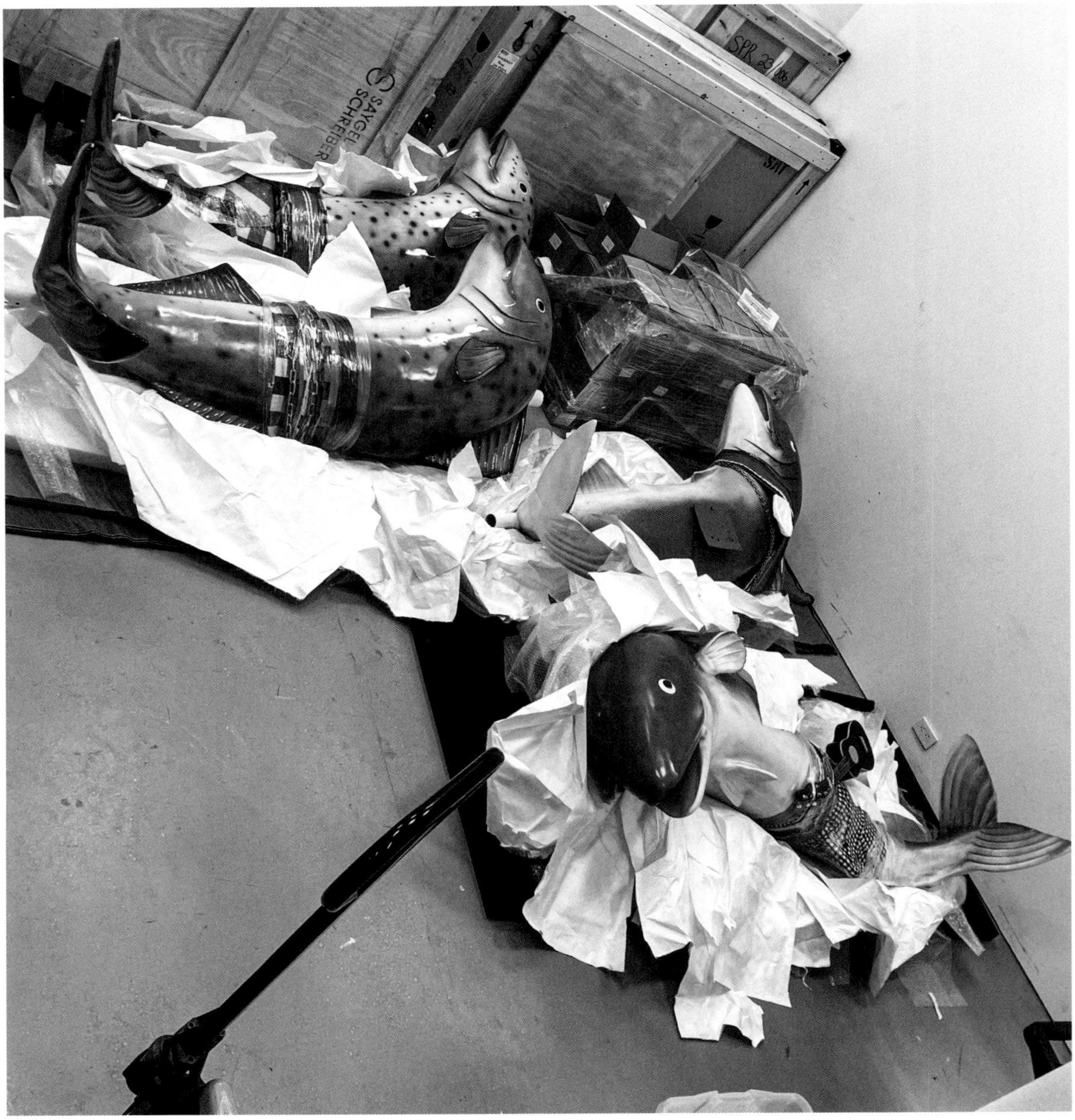

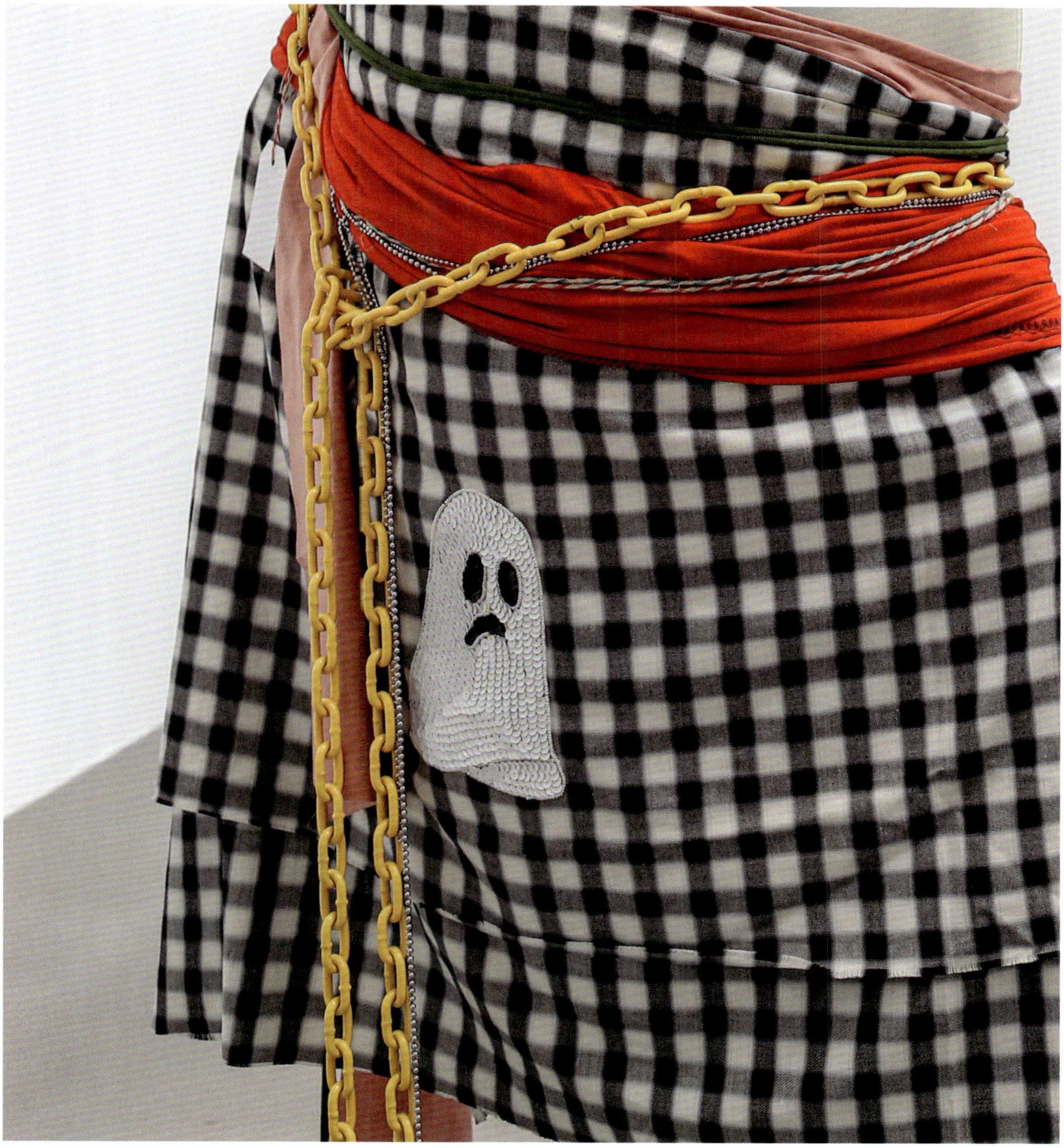

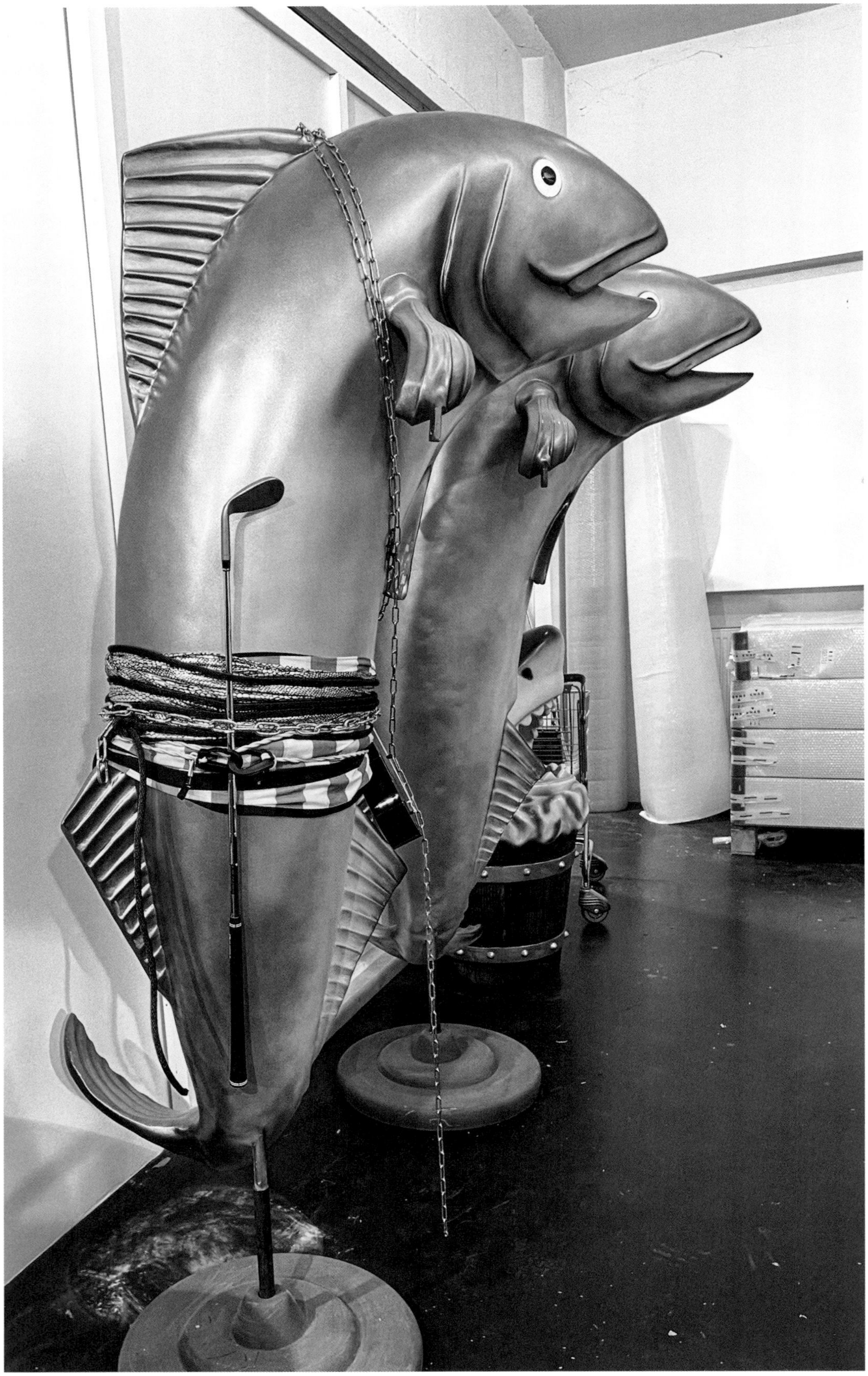

What If It Barks 10 (Golf Club Ukulele Version), 2024
205 × 90 × 115 cm

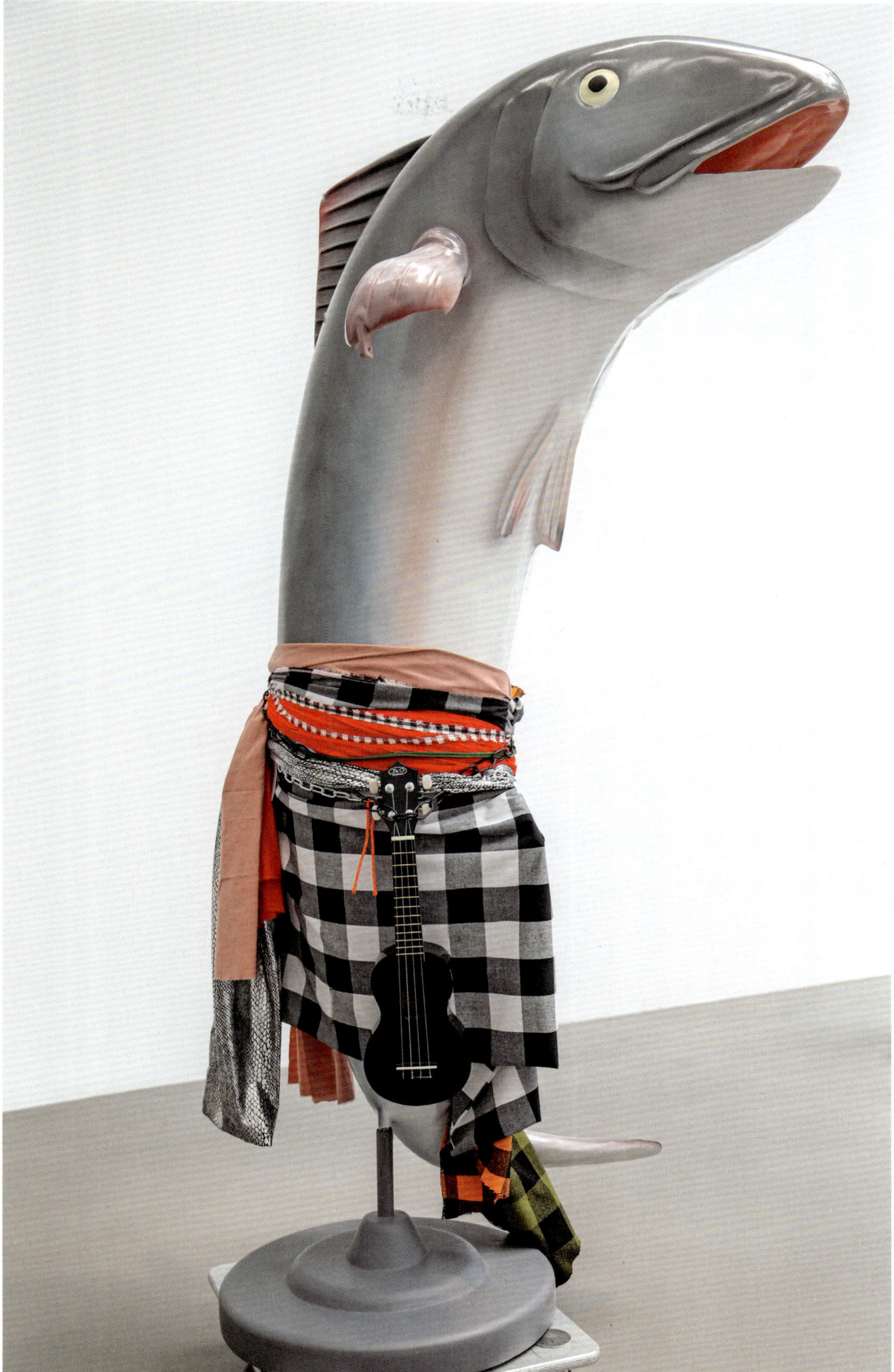

What If It Barks 4 (Black Ukulele Version), 2018
205.7 × 91.4 × 114.3 cm

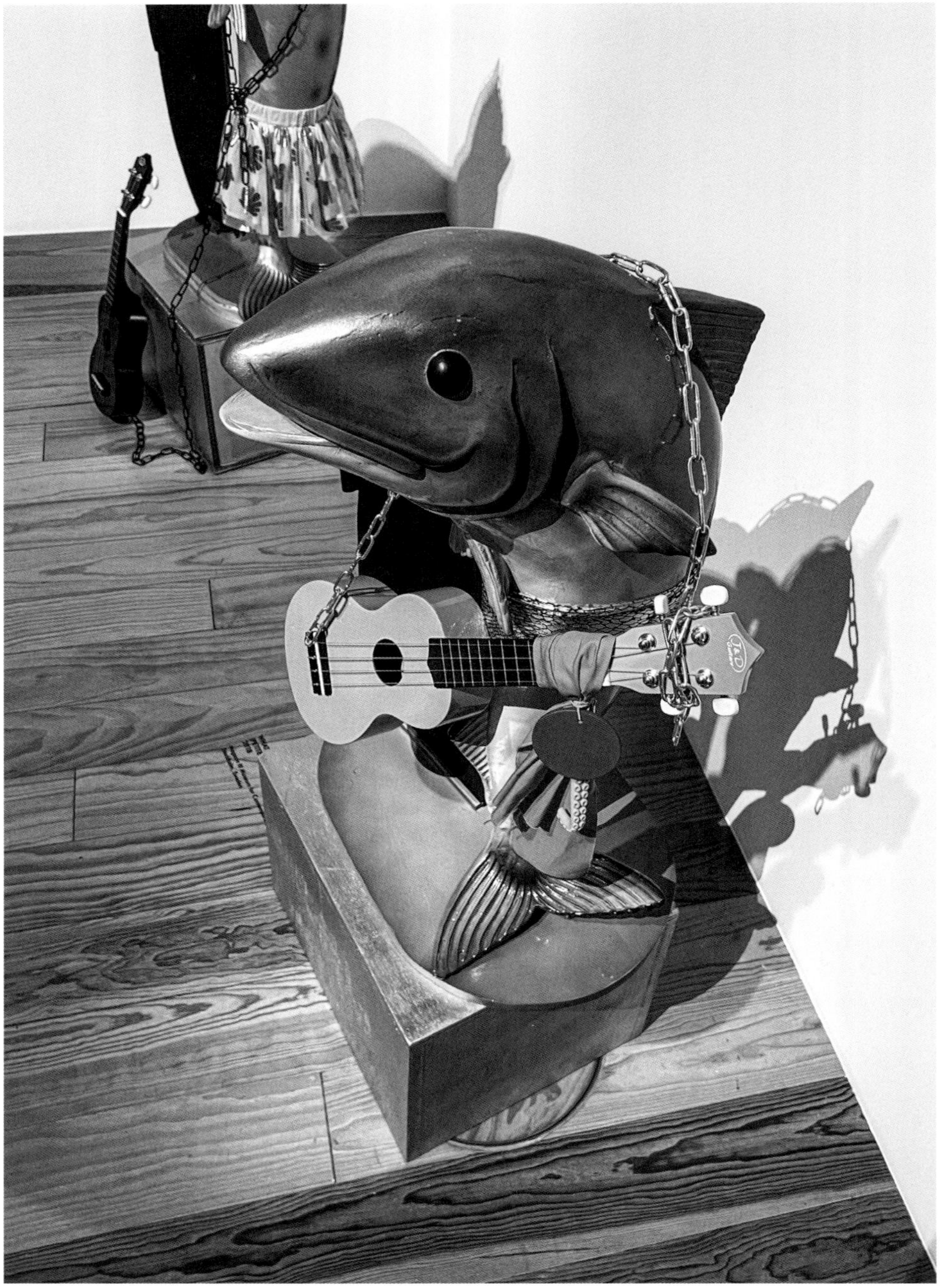

What If It Barks 5 (Petite Version with Blue Ukulele), 2018
106.7 × 61 × 45.7 cm

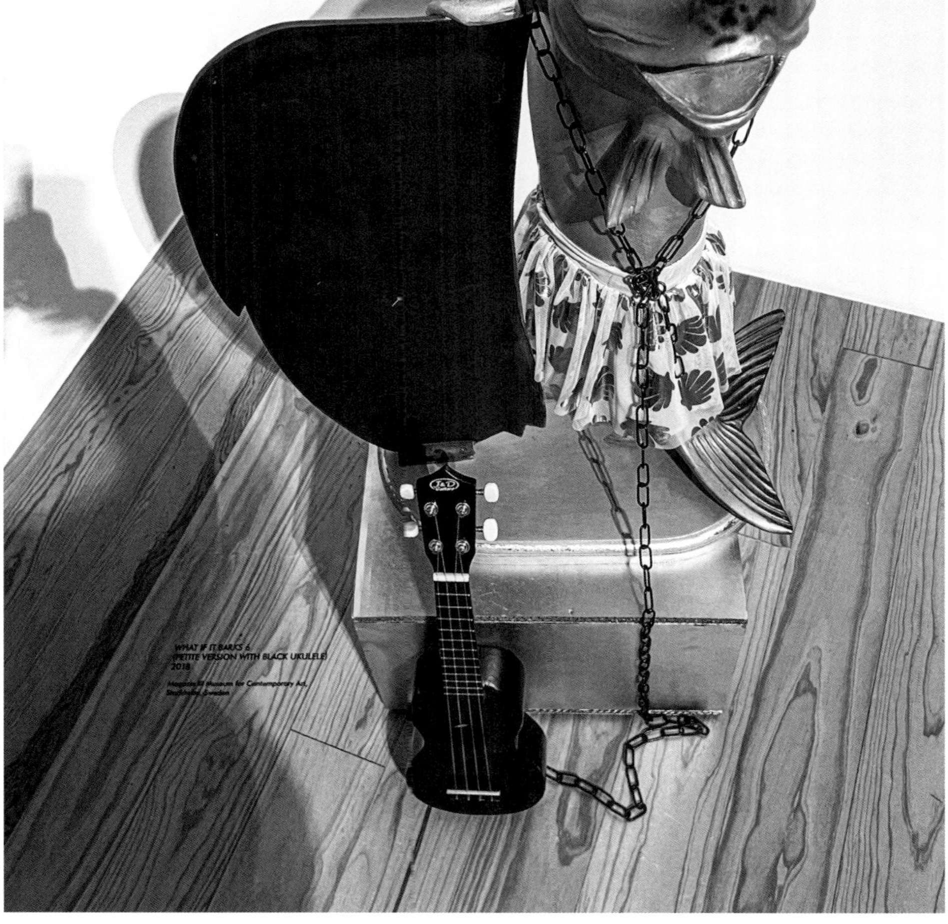

What If It Barks 6 (Petite Version with Black Ukulele), 2018
109.2 × 58.4 × 50.8 cm

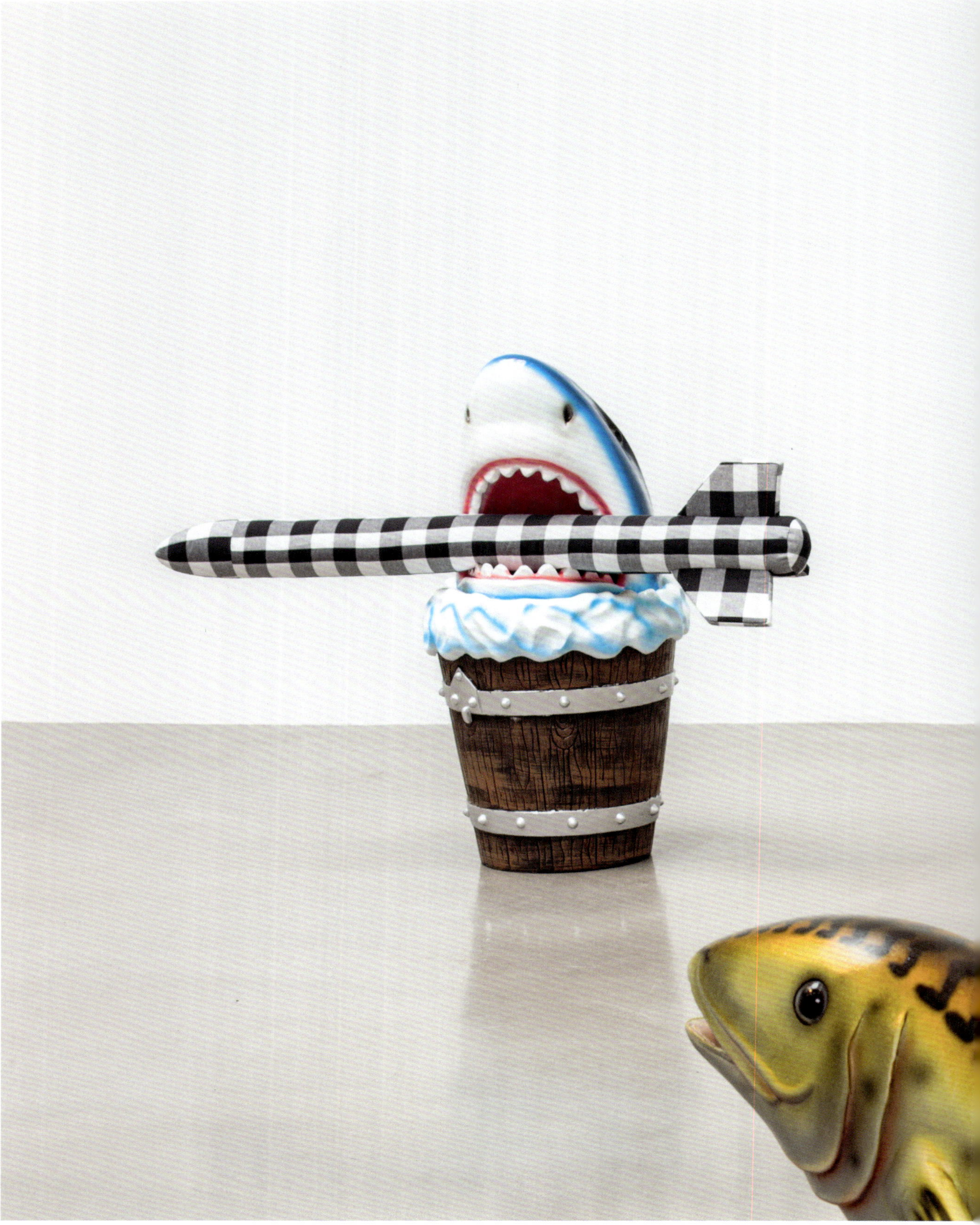

What If It Barks 8 (Shark Dust Bin Version I), 2018
111.8 × 116.8 × 68.6 cm

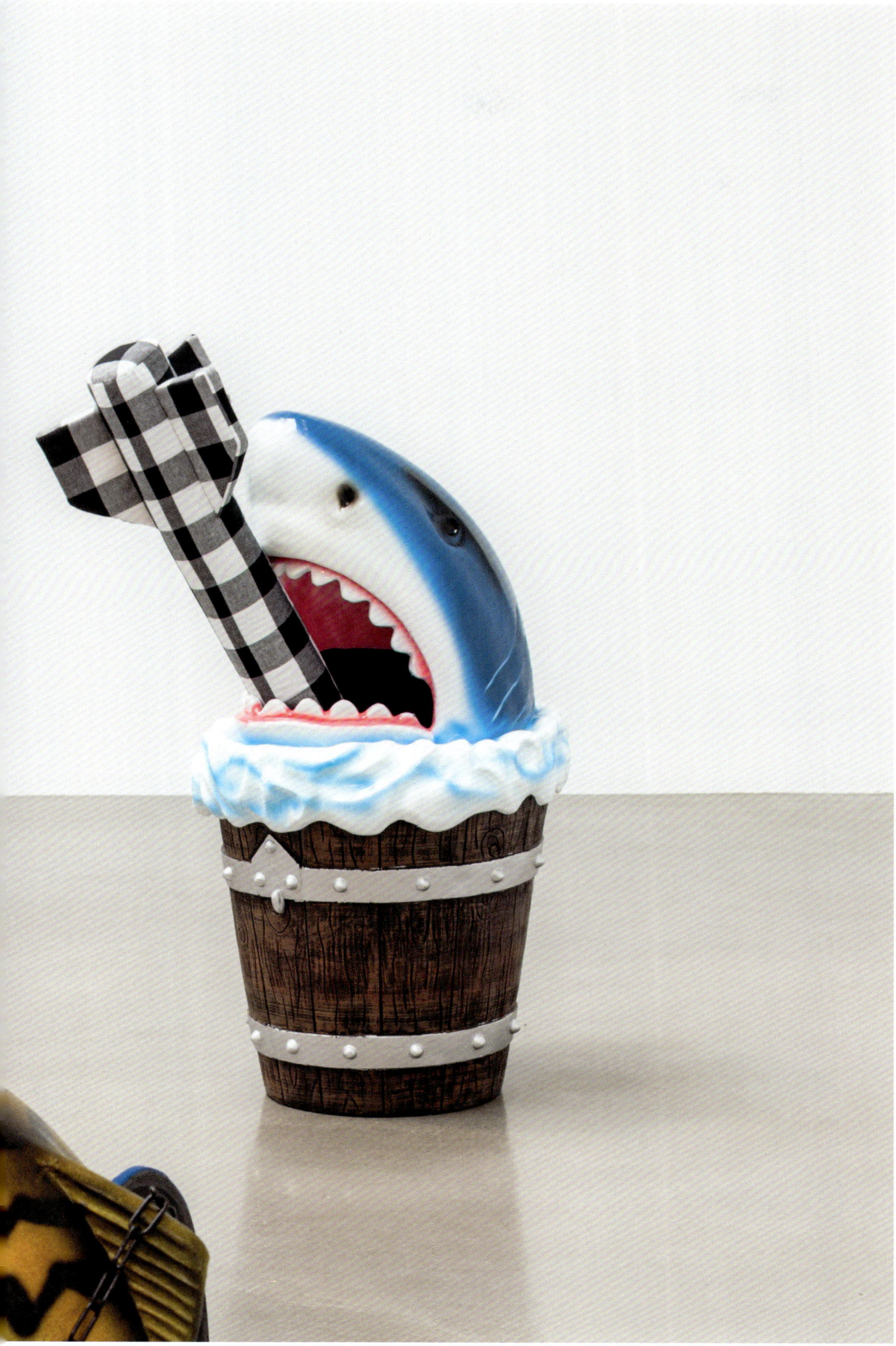

What If It Barks 9 (Shark Dust Bin Version II), 2018
124.5 × 71.1 × 104.1 cm

THE WALL STREET JOURNAL.

Hi,

I thought this article from The Wall Street Journal would interest you.

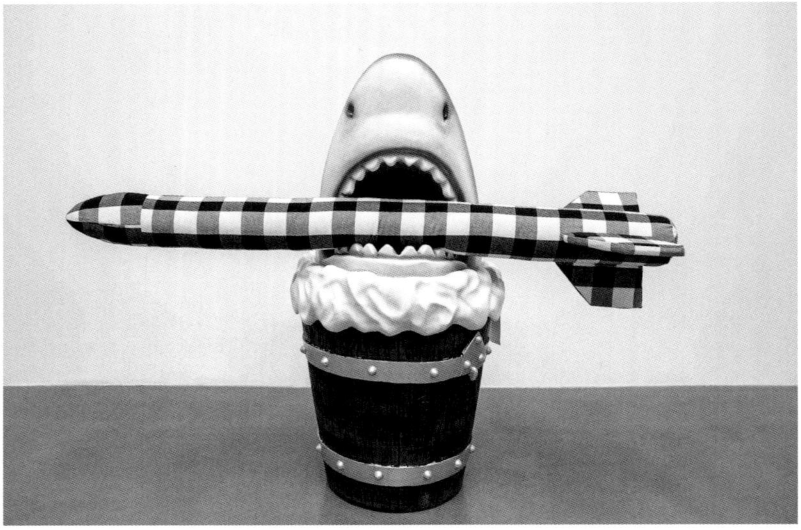

Q&A with Cosima von Bonin

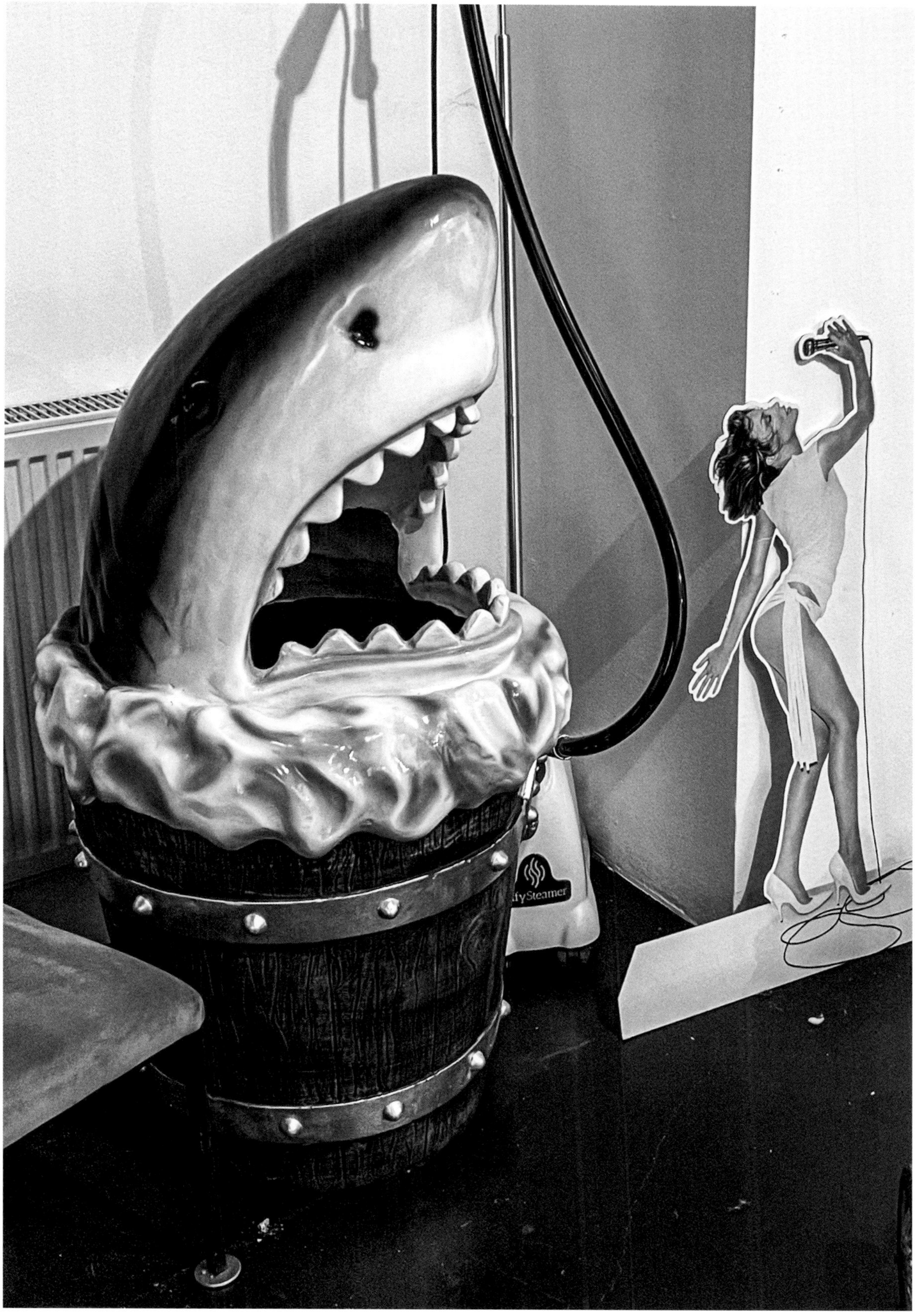

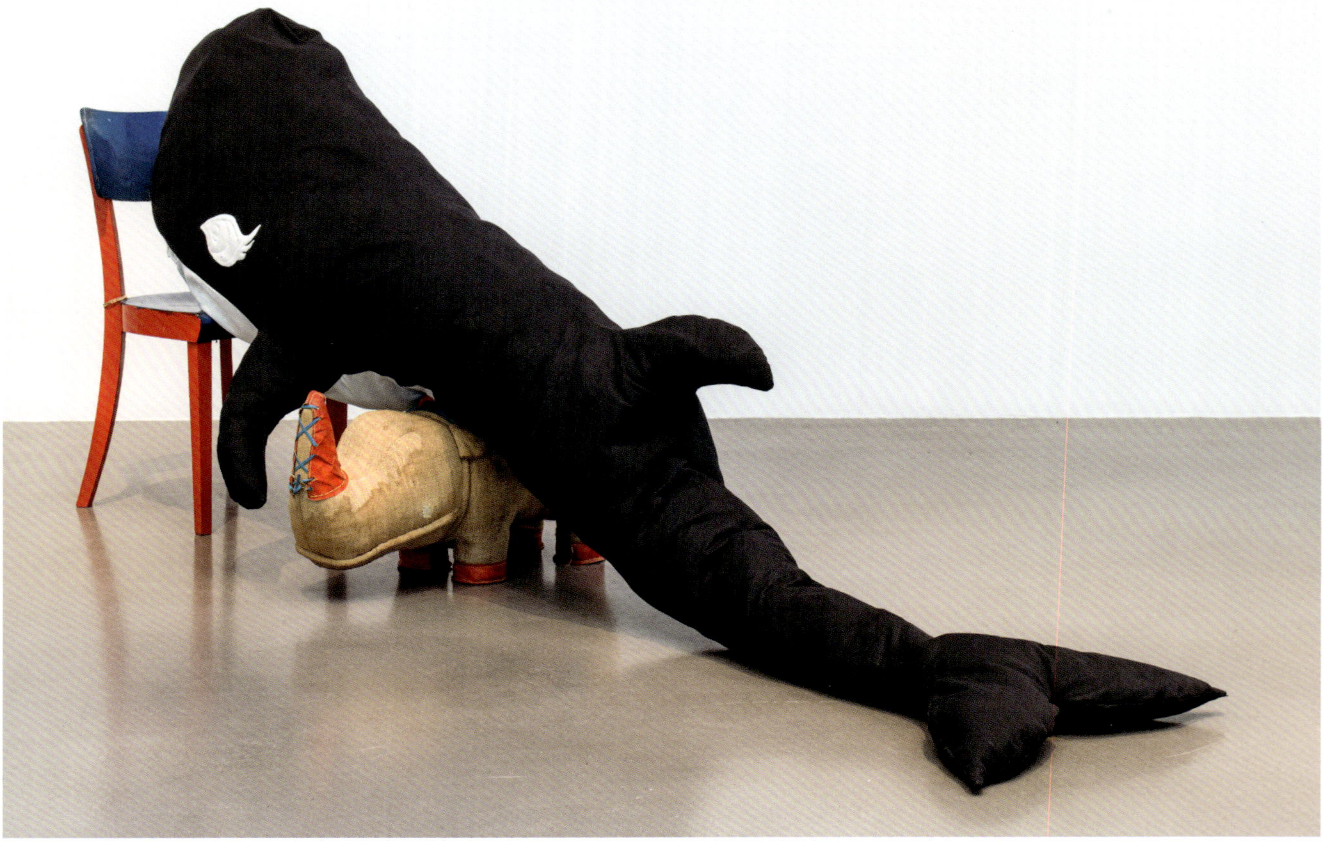

Killer Whale with Long Eyelashes (Rhino Version)*, 2018
106.7 × 266.7 × 99.1 cm
* Renate Müller's Therapeutic Rhinoceros Toy, 1960s

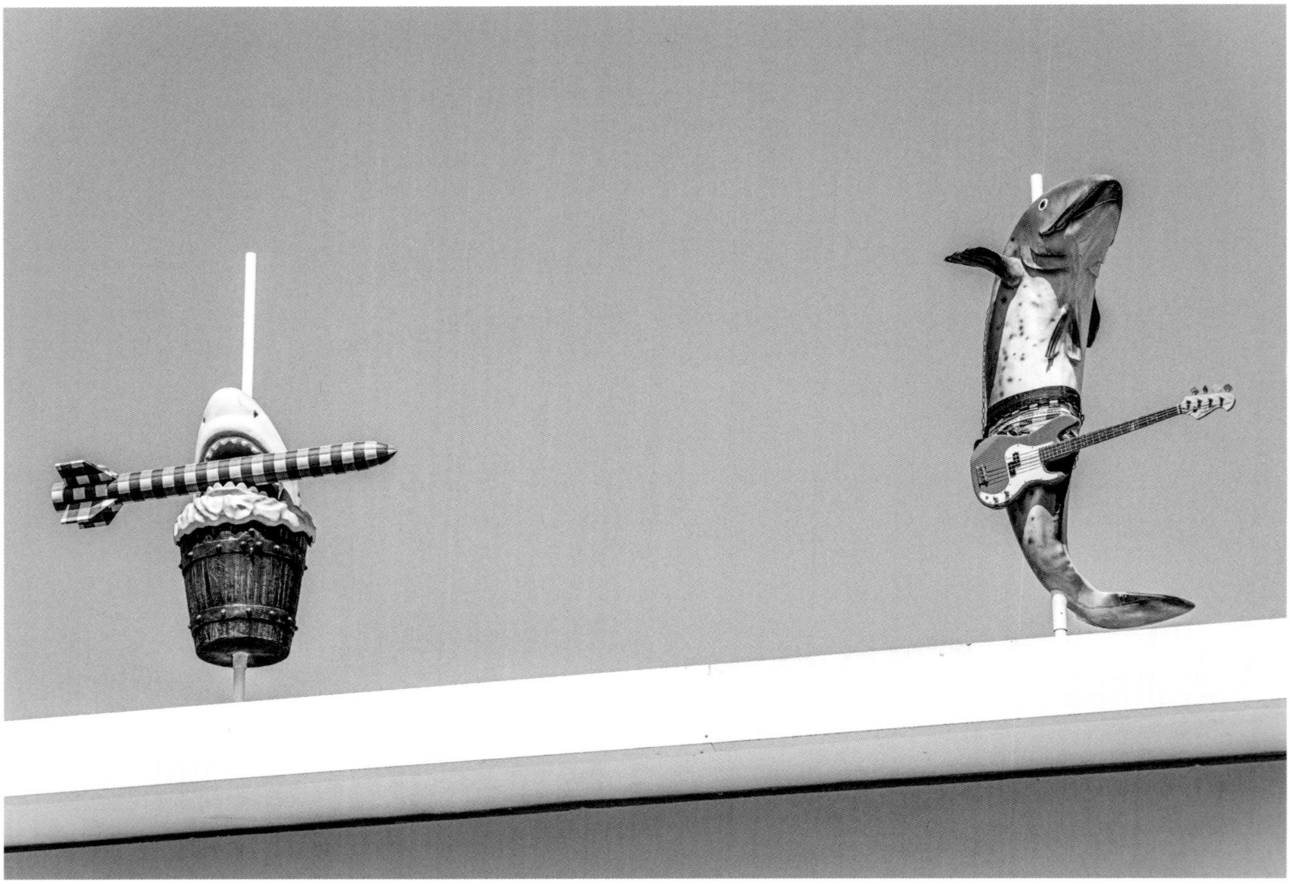

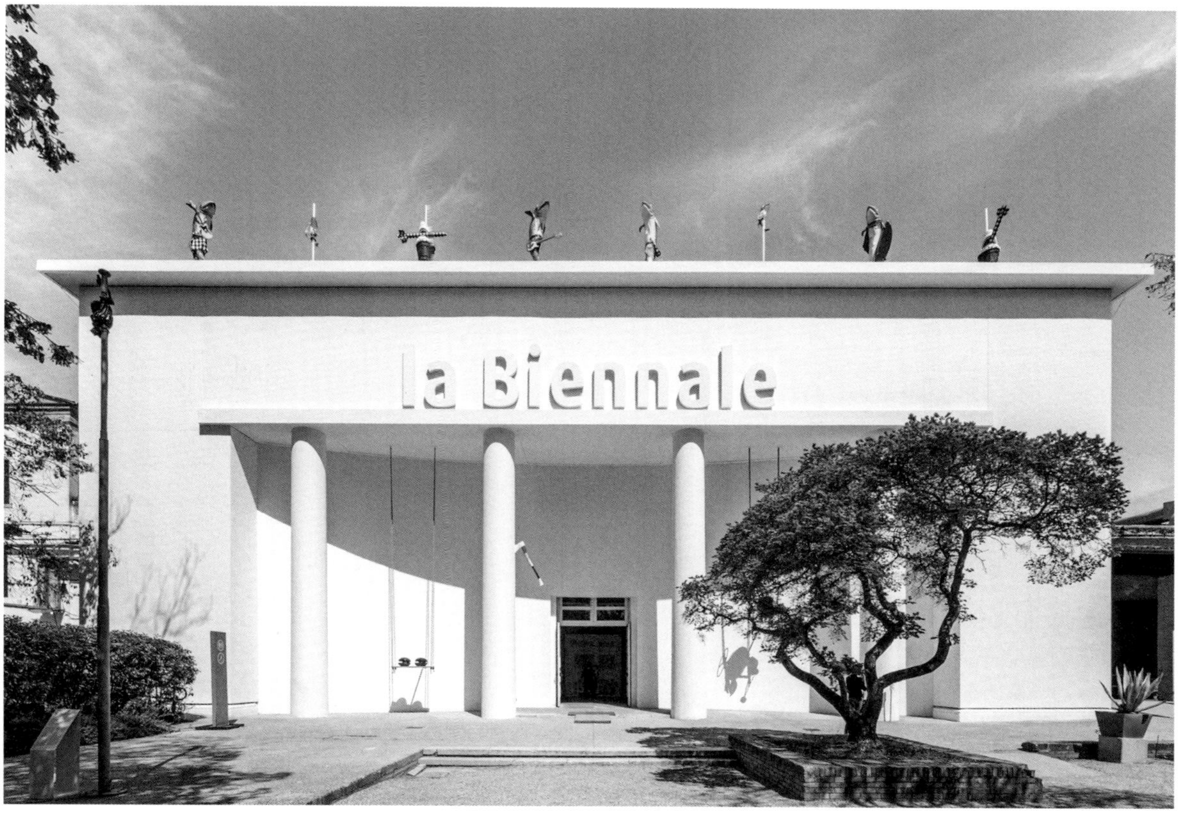

What If They Bark?
Venice Biennale, 2022

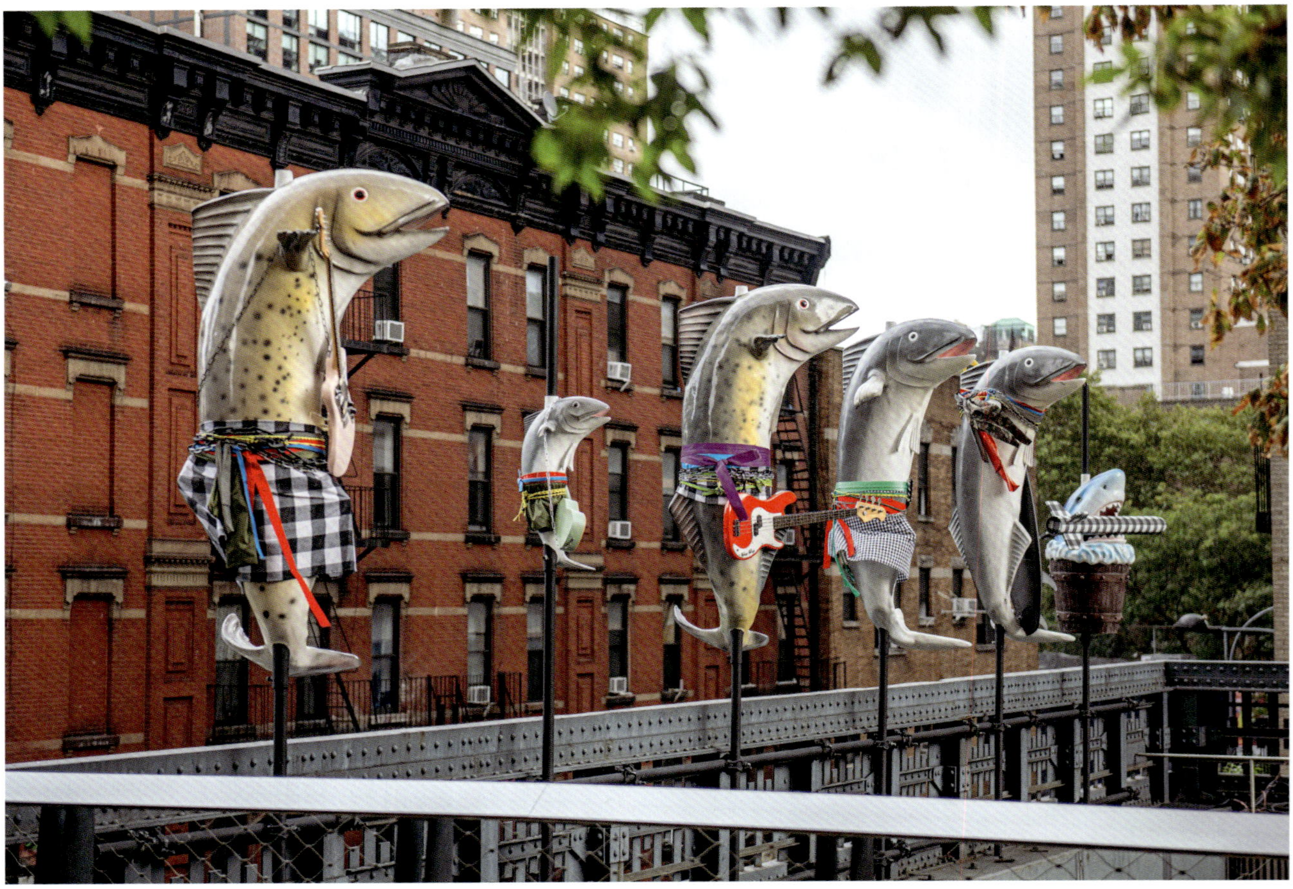

What If They Bark?
High Line New York, 2023–2024

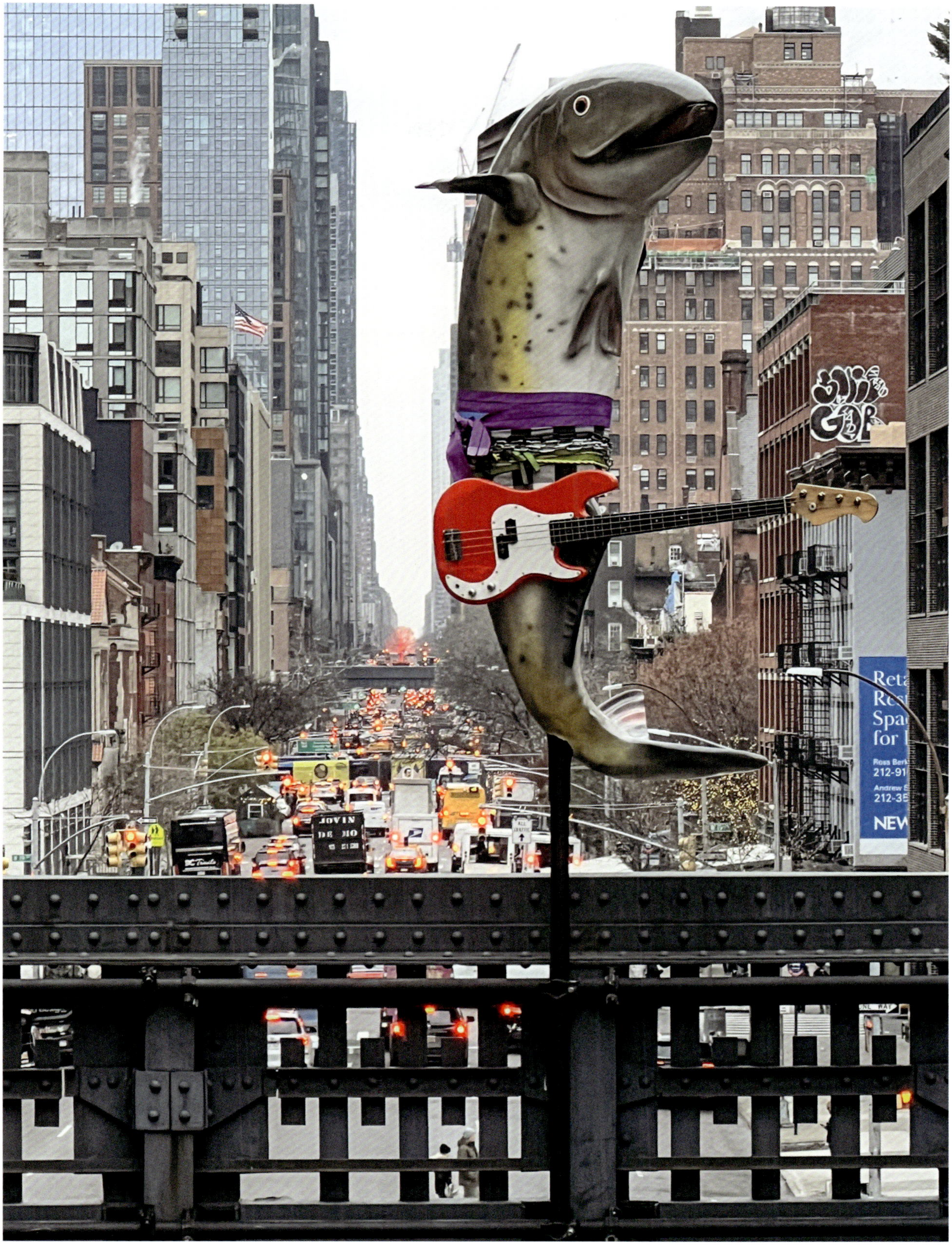

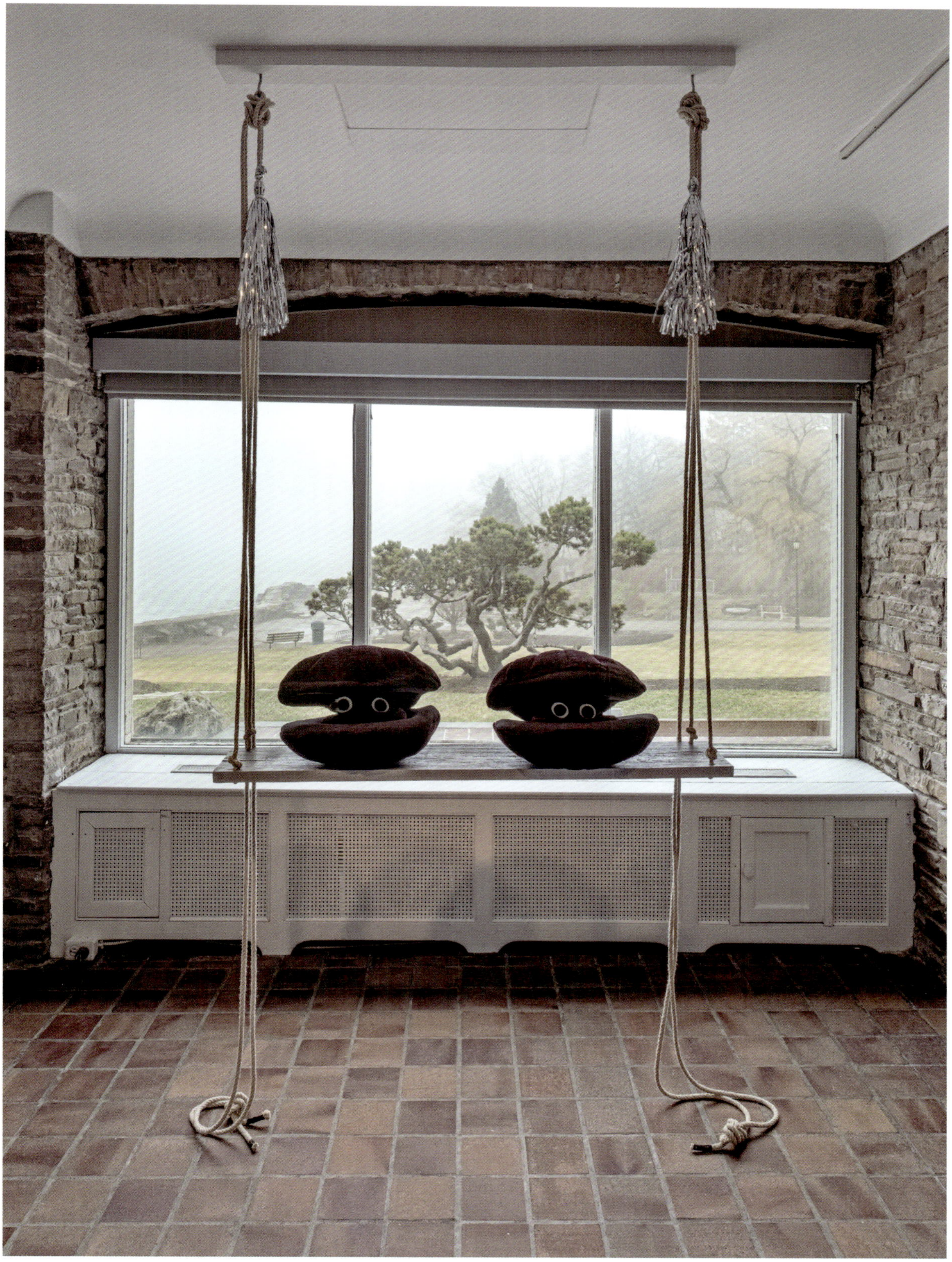

Scallops (Dark Version), Rocking, 2014
Dimensions variable

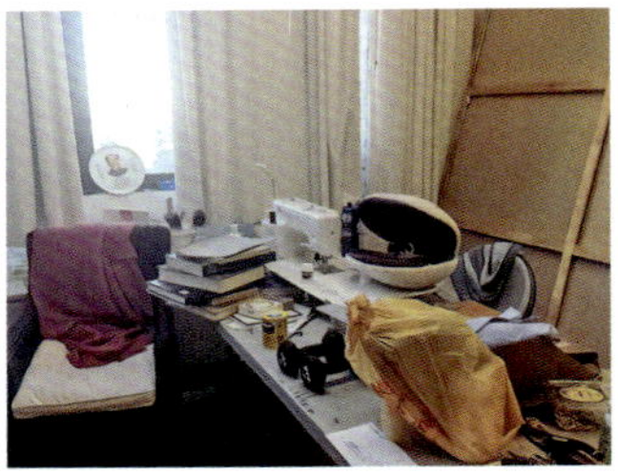

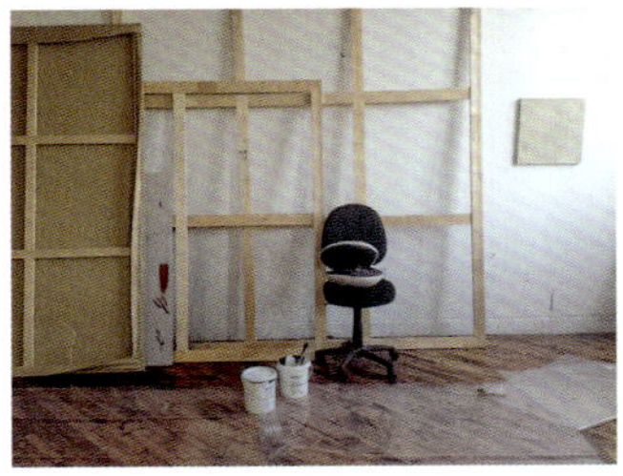

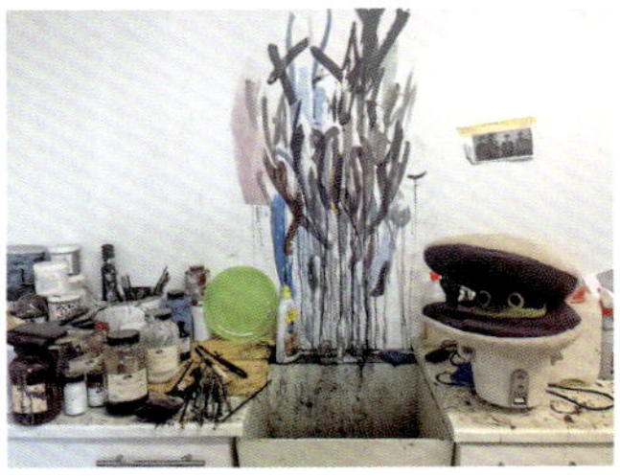

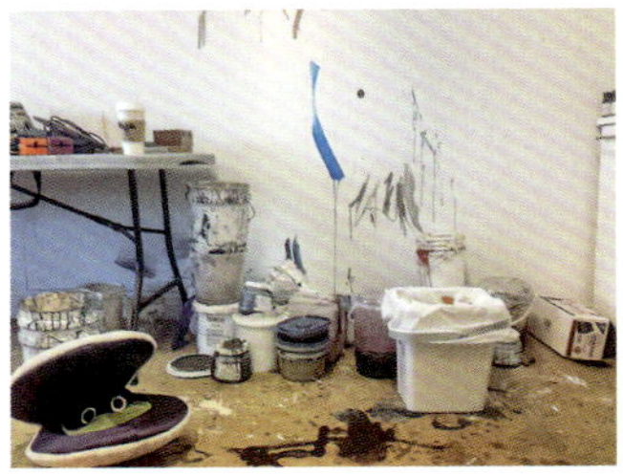

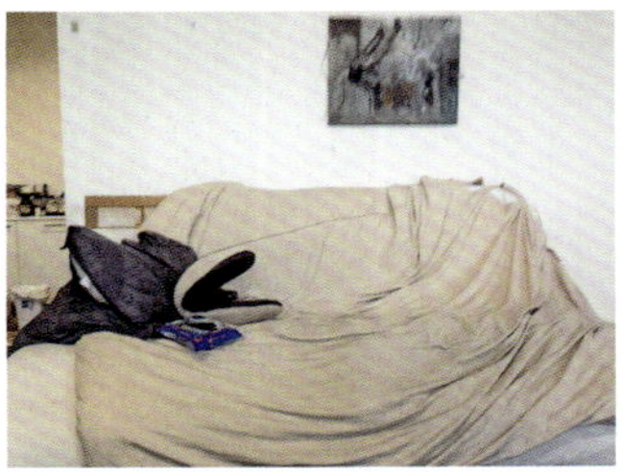

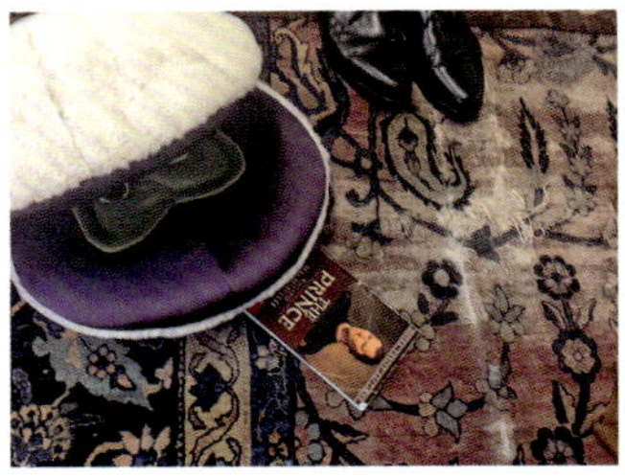
PRINCE

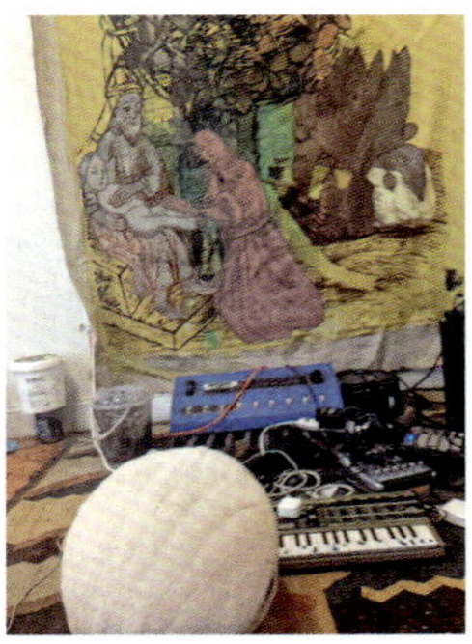

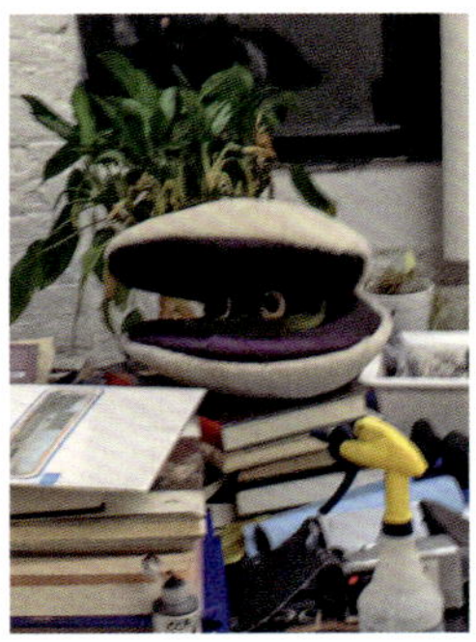

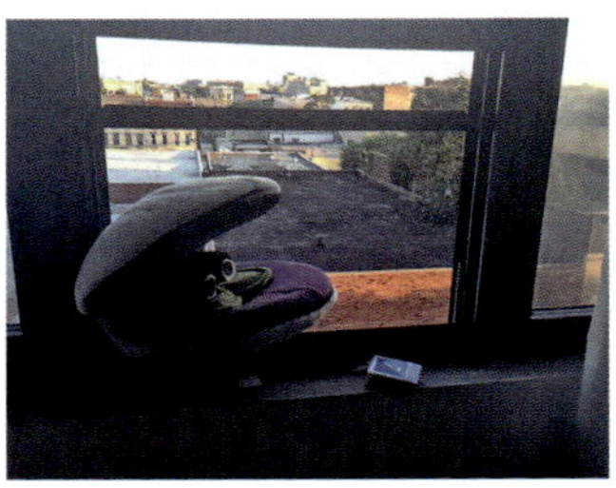

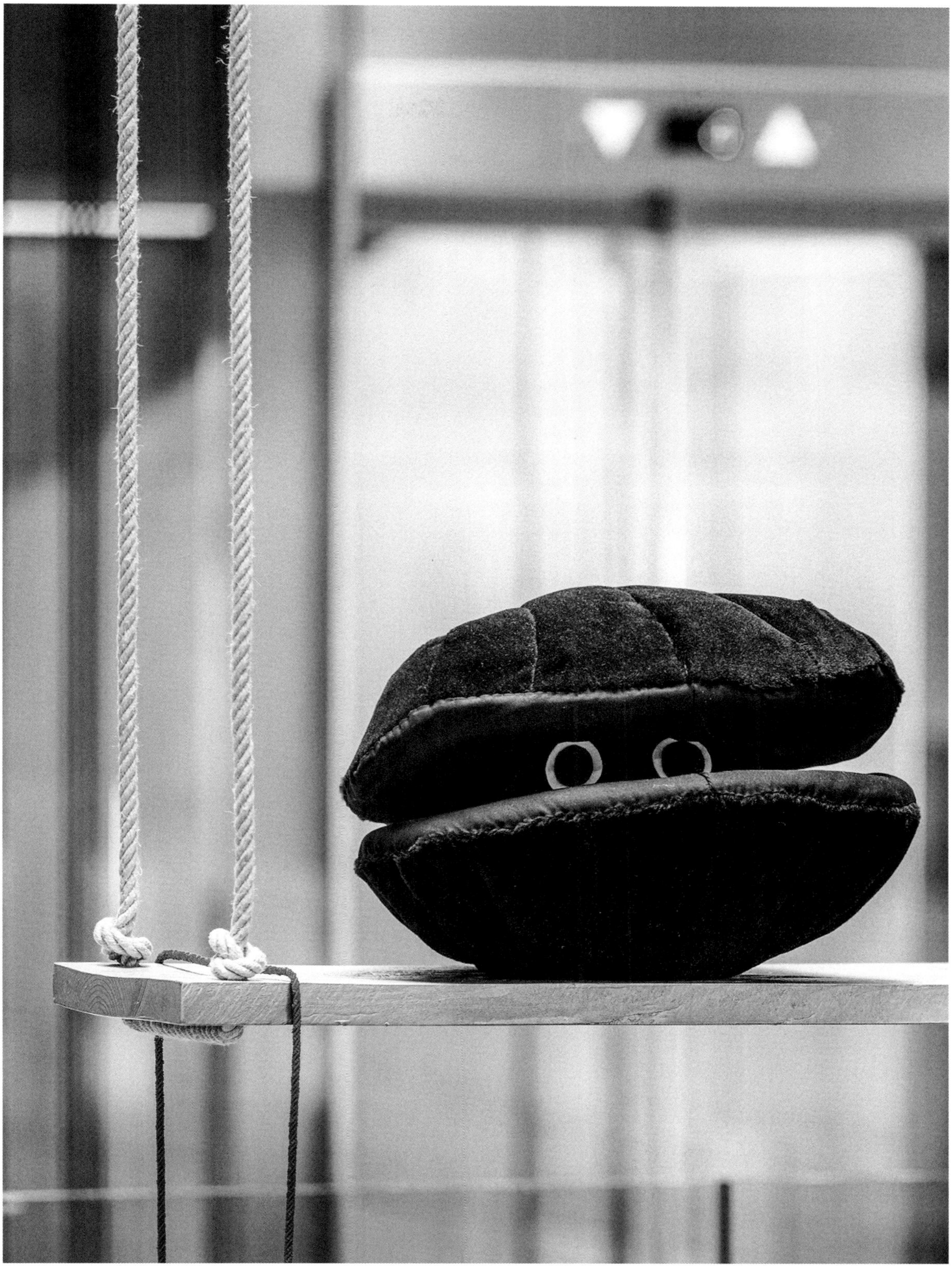

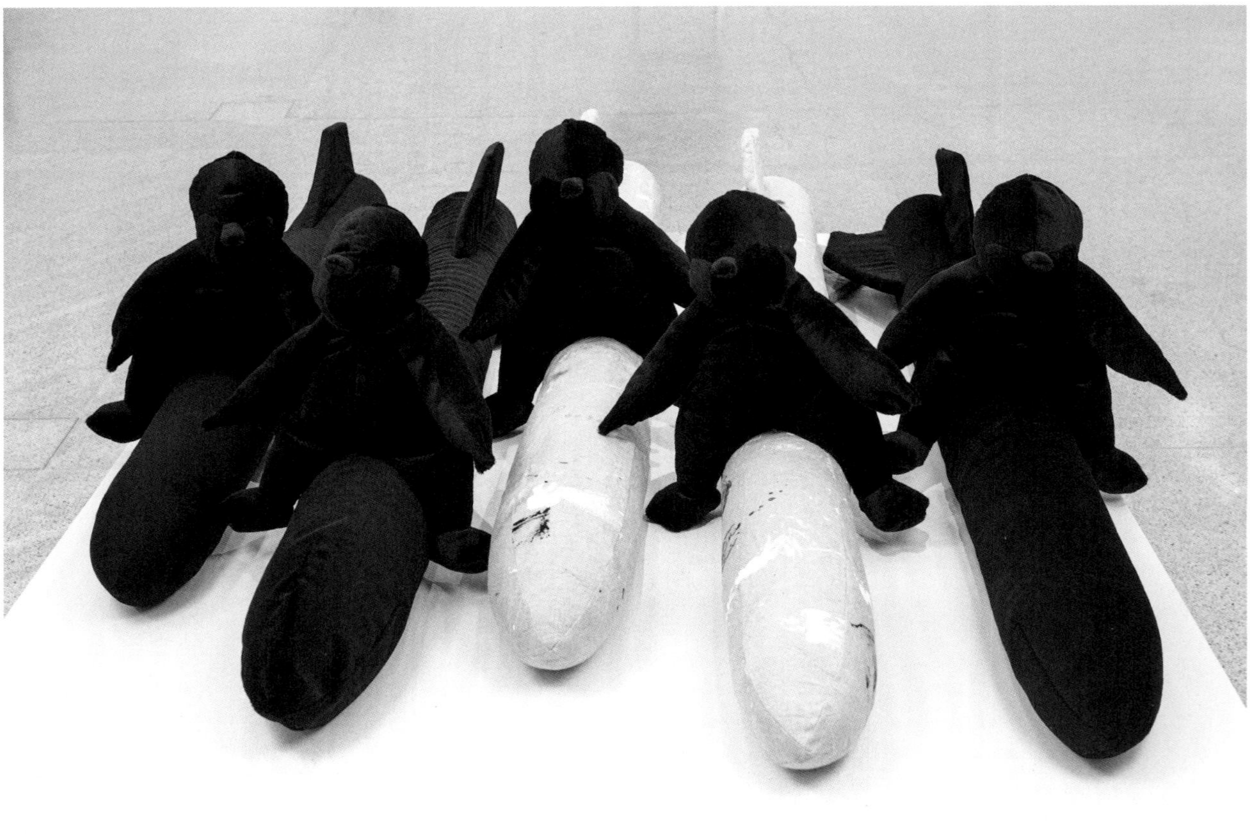

Dark Chick, Soft Rocket, No Vomit, 2014
ca. 58 × 248 × 47 cm

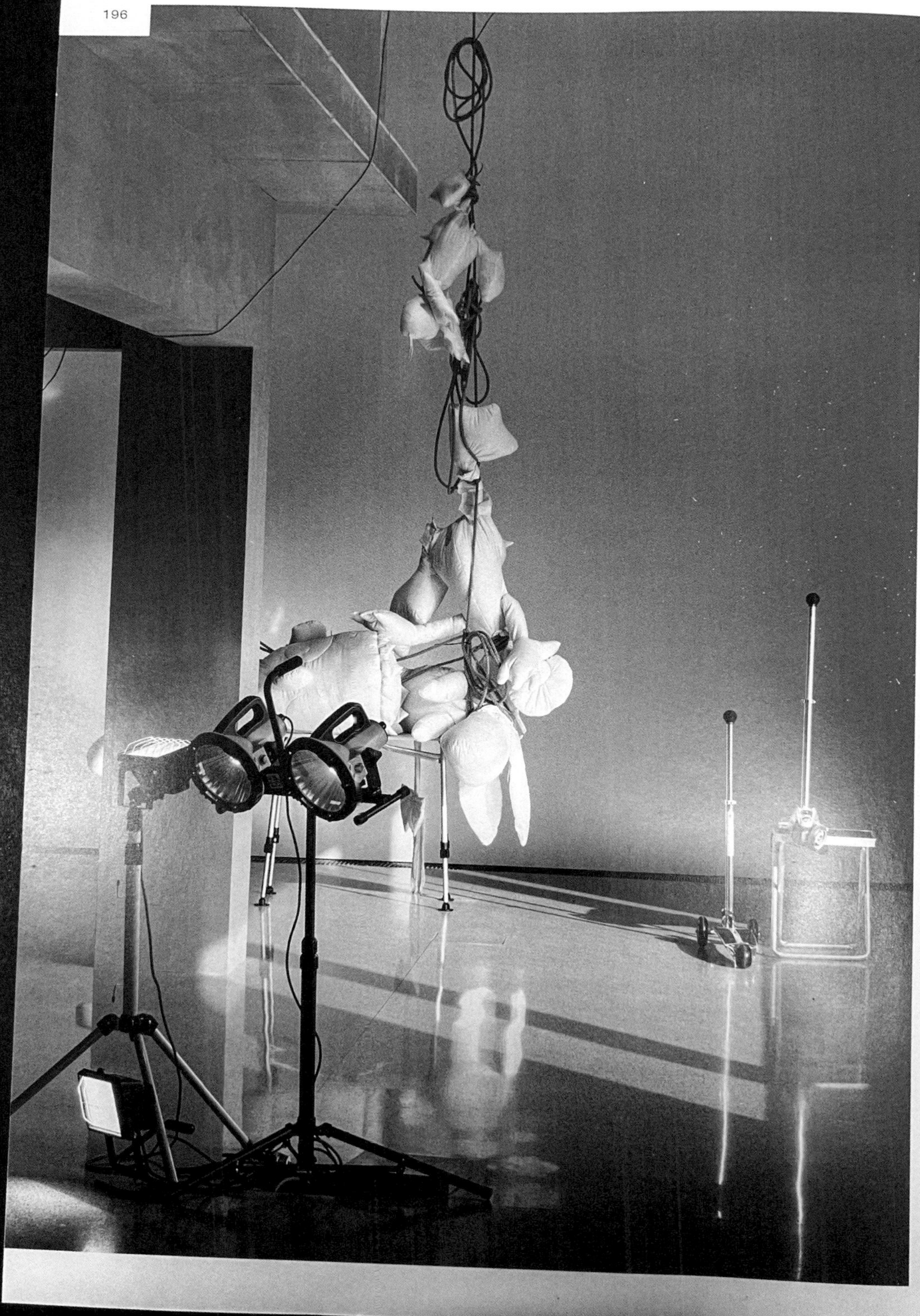

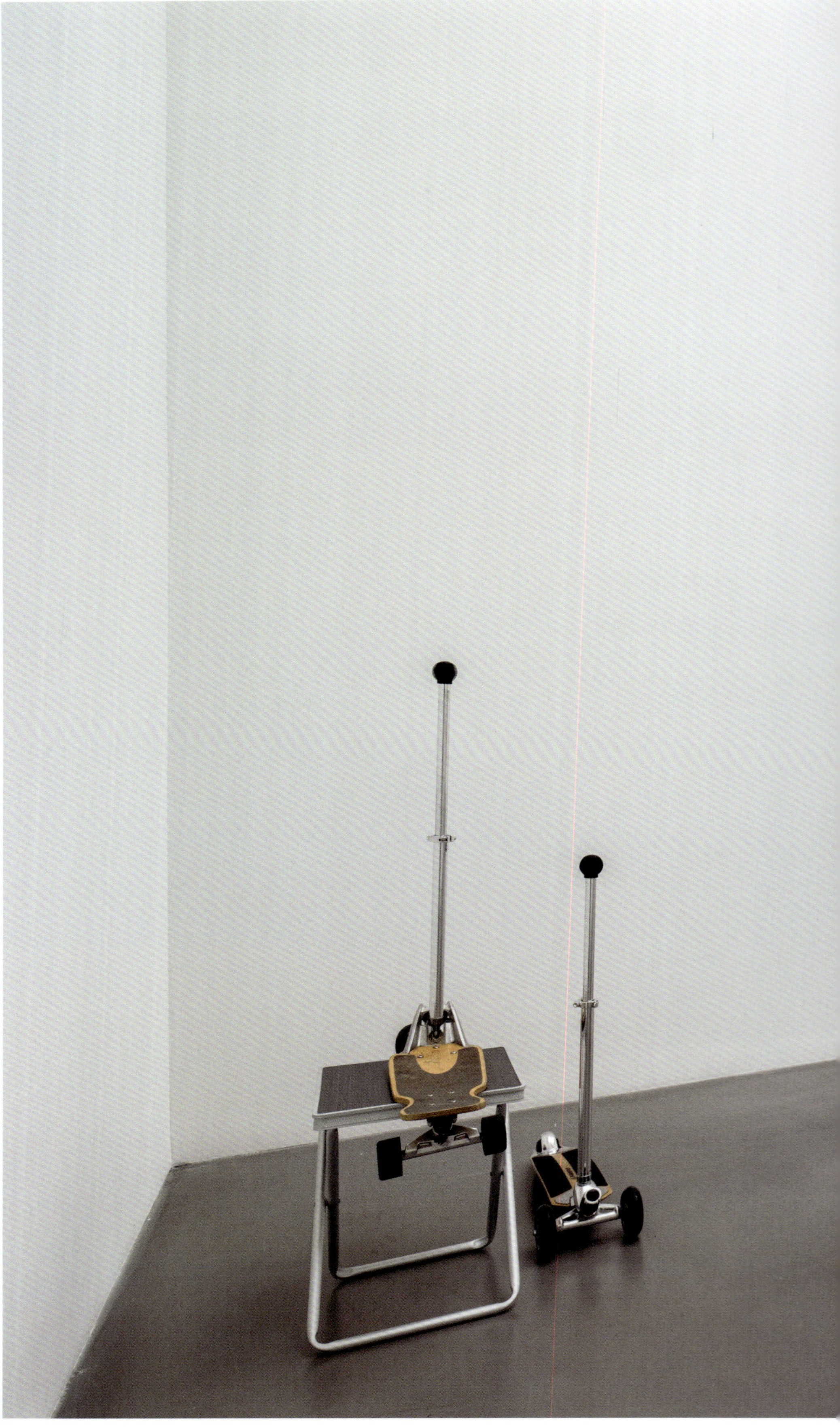

Who's Who 1, 2014
Dimensions variable

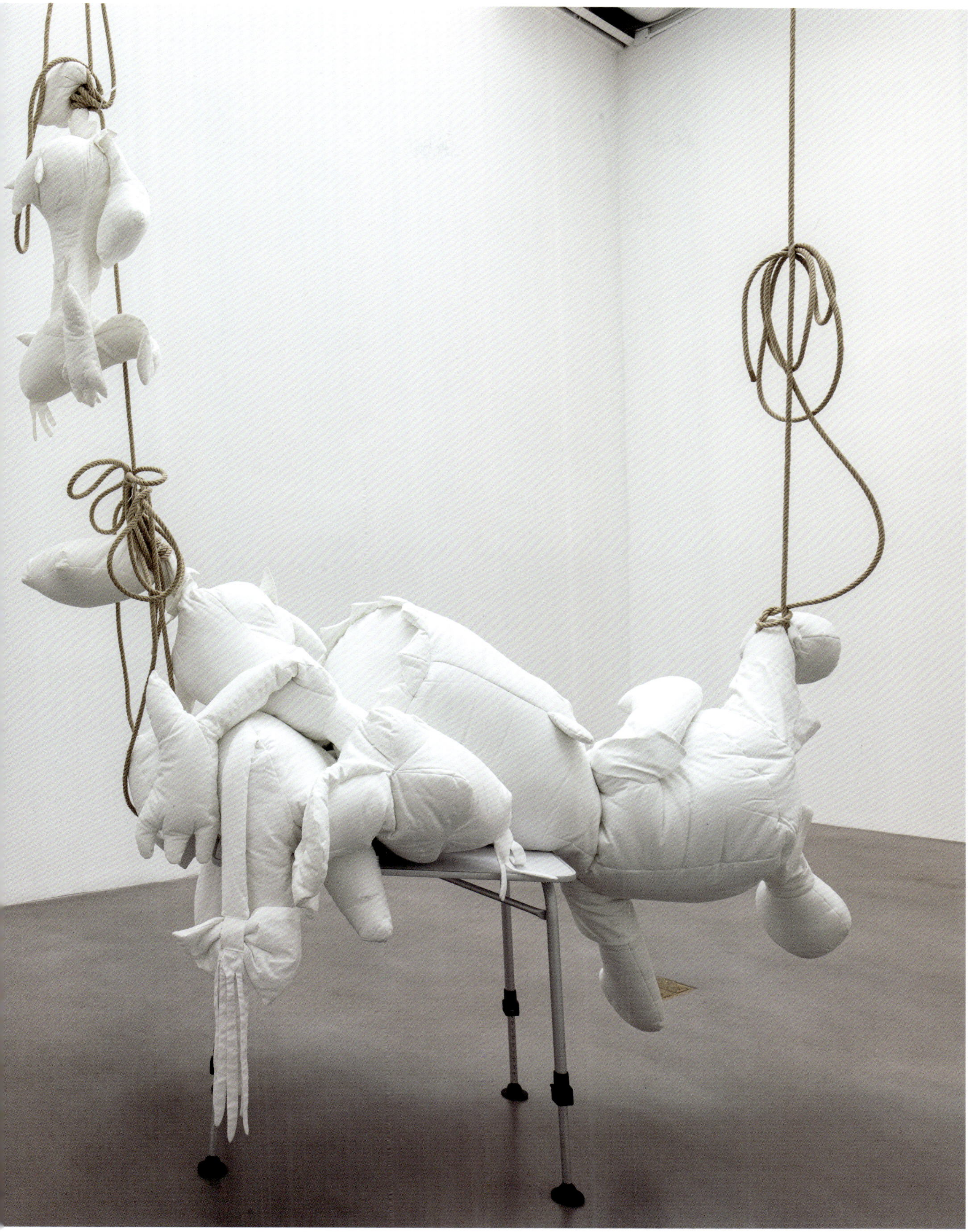

Who's Who 3. The Table (Simpson, Eeyore, Duck & Dack Version) / Rope Version, 2011–2014
Dimensions variable

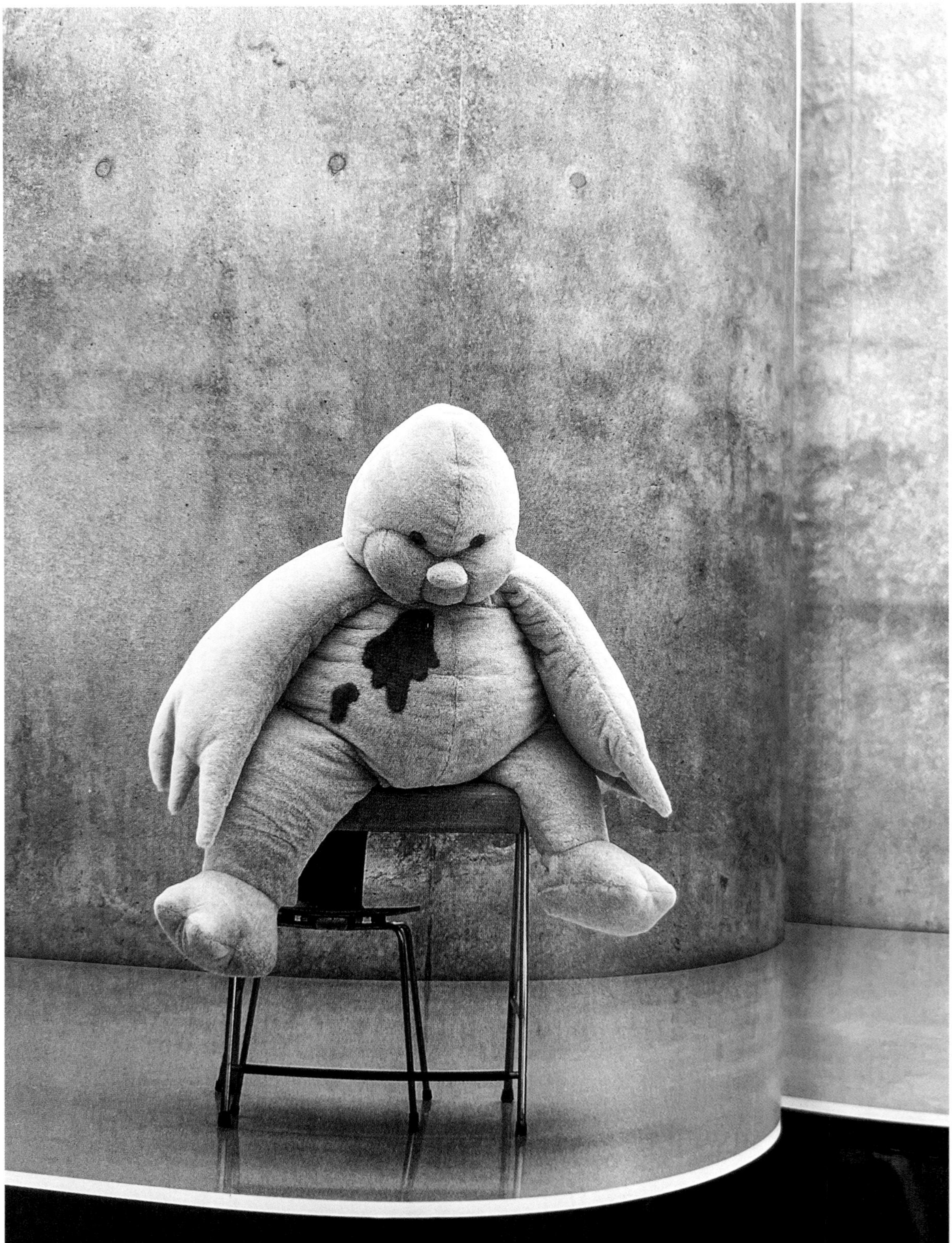

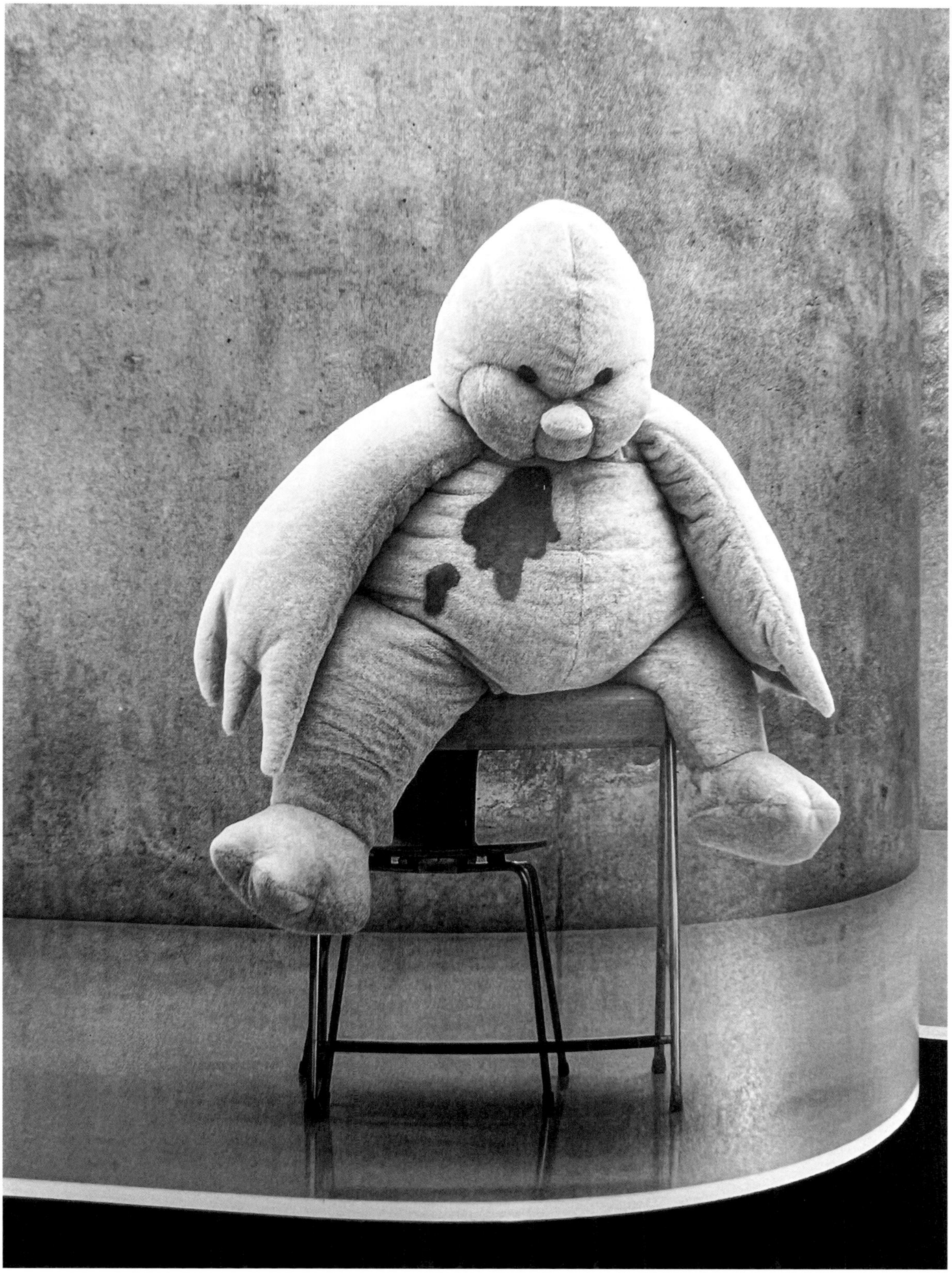

The Bonin / Oswald Empire's Nothing # 01 (CvB's Vomiting Chick & MvO's Vomit!), 2010
Dimensions variable

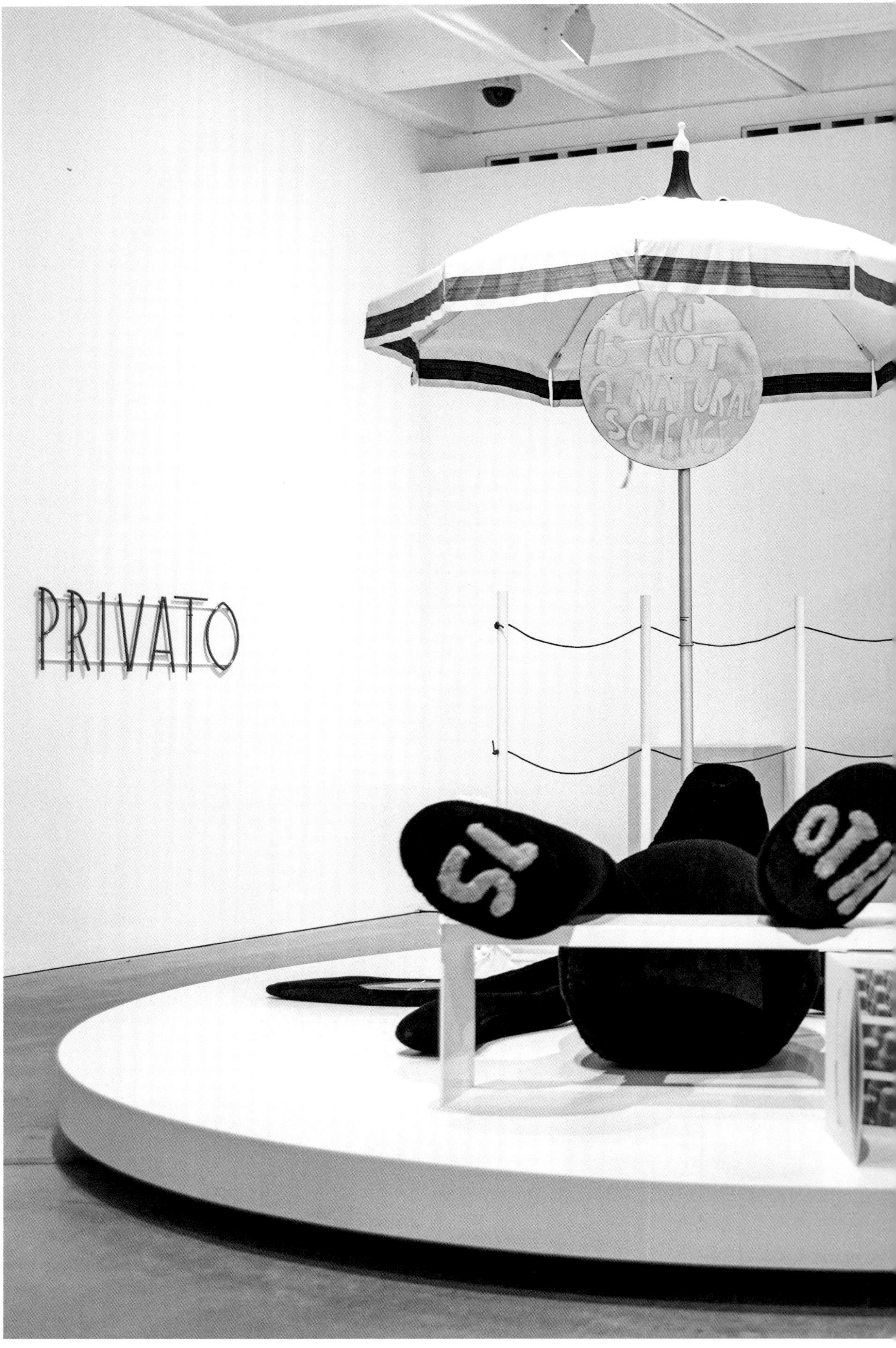
PRIVATO
ART IS NOT A NATURAL SCIENCE

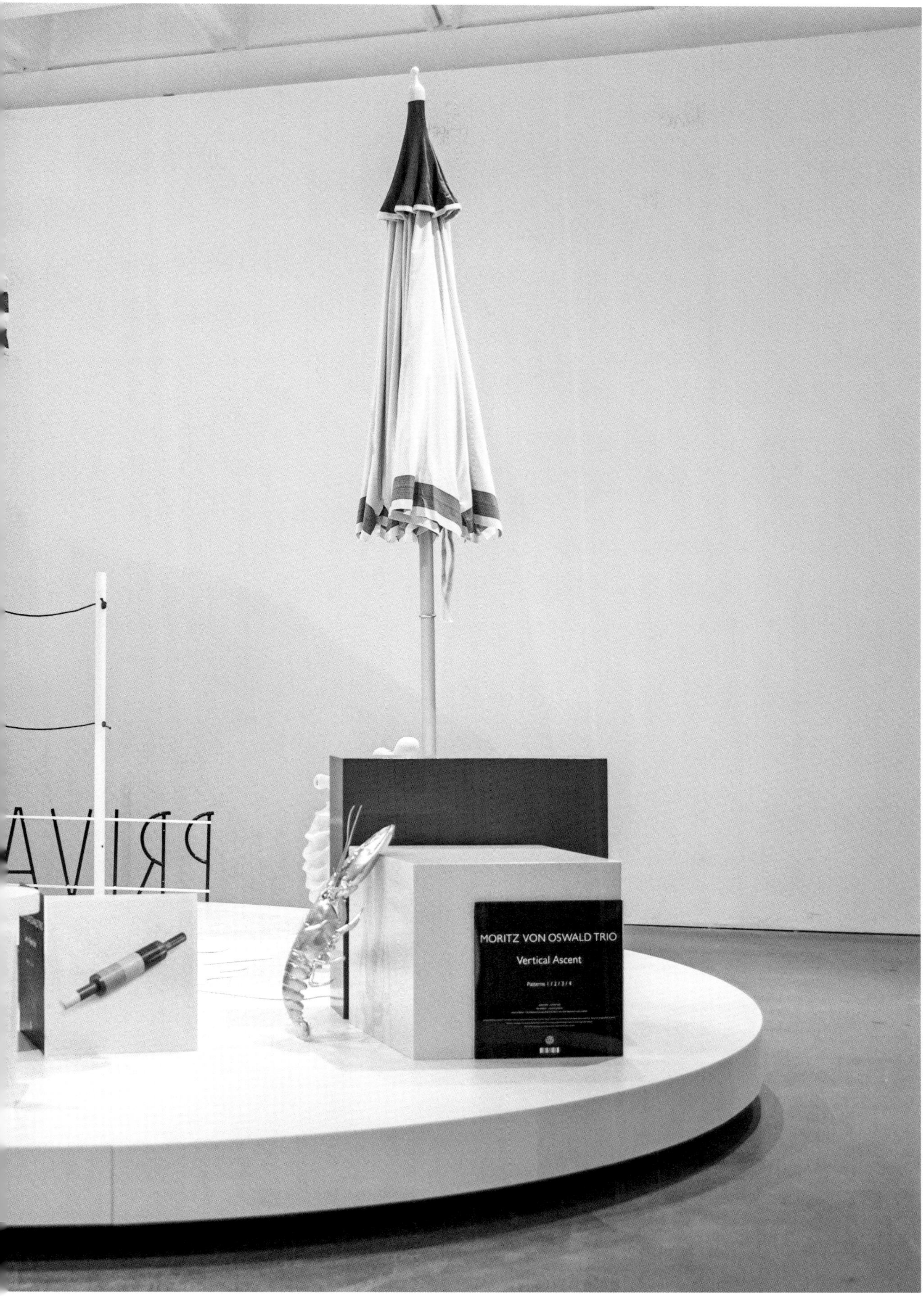
MORITZ VON OSWALD TRIO
Vertical Ascent

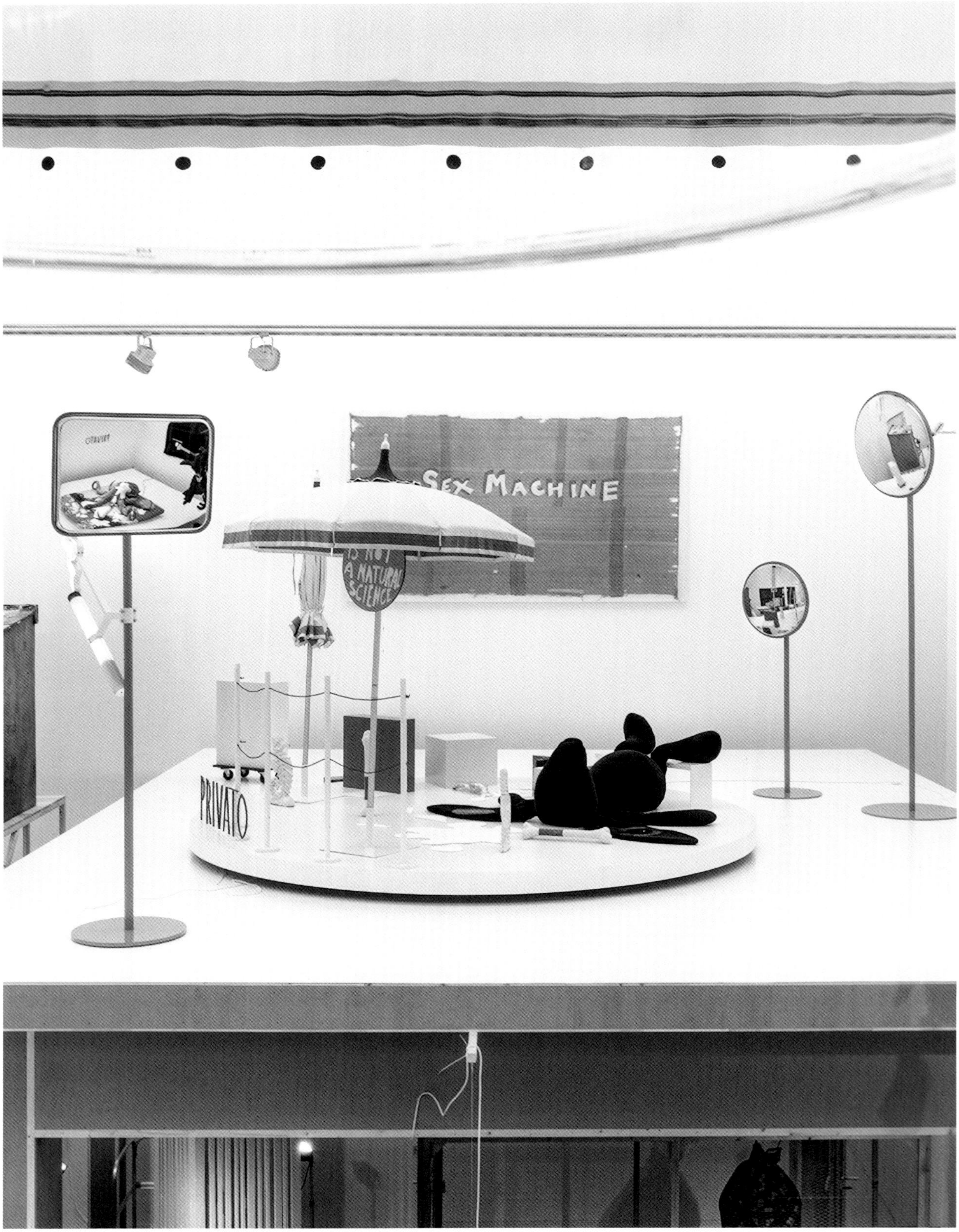
SEX MACHINE
IS NOT
A NATURAL
SCIENCE
PRIVATO

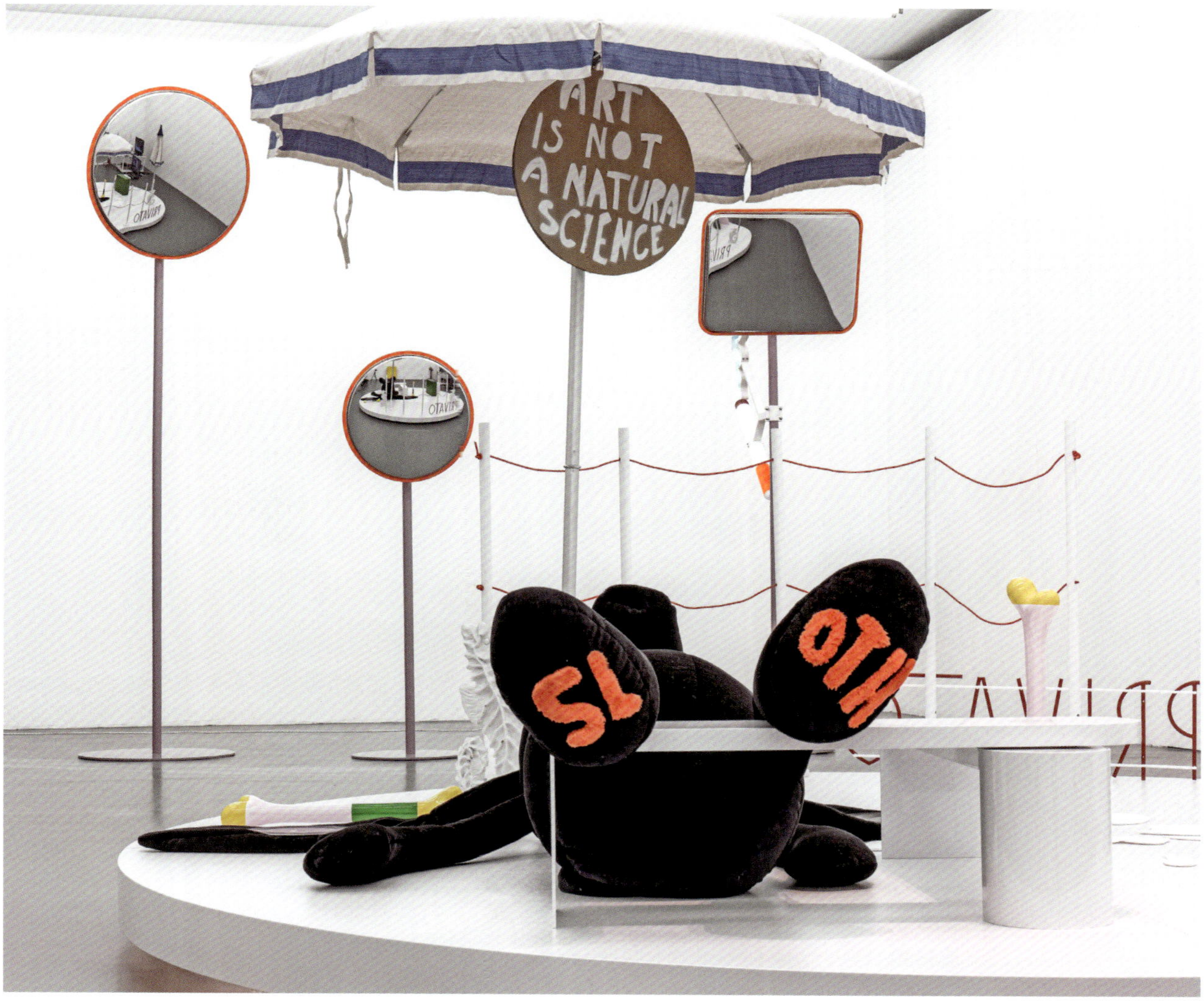

Amateur Dramatics (& MvO's Bone Beats: Wishful Thinking & Wishful Version / See The Light & Light Version), 2010
280 × 400 × 400 cm

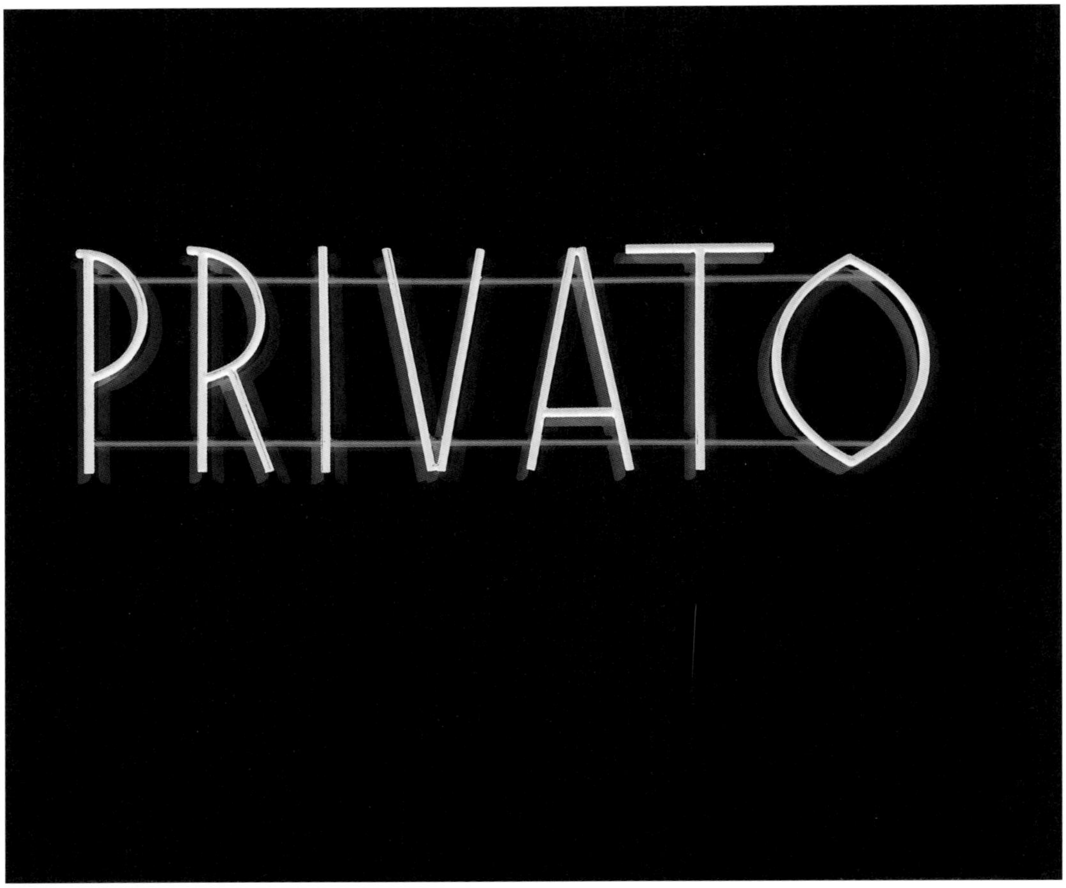

Privato (Weiss), 2010
30 × 110 cm

ALOIS MÜLLER WIEN P01 30.08.92 17:19

Text M.K:

Sehr geehrte Liebhaber,

Als mehr oder weniger inoffizieller Kurator der Ausstellung Ingeborg Gabriel, Cosima von Bonin, Michael Krebber möchte ich meinen Stolz ausdrücken, zum ersten Mal etwas vermitteln zu können, was meine Angeberei nicht nötig hat. Durch die Werke der obengenannten Personen wird schnell einsichtig, daß Kunstgeschichte nicht nur geschrieben wird, sondern von Hand authentisiert wird.

Unser Allgemeinwissen über Zeitgeist-Kasperei wird mit links zur Seite geschoben und mit rechts aus gutem Grunde geschrieben, (der Künstler malt und zeichnet). Wobei das Herz der Kunst in der Zeichnung liegt und sei es nun Skulptur oder Malerei, stellt die Nieren dar, davon haben wir nun, wie wir wissen, zwei.

Auch wenn die Künstler behaupten, sie hätten wissenschaftlich geklaut, bleibt nur eines übrig (Resultat) : Die Tapferkeit in Form von Hochhaltung in vornehmster Beobachtungskategorie.

Neugierde wird immer Toscana heißen. Haben Sie bitteschön um meines egoistischen Willens teil an dieser Reise.

Martin Kippenberger, Wien 29. August 1992

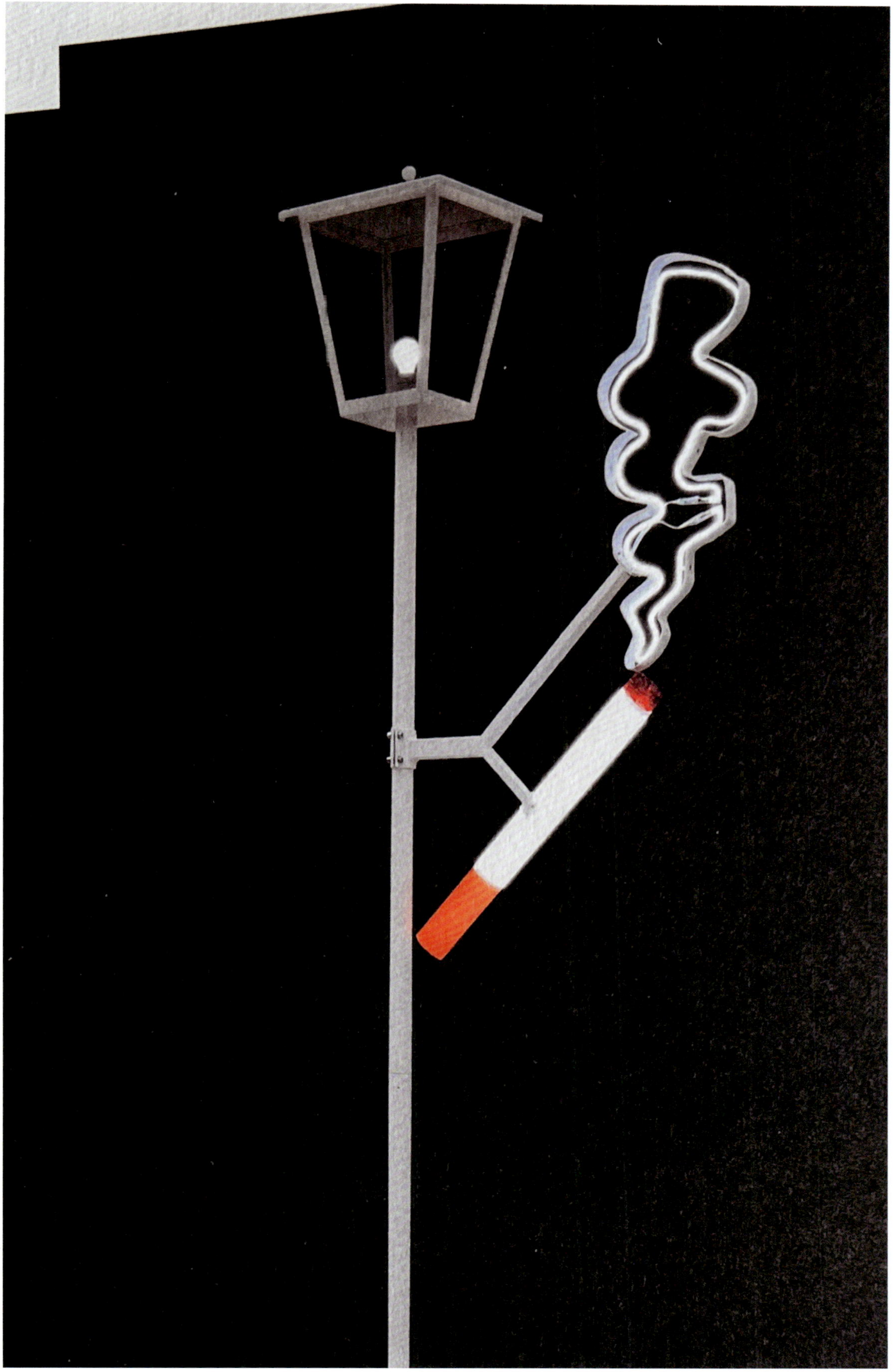

May And June 1 + Smoke (CvB & Michel Würthle), 2008/2010
410 × 140 × 90 cm

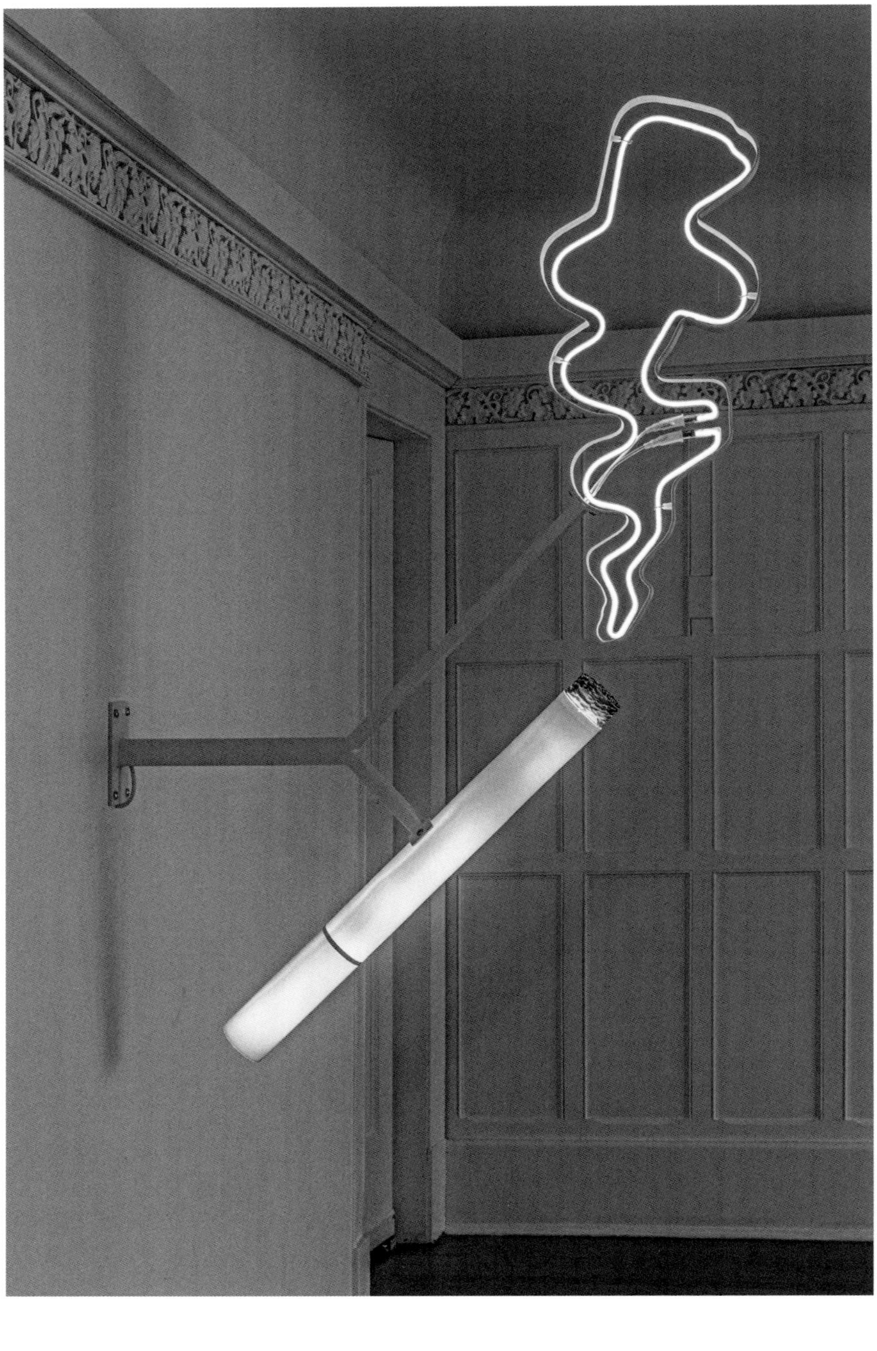

Smoke (White), 2008
153 × 63 × 9 cm

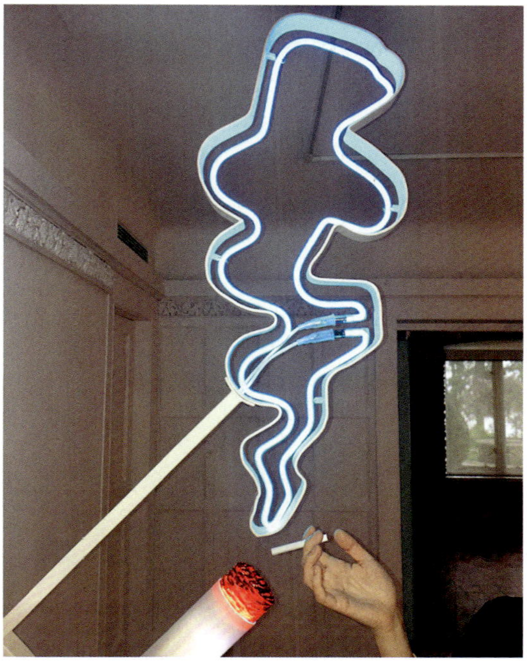

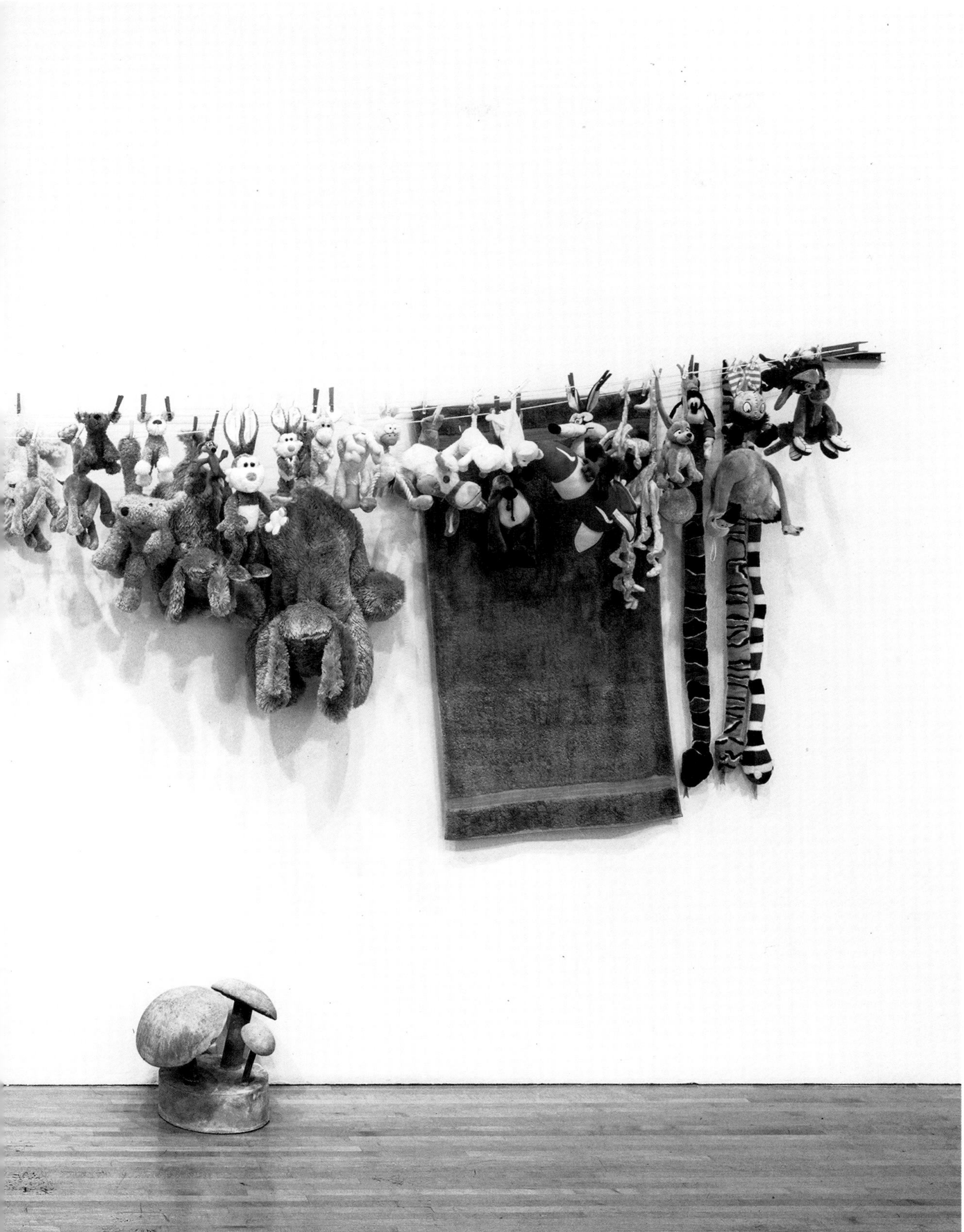

Marathon (#1), 2007
135 × 630 × 45 cm

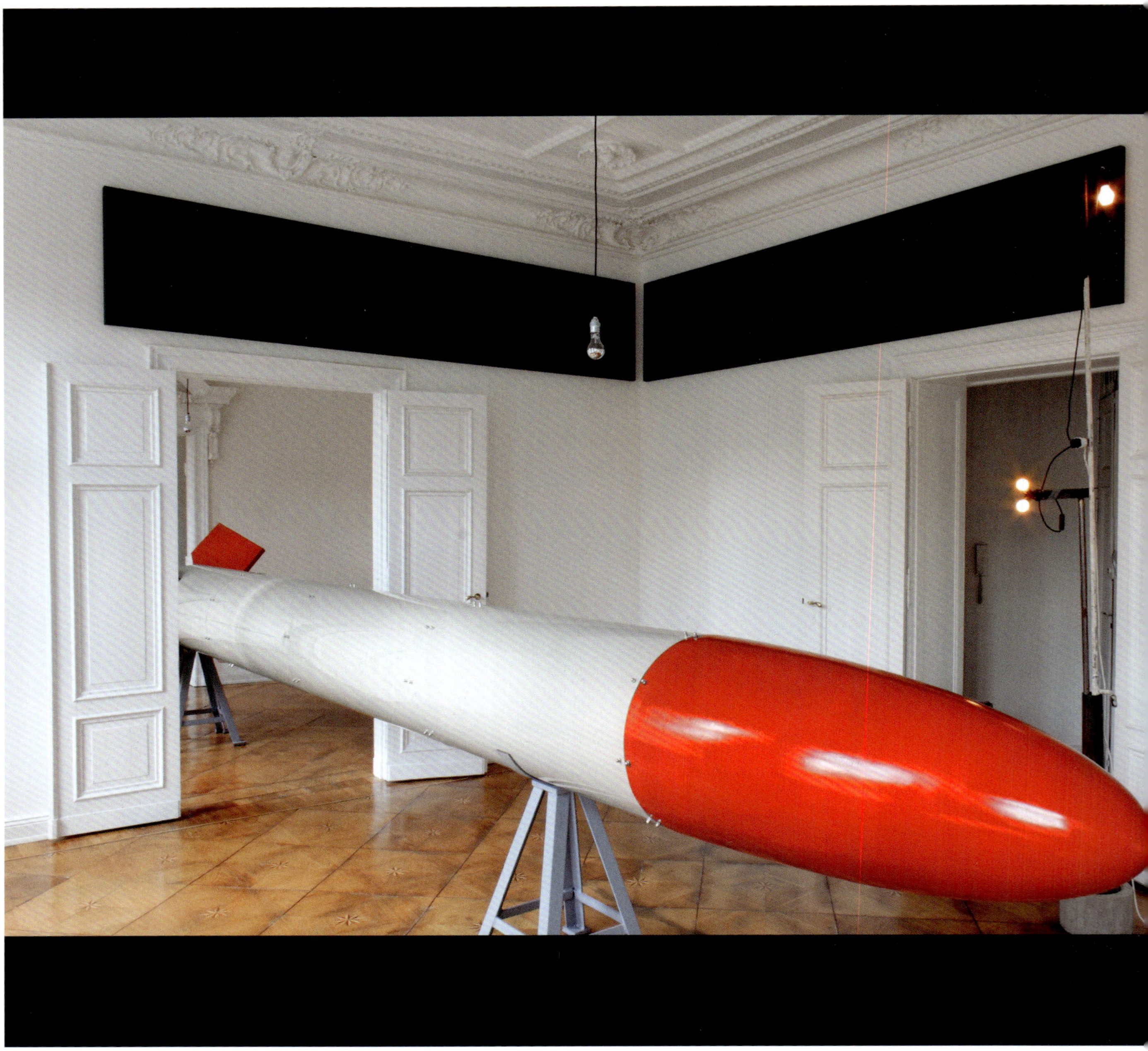

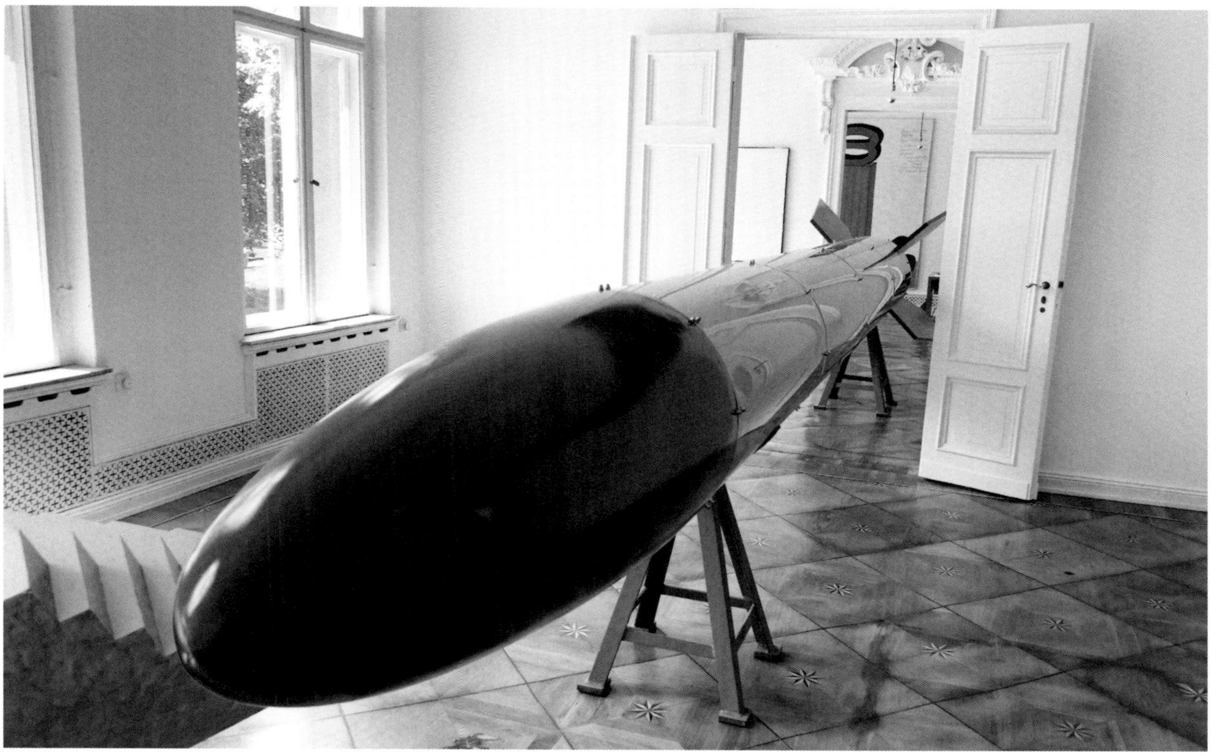

Miss Riley, 2002
140 × 900 cm, ø 65 cm

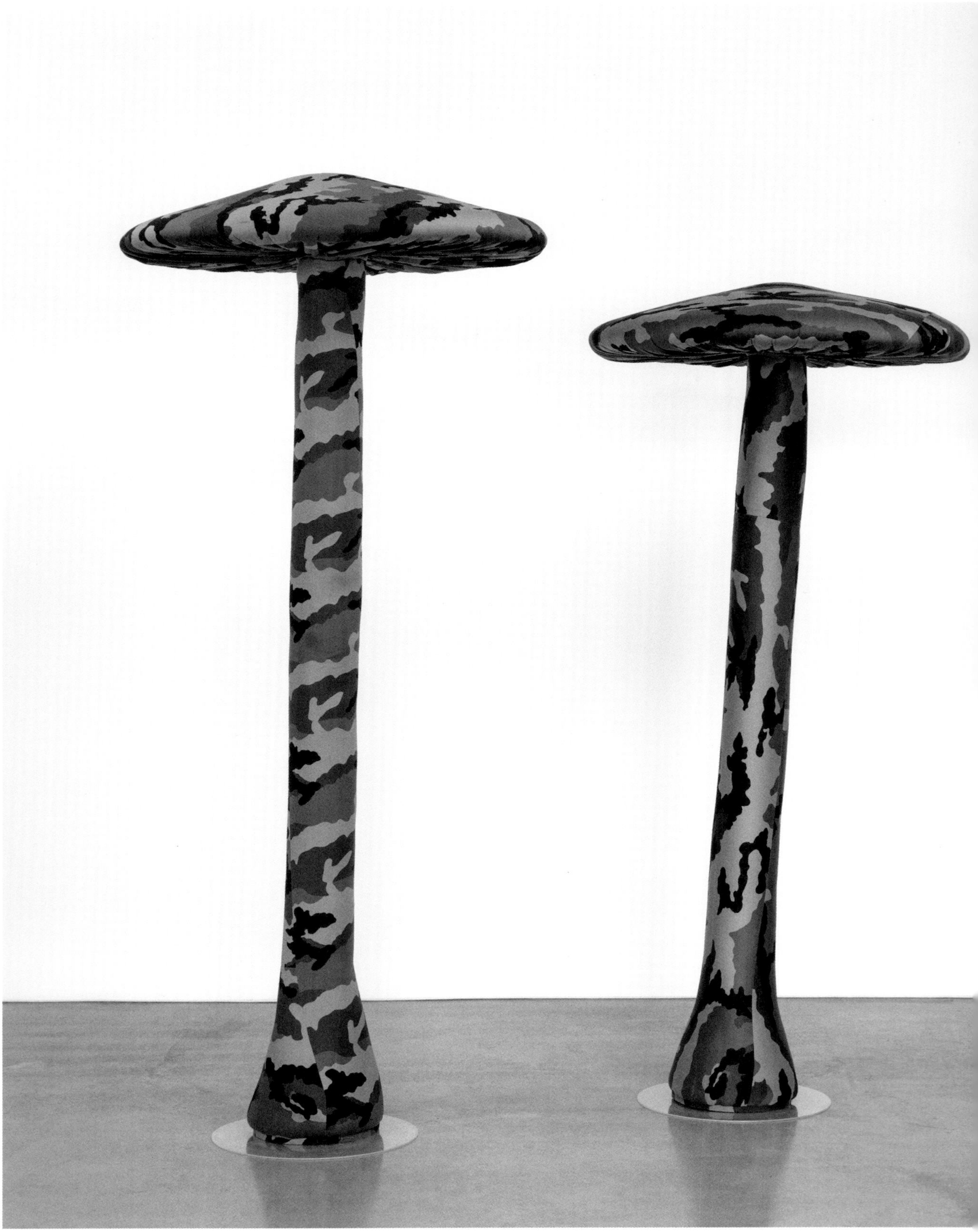

Wuzbian (#34), 2001
230 cm, ø 102 cm

Hasbian (#33), 2001
208 cm, ø 98 cm

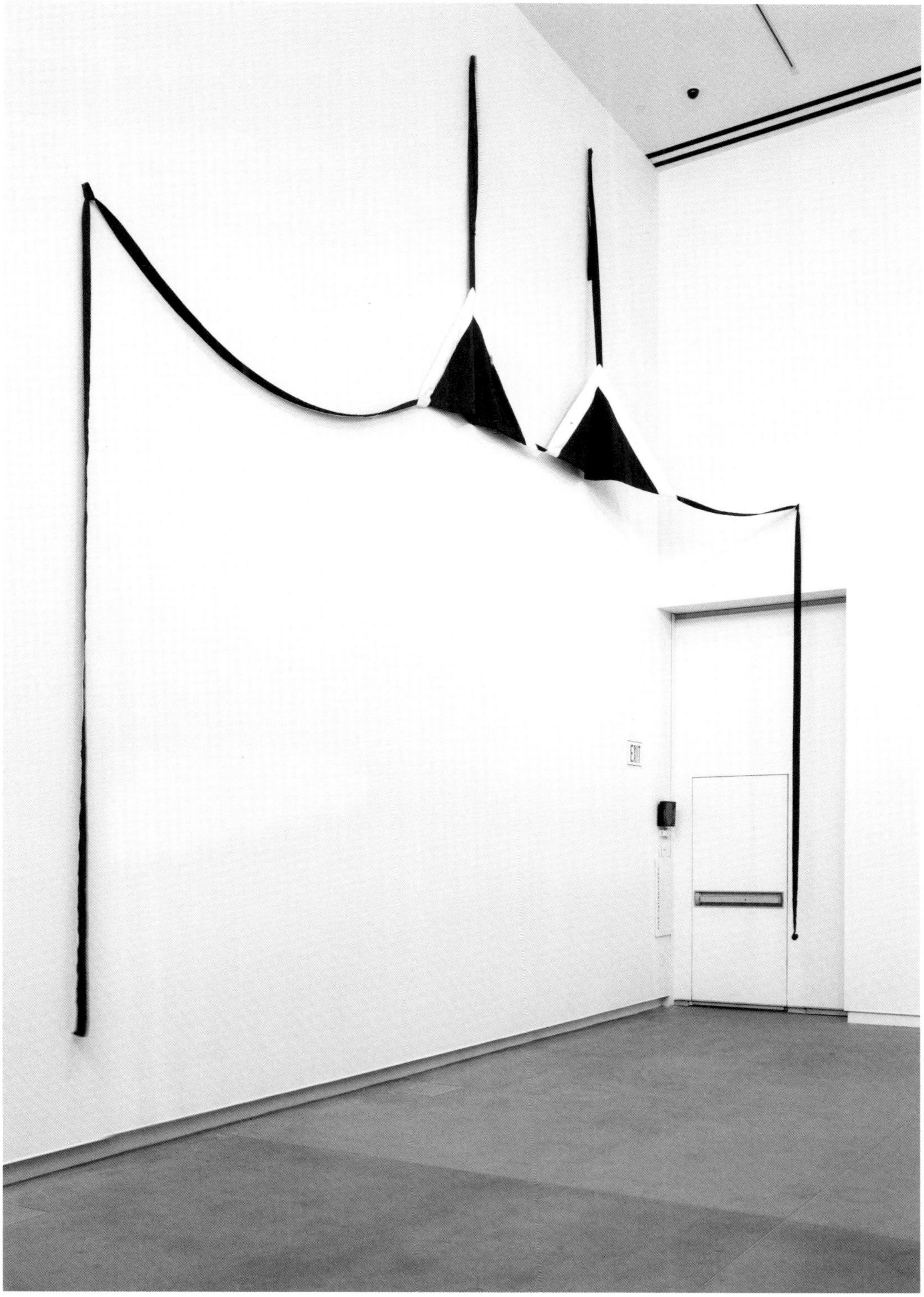

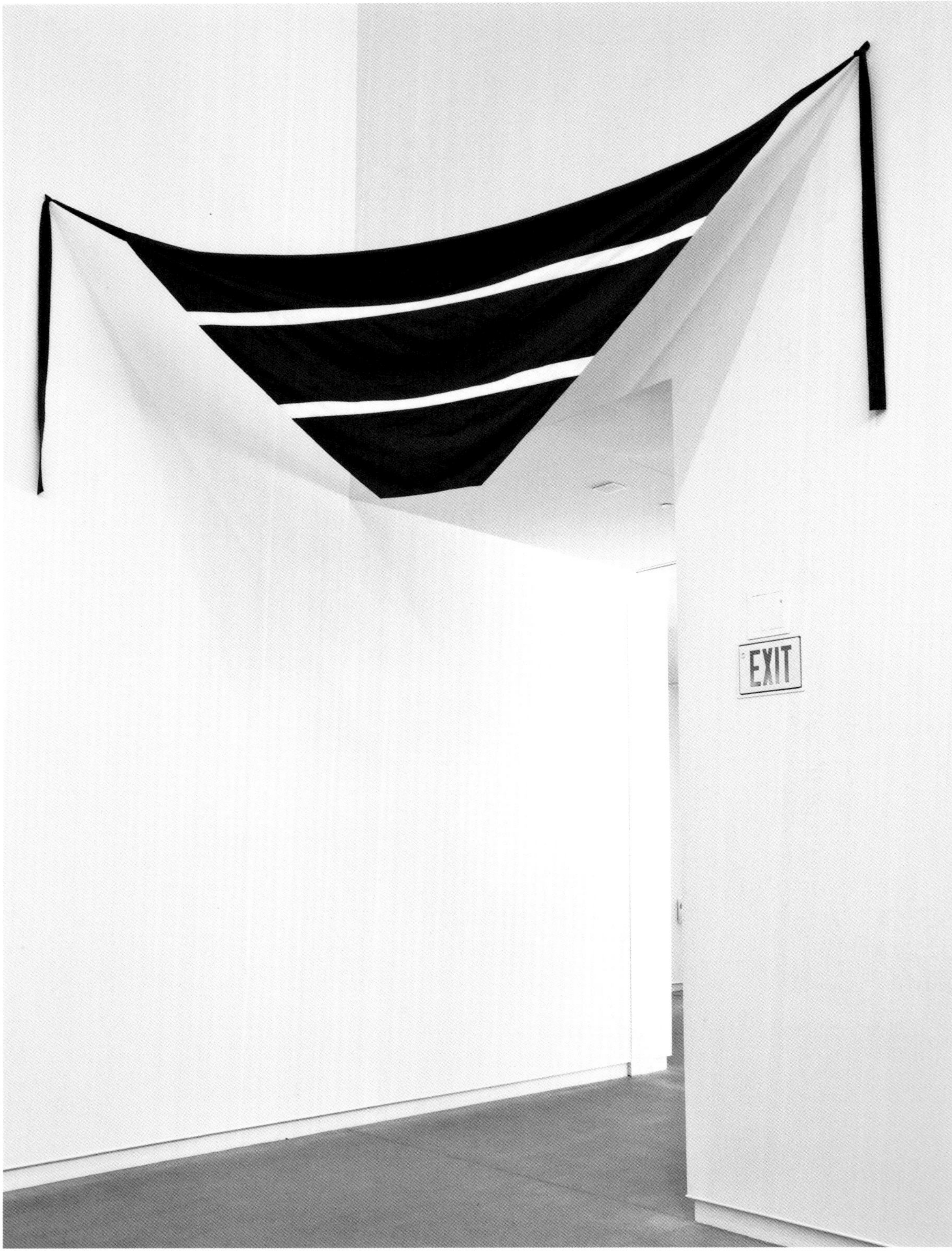
EXIT

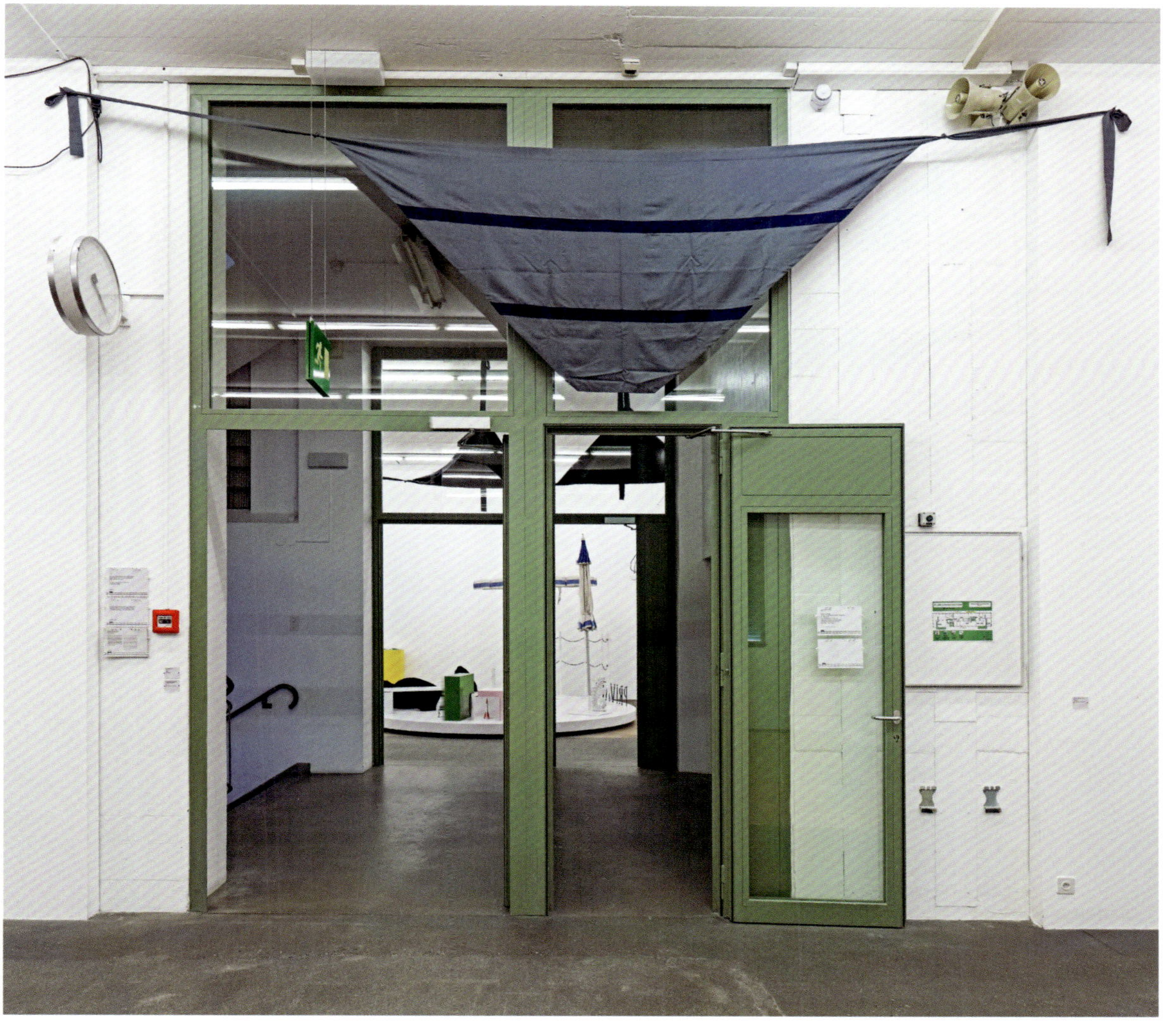

Untitled (Bikini Loop # 2), 1994/2007
122 × 300 cm, 200 × 320 cm

Thonk Piece: Hungry for Stains

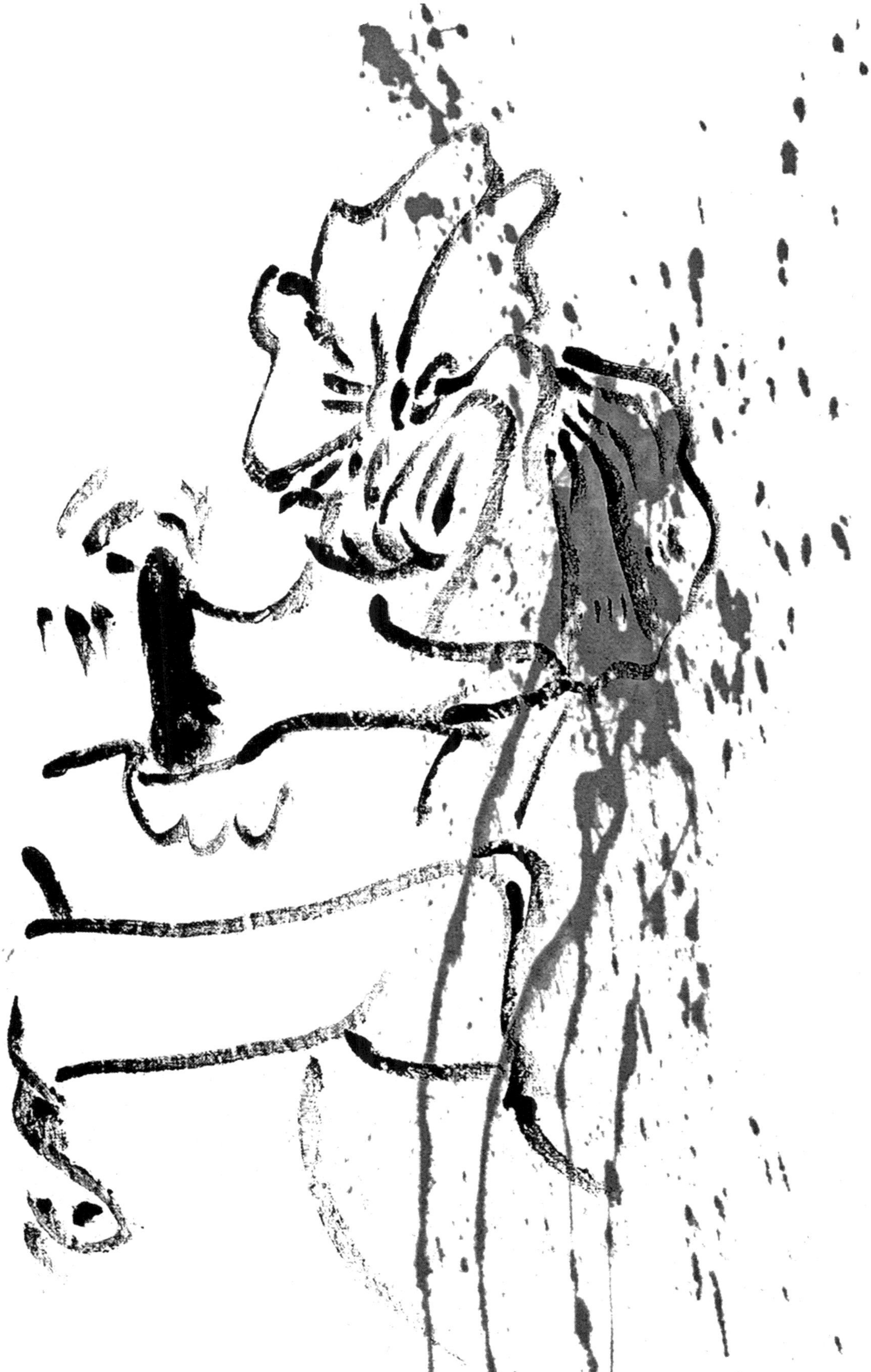

Daisy 3

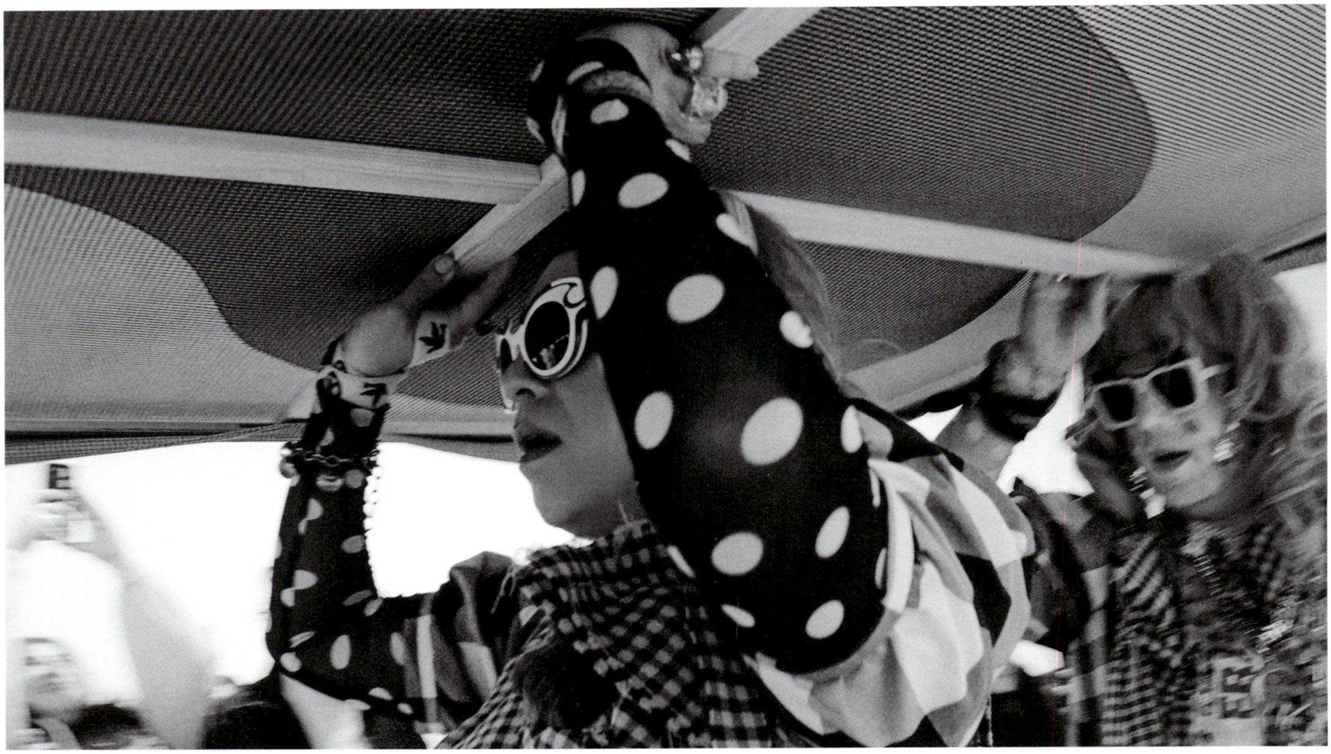

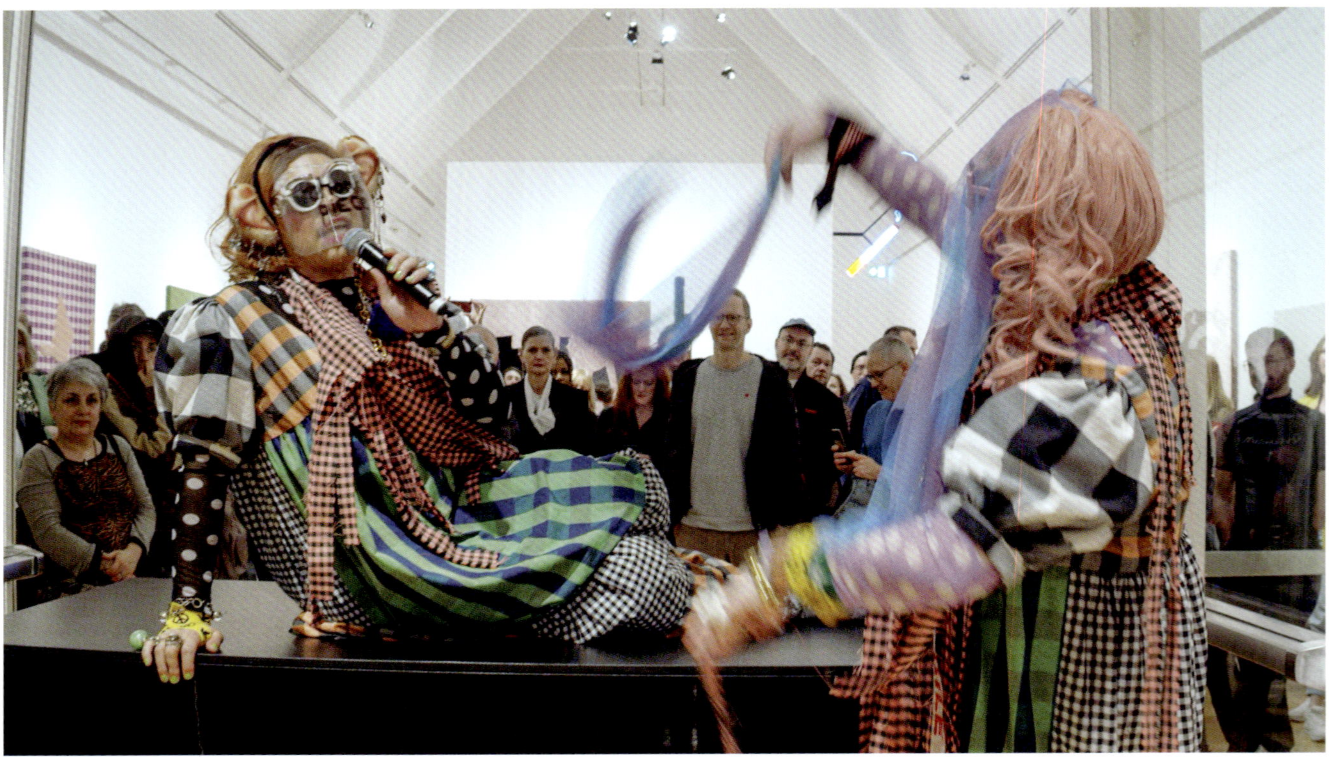

proddy produzentin and Mary Messhausen performing *Thonk Piece: Hungry for Stains* at CvB's exhibition *Feelings*, Schirn Kunsthalle Frankfurt, 2024

MARY

We live in a place between time and spacebar

It was 2006, not 2016 when I met my almost twin.
proddy and I are 80% twins, you see (Our mothers are 80% the same person, of course)
We met in a strip club. Gay, naturally.
I remember fashion. And the moistessest air.
I sewed a dress for proddy soon after.
She wore it in a town called Dildo, while laying inside a set of whale bones.

80% truth

While wearing a 'marathon' scarf, in front of *Marathon*, I first met Cosima.
It was 2011 in New York. I can picture Cosi and Moritz von Oswald walking across the street arm in arm.
proddy and I ate pizza and laid down in the garbage. Shriek laughing all night long.

The dolls like to lay down.
Truth.

Puking chicks on our backs; proddy, Doc Nancy and I were mules at MUMOK in Vienna.
We went where they wanted us to go.
Us three Ypsilons were on assport duty in 2014.
Get your stamps and wait for further instructions - ie) get out.

2 Smurfs and a half-truth

A mysterious potato panel appeared in Frankfurt and pulled us into its vortex.
What started as a sketch turned into a haunting
Our panel camouflage turned to cows
We are punk girls, can't you tell?
L7 was the thonk. They were hungry for stink and we are looking for stains.
It was all so very DETNUAH. GIVE US HAMMERS.

No lies

Cosima next to a loch with a Dandie Dinmont
Oli serving Leche de Tortuga
Krebber in a sun hat sharing fish cakes
The Trainspotting cafe with Simmy
Macy Rodman's red lips
Duets with proddy
Buzz's rubber hair

The shomping
The thonking

It's like
ometimes with an S
runge with a G
llure with an A

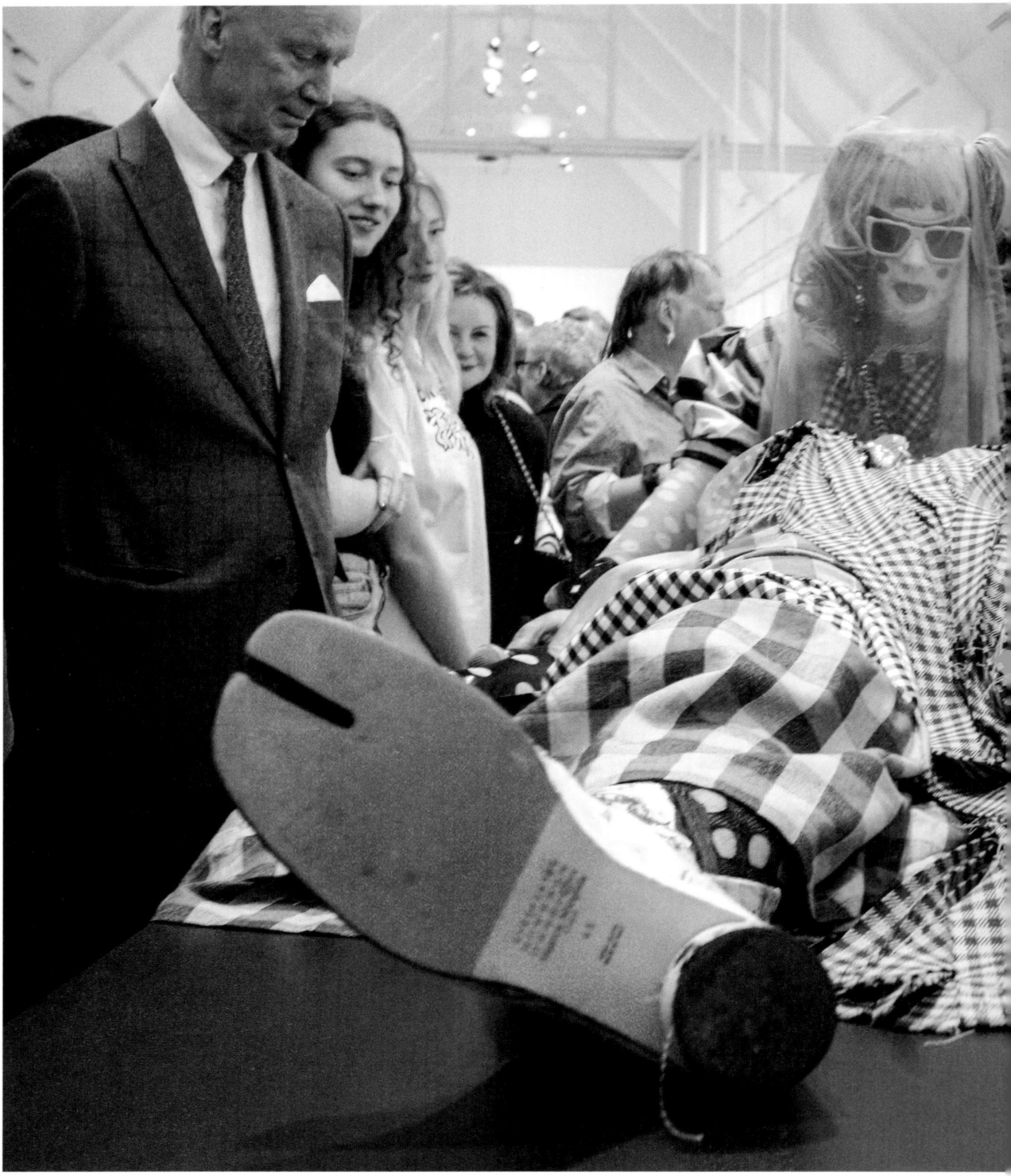

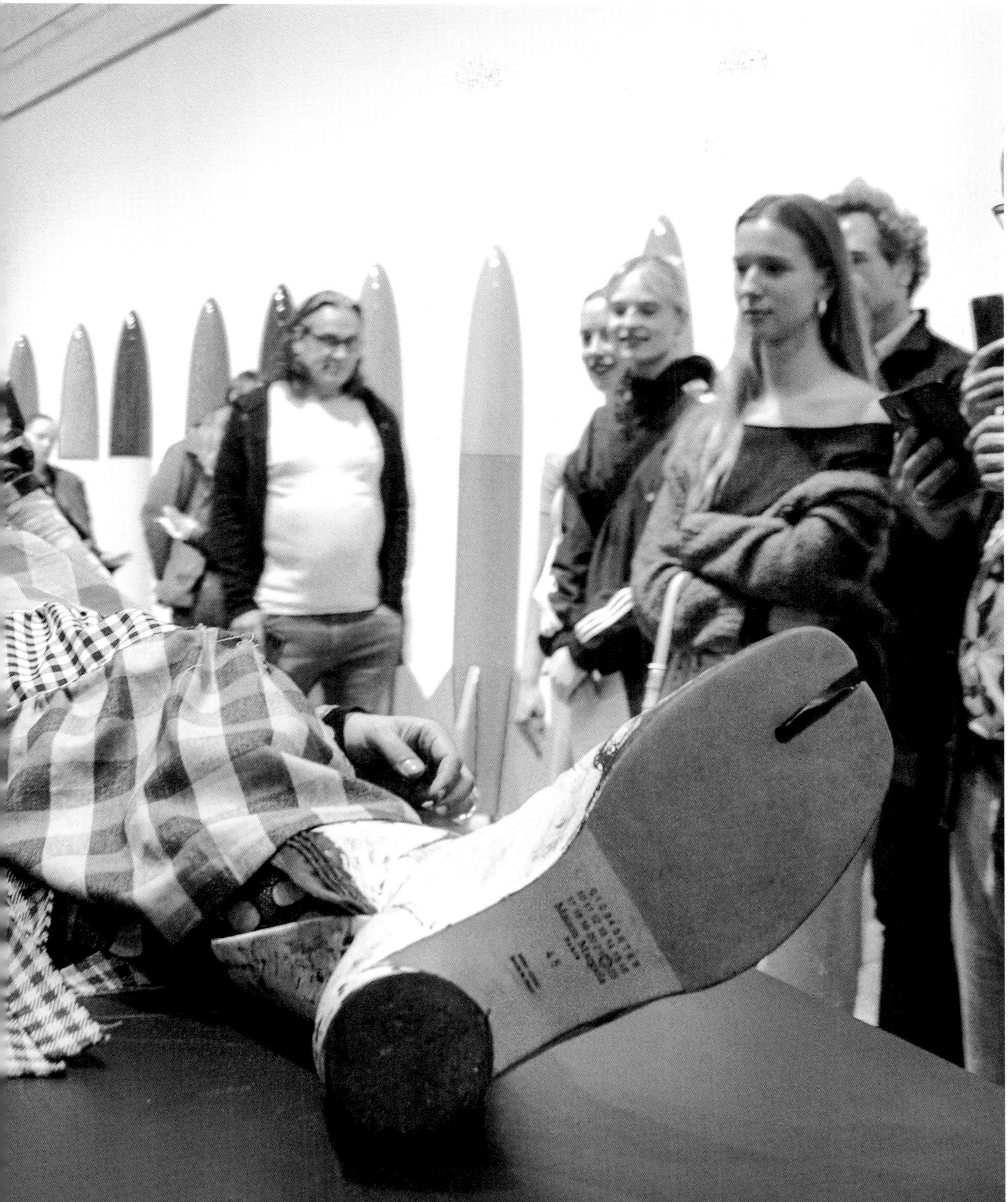

PRODDY

Another ride home in a cab. Mary, Buzz and I in the back. The driver was friendly but contrary to popular belief, he didn't really want to flirt with us. We were all dolled up but probably looked a bit mangled. It might have also been the beginning of the night, on the way to the club. Who can never be sure? He was wondering what our story was. Yes, it's really true, totally - we're dolls. But we're the ones from the factory where the quality control didn't do their job properly. Off of the reject pile. The ones that slipped out. The ones with a stuck eye. A little broken but fully functional. Super sexy though. The story went on and on. Endless. The driver didn't laugh. He gave us nothing. Nichts.

Cléo: That unchanging doll's face, that ridiculous hat. I can't see my own fears. I think everyone is looking at me, but I only look at myself. It wears me out. (*Cléo de 5 à 7*, Agnes Varda, 1962)

Once upon a time, in the land of thonkerity.

It started anno dunnemal when I djed Cosima's after party at Eric D. Clark's The Royal Pawn Shop in Berlin. My wig hair was brown, long and very stringy. Make-up basically non-existent by today's colours.

Lesson learned, but truth gets old ('Mercury', Steve Lacy, 2022)

After Les Escargots Ridiculisés performed I played some music. At one point Cosima came over and said: play number nine! Play number nine! I had no idea what she meant and no sense of asking. This repeated itself once or twice. Suddenly, the penny dropped hard. Cosima meant track 9 of a CD I made for Krebber and her. So I played the 10 minute remix of Moloko's 'Forever More'. And just like that, I got my titties grabbed from behind and Cosima and I swayed from left to right, arms stretched out, trying hard to hold balance behind the turntables or laptop or what it was.

Will we receive without ever asking? ('Forever More', Moloko, 2003)

Pauline: When a man takes the trouble to be so rude to a woman he's usually falling in love with her.
Fedya: Well, you're not a woman. You're a symptom.
Pauline: Of what?
Fedya: Of one of the world's deadliest diseases. Sophistication.
(*The Great Sinner*, Robert Siodmak, 1949)

What is thonk?
Thonk could be many things.
If you were Grace Jones you would sing: thonk to the rhythm.
If you were Lana Del Rey you'd sing: You took my thonk out of context at the Mariners Apartment Complex.
If you were Prince you would sing: This is what it sounds like when doves thonk.

No one bothers us here, Lorde (*O Fantasma*, João Pedro Rodrigues, 2000)

Chester: What do you do, Vanesja?
Vanesja: It's pronounced 'Vanesa'. The J is silent, like the poisonous flower. Oh. I'm a very important talent agent, here on very serious business.
Julio: She's a performance artist performing as my agent but she's been doing it for so long that now she's just doing, like, regular agent stuff. So it's just kind of unclear. (*Fantasmas*, Julio Torres, 2024)

Are you also an artist? (lots of people)

Diviniti was our guest performer for Hotnuts, a party Mary and I were doing for years in Toronto. After taking the stage on Saturday night, Diviniti performed at Cosima's opening at Oakville Galleries on Sunday afternoon. A friend picked us up and drove Diviniti, Mary and I to the gallery. Because we had been partying the night before, Mary and I were hungover. Surprise. We needed something to eat. It needed to be from a place where they have served over 439 quadrillion burgers. And because a burger and fries wasn't enough we also needed a milk shake. Diviniti ordered a tea and said: Girls, the shake will give you dairy voice. We had never heard of this practicality before. Oh, hello, dairy voice! Immediately, we wanted that velvety film-like coating that only milk can provide. Our alluring singing voices never sounded more sensual at the opening.

Thicker than smoothies ('Big Boy', Normani, 2024)

For the performance in Bregenz, Cosima had asked me to kick people out of the Kunsthaus at the end of the opening. It was peak Vuvuzela time. A friend had one spray-painted in matte pink for me for the occasion. It gave an amazingly vibrant echo through the halls of the museum. It was so loud, I didn't even realise that I kicked out Cosima's dad.
At the end of the night, after the after party, Oliver, Lutz, Klaus and I stood in front of a nondescript residential building. We just didn't want to go back to our hotel, laughing and squealing under the window. Suddenly, the window opens and a woman yells at us: RUUUUUUU--HÄÄEEE!!!

On my tippy toes ('Crybaby', Mariah Carey, 1999)

The änd.

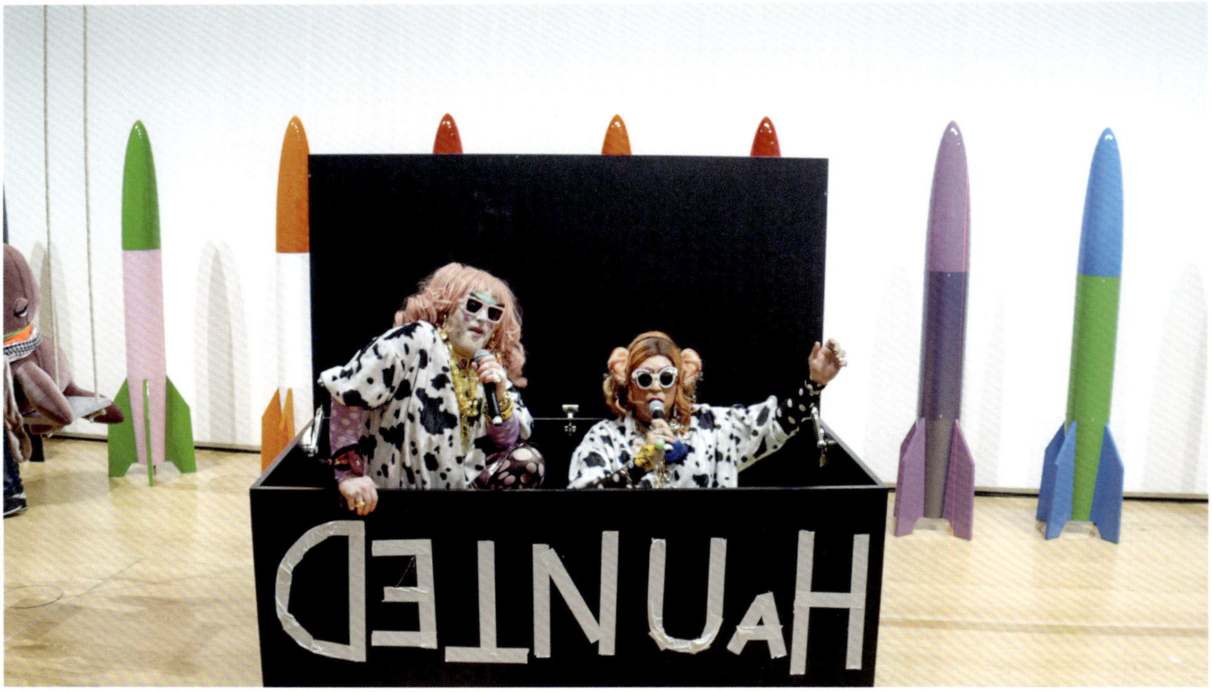

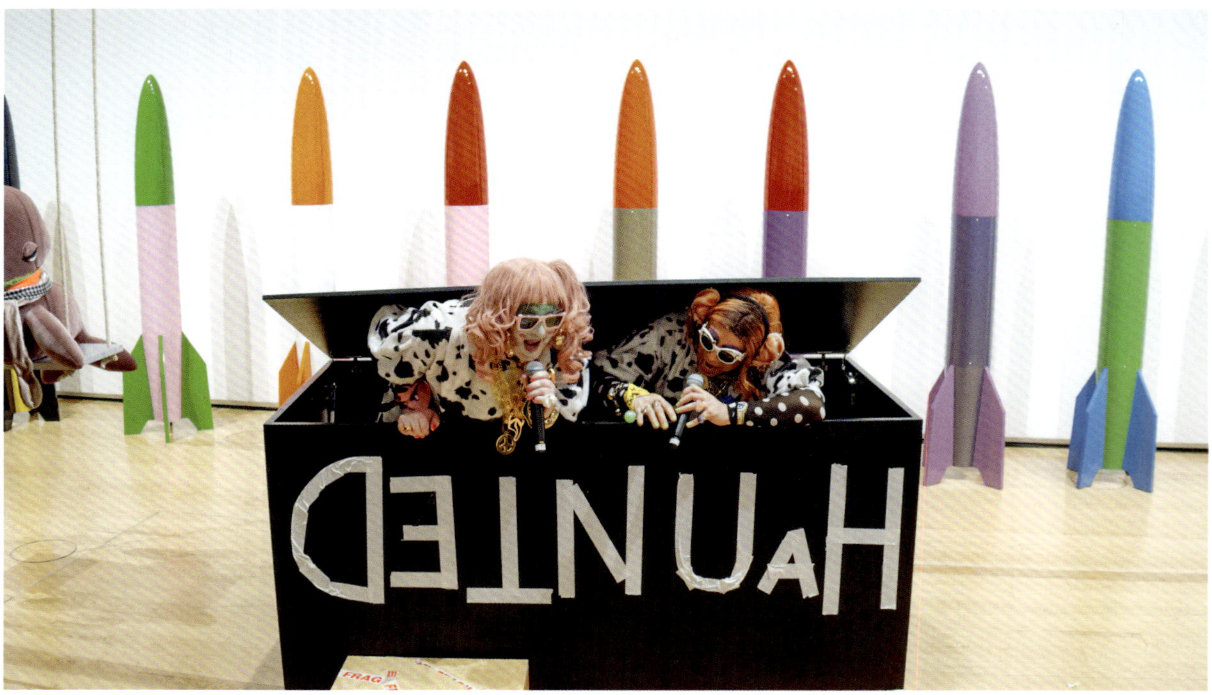

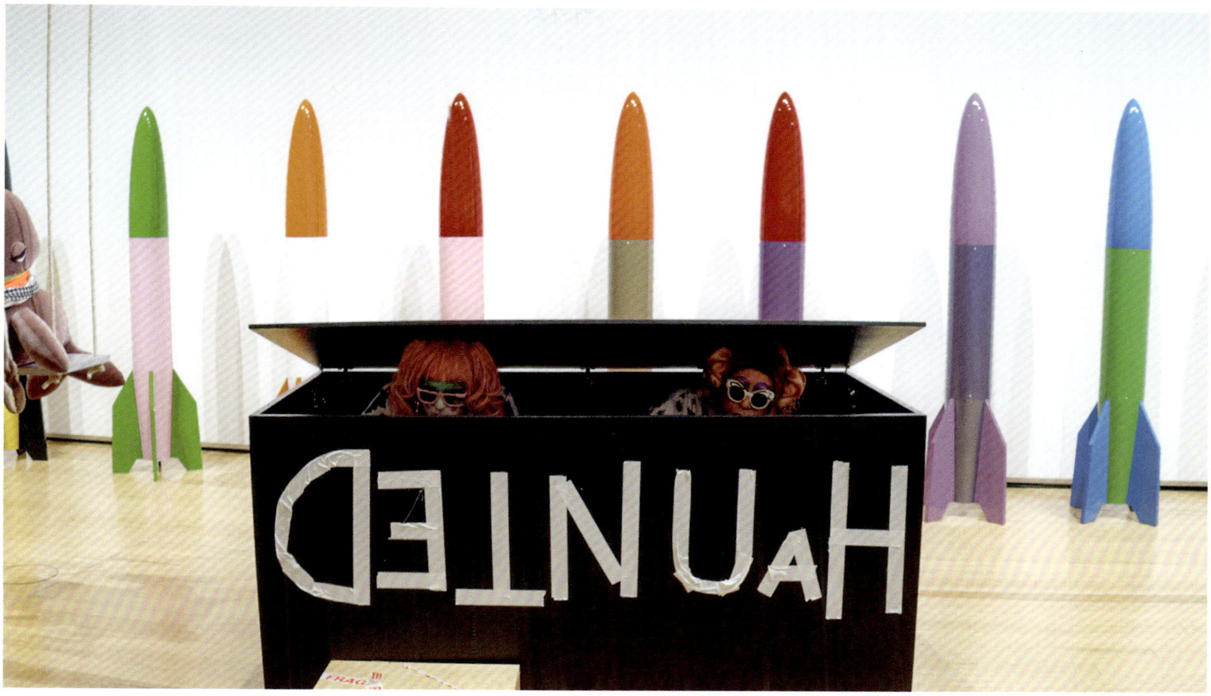

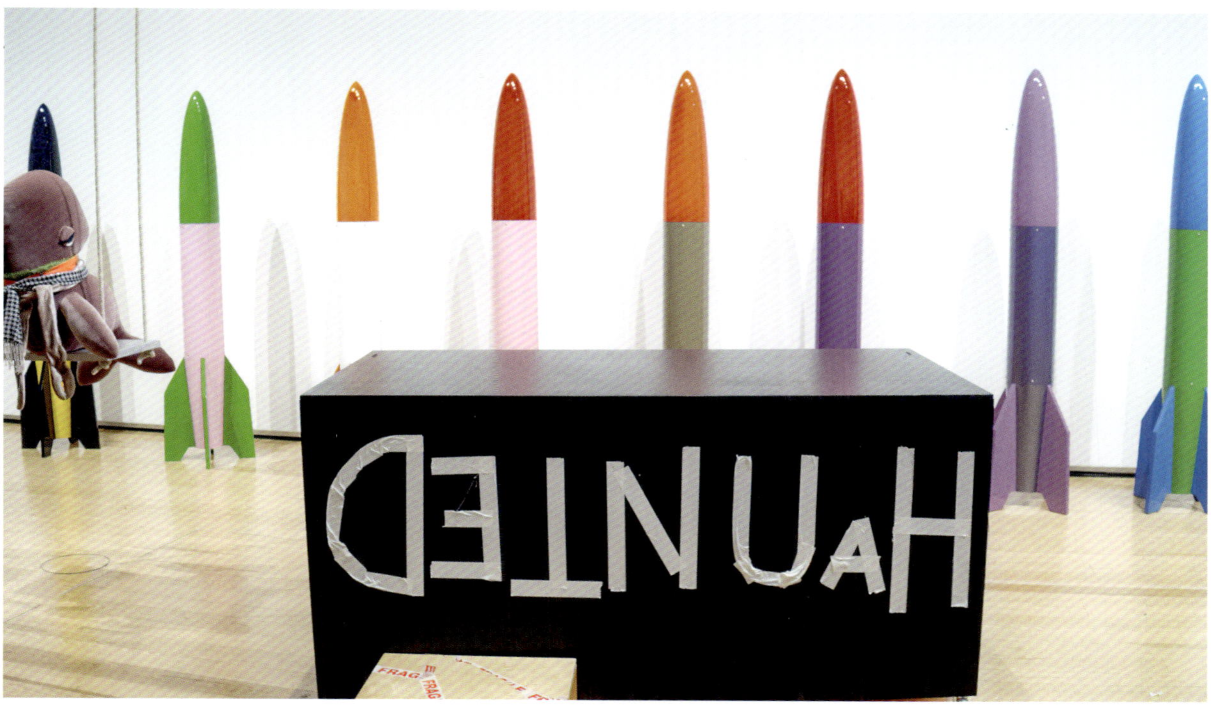

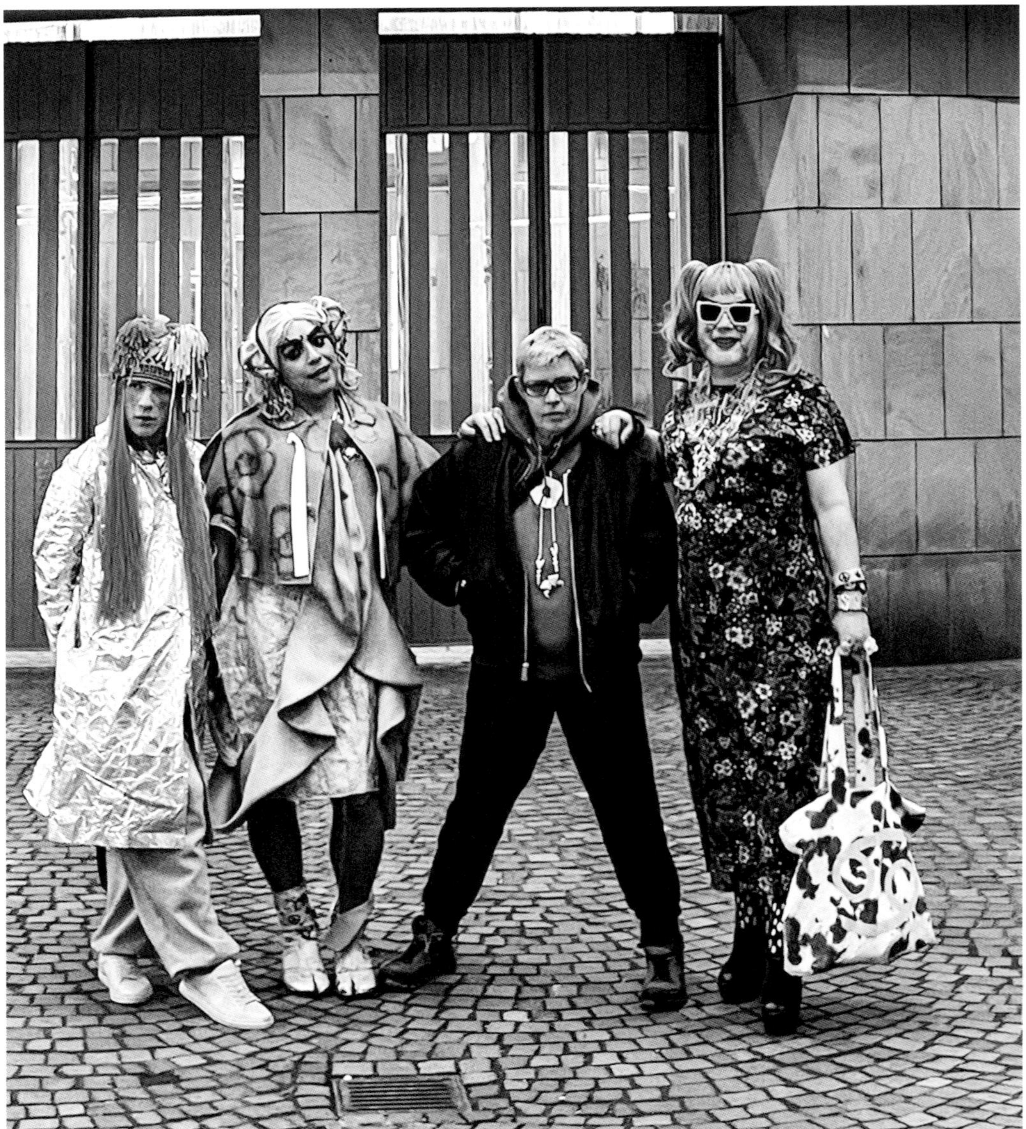

Buzz, Mary Messhausen, CvB and proddy produzentin

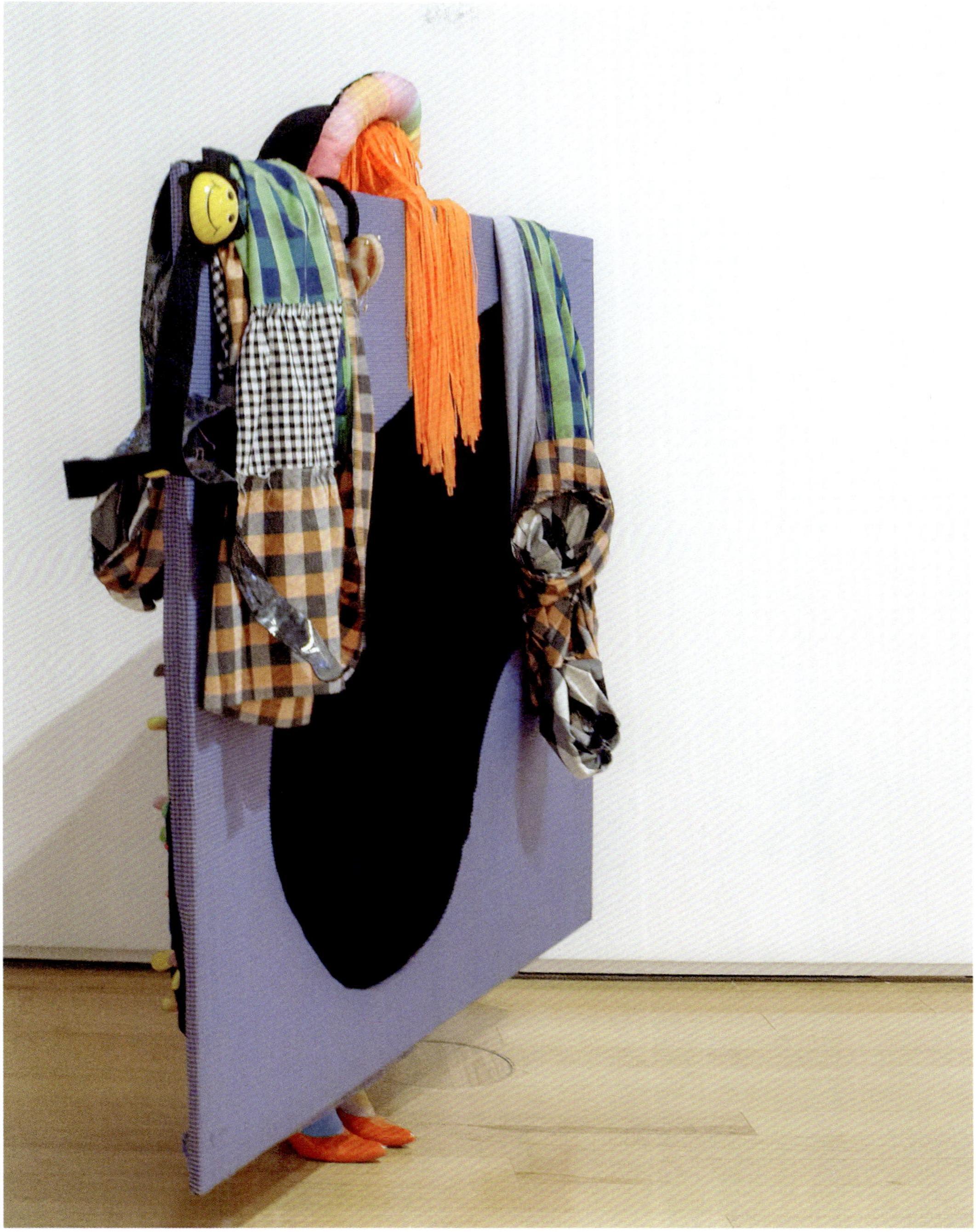

Buzz performing *Thonk Piece: Hungry for Stains* during *Feelings*,
Schirn Kunsthalle Frankfurt, 2024

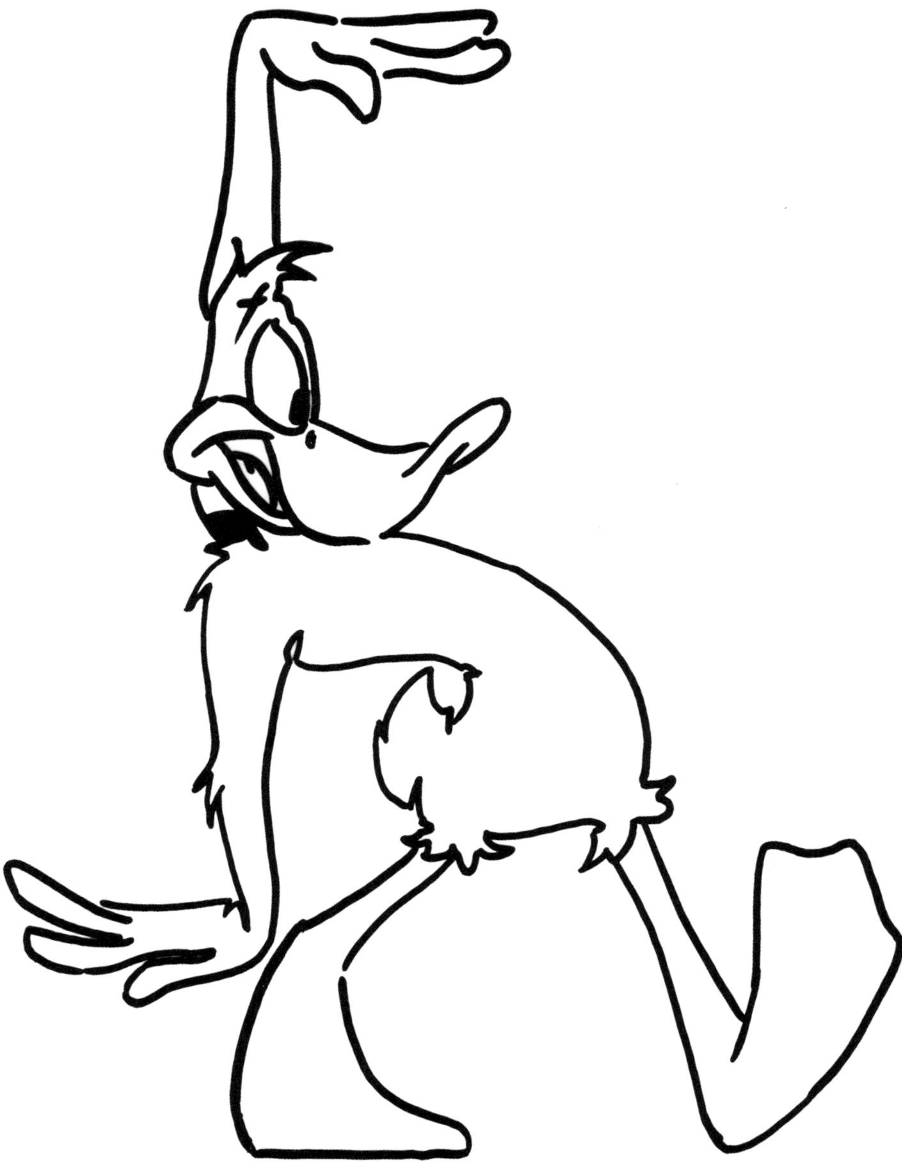

Daffy 3

I’m a greedy slob. It’s my hobby.

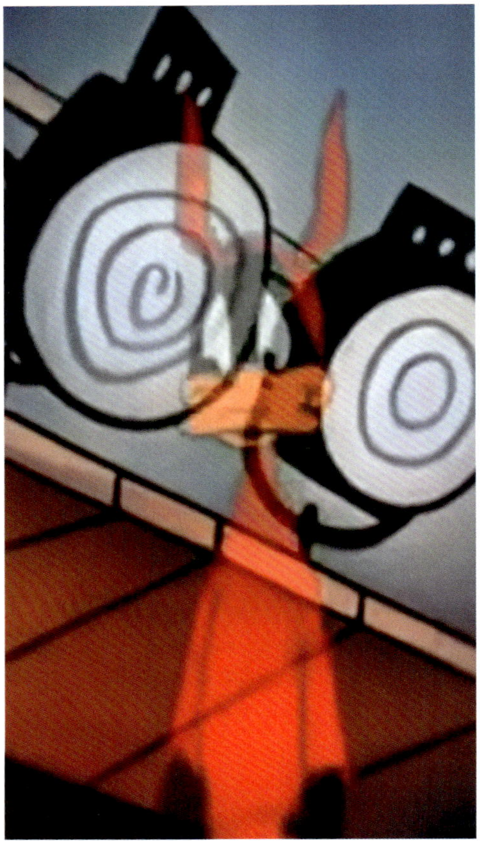

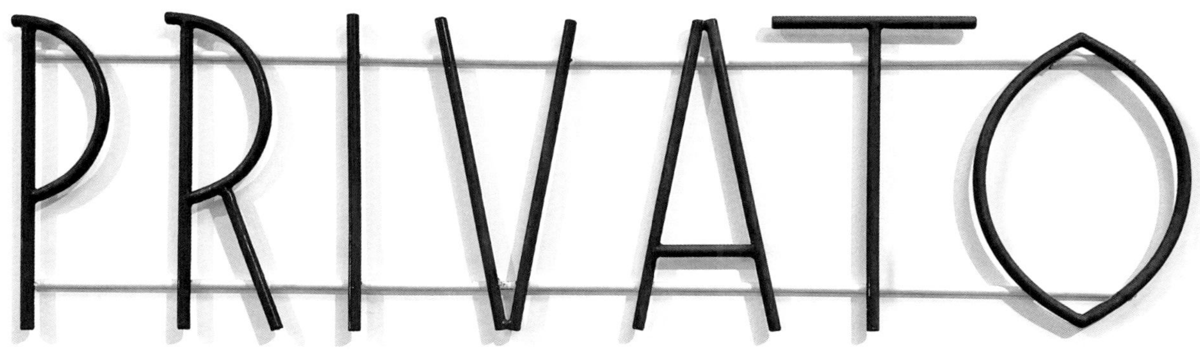

Private Section

Privato (Rot/Weiss), 2010
30 × 110 cm

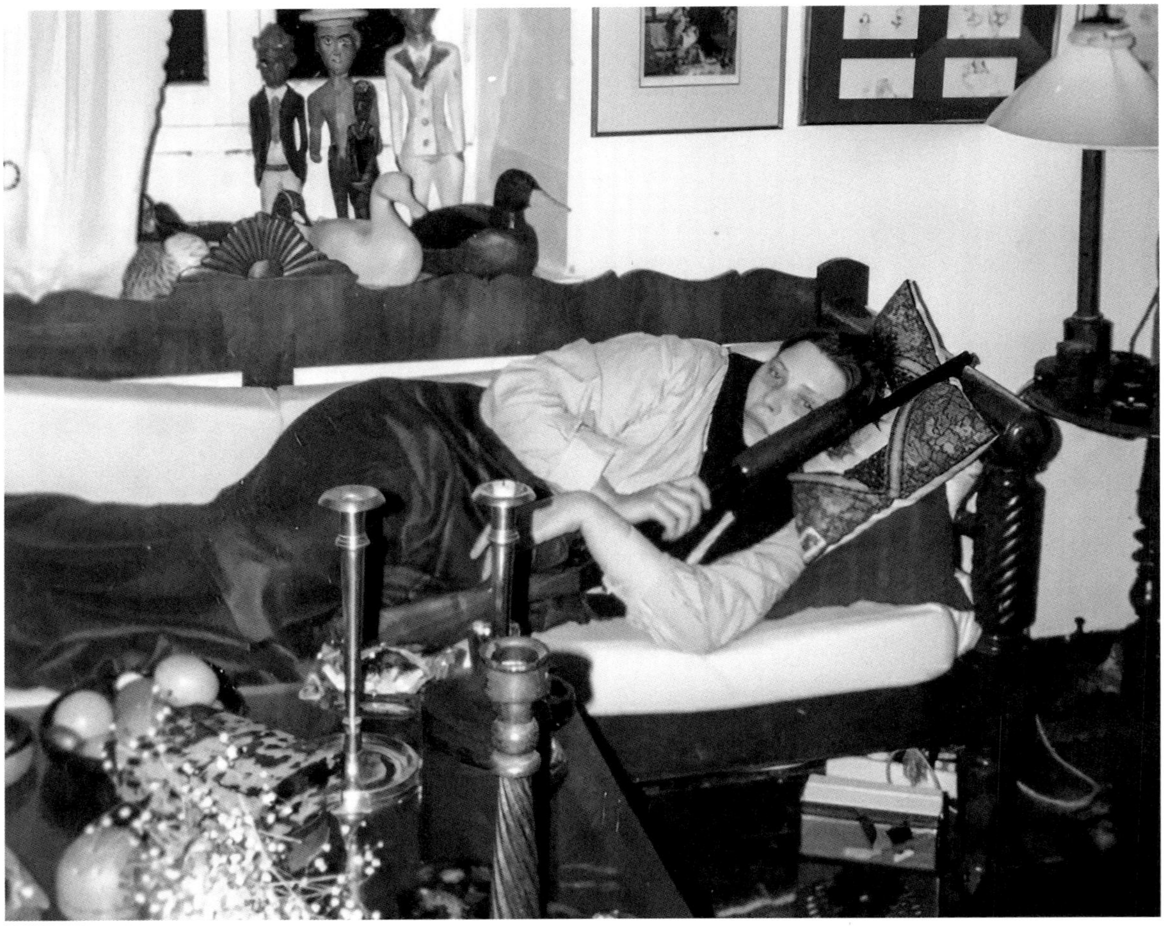

Michel Würthle's house, Syros, Cyclades, 1995

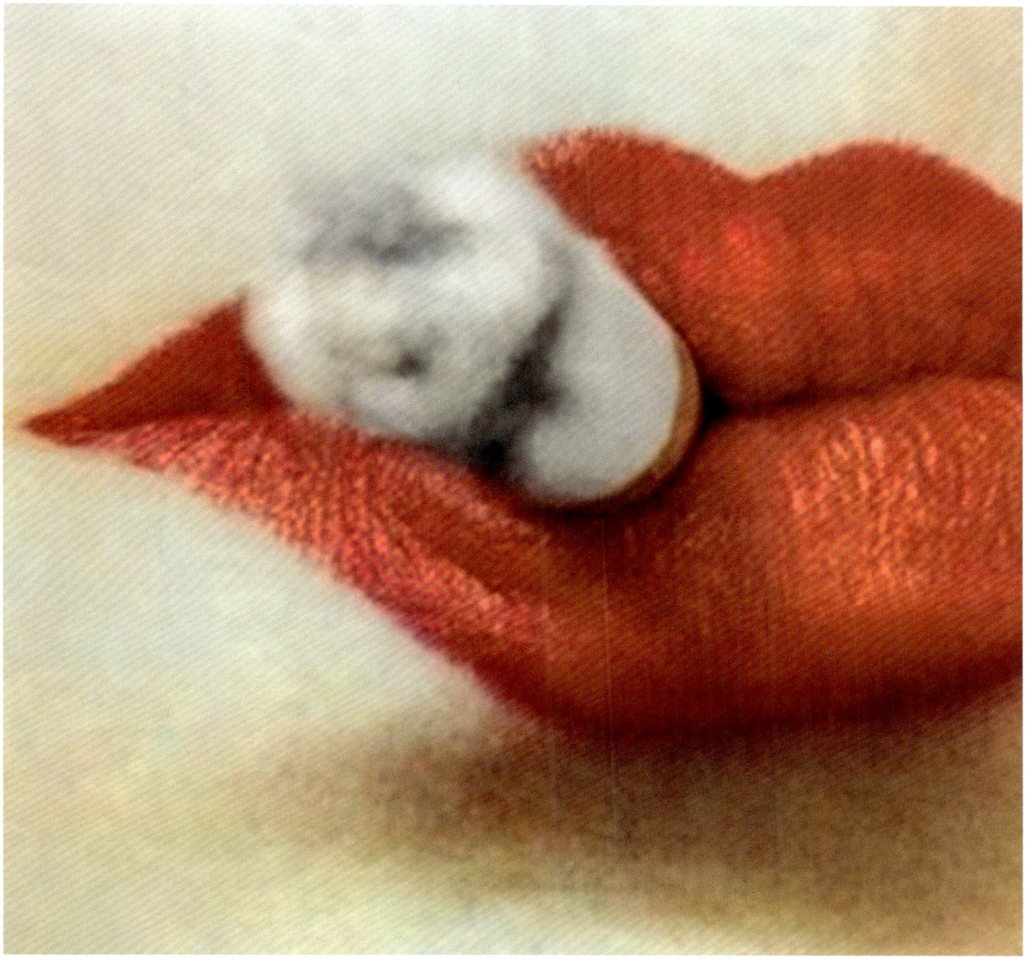

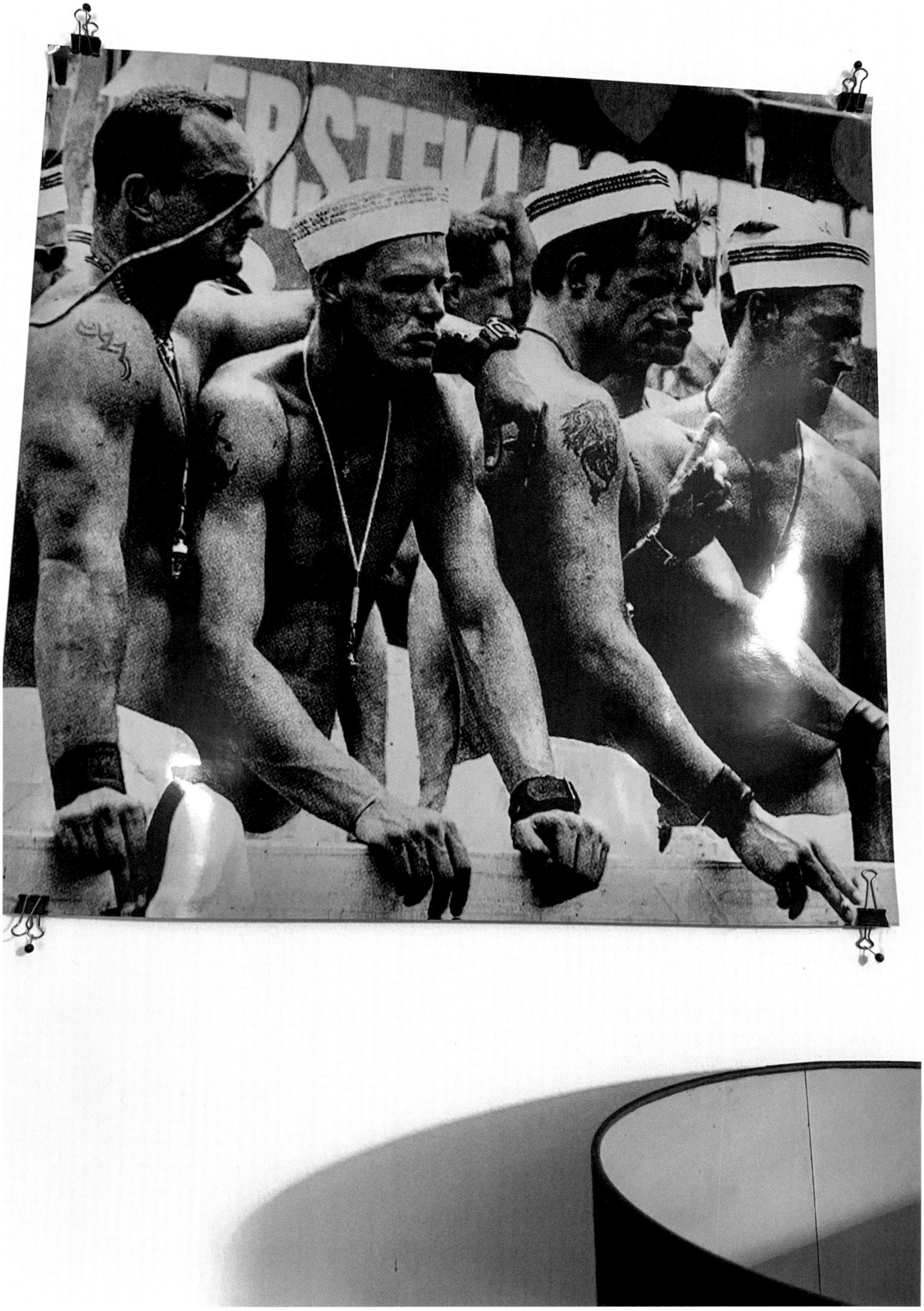

Daffy Duck and Cosima von Bonin
in
UP A CHIC CREEK

DD: When I woke up with a start at five o'clock this morning, well it may have been five fifteen, this happens to me maybe once or twice a month, waking up with a sudden start from the very depths of a dream, I don't mean a nightmare that's so dreadful you simply have to wake up with a start, no, a deep sleep, the kind they call dreamless, so anyway when I awoke first thing this morning I had this tremendous urge to go out into my garden and have a cigarette. Not that I'm addicted to nicotine, you understand, I'm more of what you'd call a *fumeur social*. But be that as it may, all of a sudden at five o'clock or five fifteen this morning I felt this weird need to have a cigarette, so I slipped out into the garden, past the baby tits which I hoped were snoozing away peacefully in the aviary, and took a cigarette from the packet I keep ready for just such occasions, then lit it and smoked it, inhaling deeply. So there I was in my garden, peering up at the tall treetops, and I could see dawn slowly breaking through what was now, in the merry month of May, their toxic green foliage. The street was still sleeping, and just for a moment it was perfect. As for why I'm telling you all this, Ms. von Bonin, I haven't the foggiest. There are times when I just talk my beak off – whatever pops into my head, usually after a slight twitch in my rear end. But all this is by the by. A-hunting we will go!
CvB: Hunting? I thought we were going for a Kneipp cure. I've already turned up my trouser legs so I can step into a cold pool right up to my calves, and now here you are going on about hunting. Oh, and as for those baby tits, to a tittery they will go! Otherwise I'll be having even more sleepless nights than I'm having already.
DD: Thank you, but my little aviary is perfectly adequate. No offence, Your Highness, but here in Berchtesgaden, here at our sanatorium, we have rather different ideas about leisure pursuits. I *am* Veit Harlan's great-grandson, after all. We do quite enough Kneipp cures as it is – more than enough, if the truth be known. Being a drake, I'm not afraid of water, but – well, shotguns are more my thing. But it's time for our conversation…
CvB: … you know, sometimes I feel so terribly tired. I could build a kingdom of tiredness – a veritable empire! You simply can't imagine, good Master Drake! My bed is my citadel, my pillow is my crown. A mere illusion – I mean, it's as clear as all get-out. And yet … tired, tired and tired again. Just as well I've got my slaves. Having to do everything for yourself – the very idea!
DD: Egad, Madame! Your glorification of slave-owning society doth make my sable plumage stand on end. With fury. [*snorting*] So get a grip on yourself, or duck! Anyway, there I was in my garden, in the middle of the night, the early dawn, smoking away. Or rather, smoking a chain. To be sure, being of a nervous disposition, I was assailed by a bout of profound unease. I don't need to tell you the list of bouts is endless. In fact I was feeling very agitated, for I had been told a while before to engage in dialogue with you, and of course the very idea was appalling. As a rule, I don't do dialogue – my own quacking more than suffices me. That's another reason why I love hunting, even though, let me say in passing, I have all too often been the quarry. Many a time I have stood face to face with the Grim Reaper, but by some miracle I have always managed not to get reaped. And yet, and yet … I can spend whole weeks in my hunting lodge, in total

seclusion, just me and my selfquackery. Such bliss! But now we are so deep in conversation, I've been wanting to ask how your cousin Behemoth is getting on.

CvB: Muddling along, the old motherfucker. I don't need to tell you, preparation's the name of the game. Preparation! Preparation! Preparation!

DD: Give me procrastination any time. The last thing I need is to be prepared. I'm not a lame duck, or a cold duck, let alone a prepared duck. But as for you – my God, you're so monosyllabic! I can't stand it. I'm going to call room service – I badly need a club sandwich. I have to give my throat a good rub-down, for I produce quite inordinate quantities of spit. [*picking up the telephone and speaking into it*] Hello? Dogsbody? Janitor? Why on earth does no one answer? [*covering the receiver with a wing*] Quite disgraceful! Hello! Porter! Ah, at last, I've been bellowing down the receiver for simply hours. Now listen, dear fellow, I need a club sandwich, and make it snappy. Excuse me? Come down to the kitchen and make one myself? The nerve of the man! Did you ever hear the like? I'll manage without. [*to Cosima von Bonin*] Always trouble with the staff in this dump. My apologies … Now where was I?

CvB: [*yawning pointedly*] You keep trying to engage in dialogue with me, even though you have already made it plain that you do not think dialogically, which I in turn can assure you is not necessary. There is no need to engage in dialogue, least of all with me. There is far too much dialogue as it is. People are constantly engaging in dialogue, with young artists who can't be helped anyway and old artists who are beyond helping. It's a scandal. So why don't you just shut your beak, you silly goose?

DD: Goose? Did you say 'goose'? *Ma chère*, I don't rile easily, but there are limits. Are you trying to insult me? Remember you are talking to a drake. What's more, I am a journalist. Here's my press card. You're welcome to verify its authenticity.

CvB: Authenticity – all I ever hear is authenticity. Wherever you go, you get authenticity. My God, is there no escape? They do it even in the best hotels. You walk into the foyer, all unsuspecting, and the next thing you know it's authenticity, left, right and centre. It makes you want to puke. In fact, I feel like puking right now. All over your Pucci dress. What are you flapping around here in a Pucci dress for, anyway? I think I must be going mad. I need my salt sticks, or at least a Librium. Could someone ring for a Coca-Cola? In any case, *Monsieur le Canard*, I hate to say this, but right here and right now you're way up the creek. A chic creek, but a creek nonetheless. Up a chic creek. Whatever you do, don't take that personally.

DD: Hah! Thought as much. Set up by that bastard of an editor-in-chief. Editors really are the lowest of the low. And I'm just a daffy drake … er, reporter … er, I think I'm losing my mind as well. Please forgive the *malentendu*, Madame. You're perfectly right. Don't let me upset you any longer …

CvB: [*shouting and waving her arms*] But I don't want to upset you either. Why can't you see that? I don't want to upset anyone – anyone or anything. I simply want to sit. Sit! Sit! Sit!

DD: Please stop waving like that. I shall get me hence, back to my garden, back to the baby tits.

CVB: Tit-ter-y!

[*Exeunt*]

Dirk von Lowtzow

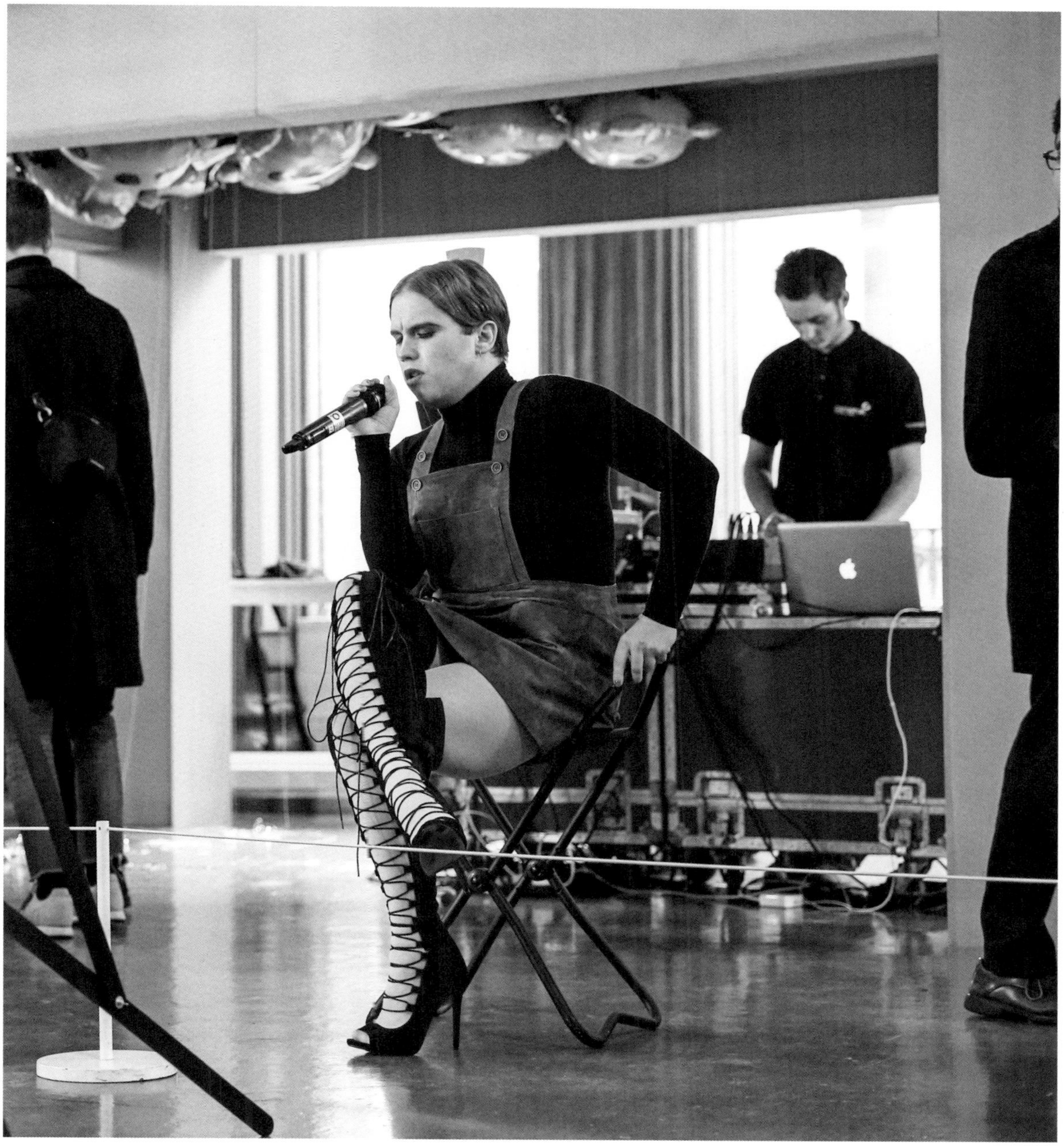

Jamie Crewe performing at CvB's exhibition *Who's Exploiting Who In The Deep Sea?*, Glasgow International, 2016

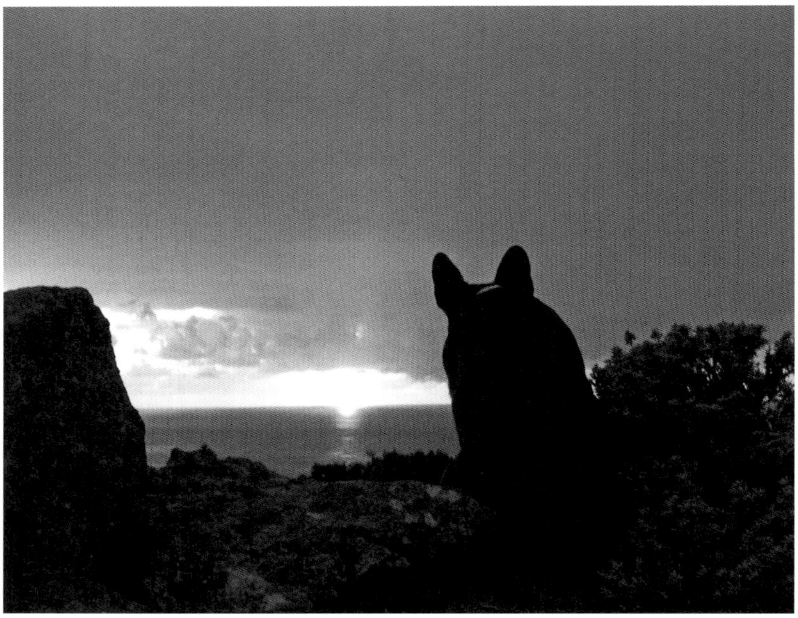

George on Ischia

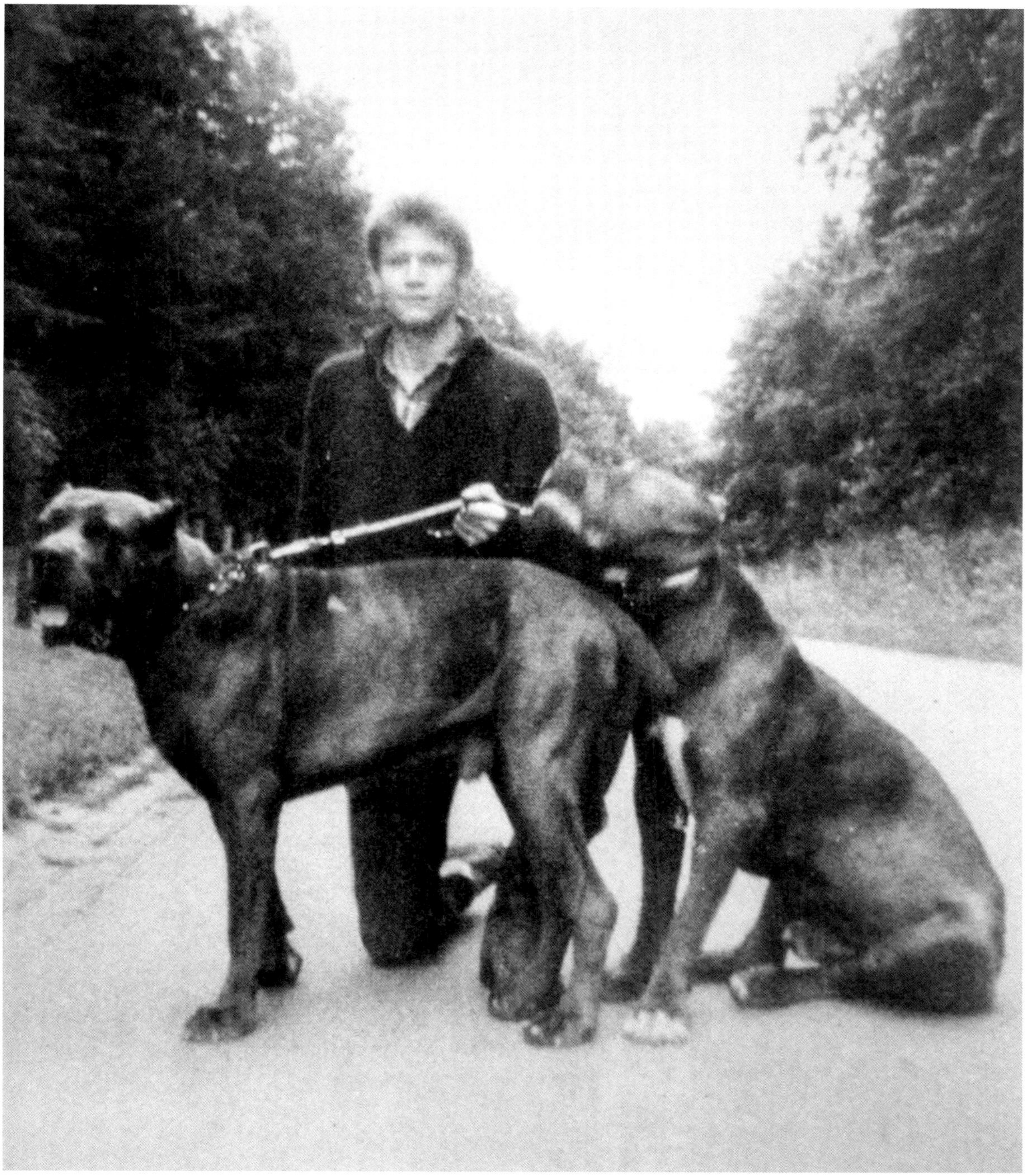

Michael Krebber with Cosimo & Massimo, 1978

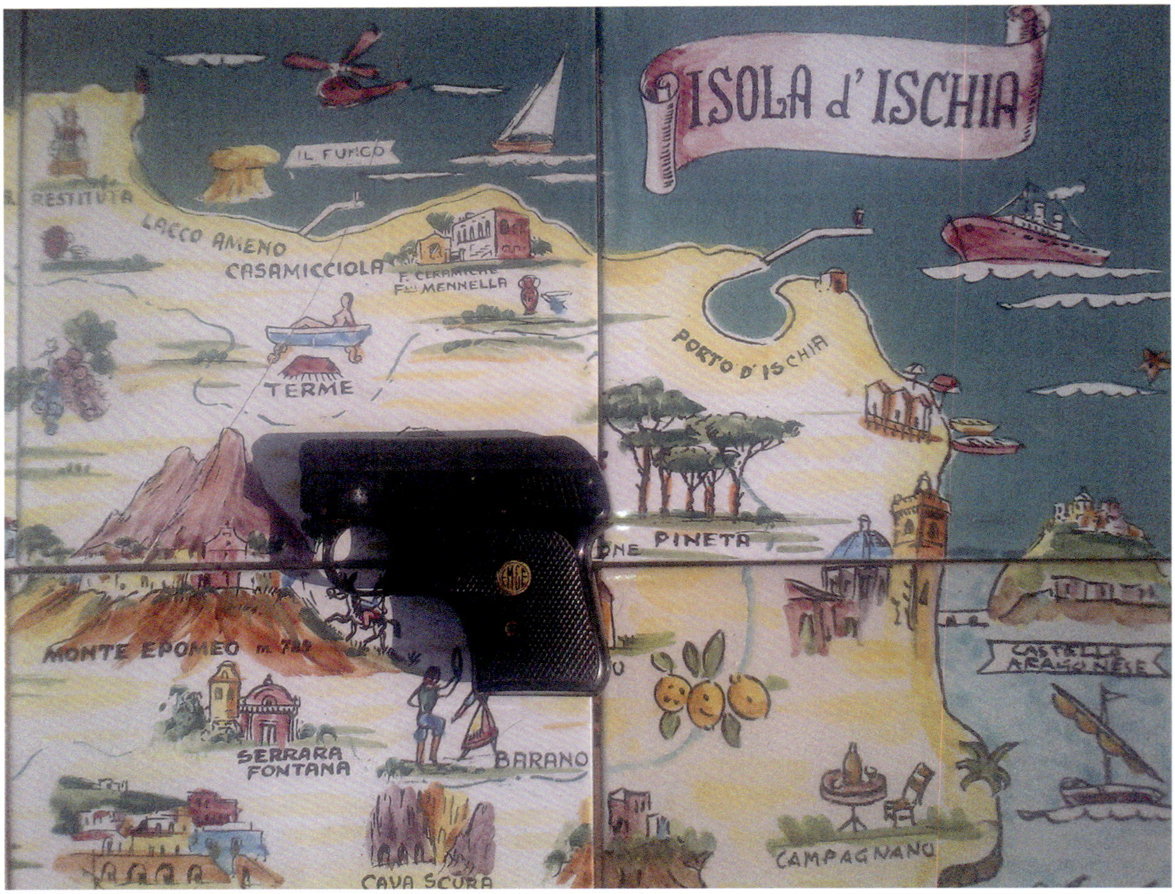
ISOLA d' ISCHIA
IL FUNGO
RESTITUTA
LACCO AMENO
CASAMICCIOLA
TERME
PORTO D'ISCHIA
PINETA
MONTE EPOMEO
SERRARA FONTANA
BARANO
CAMPAGNANO
CAVA SCURA

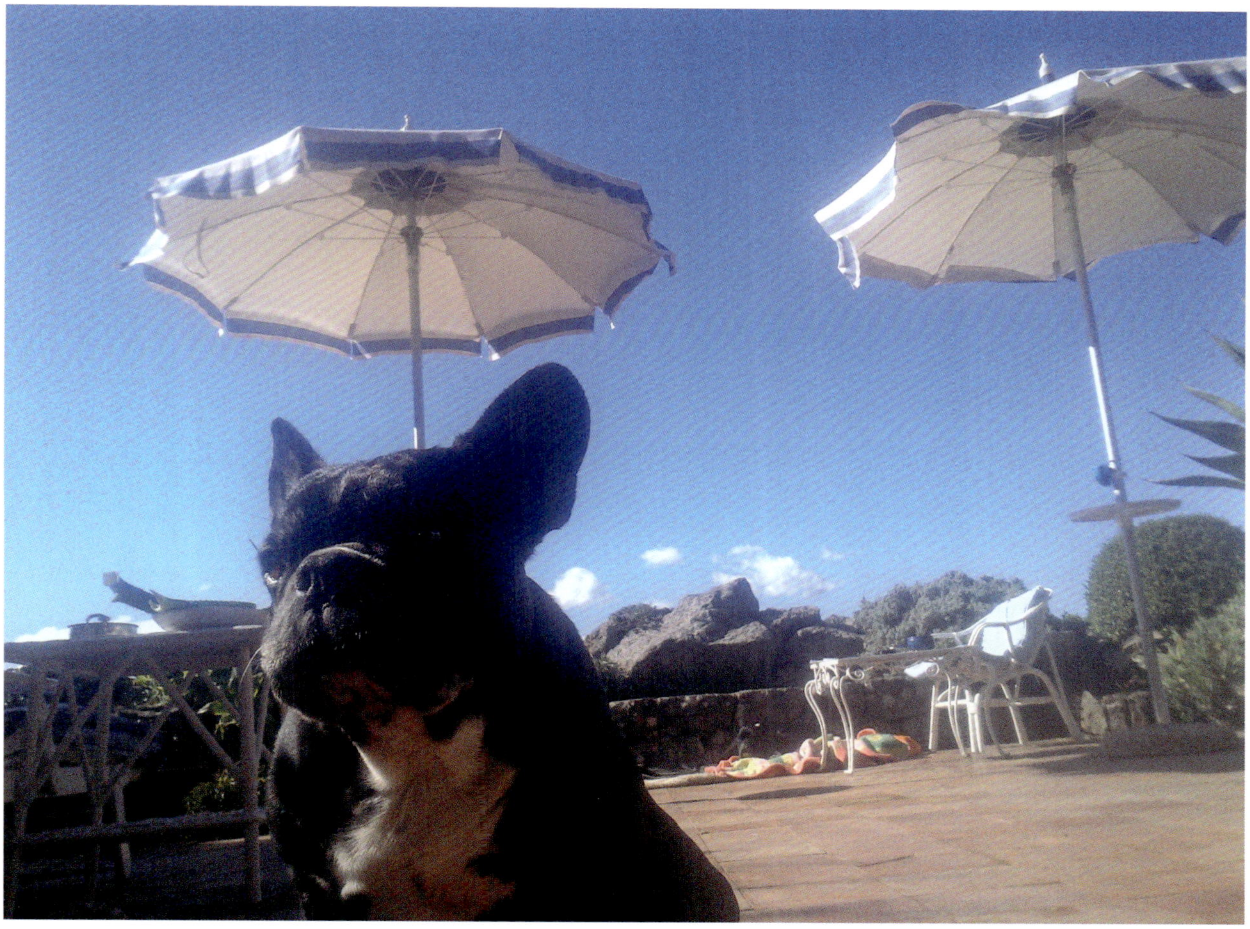

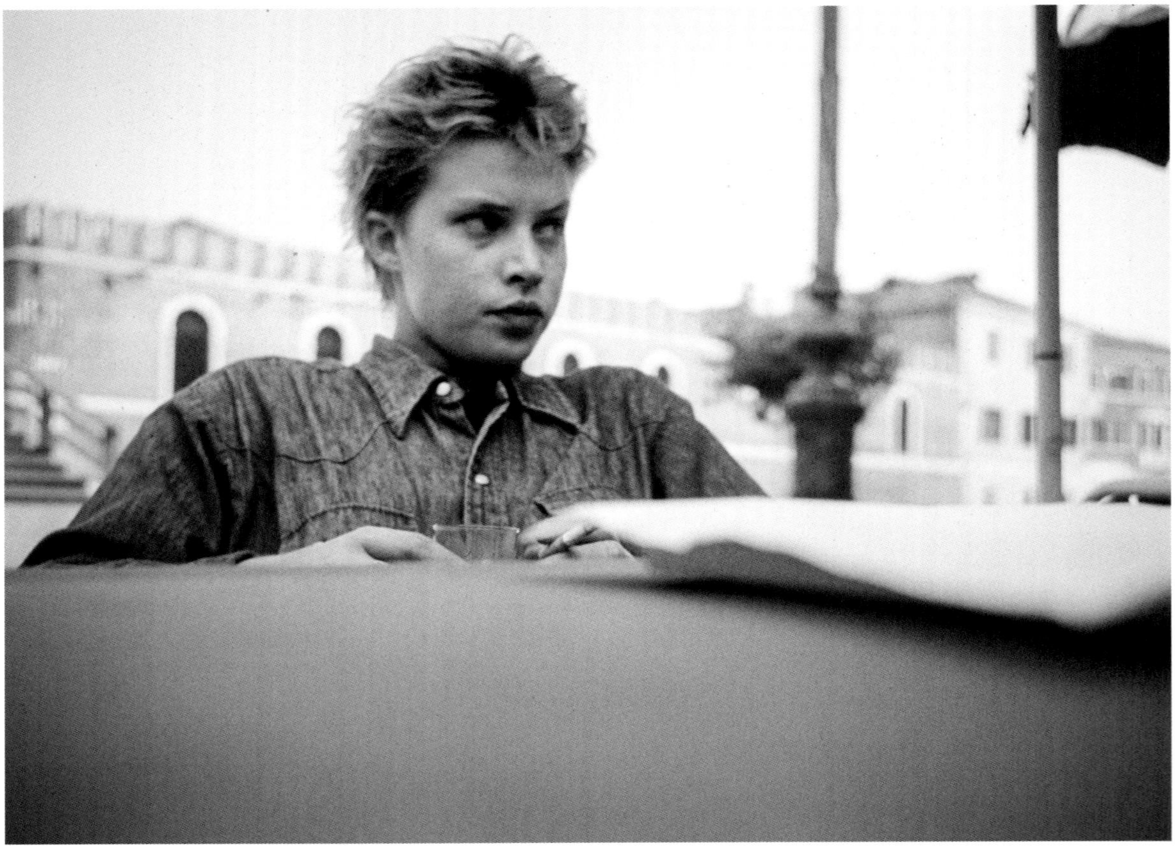

Venice, 1984

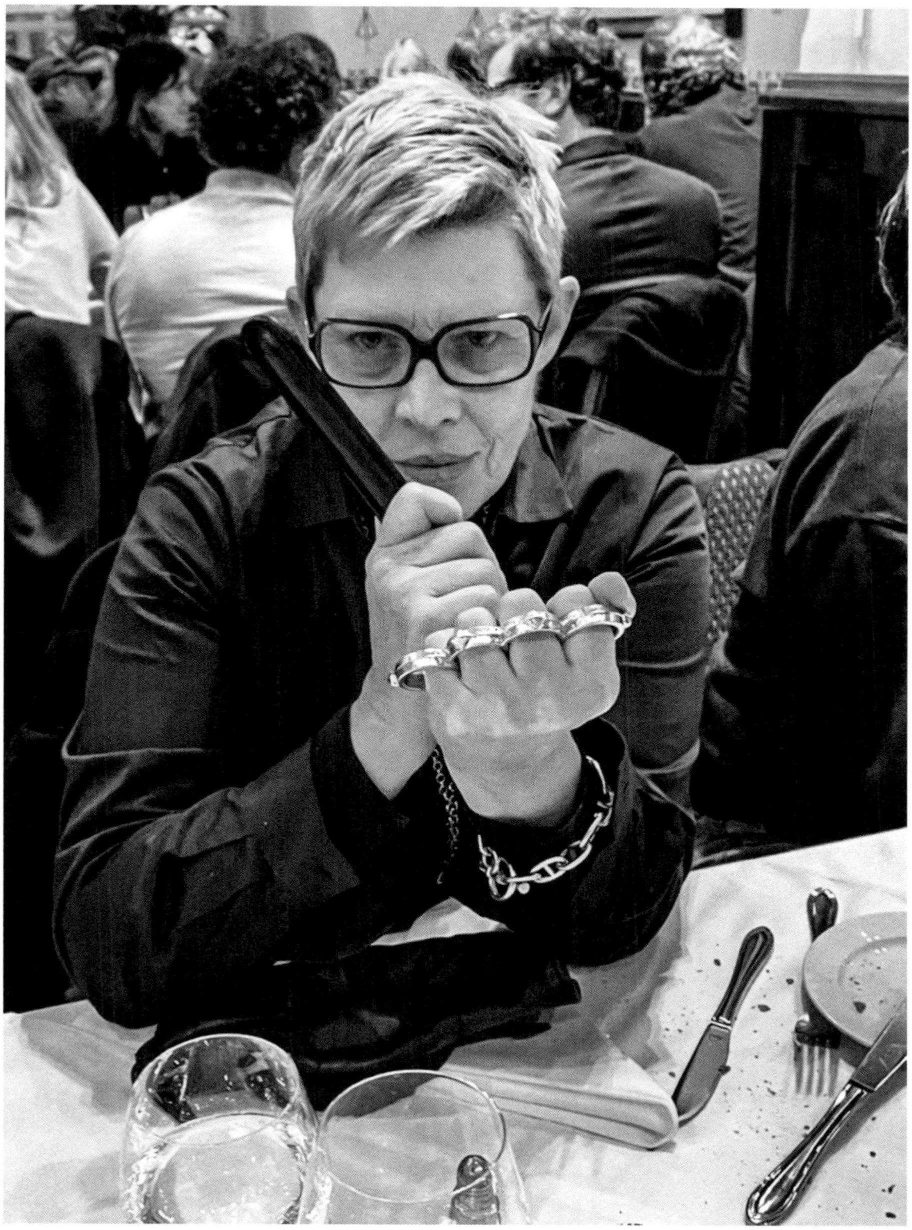

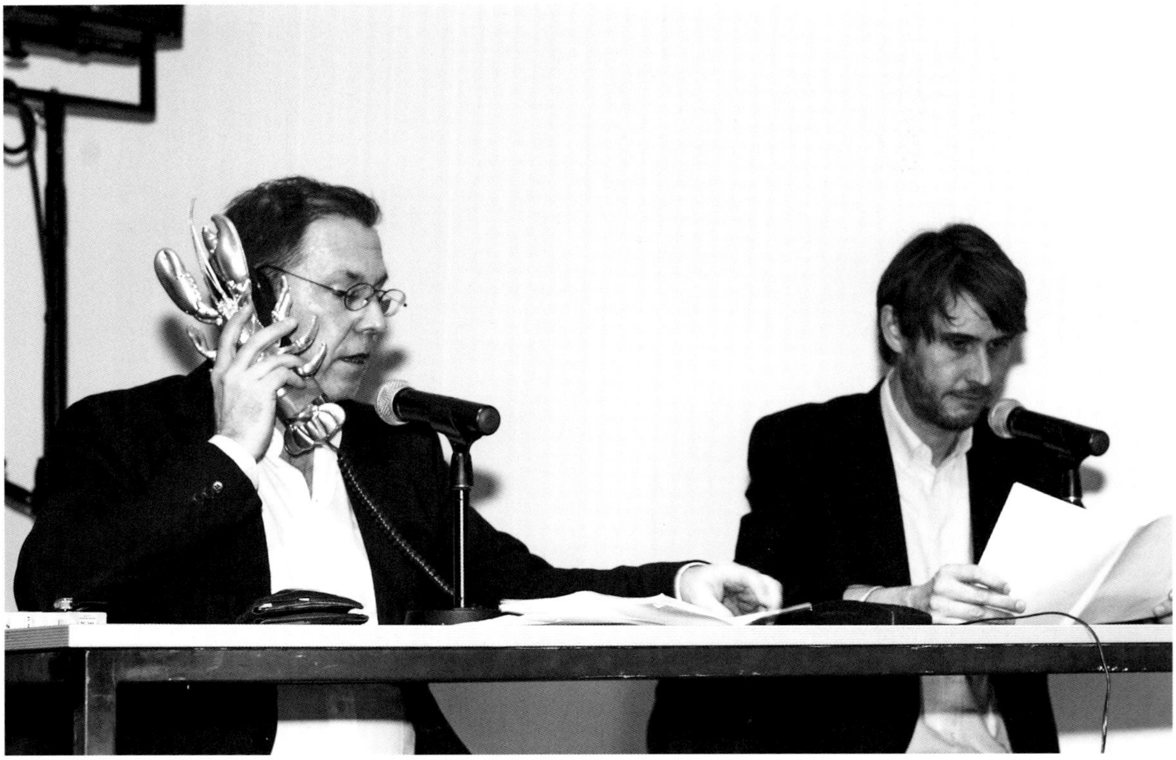

René Pollesch & Dirk von Lowtzow during the opening of CvB's exhibition *Cut! Cut! Cut! For Museum Ludwig's Sloth Section, Loop #4 of the Lazy Susan Series, A Rotating Exhibition, 2010–2012*, Museum Ludwig, Cologne, 2011

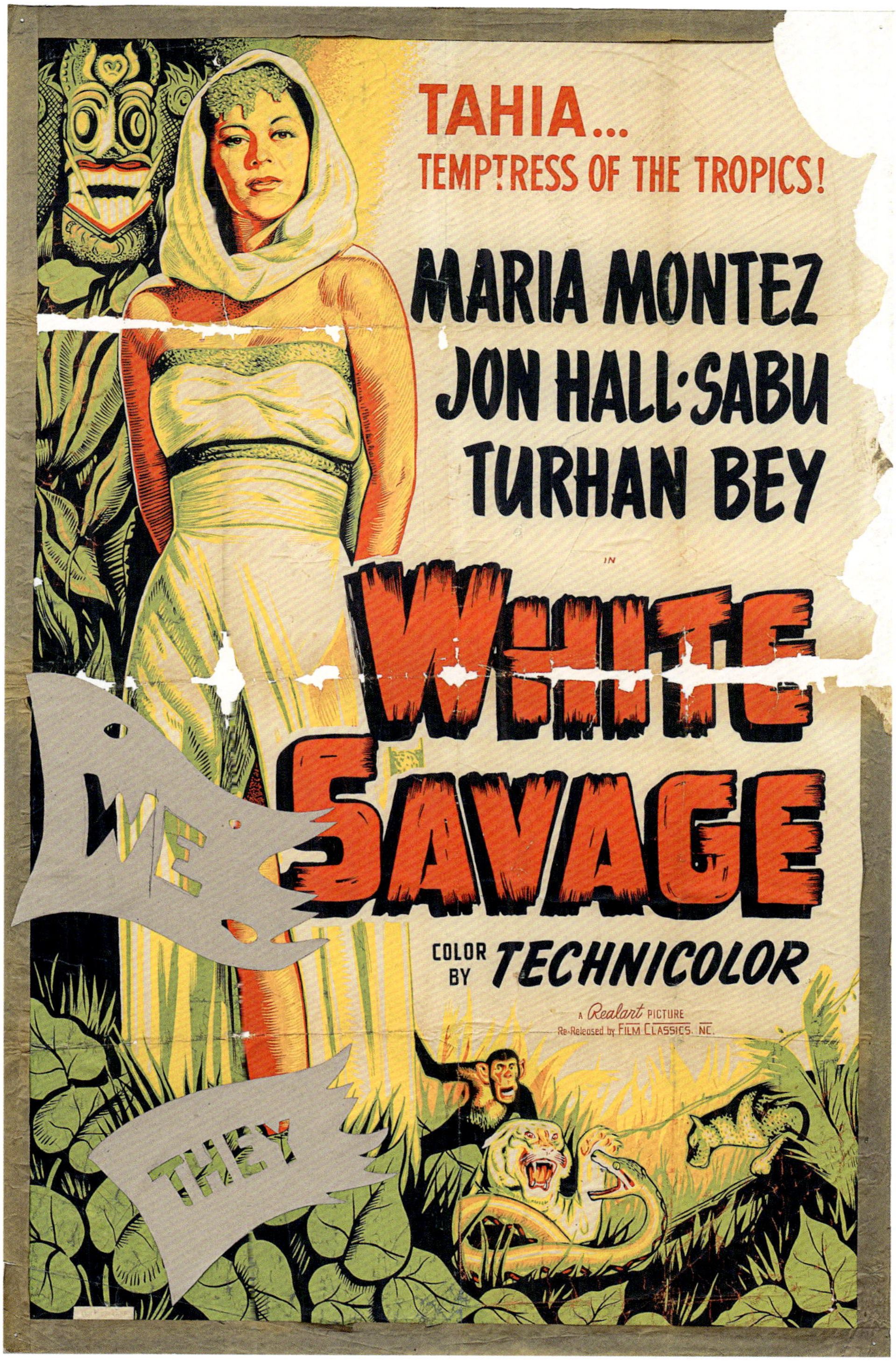

Fluch der Tempelgötter, 2024
151.5 × 101 cm

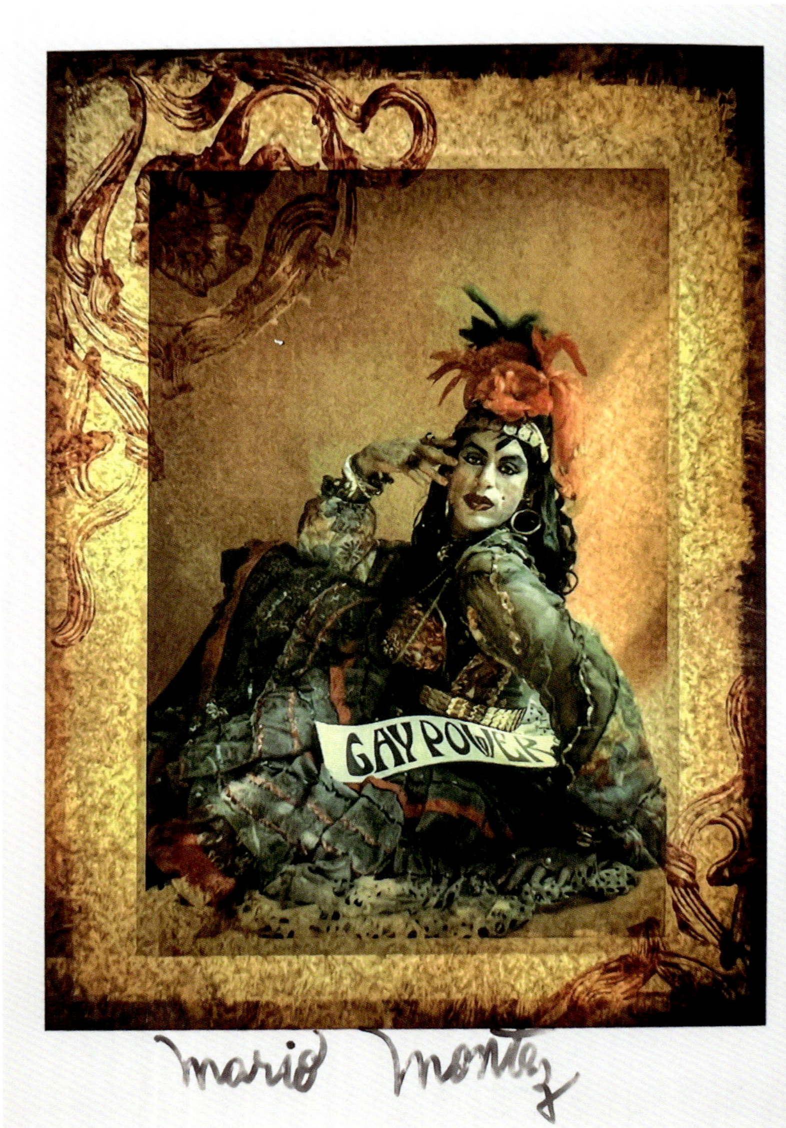

Mario Montez

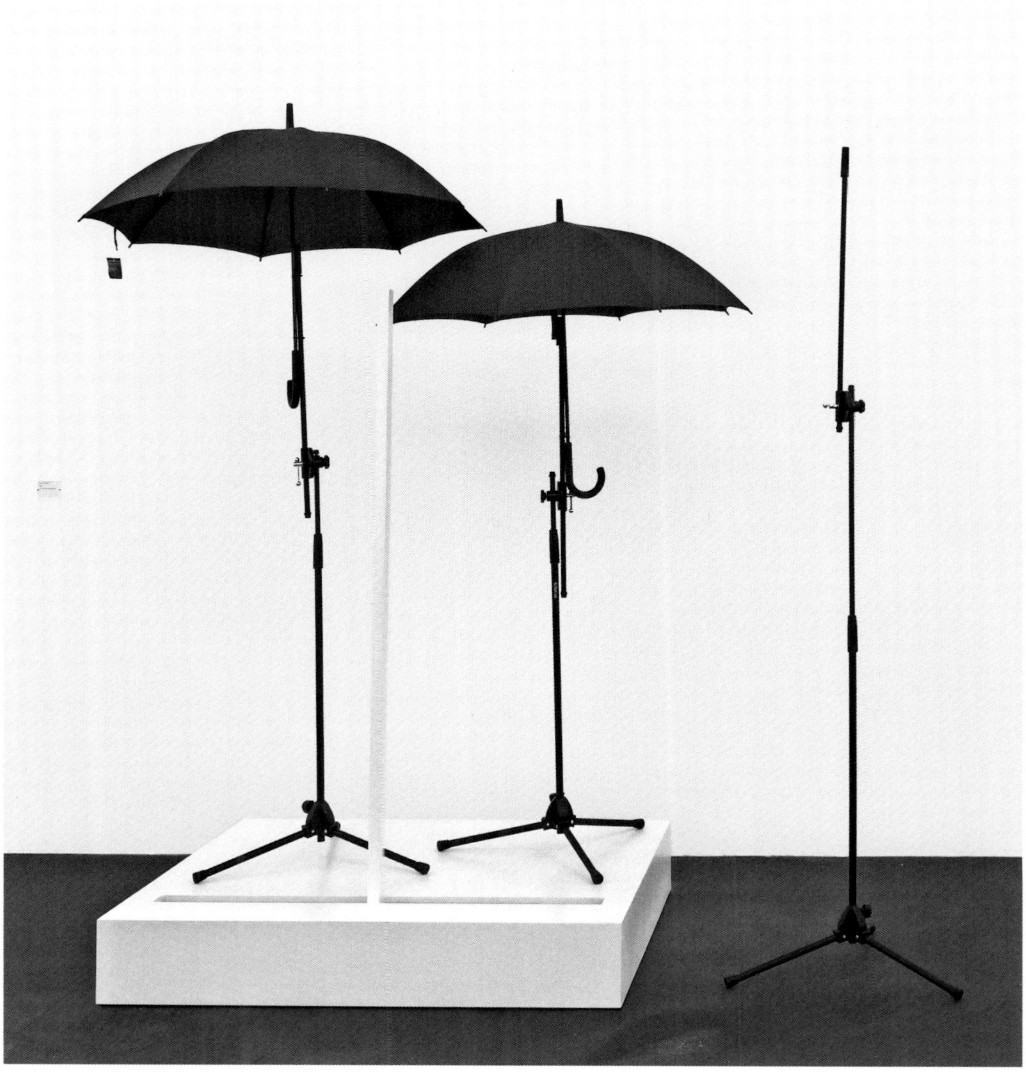

Cut! Cut! Cut!, 2010

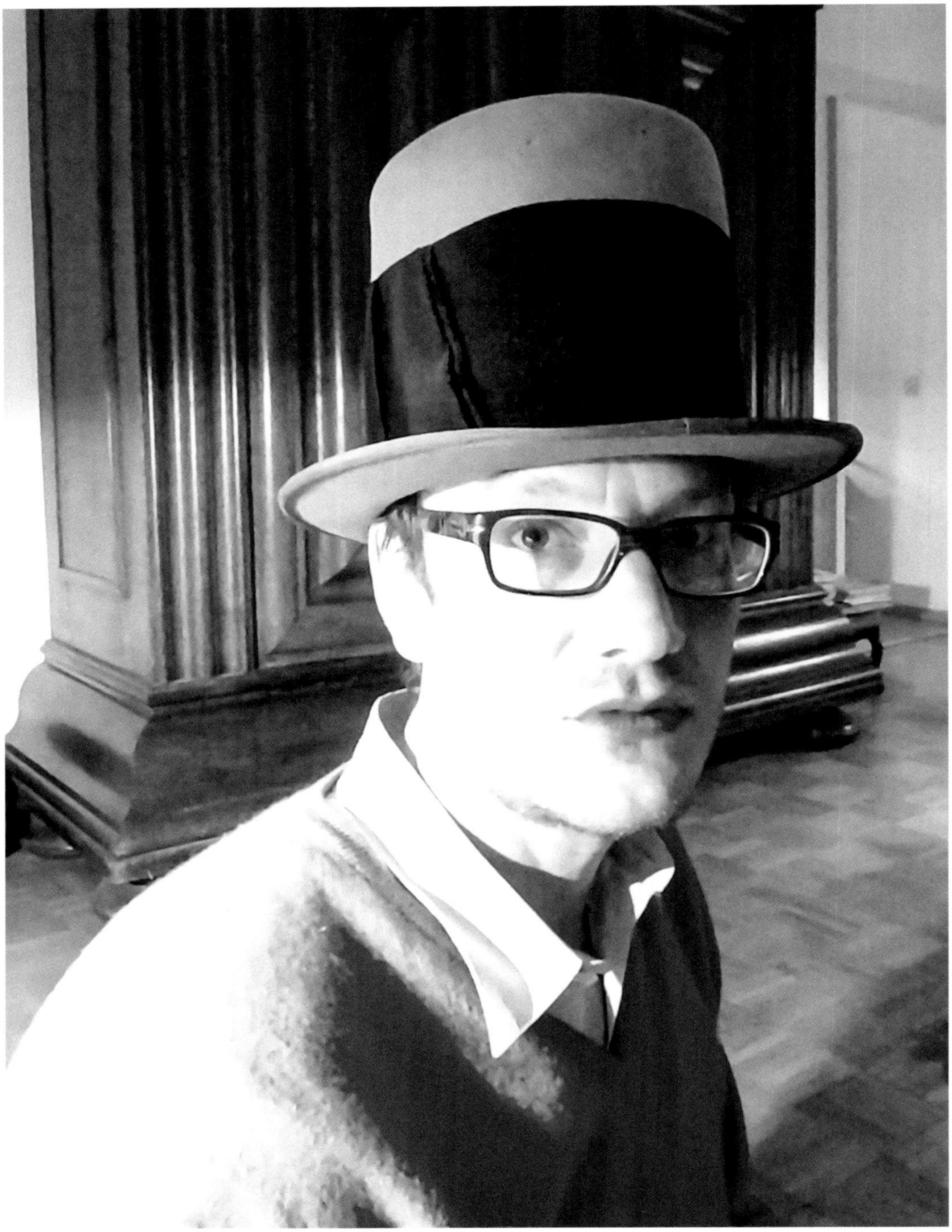

Sergej Jensen wearing a W.C. Fields hat

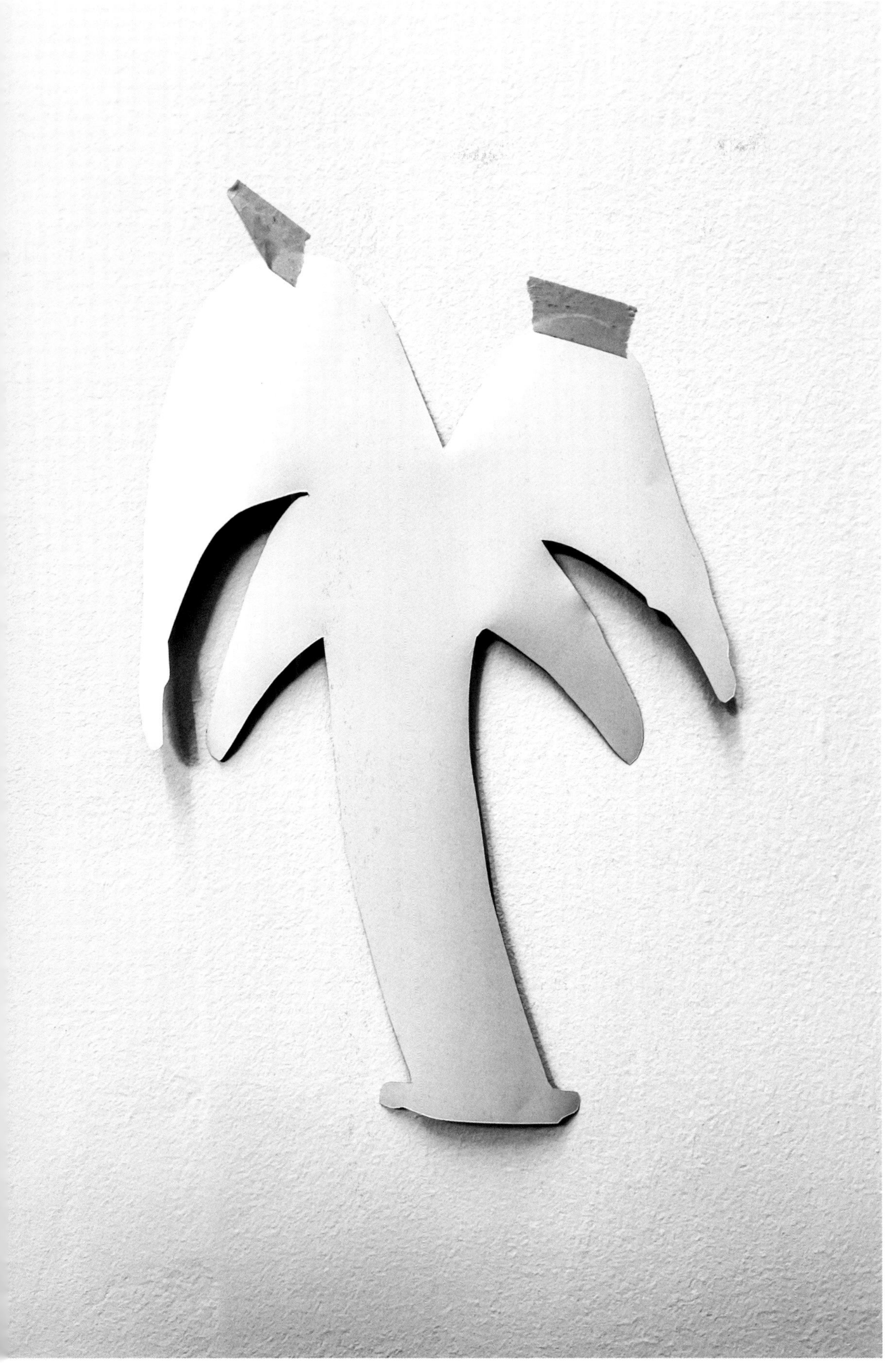

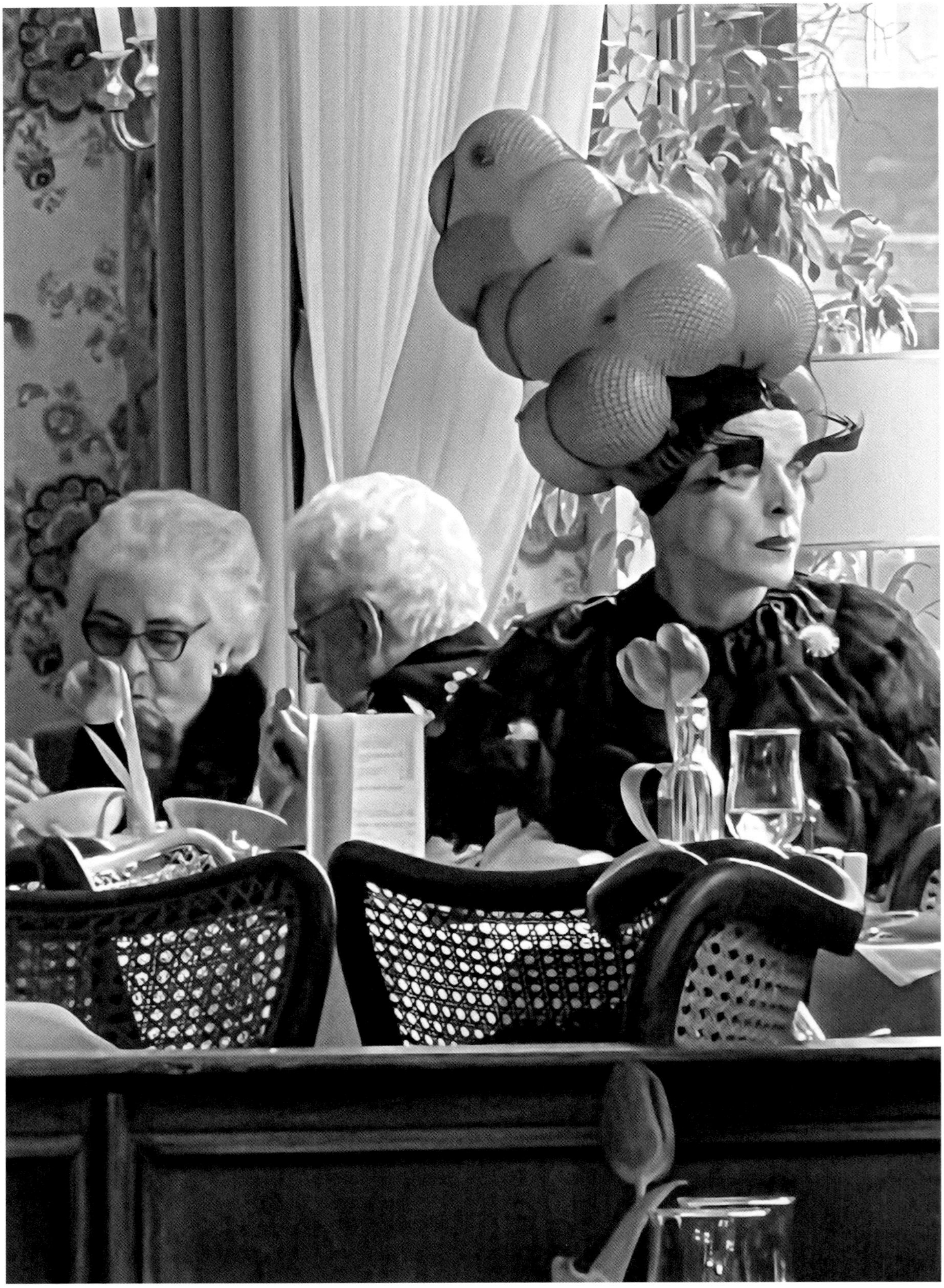

Köln

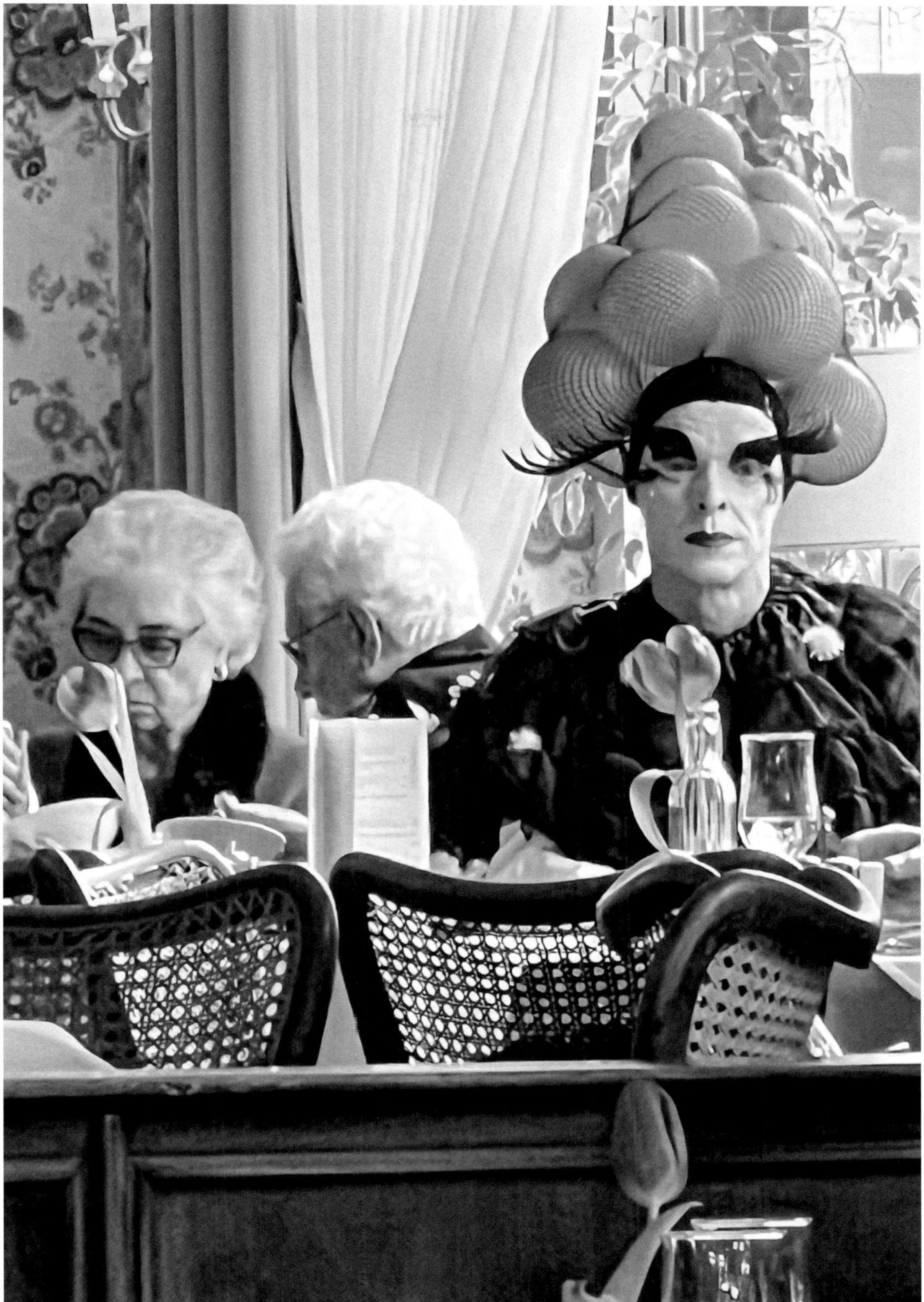

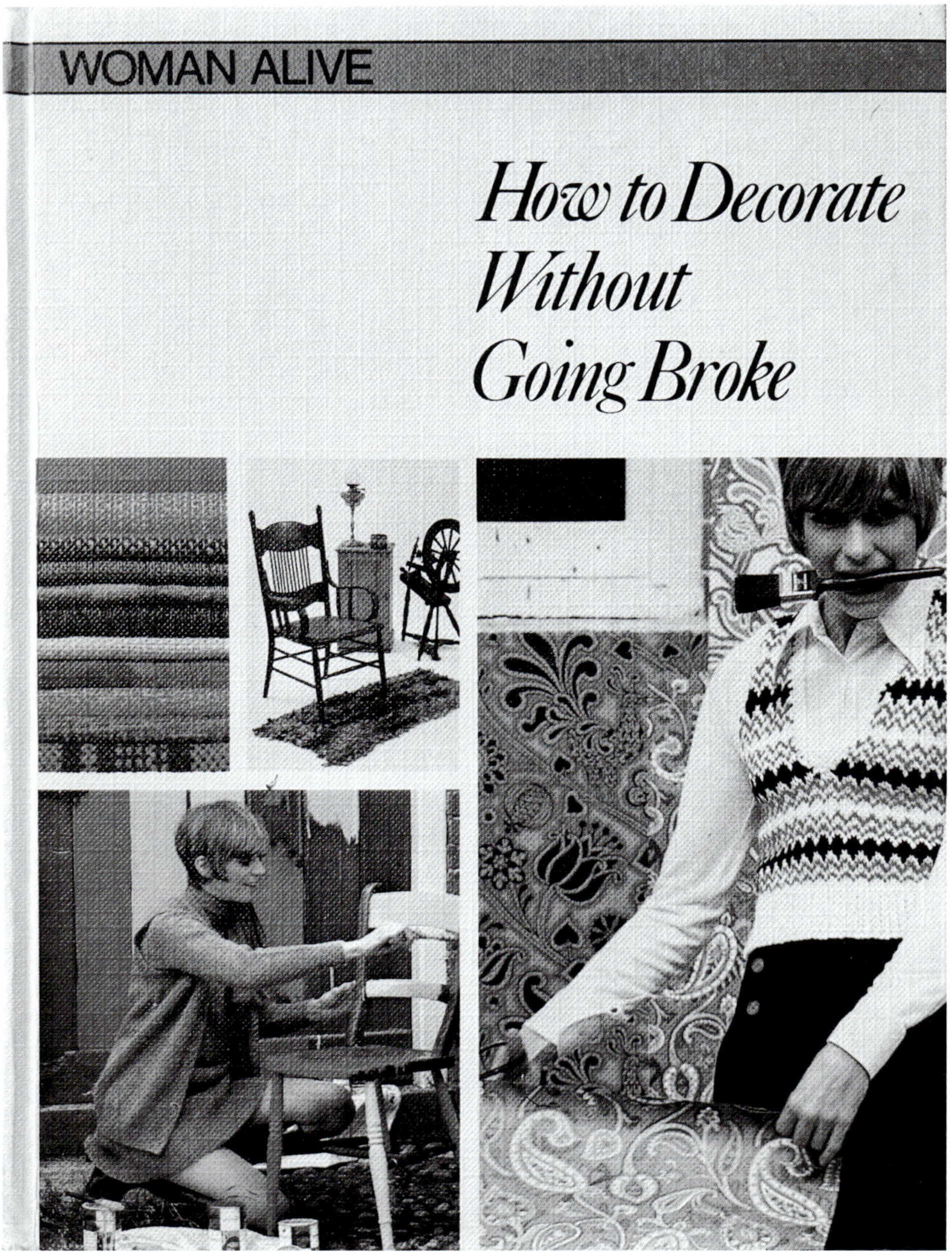
WOMAN ALIVE
How to Decorate Without Going Broke

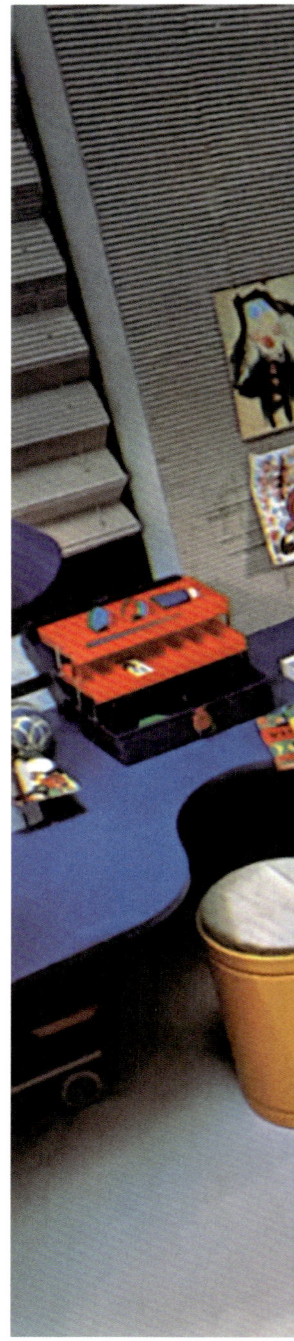

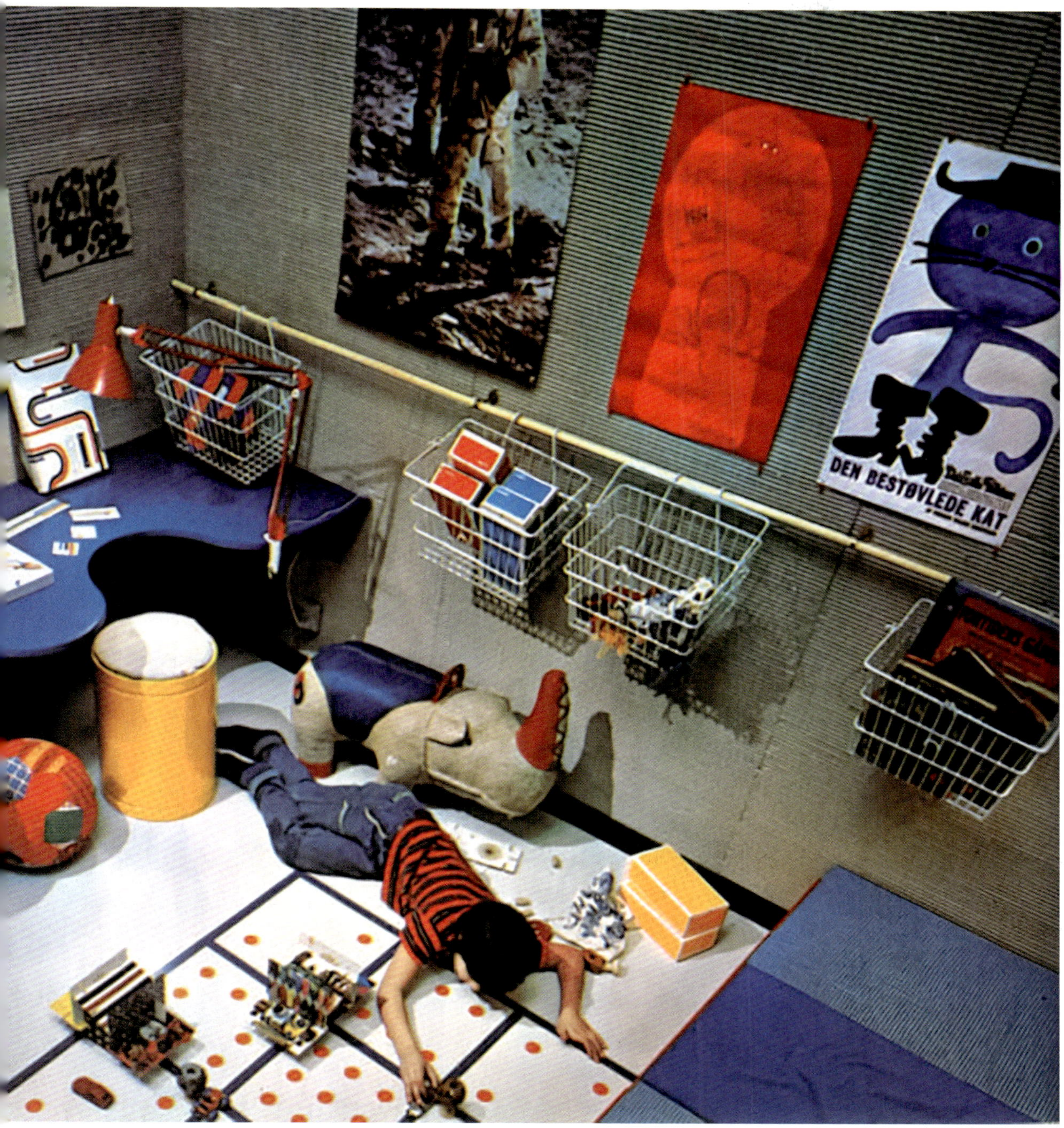

Renate Müller’s Therapeutic Rhinoceros Toy, 1960s

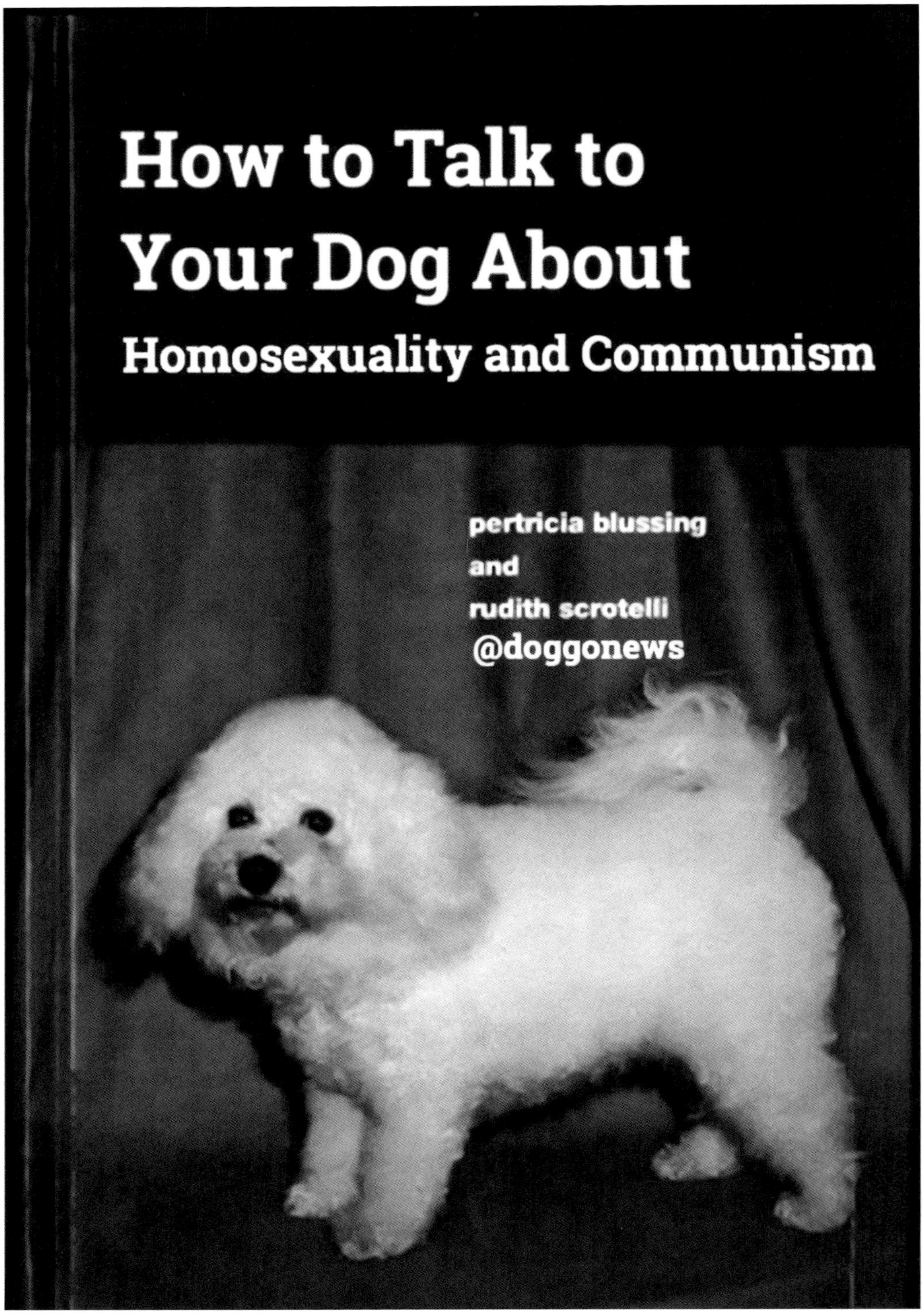
How to Talk to
Your Dog About
Homosexuality and Communism
pertricia blussing
and
rudith scrotelli
@doggonews

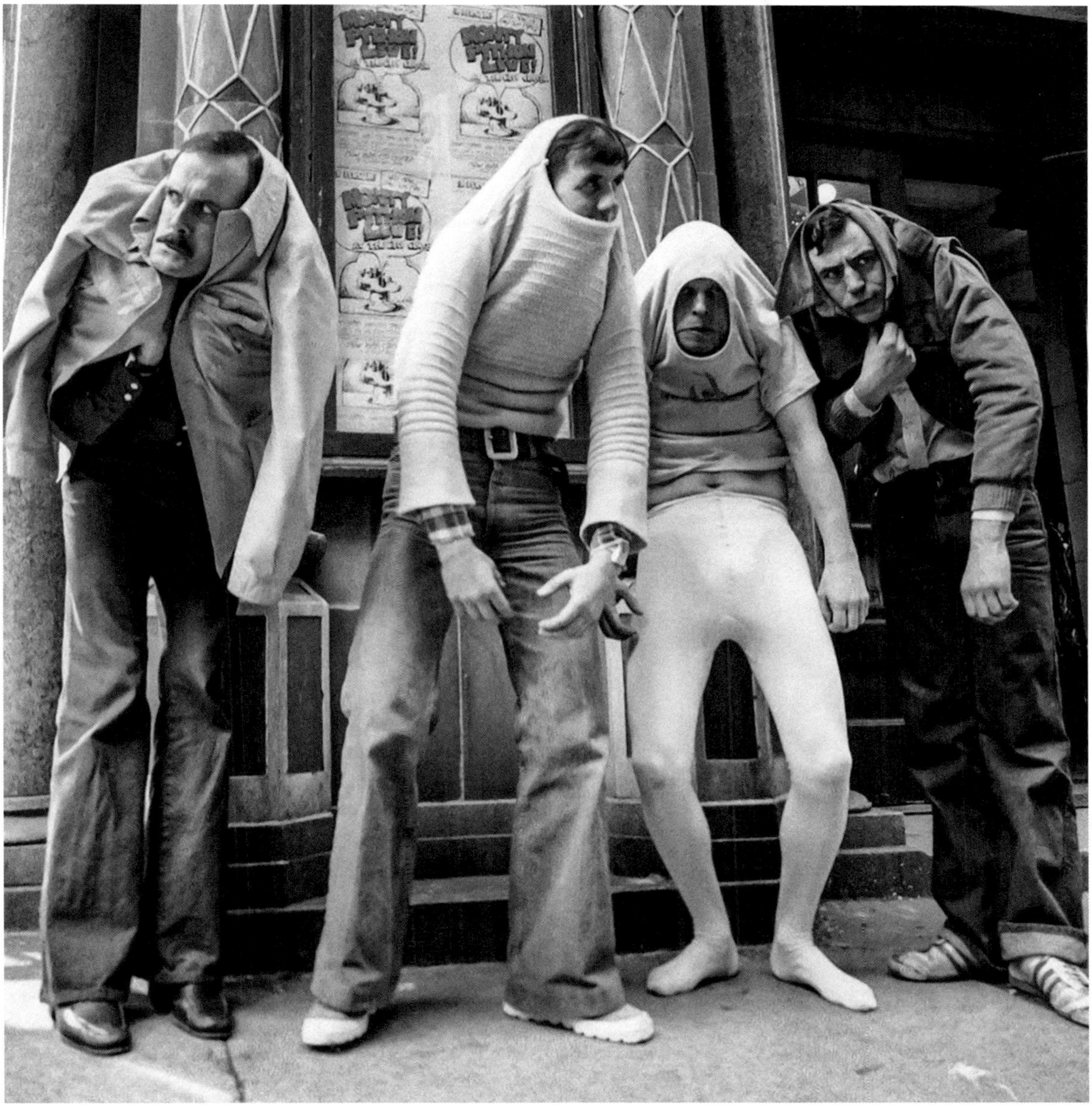

Monty Python

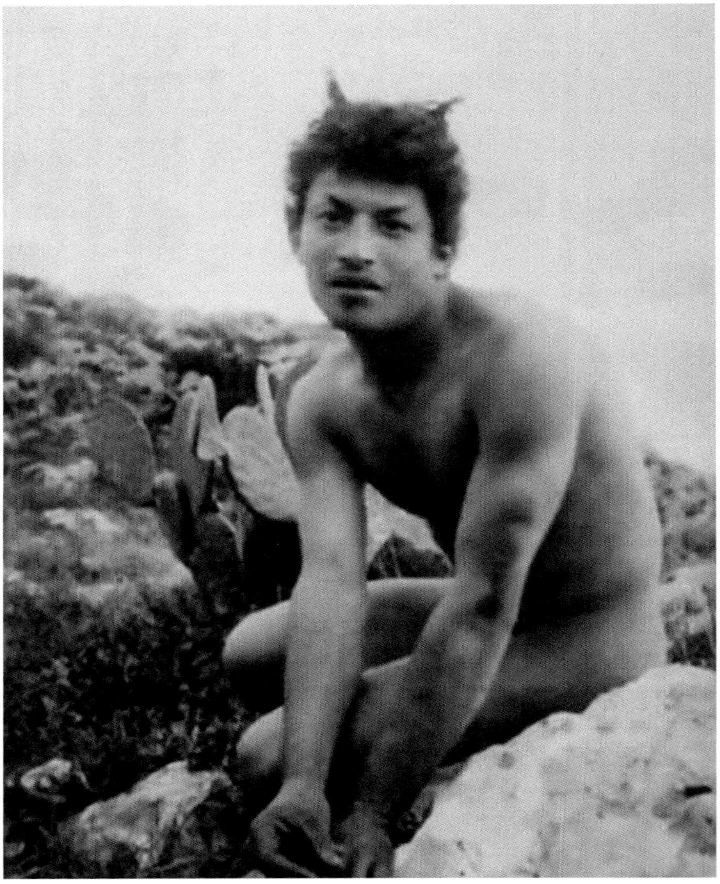

Baron Wilhelm von Gloeden, *Le Faune*, Sicily, ca. 1900

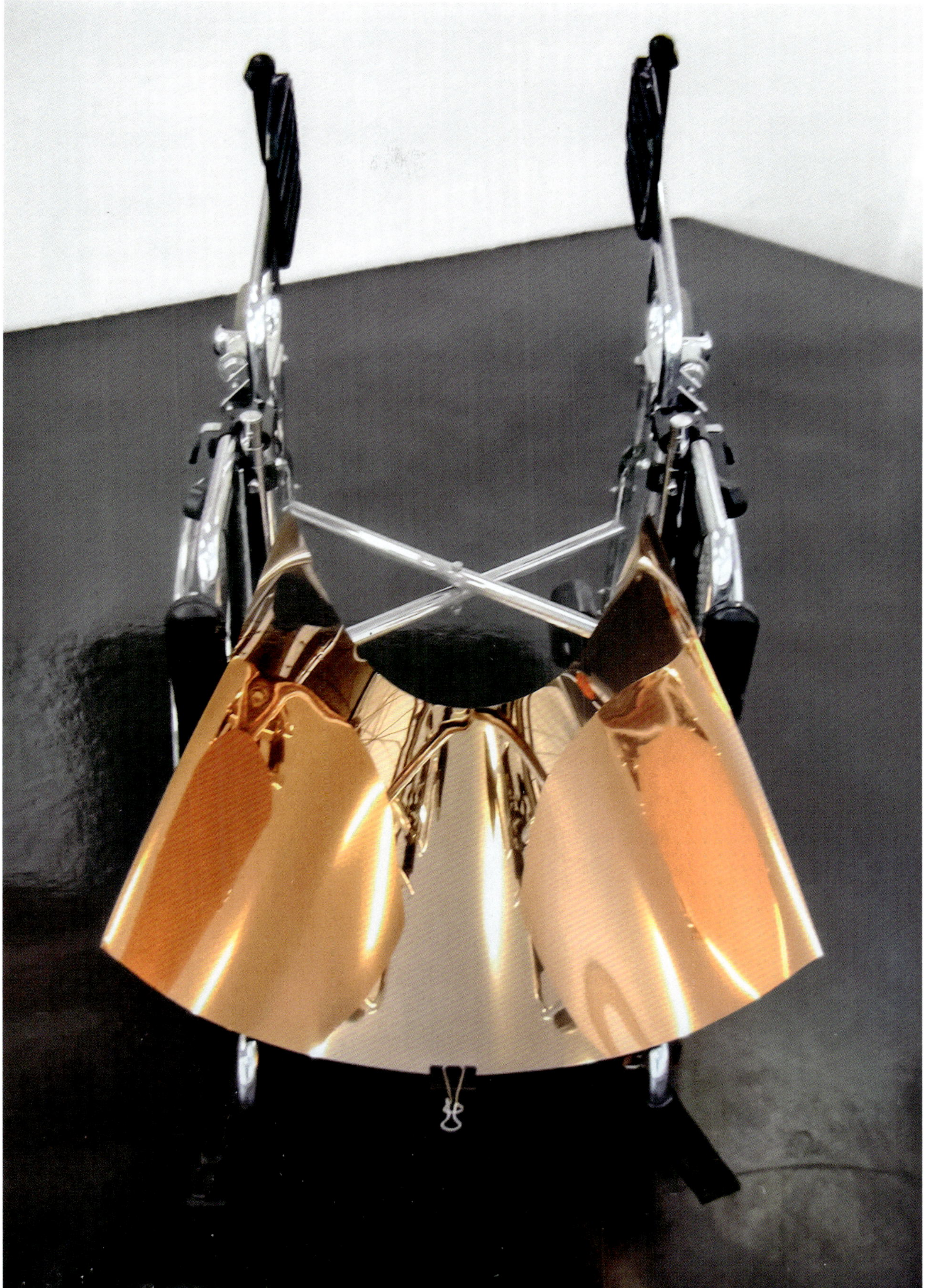

Isa Genzken, *Untitled*, 2006

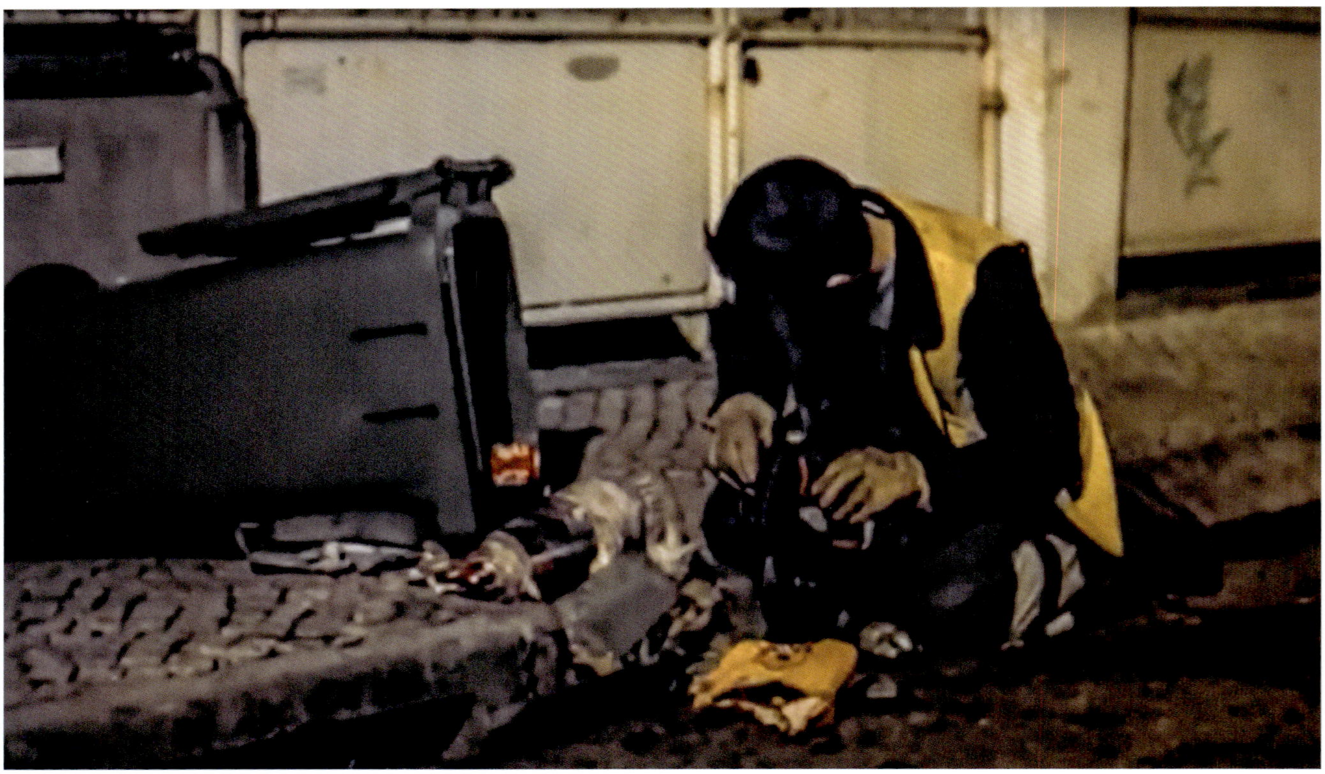

João Pedro Rodrigues, *O Fantasma*, 2000 (film stills)

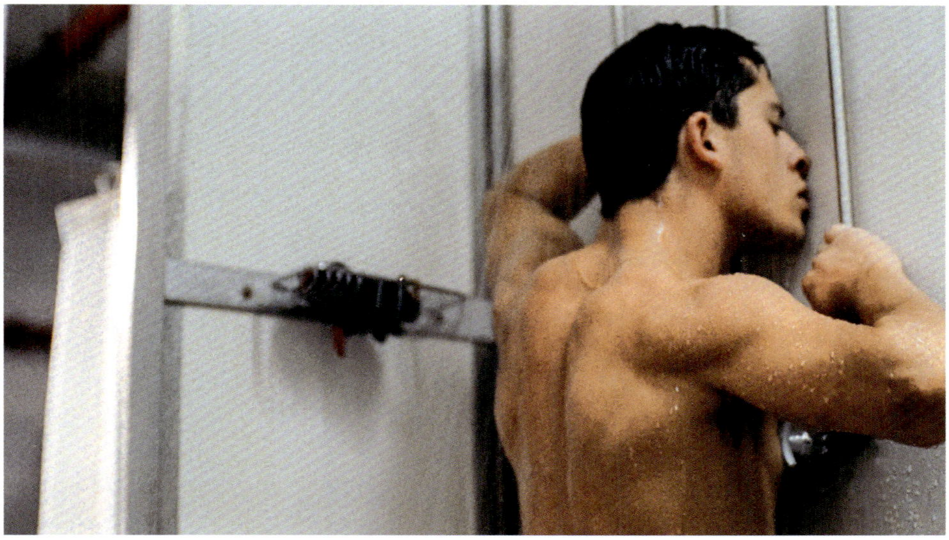

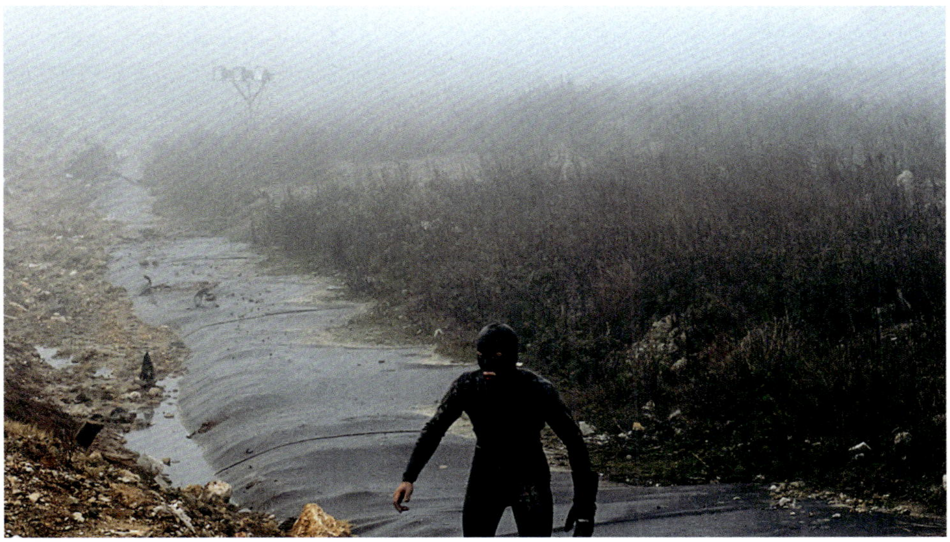

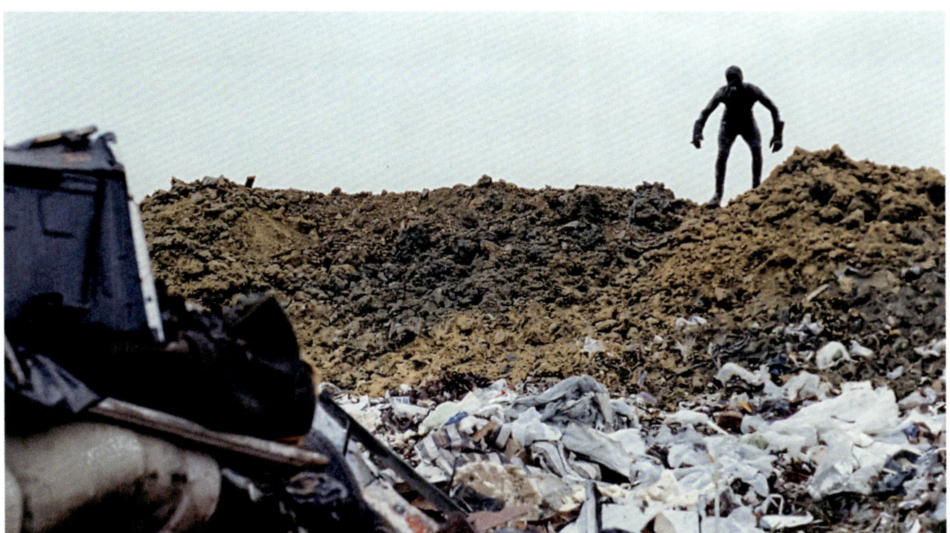

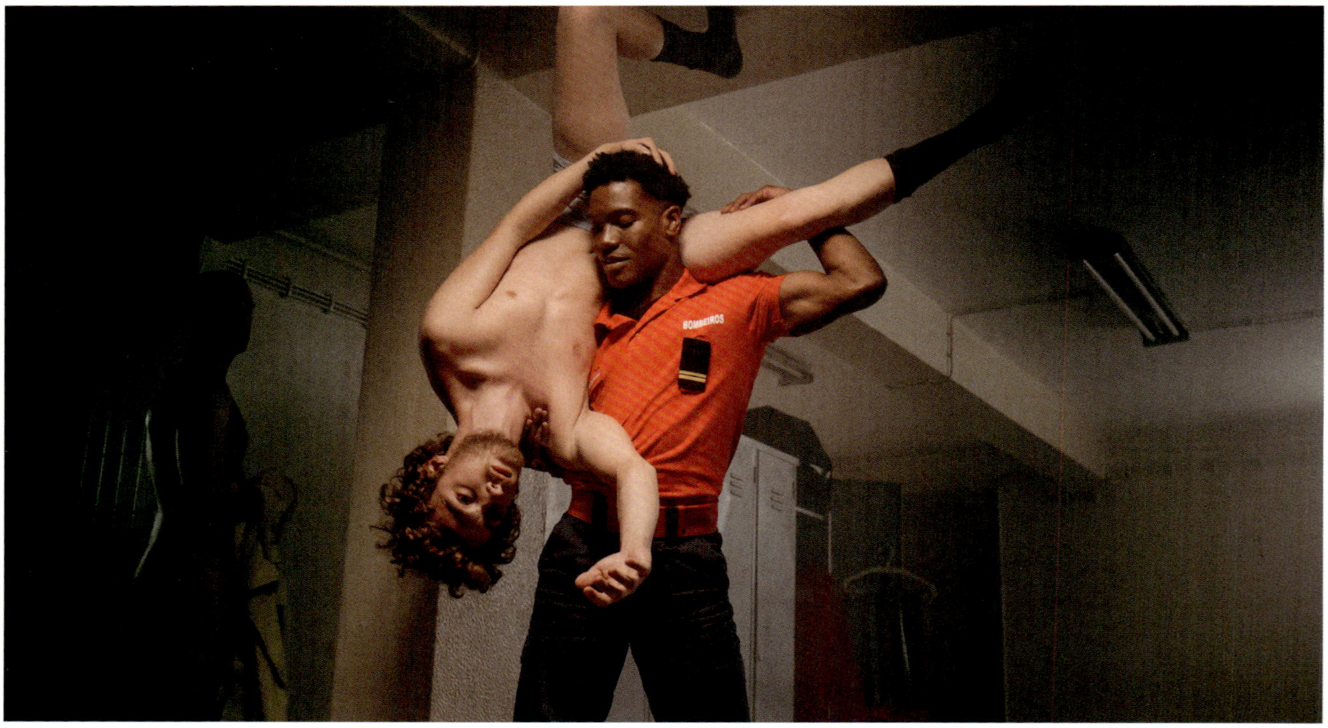

João Pedro Rodrigues, *Fogo-Fátuo* (*Will-o'-the Wisp*), 2022 (film stills)

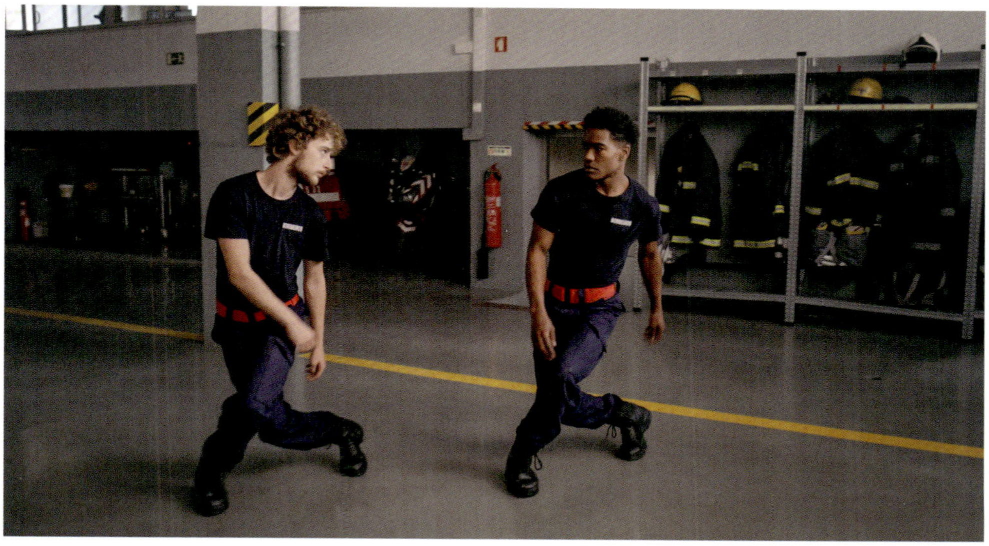

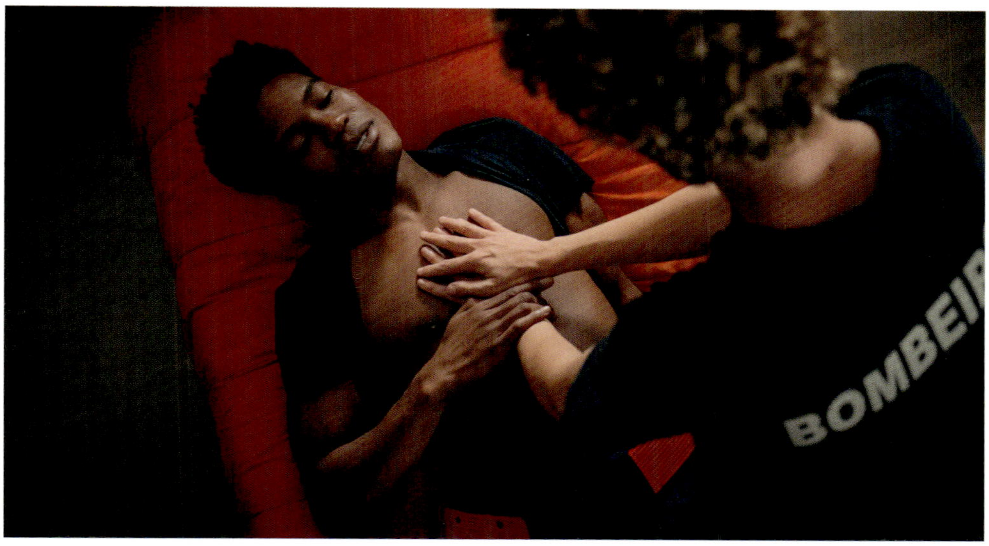
BOMBEIR

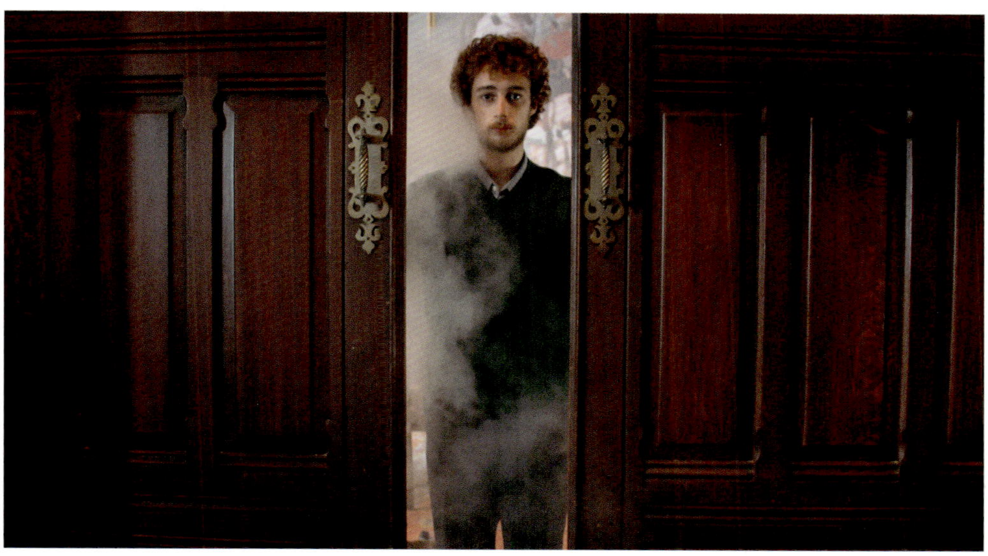

Songs for Gay Dogs

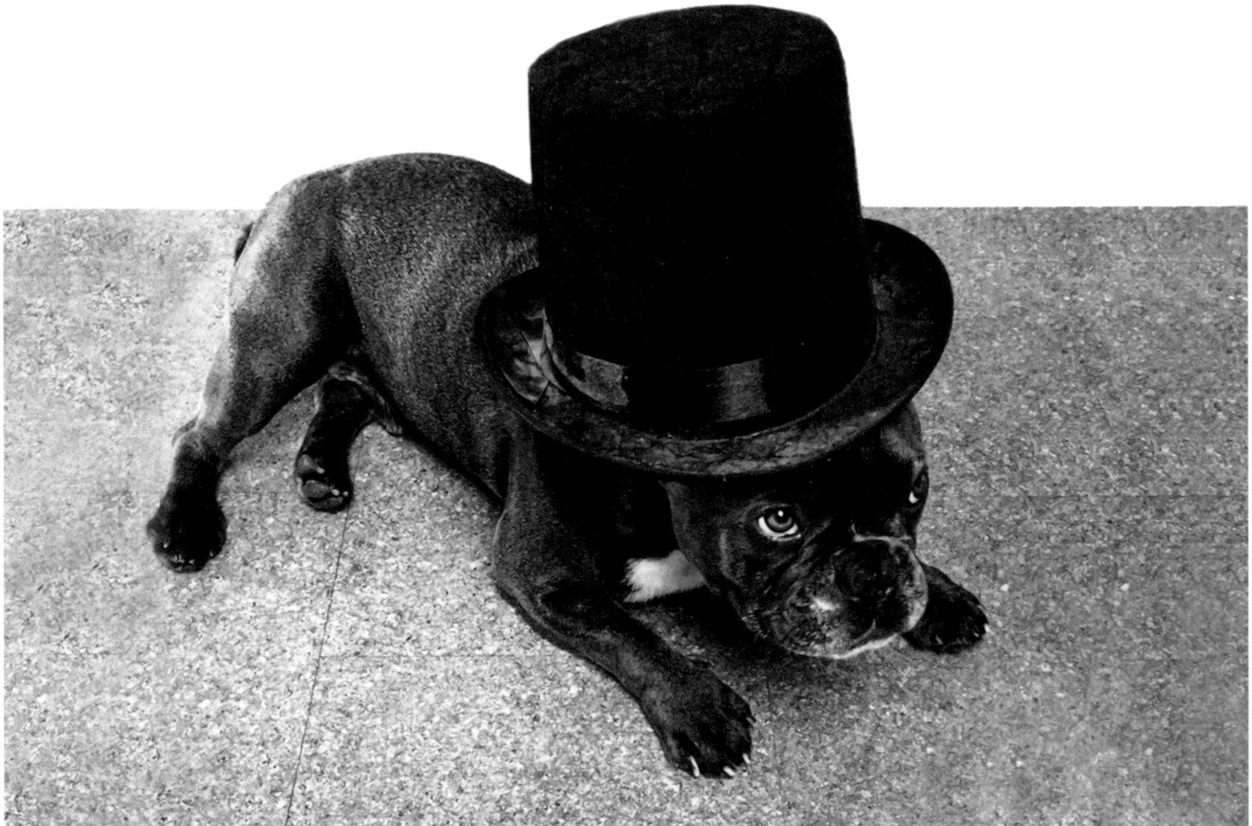

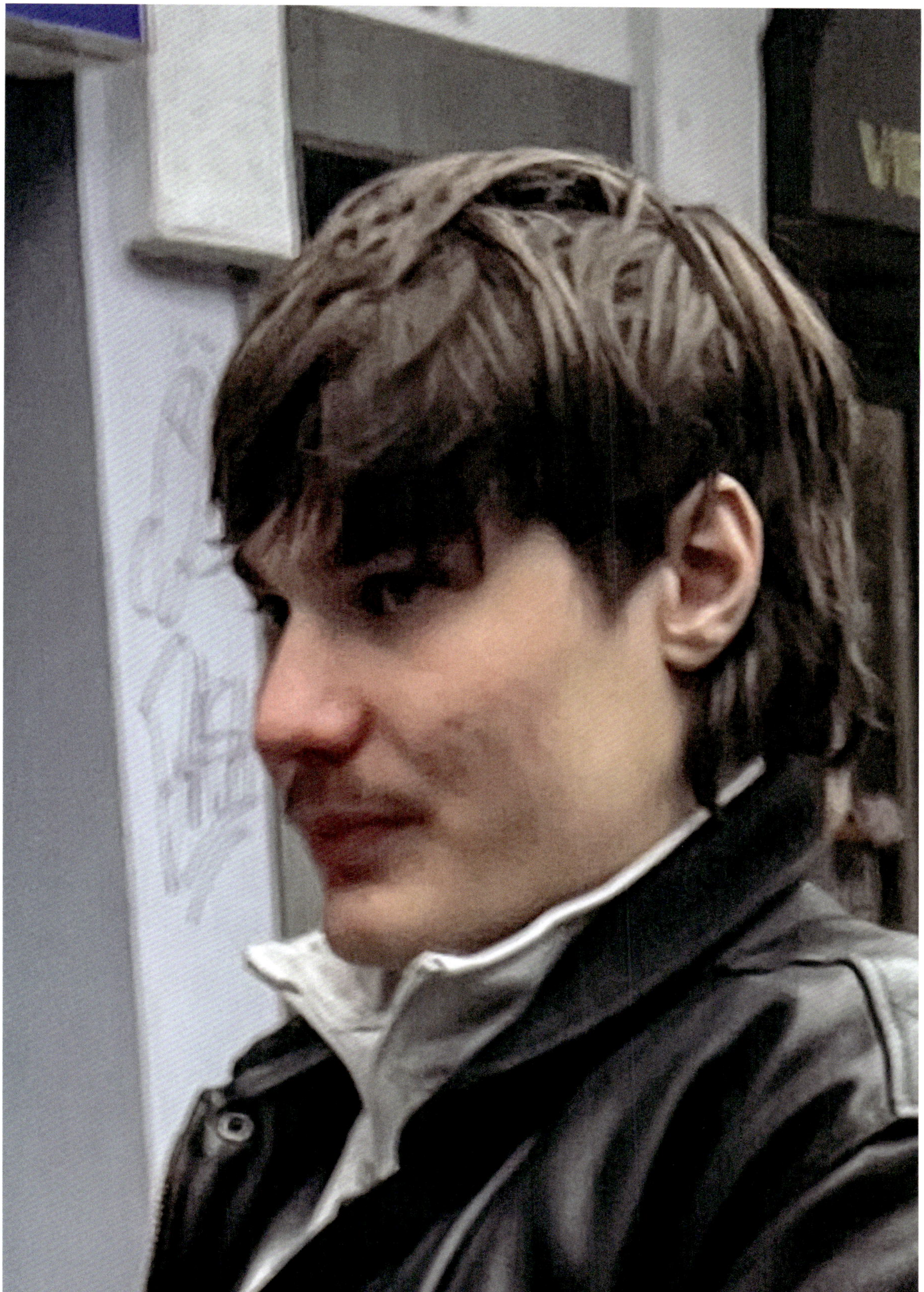

Köln

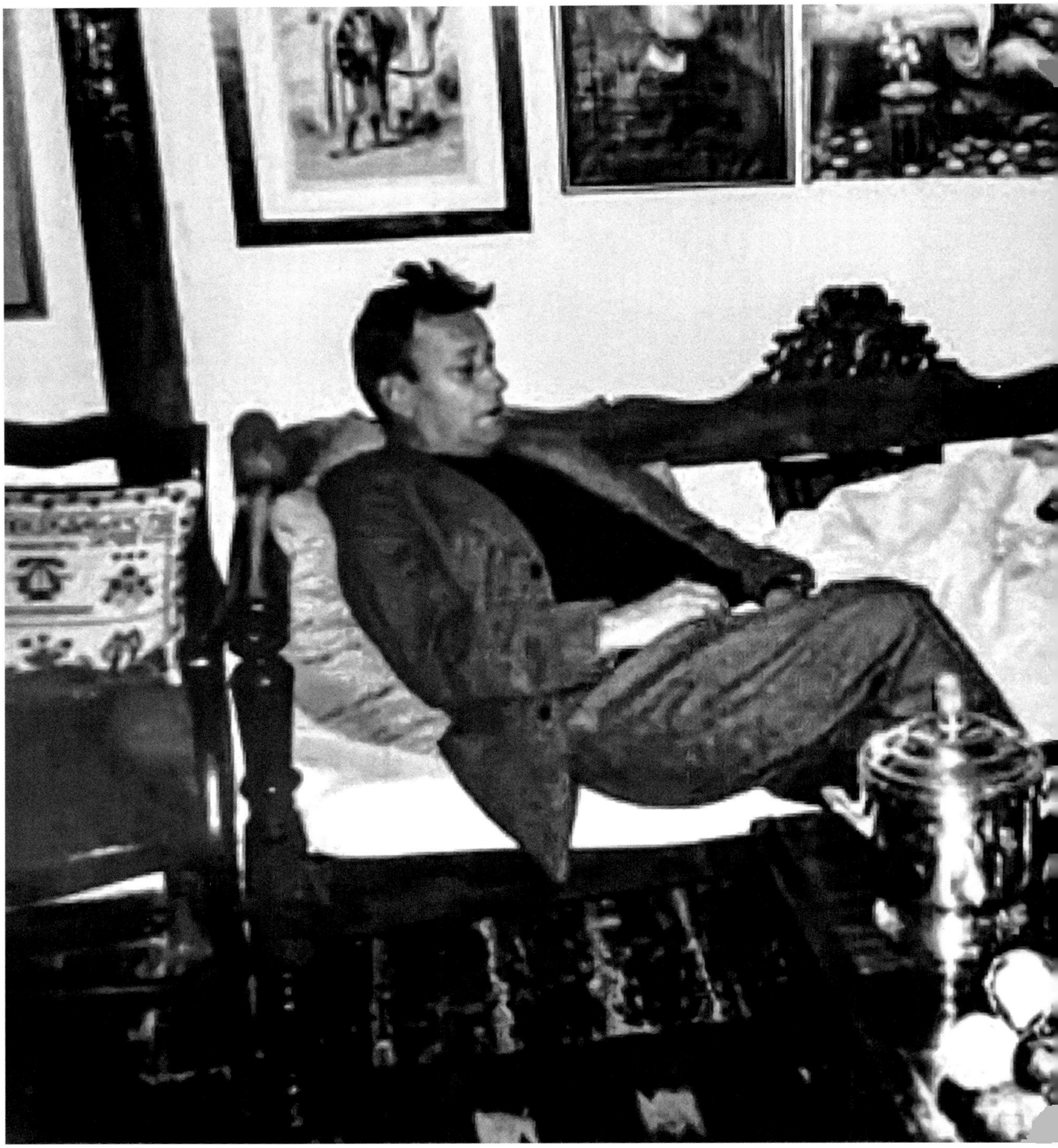

Michel Würthle's house, Syros, Cyclades, 1995

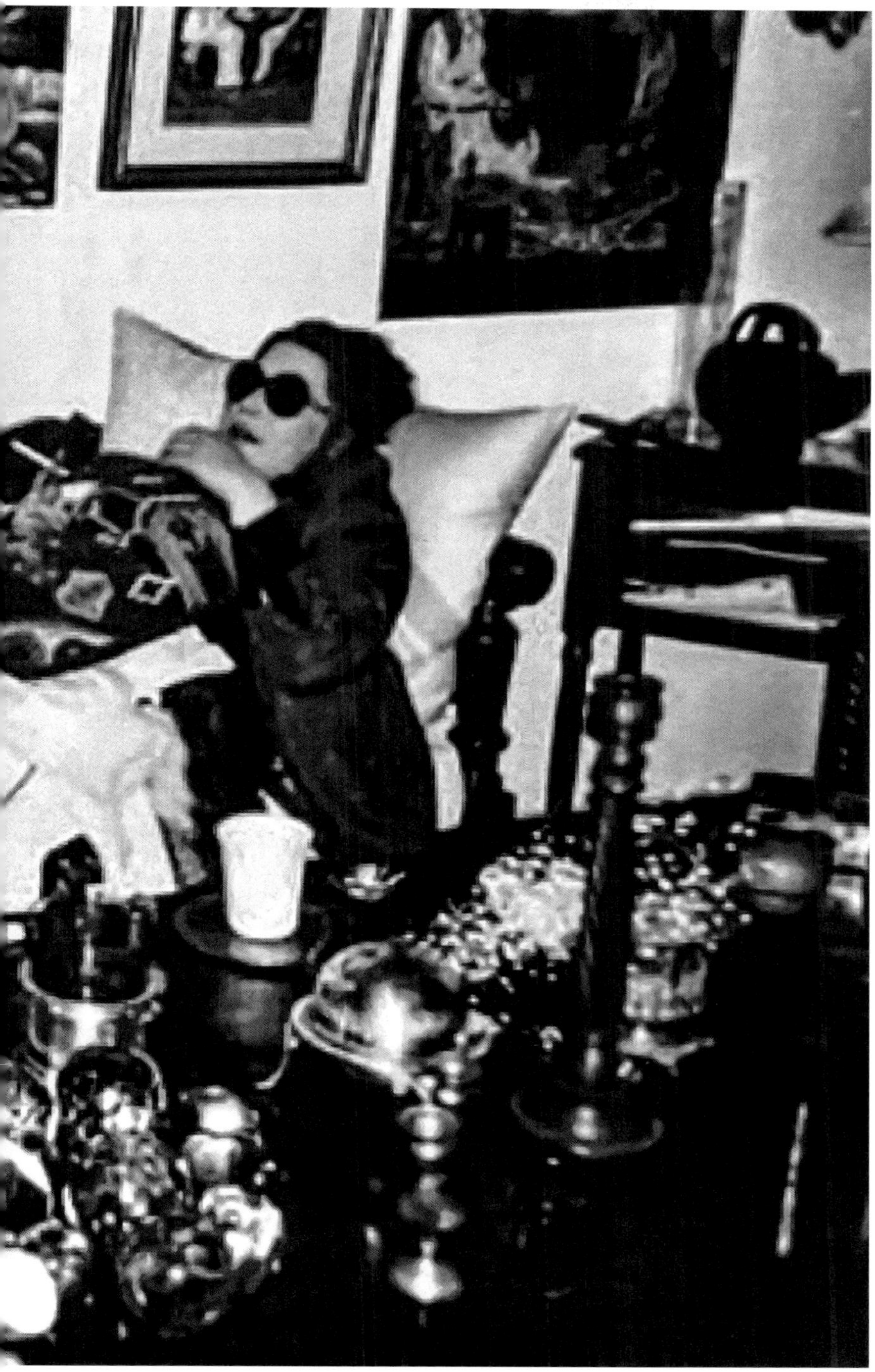

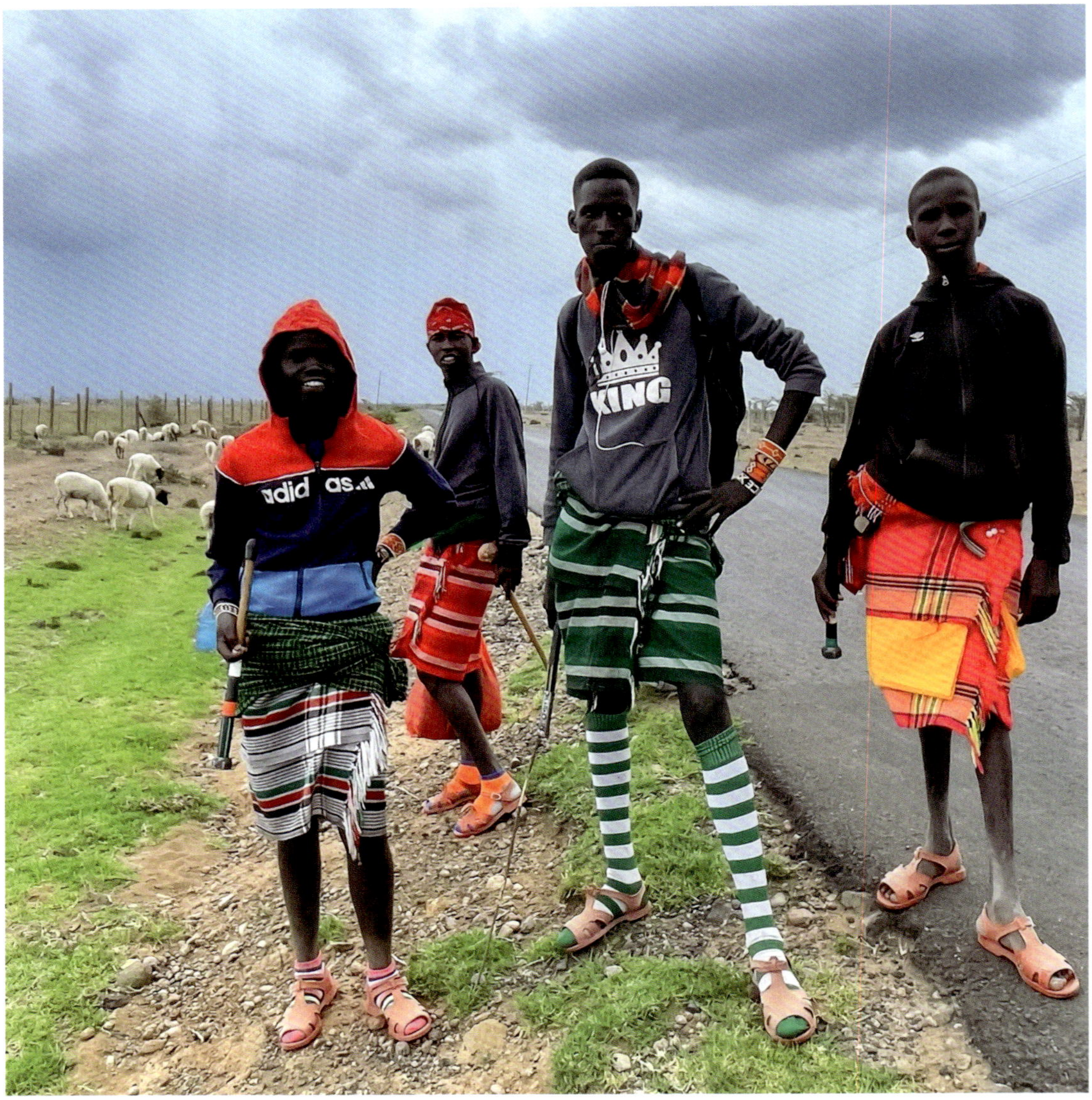

Joan Hecktermann, 'Boys and their Socks', 2023

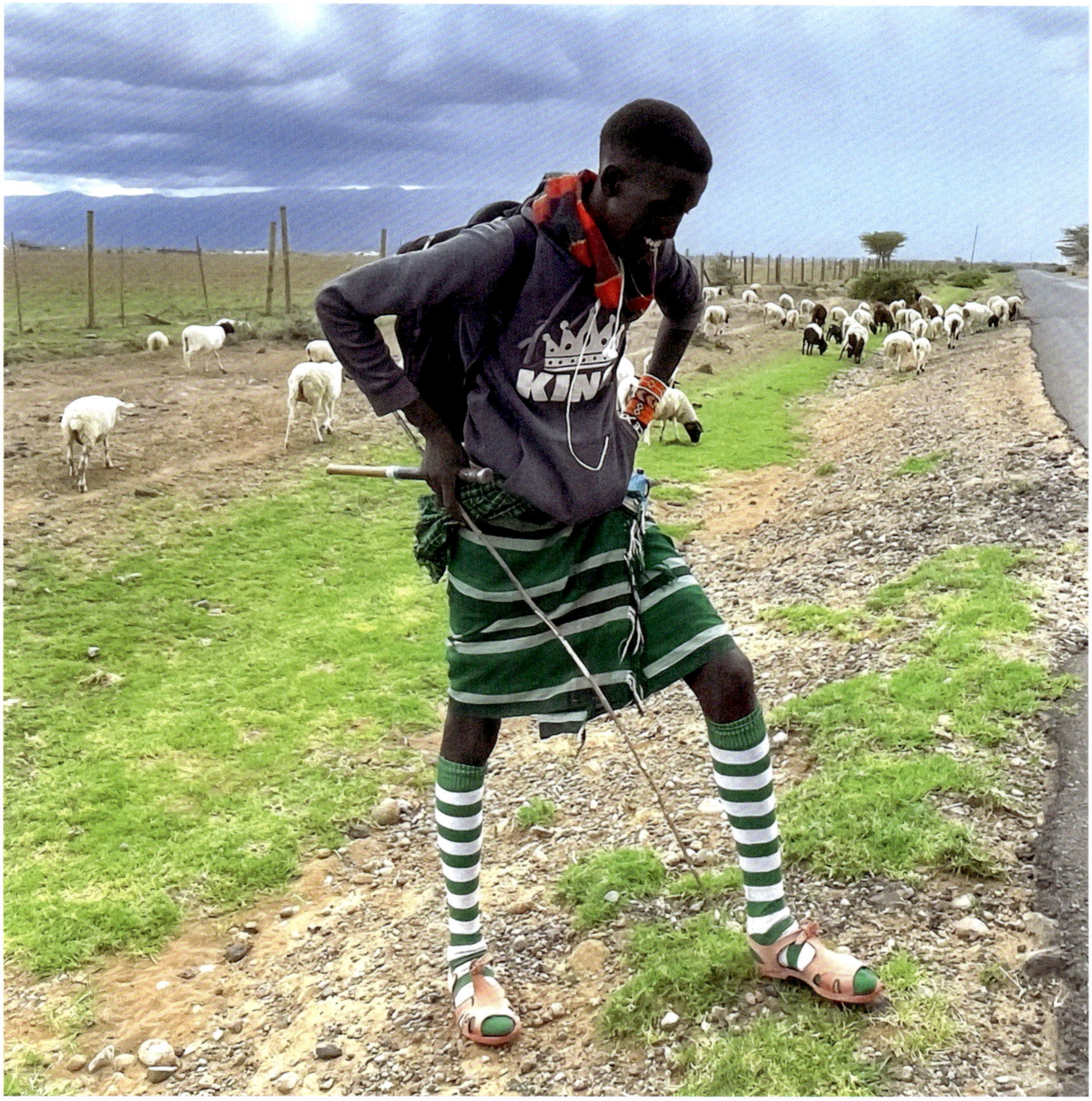

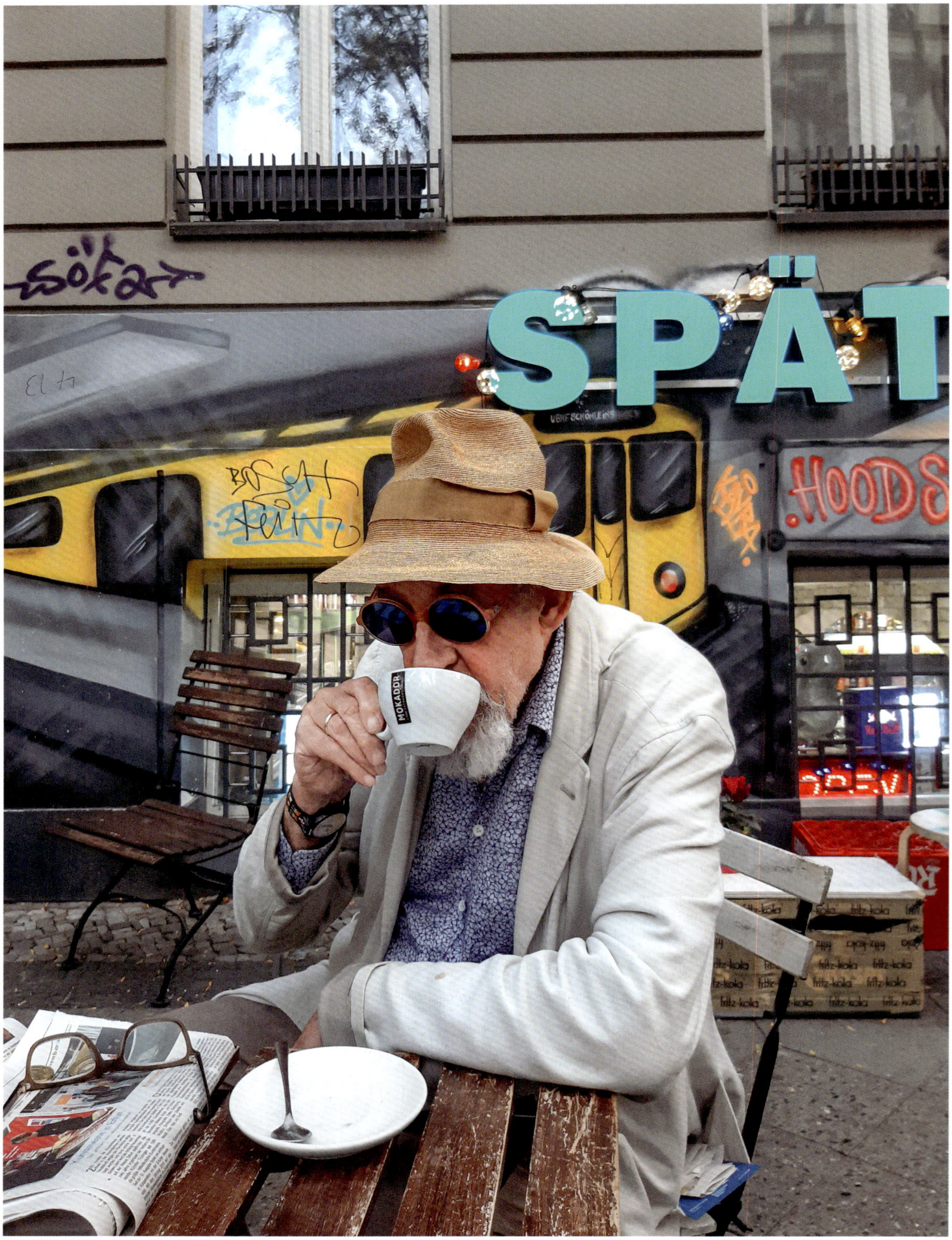

Kasper König

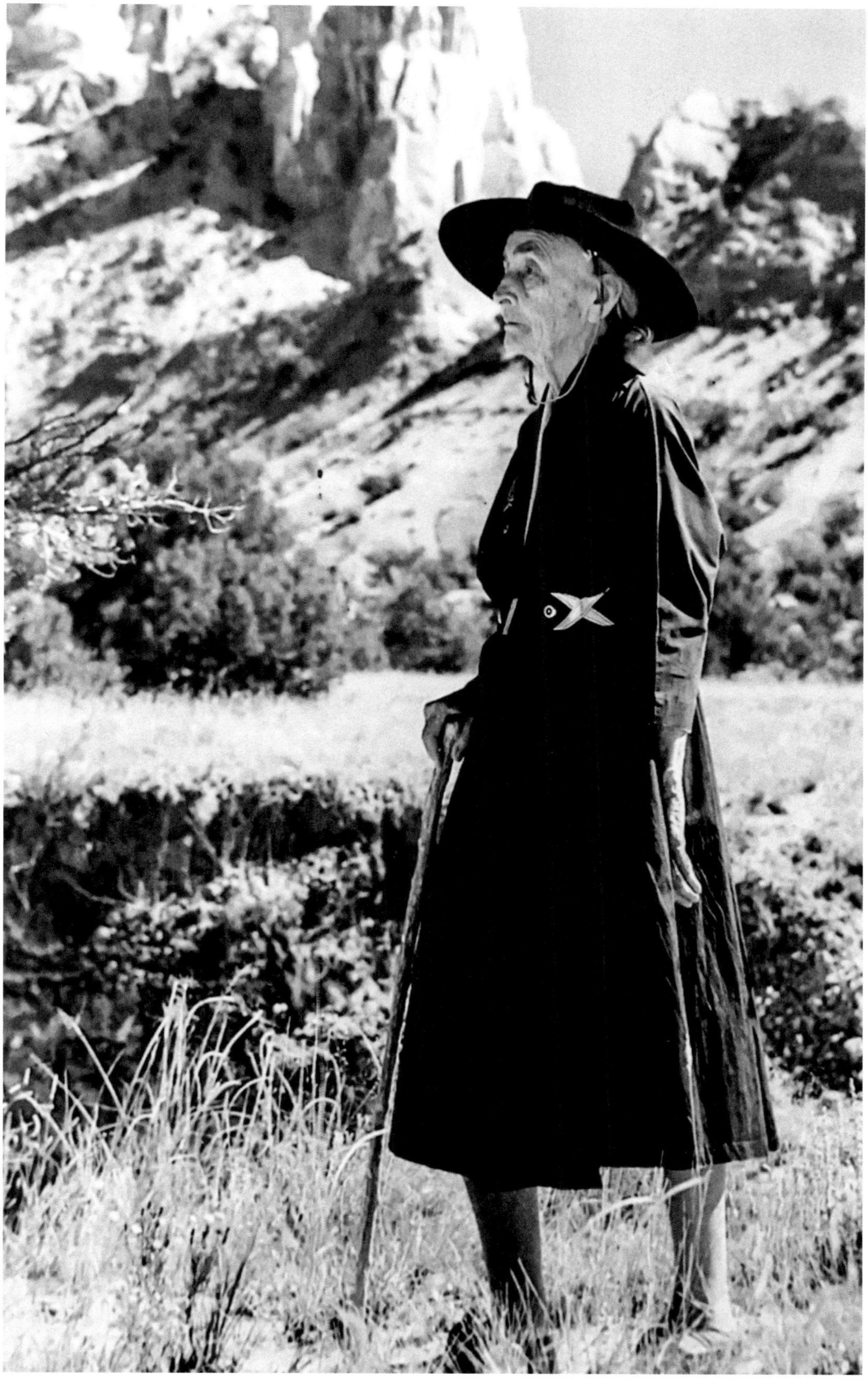

Georgia O'Keeffe

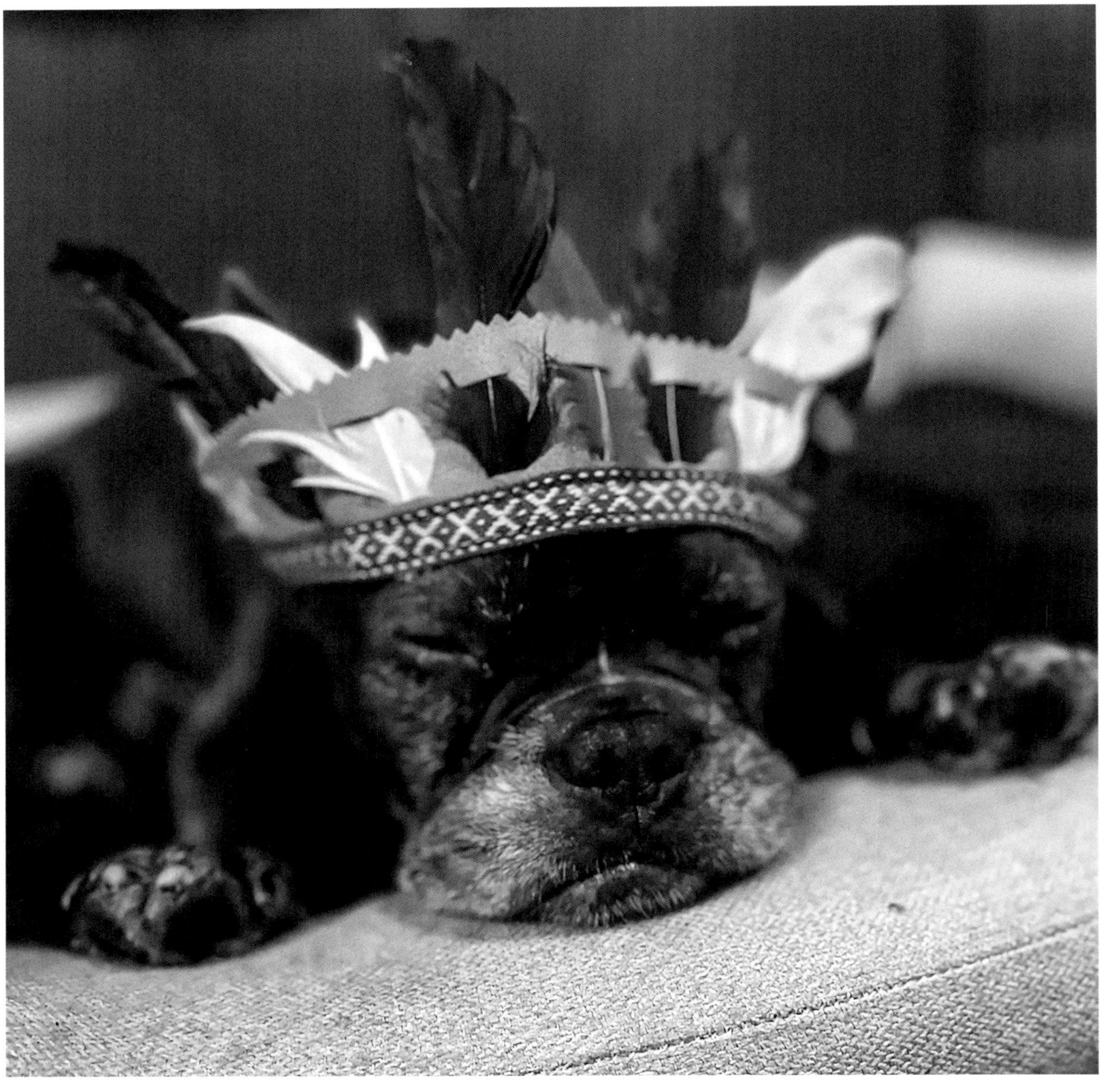

Eddie

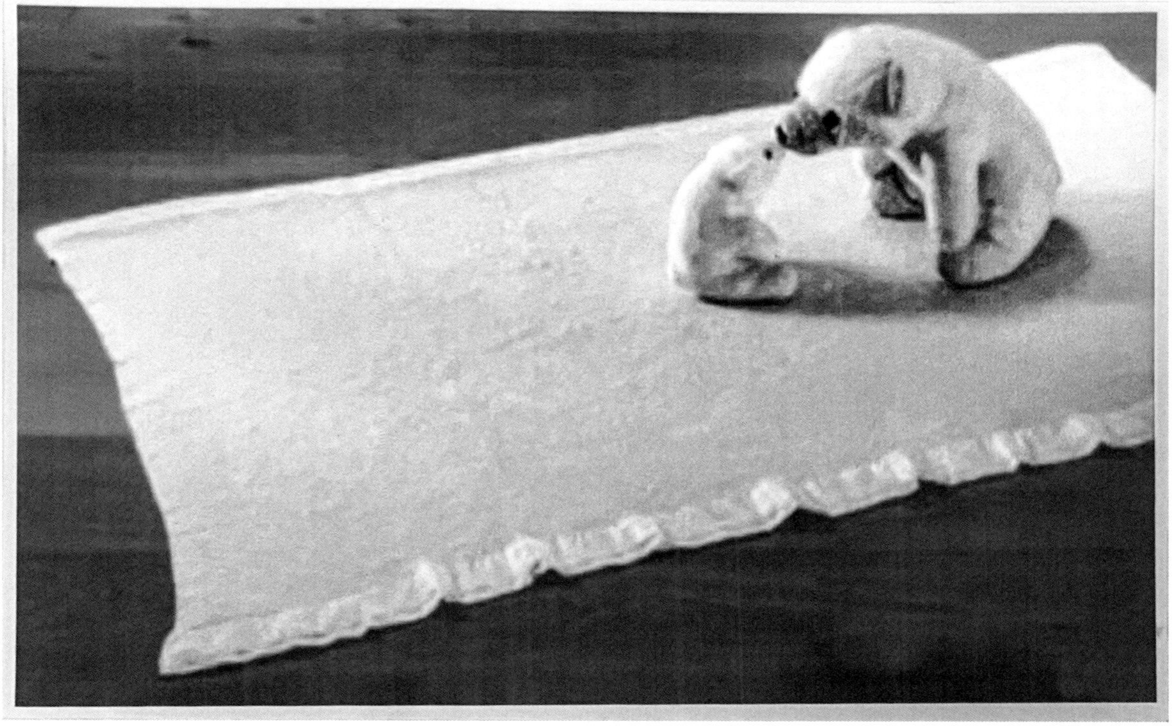

Mike Kelley

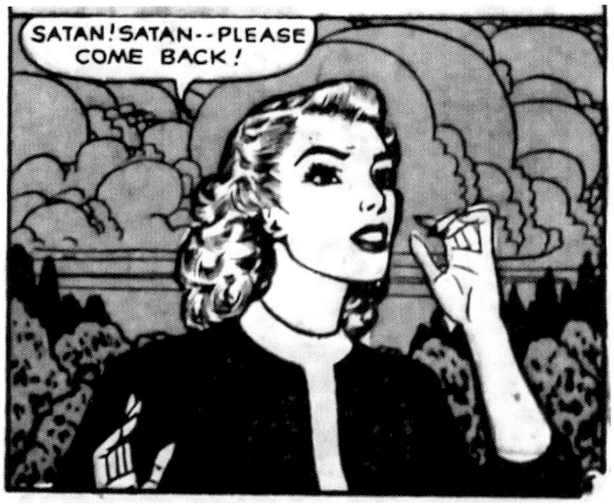
SATAN! SATAN--PLEASE COME BACK!

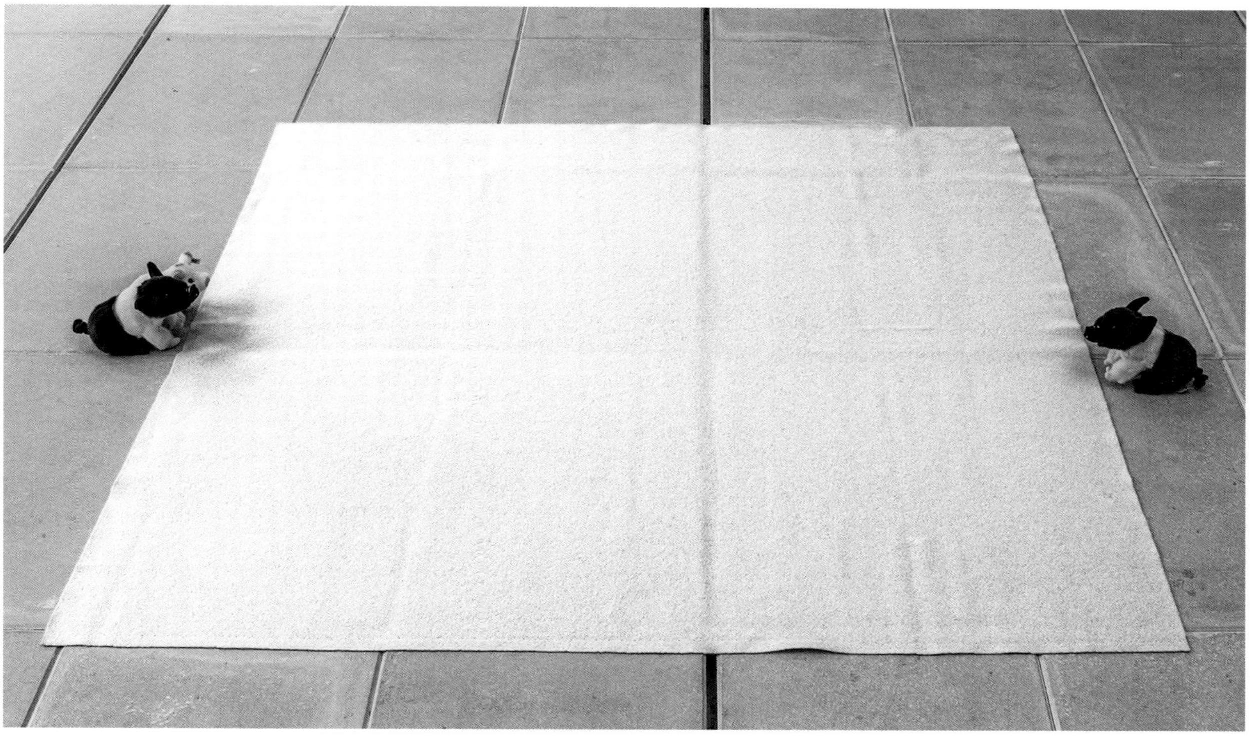

Mike Kelley is my Goddess, 2023
175 × 145 cm

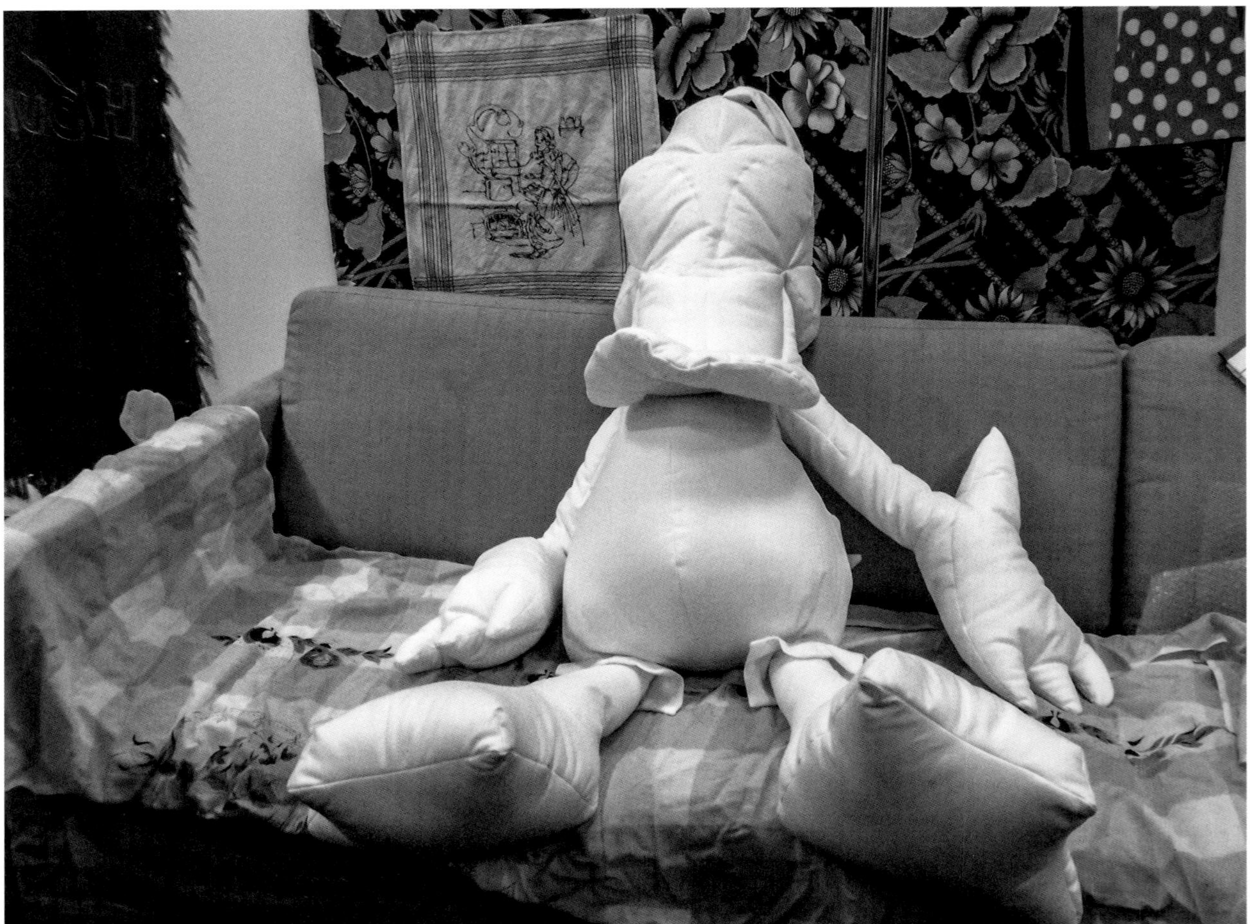

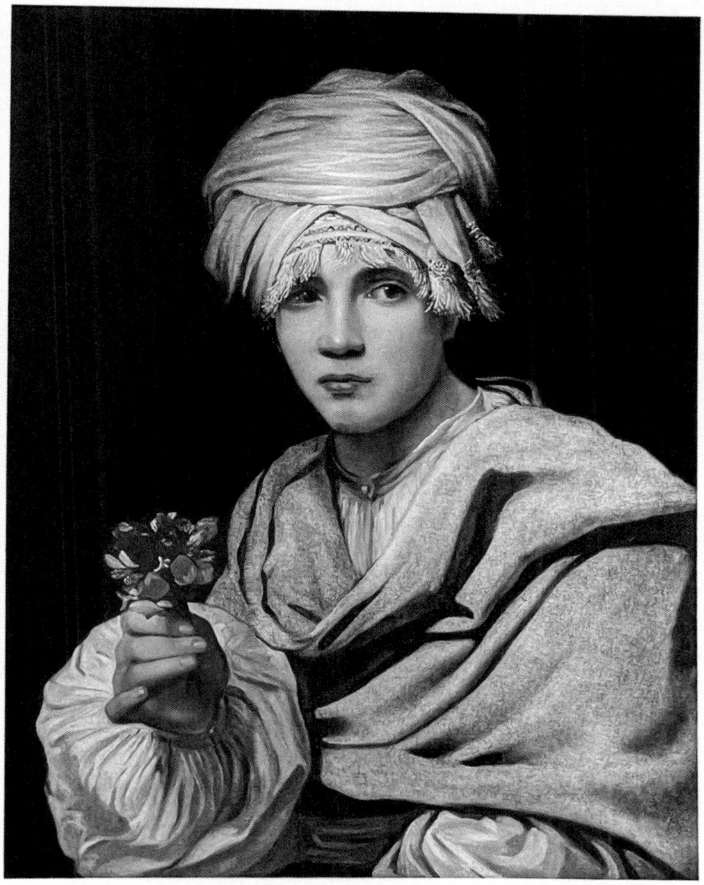

Michiel Sweerts, *Muchacho con turbante y un ramillete de flores*, ca. 1658–1661

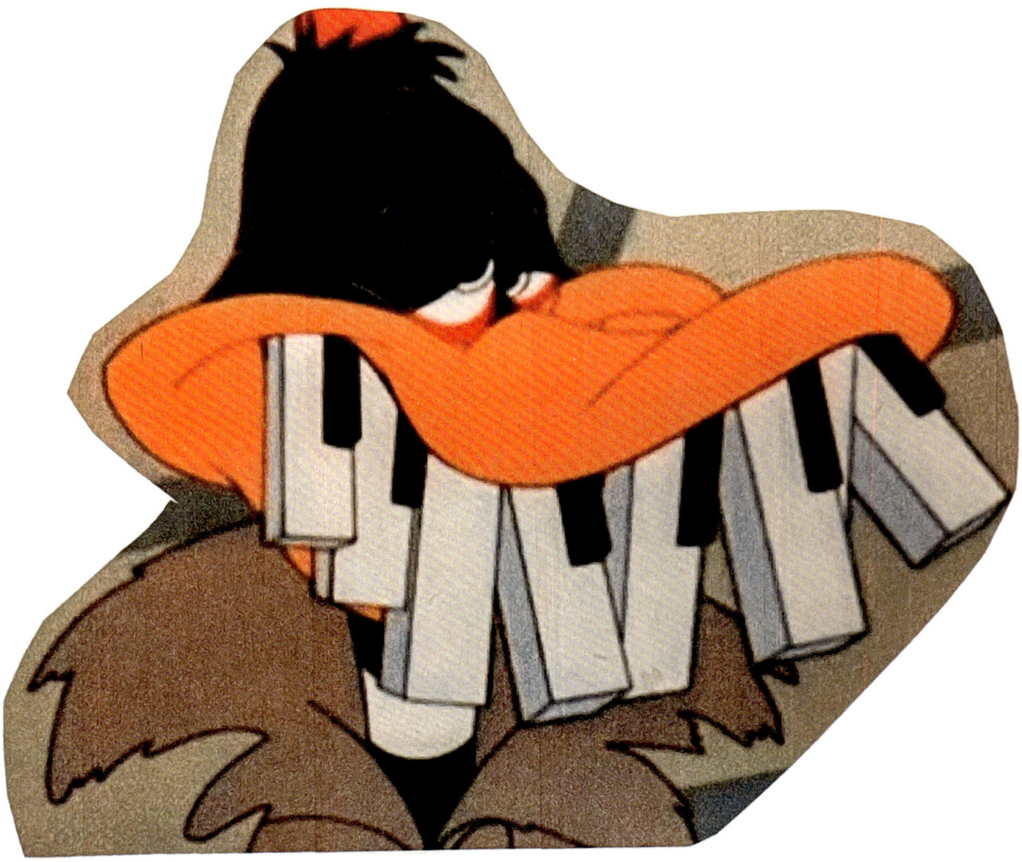

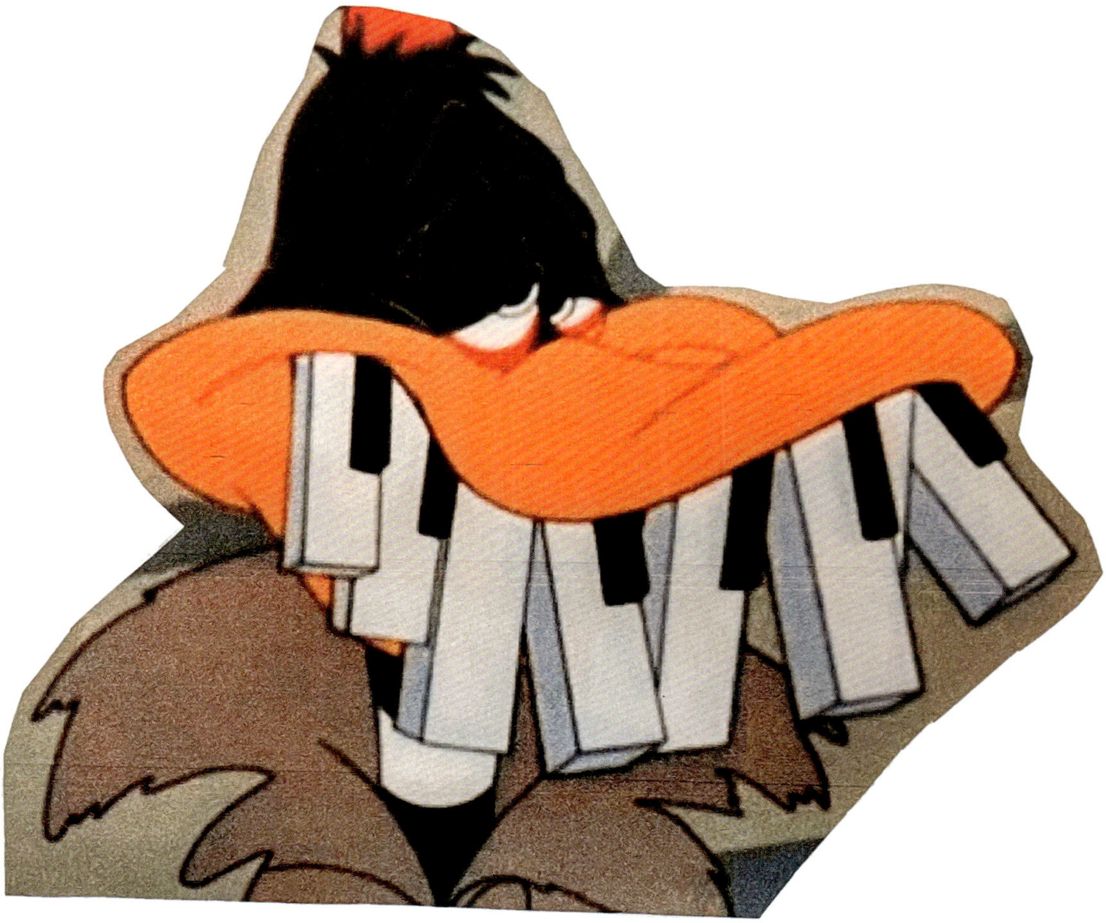

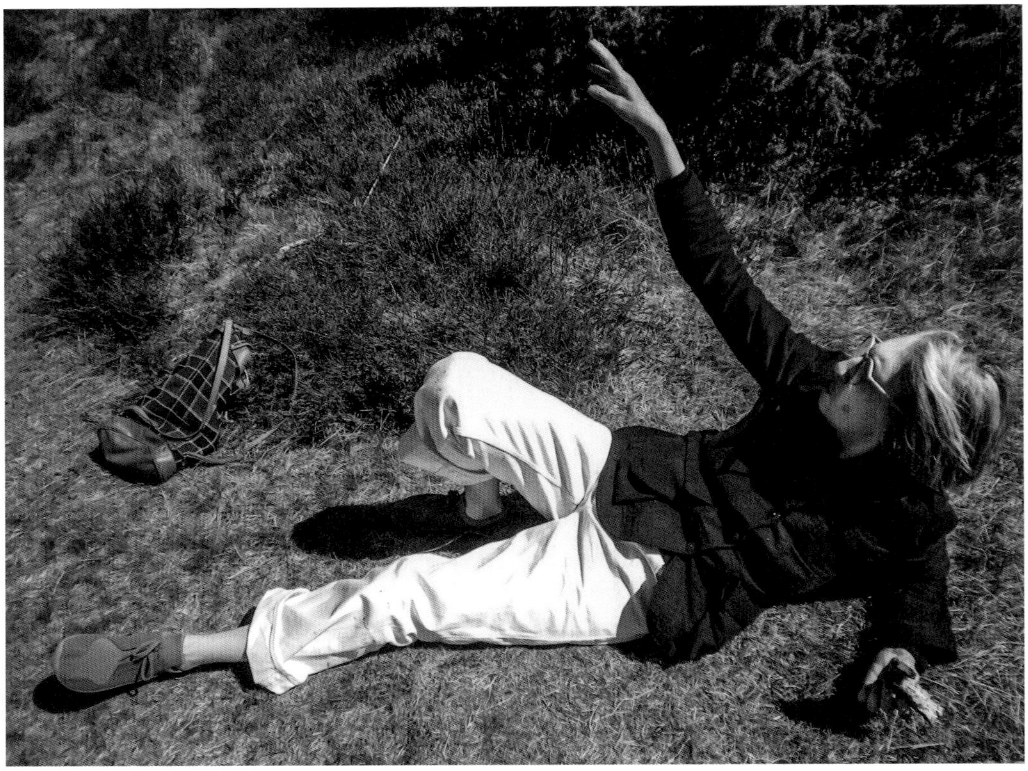

DEMON CLEARING SERVICE

Clara Drechsler

What is the Daffy formula? It's this:
'To be a Daffy, a character must first and foremost be like Daffy. Not only must they be congenitally selfish, devious, grandiose and craven, but all of these characteristics must be magnified to grotesque proportions due to the pointed cruelty of the universe.'
Apparently there is a new sheriff and/or messiah in town. This obscure figure bearing the aforementioned characteristics is introduced to me jotted down on the notepad as 'Duck. Black. Ill-tempered. Analogue. Not a clue about anything. Friend. Better.'
Chuck Jones, one of the creators of the Looney Tunes antagonist Daffy Duck, once claimed in an interview that Daffy was actually a chicken in drag. Drag, why not – a convenient way to defuse the ostentatious cruelty of the universe. Drag is the polar opposite of merely passing. Drag has to stand out, and it needs a stage of some kind; it is the crown and host of the delight in seeking attention! 'As long as you can say I was adored once too, everything is in order.'
There's no one who would rather be a Daffy than Cosima. Sadly, the requisite qualities are not sufficiently pronounced in her. But perhaps they do share the same demons. Daffy can – at any time – call upon his unfettered hubris, yet he remains highly driven nonetheless. *Backstage Talent Only* (2023) reveals the severity with which this fame-seeker is affected by the somewhat devastating judgment, while its companion piece *Dämonenräumdienst* (Demon Clearing Service, 2023) tops it all off with a mean example of a coping strategy.
In the panels of *Shit & Chanel*, we see Daffy's struggle against falling into oblivion, disappearing behind the dark curtain in the eternal darkness of the backstage. Black ink used to be the enemy in the original cartoon. (Yet Daffy is not exactly the only cartoon hero who was actively threatened by his own cartoonist's tools.) Daffy fights in vain. A grim fate. Elsewhere, however, he emerges from the equally black material background as a beautifully quilted, jet-black relief to mock a couple of rosy piggies hanging out lethargically in a cement mixer. Who is the demon now?
Given that she would rather chop off her own hand than actually produce her art herself, Queen Cosima gets up extremely early. The world needs to be ruled. Orders are issued from her bed to servants and court purveyors who are merely waiting to sew, quilt, appliqué, or cobble together art according to her ideas. Before this can ensue, though, higher powers have evoked the *Dämonenräumdienst*.
Our anxious queen (insignia: a chunky necklace with a clonk-heavy sterling silver *Angsthase* – a scaredy-cat, only our German scaredy-cats are bunny-shaped – and an inherited Hermès Kelly bag on a cheap-ass belt) needs not only her artistic collaborators, her workshop manager and her assistants, but an entourage of courtiers, yes-men and no-men, masters of ceremonies, walkers, dog-walkers, disappointment counselors, payroll clerks, innocent, potentially wooden toy boys and bodyguards, a legion of drag stars, but also toxic masculinity performers, who occasionally present her with sacred implements such as brass knuckles, inflatable morning stars, switchblades, Louisville Sluggers, or sand-filled blackjacks that make her feel instantly better. A balanced glam/butch level is guaranteed.

Material and (self-)medication. 'Smart, independent, a drunk – I'm a lady.' Quite the noble concept of life! Cosima is ideally cast. Unhealthy though, regrettably. Irrevocably renouncing this option may result in an extremely harsh life. Anxiety and social phobia, the continuation of depression by other means. Endless detoxes with accompanying art therapy and confessions of your feelings in a group until you reach the point where all you have to do is tinker with the combination of pills that will make life more or less bearable. Once you have found it, you are even more dissatisfied because, for some unknown reason, you miss the friction caused by mood swings.

'I want my depression back. I am no longer interested in anything. I used to be a workhorse, always a drug-addicted animal, but an animal nonetheless.' An absence of depression is not the solution either. For all the medication, there ought to remain just enough of it to make art possible. A slight bad temper, bitchiness, a few residual demons, kept on a short leash. A finely tuned unease about the world. The desire to manipulate instead of being manipulated. A few Daffy traits are helpful in this situation, despite all the (apparent) futility of his efforts.

Cosima's crustaceans and mollusks have lent themselves as manifestations of girlish attributes such as timidity, fearfulness and vulnerability. Clam eyes peer anxiously from their shells, a lobster gets caught *uneasily* in the cement mixer of life (all signature pieces), and they had good reason to do so, given that their supposedly hard shells are made of velvet and plush. They were hiding behind cutie culture and probably drank in secret, the little shits.

Despite their sewn-up appearance, the classic *Lappen* (rags) seemed neither particularly shy nor overly feminine to me. At best as feminine as a man's skirt. (Latest gender nuisance: straight women now wear men's skirts. Not to be confused with kilts!) The *Umkleidekabinen* (changing rooms) in the *Church of Daffy*, casually draped plaid fabric panels, speak to me more than those mindfulness tents created from gauze, thread, or other rather bridal-veil-like materials that I have recently stumbled upon in work by other women artists. (Or am I merely imagining this because I'm developing a general hostility towards delicate gossamer fabrics?)

It is impossible to negotiate the feminine and masculine in Cosima's work without recourse to drag and a certain gay aesthetics; in fact, as our queen, she is indeed a drag queen herself, since queens, queen mums, alcoholic divas, ladies, *dames* and other bombshell roles of femininity have long since been relegated to where non-biologism renders them bearable.

In terms of fabrics, velvet and shine prevail on the one hand, and plaid on the other – plaid seems to have a suggestive power that prompted Cosima in her younger years to buy a Burberry skirt especially for the purpose of hitchhiking from the Remscheid service station to Hamburg. It was intended to nip any transgressions in the bud. A manipulative impudence. A Daffy move, perhaps.

Back to Daffy. Ultimately, he is the redeemer who saves the day, who gives even the last floppy stuffed animal a backbone. After long battles, the *Church of Daffy* has become the ne plus ultra for the manipulator and self-promoter: his own church. In triumphant black epoxy resin with mineral components, he finally rests upon his rightful pedestal and preaches wearing a plaid loincloth. Adored by a mussel that in his presence solidified into safety glass, a material that's tough as nails. Just as well that Cosima has found someone who knows their way around epoxy resin.

SERVICE D'ÉVACUATION DES DÉMONS
Clara Drechsler

Qu'est ce que la fornule Daffy ?
Elle se résume à ceci :
« Pour être un Daffy, un personnage doit avant tout être comme Daffy. Il doit être foncièrement égoïste, sournois, grandiloquent et veule. Mais ce n'est pas tout : face à la cruauté manifeste de l'univers, toutes ces caractéristiques doivent être amplifiées jusqu'à atteindre des proportions grotesques. »
On raconte qu'un nouveau shérif, ou peut-être un messie, a fait son apparition en ville. Ce personnage énigmatique, incarnant les qualités susmentionnées, m'est présenté sur un pense-bête comme « Canard. Noir. Mauvais caractère. Analogique. Ne comprend rien. Ami. Meilleur. »
Chuck Jones, l'un des créateurs de l'antagoniste Daffy Duck des *Looney Tunes*, a un jour affirmé dans un entretien que Daffy était en réalité un poulet en drag. Drag, pourquoi pas – cela permet de désamorcer la cruauté ostentatoire de l'univers. Le drag, c'est l'opposé du « passing » ; le drag doit se faire remarquer, il a besoin d'une scène, quelle qu'elle soit, c'est la couronne et l'hostie du plaisir de se faire remarquer !
« *As long as you can say I was adored once too, everything is in order.* »
Il n'y a personne qui aimerait plus être un Daffy que Cosima. Malheureusement, les qualités requises ne sont chez elle pas assez développées. Mais peut-être qu'elle partage ses démons. Daffy peut à tout moment puiser dans la force de son orgueil démesuré, mais il n'en reste pas moins un être tourmenté. *Backstage Talent Only* (2023) montre à quel point ce jugement sans appel affecte notre assoiffé de gloire, alors que le pendant, *Dämonenräumdienst* (Service d'évacuation des démons, 2023) vient couronner le tout en donnant un exemple déplorable d'y faire face.

Sur les panneaux qui composent *Shit & Chanel*, on assiste à la lutte désespérée de Daffy pour ne pas disparaître derrière le rideau noir, pour ne pas sombrer dans l'obscurité éternelle des coulisses. Dans le dessin animé original, l'ennemi prenait la forme de l'encre noire. (Daffy n'étant pourtant pas le seul héros de cartoon activement menacé par les outils de travail de son propre créateur.) Daffy se bat en vain. Destin funeste. Mais ailleurs, il émerge sous la forme d'un relief noir joliment matelassé, se détachant du fond de tissu tout aussi noir pour narguer des petits cochons roses vautrés paresseusement dans une bétonnière. C'est qui le démon ici ?
Pour quelqu'un qui préférerait se couper la main plutôt que de produire elle-même son art, la reine Cosima se lève excessivement tôt. Le monde demande à être gouverné. De son lit, elle dispense ses ordres aux serviteurs et aux fournisseurs de la cour, qui n'attendent que de coudre, piquer, appliquer ou assembler des œuvres d'art selon ses idées. Mais avant tout cela, des forces supérieures ont mis en route le service d'évacuation des démons.
Notre reine anxieuse (insignes : une chaîne massive avec une poulle mouillée mastoc en argent massif et un sac Kelly Hermès reçu en héritage, accroché à une lanière bon marché) n'a pas seulement besoin de ses collaboratrices artistiques, de sa responsable d'atelier et de ses assistantes, mais aussi d'un cortège de courtisanes, d'approbateurs et de contradicteurs, de maîtres de cérémonie, de marcheurs, de promeneurs de chiens, de conseillers en désillusion, de gestionnaires de paie, de toy boys et de gardes du corps innocents, éventuellement en bois, de toute une légion de stars du drag, tout comme de performeurs de masculinité toxique, qui de temps à autre lui présentent des ustensiles

sacrés tels que des poings américains, des morgensterns gonflables, des couteaux à cran d'arrêt, des battes Louisville Sluggers ou des matraques remplies de sable, qui font qu'elle se sent tout de suite mieux. Équilibre glam/butch garanti !

Matériel et (auto)médication. « *Smart, independent, a drunk – I'm a lady.* » Un projet de vie tout ce qu'il y a de plus noble ! Cosima est parfaitement taillée pour le rôle. Pas très sain, malheureusement. Si l'on renonce irrévocablement à cette option, la vie peut s'avérer terriblement austère. Anxiété et phobie sociale, continuation de la dépression par d'autres moyens. Interminables cures de désintoxication accompagnées de séances d'art-thérapie et de confessions en groupe, jusqu'à ce que l'on atteigne le point où il ne reste plus qu'à trouver la combinaison de pilules qui rendra la vie à peu près supportable. Une fois que c'est fait, l'insatisfaction est encore plus grande parce que, pour des raisons inconnues, la tension provoquée par les sautes d'humeur manque.

« Rendez-moi ma dépression. Plus rien ne m'intéresse. J'étais une bête de travail, certes une bête toxicomane, mais une bête. » L'absence de dépression n'est pas non plus une solution. Mais en matière de médication, il faut en garder juste assez sous le coude pour pouvoir encore faire de l'art. Un brin de mauvaise humeur, un peu de vacherie, quelques démons résiduels, tenus en laisse. Un malaise finement dosé face au monde. L'envie de manipuler plutôt que d'être manipulée. Certaines qualités daffyesques peuvent s'avérer utiles dans une telle situation, malgré la futilité (apparente) de ses efforts.

Les crustacés et les mollusques de Cosima se sont imposées comme des manifestations des attributs de jeune fille tels que la timidité, la peur et la vulnérabilité. Des yeux de palourdes apeurées scrutent le monde du fond de leur coquille, un homard *mal à l'aise* se prend les pattes dans la bétonnière de la vie (toutes des œuvres emblématiques), et ils avaient de bonnes raisons de le faire, puisque leurs coquilles apparemment dures sont en réalité faites de velours et de peluche. Ils se cachaient derrière la culture 'cutie' et je parie qu'ils buvaient en cachette, ces petits froussards.

Malgré leur aspect cousu, les classiques *Lappen* [chiffons] ne me paraissaient ni particulièrement timides ni exagérément féminins. Ou alors tout au plus aussi féminins qu'une jupe pour homme. (Dernière polémique de genre : les femmes hétéros portent désormais des jupes pour homme. À ne surtout pas confondre avec les kilts !). Les *Umkleidekabinen* [cabines d'essayage] dans *Church of Daffy*, faites de bandes de tissu à carreaux nonchalamment drapées, me parlent davantage que les tentes de conscientisation confectionnées à partir de gaze, de fils ou d'autres matériaux type voile de mariée, sur lesquelles je suis tombée dernièrement chez d'autres artistes femmes. (Ou est-ce que je me fais des idées parce que je développe une aversion générale à l'égard des tissus délicats) ?

Chez Cosima, impossible de négocier le féminin et le masculin sans le recours au drag et à une certaine esthétique gay ; en fait, en tant que notre reine, elle est elle-même une drag queen, puisque les reines, les *queen mums*, les divas alcooliques, les *ladies*, les dames et autres rôles de bombasse ont depuis belle lurette été relégués là où le non-biologisme les rend supportables.

Côté tissu, d'un côté, le velours et les matières brillantes prévalent, de l'autre le motif écossais, doté d'une force suggestive qui poussa la jeune Cosima à s'offrir une jupe Burberry spécialement pour faire de l'auto-stop entre l'aire d'autoroute de Remscheid et Hambourg, avec pour objectif d'étouffer dans l'œuf toute velléité de transgression. Impudence manipulatrice. Un trait daffyesque, sans doute. Revenons à Daffy. En fin de compte, il incarne la figure salvatrice qui sauve la mise, donnant une colonne vertébrale même aux peluches les plus molles. Après de longs combats, la *Church of Daffy* représente le summum pour le manipulateur et l'autopromoteur qu'il est : sa propre église. En résine époxy noire triomphante parsemée d'éléments minéraux, il se dresse enfin sur le piédestal qui lui revient et prêche en pagne à carreaux. Adulé par un coquillage qui, en sa présence, s'est figée en verre de sécurité, un matériau dur comme du béton. Heureusement que Cosima a trouvé quelqu'un qui s'y connaît en résine époxy.

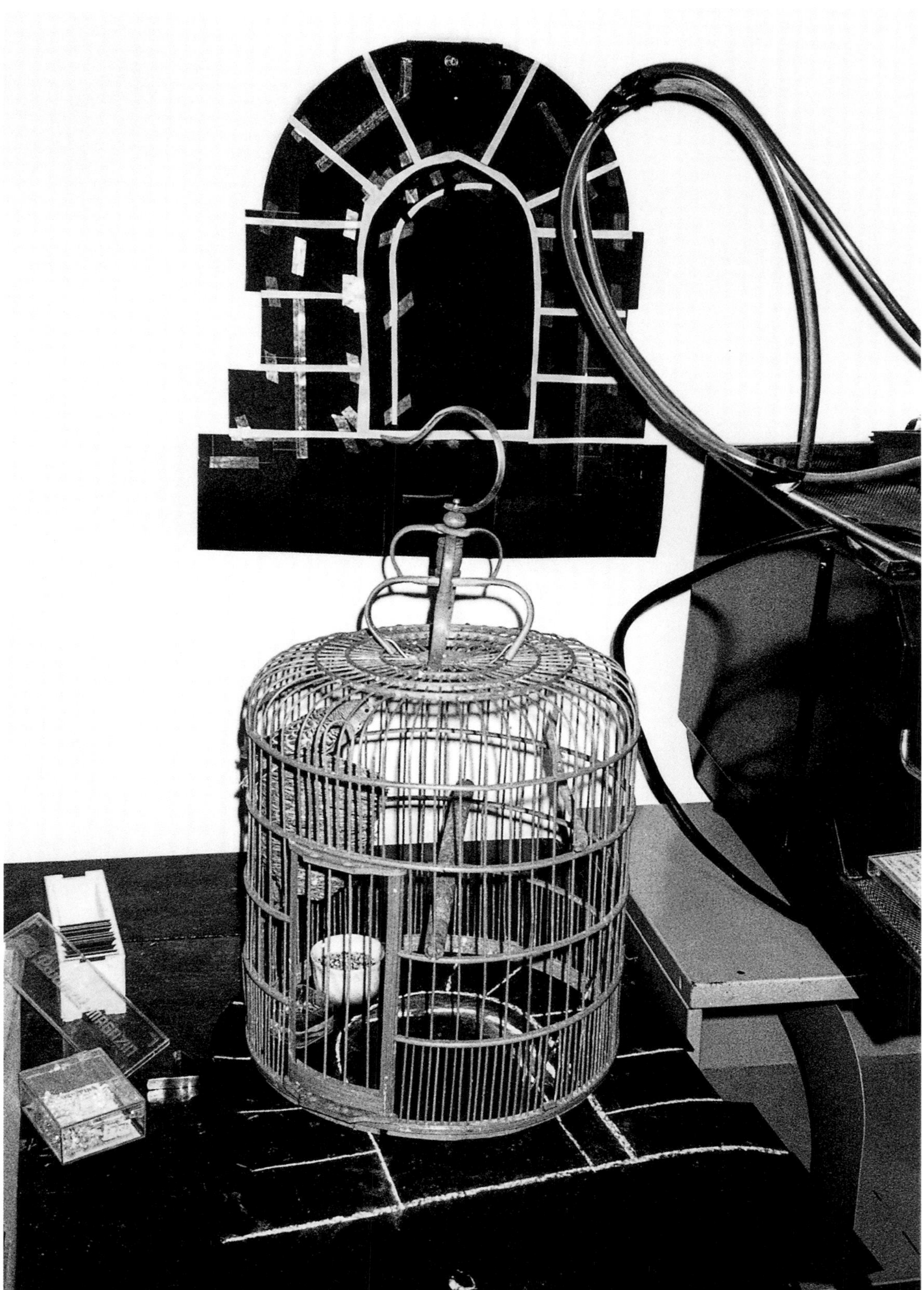

AMERICAN FINE ARTS, CO.
COLIN DE LAND FINE ART
22 WOOSTER ST. NYC 10013 (212) 941-04[illegible]

COSIMA VON BONIN

MARCH 13-APRIL 6

American Fine Arts, Co., with pride, presents Cosima Von Bonin's prison windows.

All birds evacuate horizontally; proof of this statement found here.

The culmination of years of discipline and searching, this exhibition is about good vibrations.

FAX: (212) 274-8706

1993

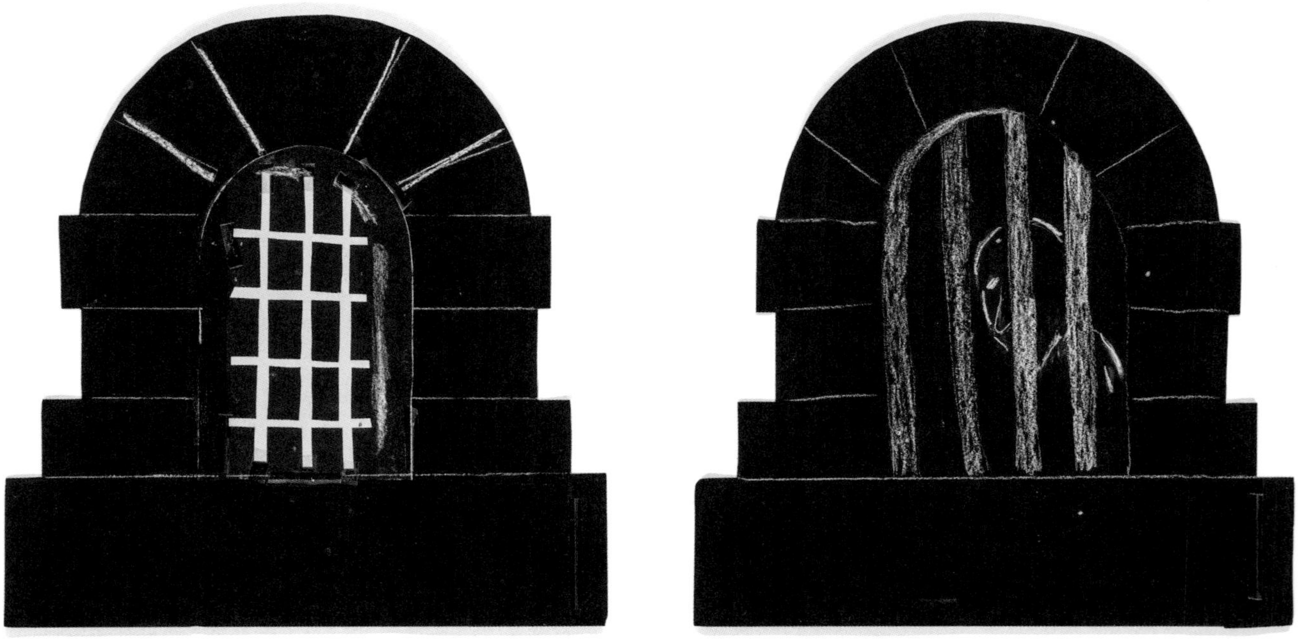

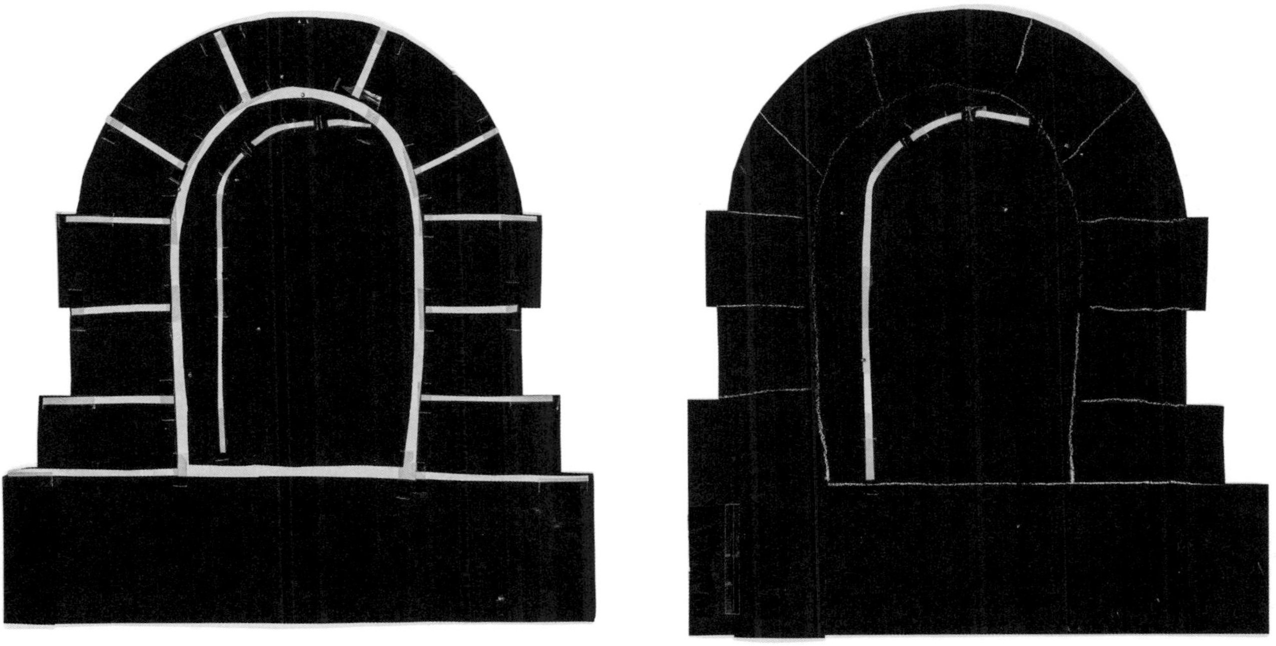

I'm an amateur and not a professional.
I never thought of being an artist coming to Cologne. Meeting Krebber, Kippenberger, Genzken, Oehlen et al triggered my desire. With Kippenberger, for example, I don't think I knew what his work was about, but somehow, I knew that it was important. It seemed fun, and it was glamorous too. I wanted that as well. I didn't know what I was doing, of course. I was completely clueless.

These artists, the Walther König bookshop and Königswasser – where I worked the bar and where the who's who of 1980s art met every night for hard drinking – were my teachers, as were, very importantly, Clara Drechsler and Diedrich Diederichsen and their music magazine *Spex*. With the patience of saints, these two people introduced me to the music of the time.

Krebber, for example, taught me the sentence *My art is a bit like my medical report*; from Kippenberger I learned *Small picture, small money, big picture, big money* and *Talent borrows, genius steals*, which he in turn stole from Oscar Wilde.

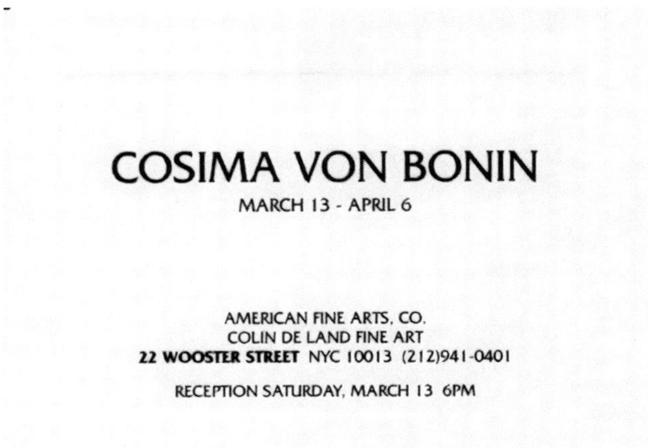

COSIMA VON BONIN
MARCH 13 - APRIL 6

AMERICAN FINE ARTS, CO.
COLIN DE LAND FINE ART
22 WOOSTER STREET NYC 10013 (212)941-0401

RECEPTION SATURDAY, MARCH 13 6PM

AMERICAN FINE ARTS, CO.
COLIN DE LAND FINE ART
40 WOOSTER ST. NYC 10013 (212) 941-0401

Cosima von Bonin
c/o Gabriel
Friederichstrasse 63
D-5000 Koeln 1
Germany

May 21, 1993

Dear Cosi,

We miss you and we think of you constantly.

You left me with two fuckin' drawings, thank you very much. I want more of those drawings back. I didn't even get a chance to work that shit.

Cage was very happy to receive the new addition to cage life. She says that she's going to make more drawings with or without you.

I bought and gave the projector to Ikon. I'm not going to take the time to find the proof, but take my word for it, otherwise call Patty at Ikon.

I probably won't be able to go to any of the summer errofnungs so I'll miss you more.

Blake Rayne said that your show is the best show he has seen in my gallery.

All the best.

Colin

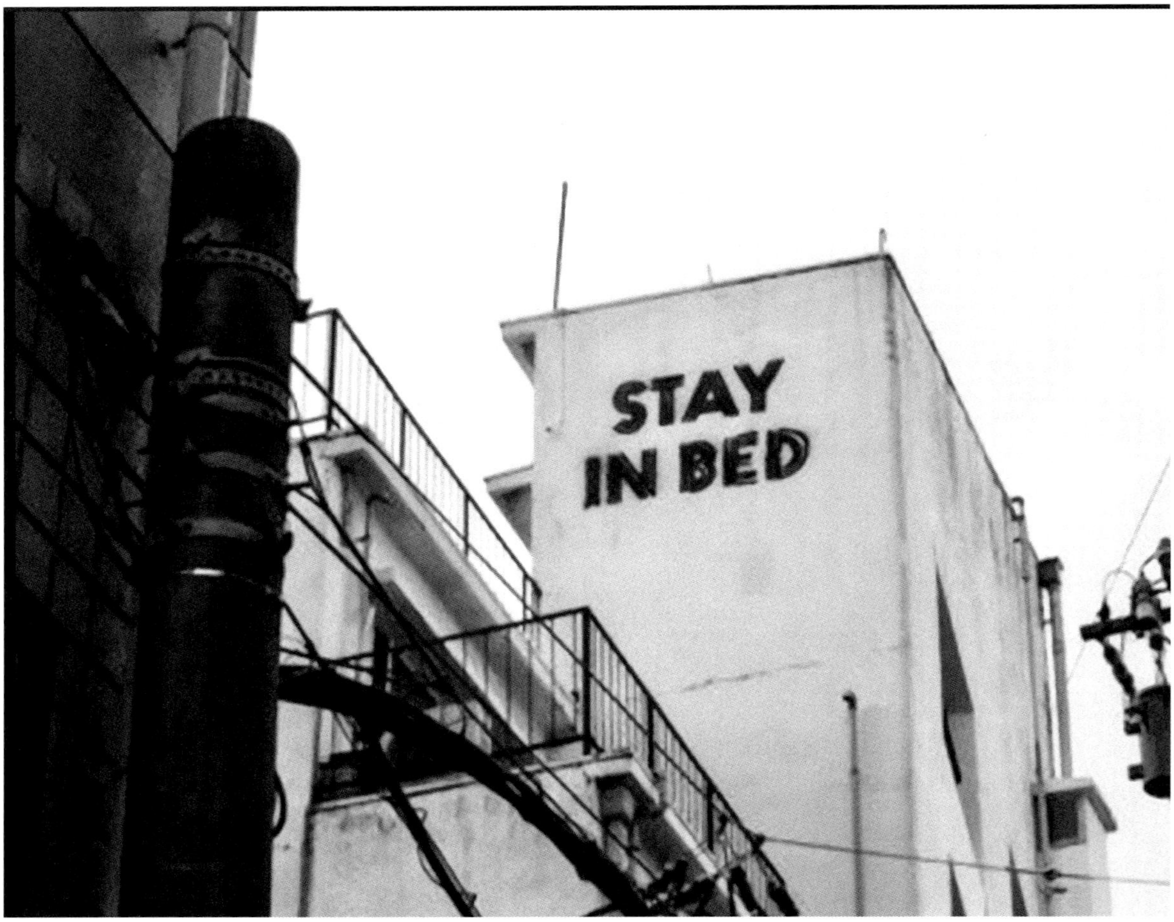
STAY
IN BED

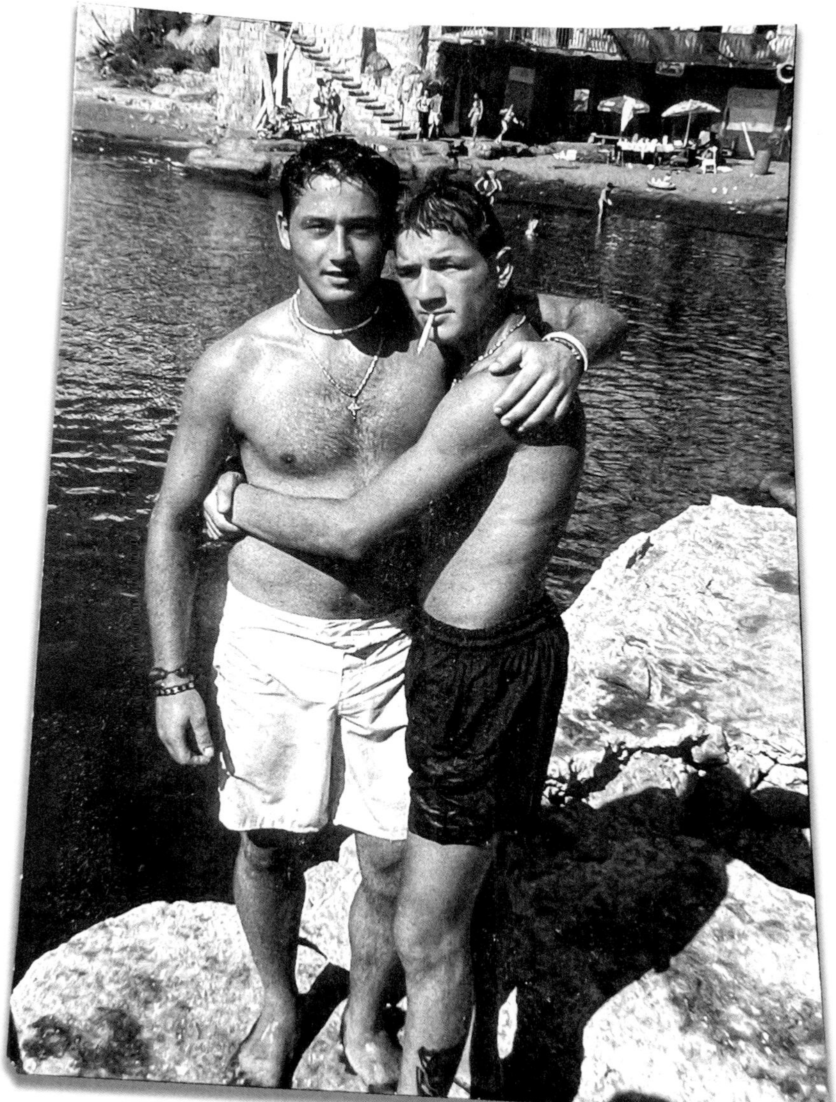

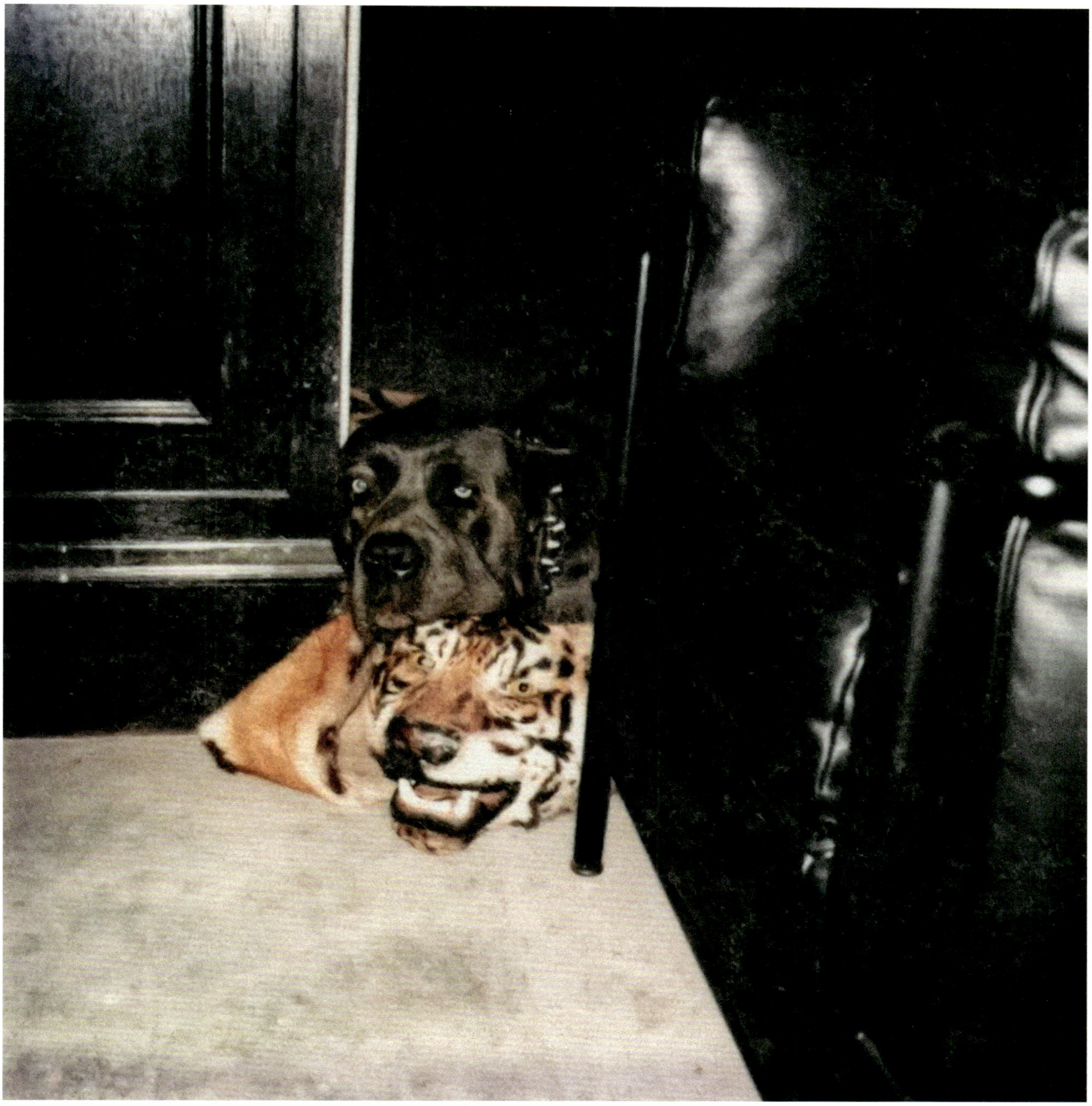

Cosimo

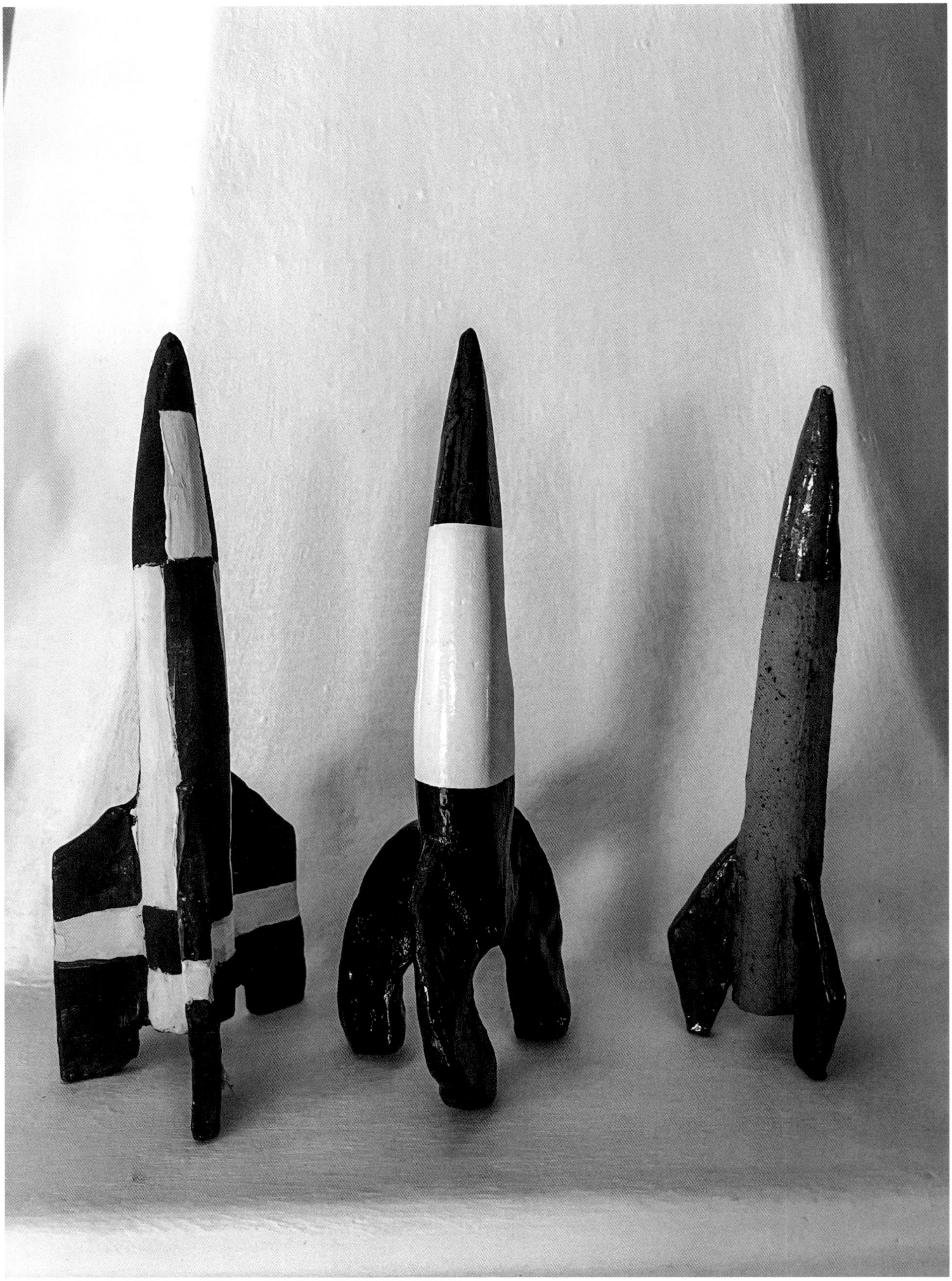

Rehab

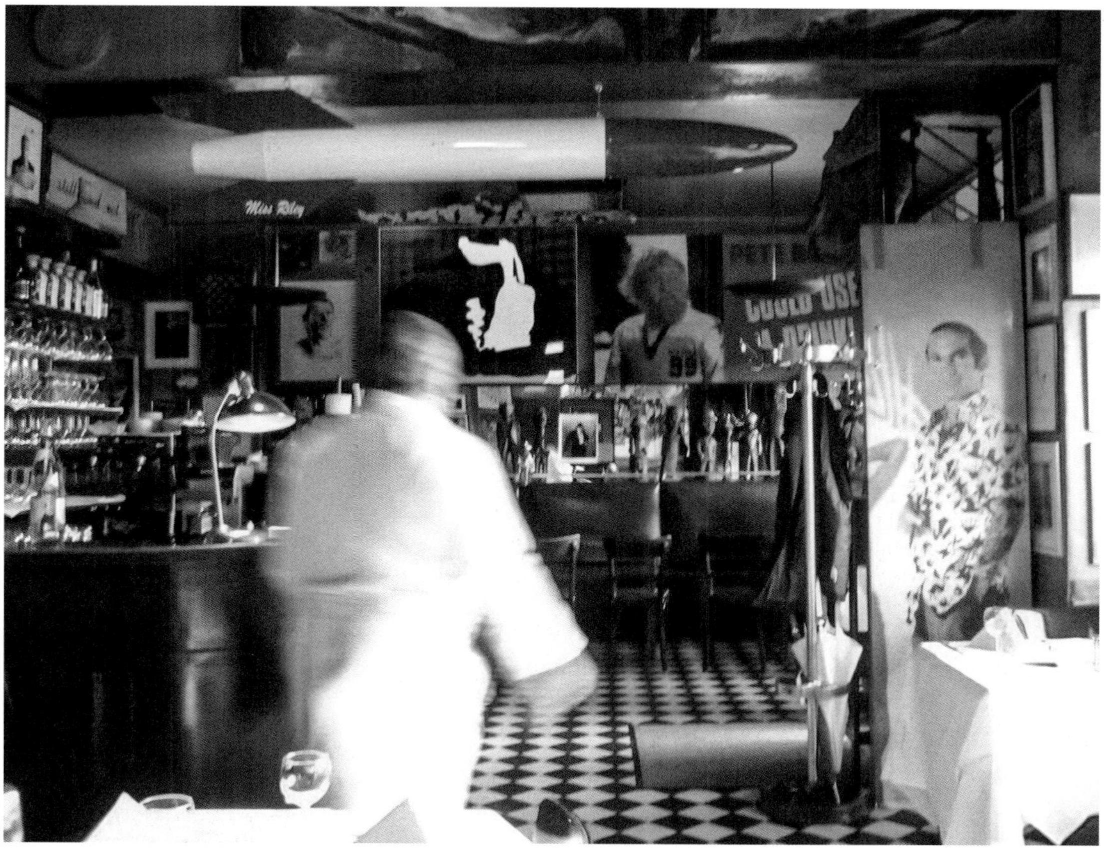

Miss Riley, Paris Bar version, Berlin

CvB's class, Hochschule für bildende Künste Hamburg, 2001–2003

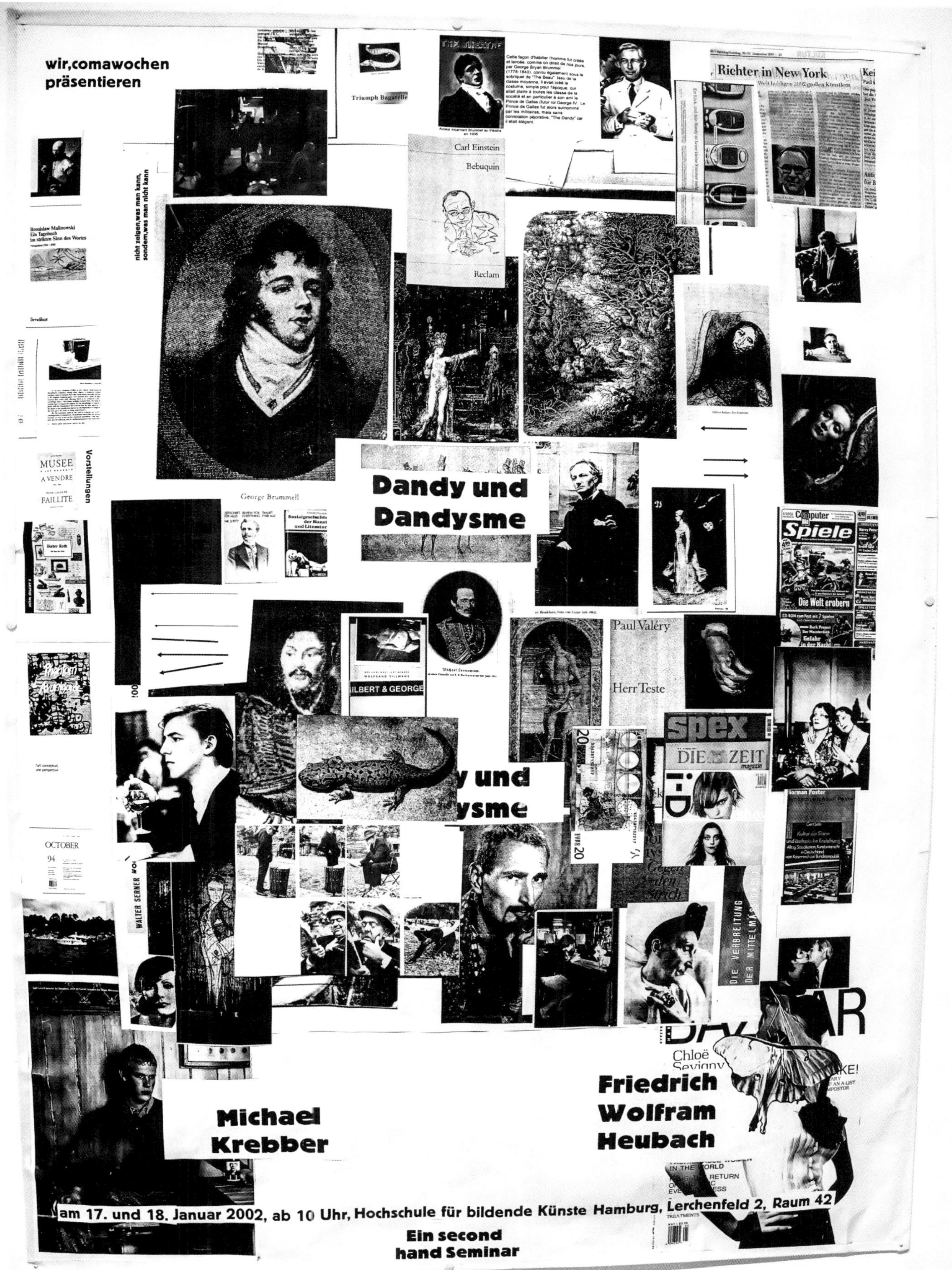
wir,comawochen
präsentieren
nicht zeigen,was man kann,
sondern,was man nicht kann
Triumph Bagatelle
Richter in New York
Carl Einstein
Bebuquin
Reclam
Bronislaw Malinowski
Ein Tagebuch
Im strikten Sinn des Wortes
George Brummell
Dandy und
Dandysme
MUSEE
A VENDRE
FAILLITE
Vorstellungen
Paul Valéry
Herr Teste
GILBERT & GEORGE
Spiele
Die Welt erobern
spex
DIE ZEIT
i-D
OCTOBER
94
WALTER SERNER
DIE VERBREITUNG
DER MITTELMASSIGKEIT
Chloë
Sevigny
Michael
Krebber
Friedrich
Wolfram
Heubach
am 17. und 18. Januar 2002, ab 10 Uhr, Hochschule für bildende Künste Hamburg, Lerchenfeld 2, Raum 42
Ein second
hand Seminar

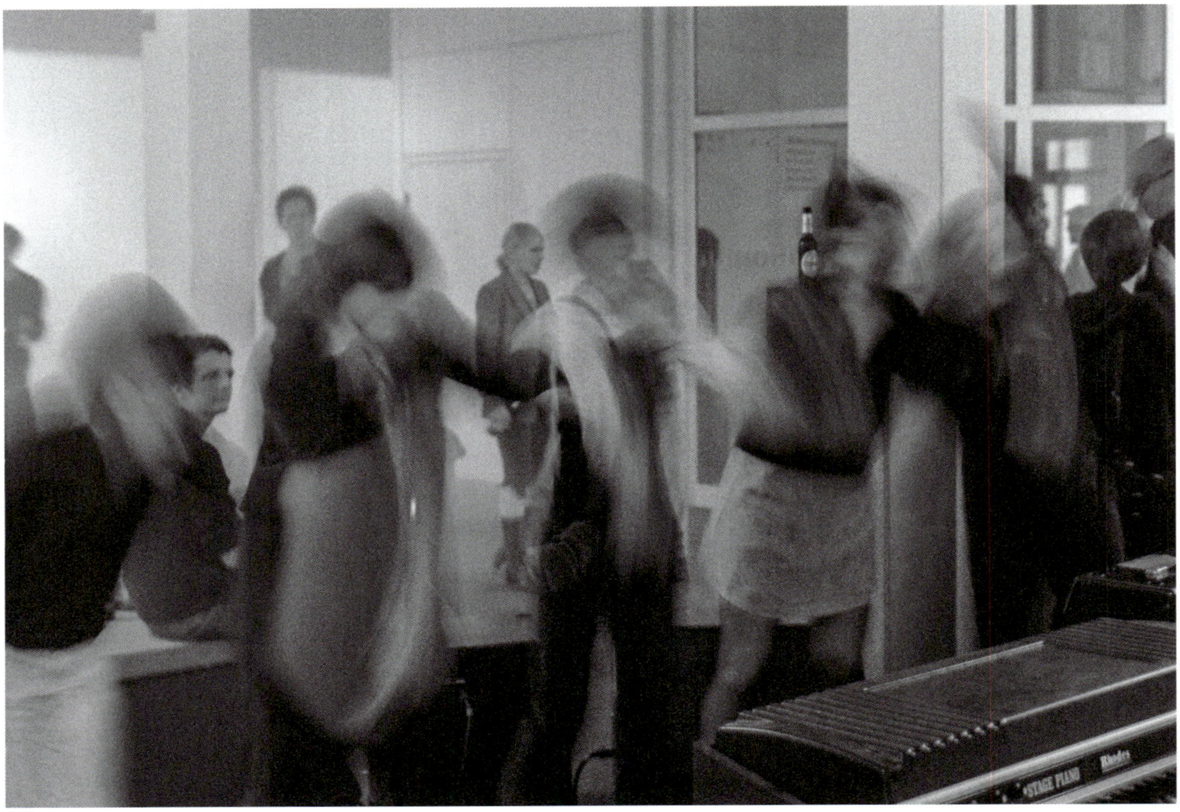
STAGE PIANO
Rhodes

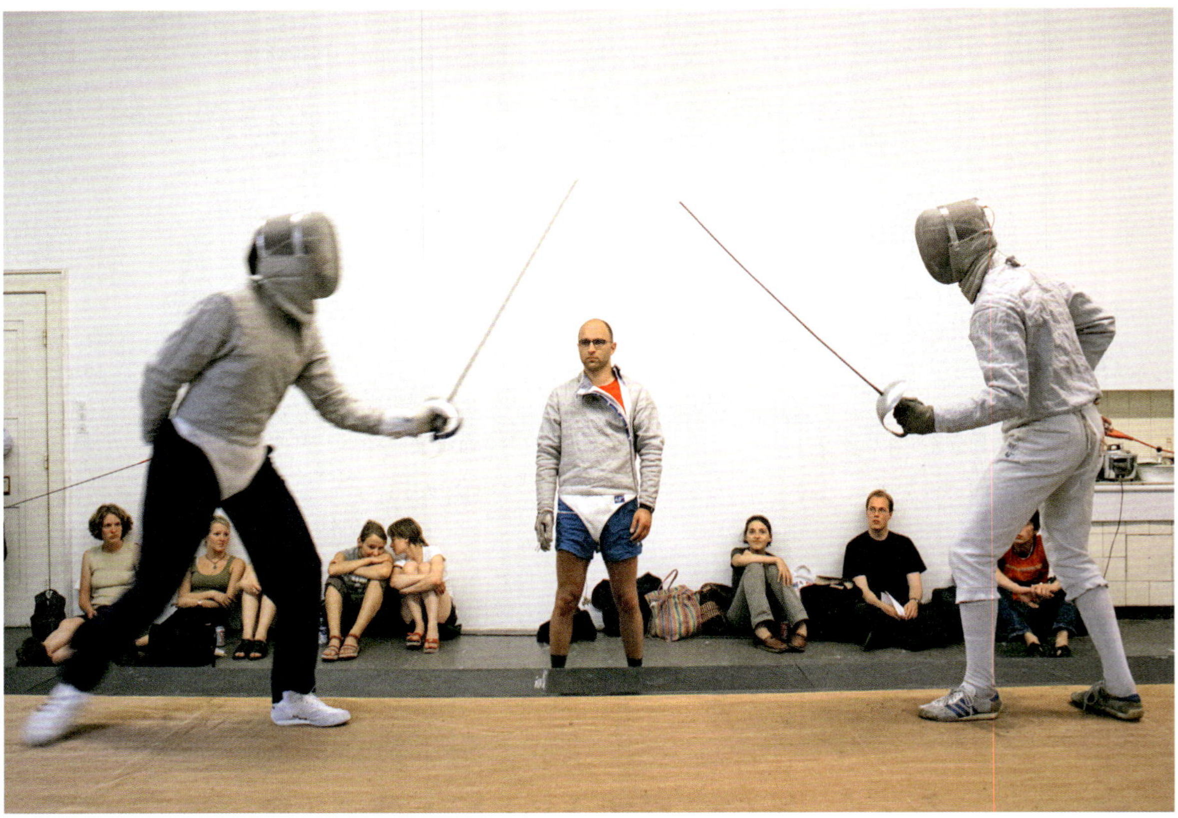

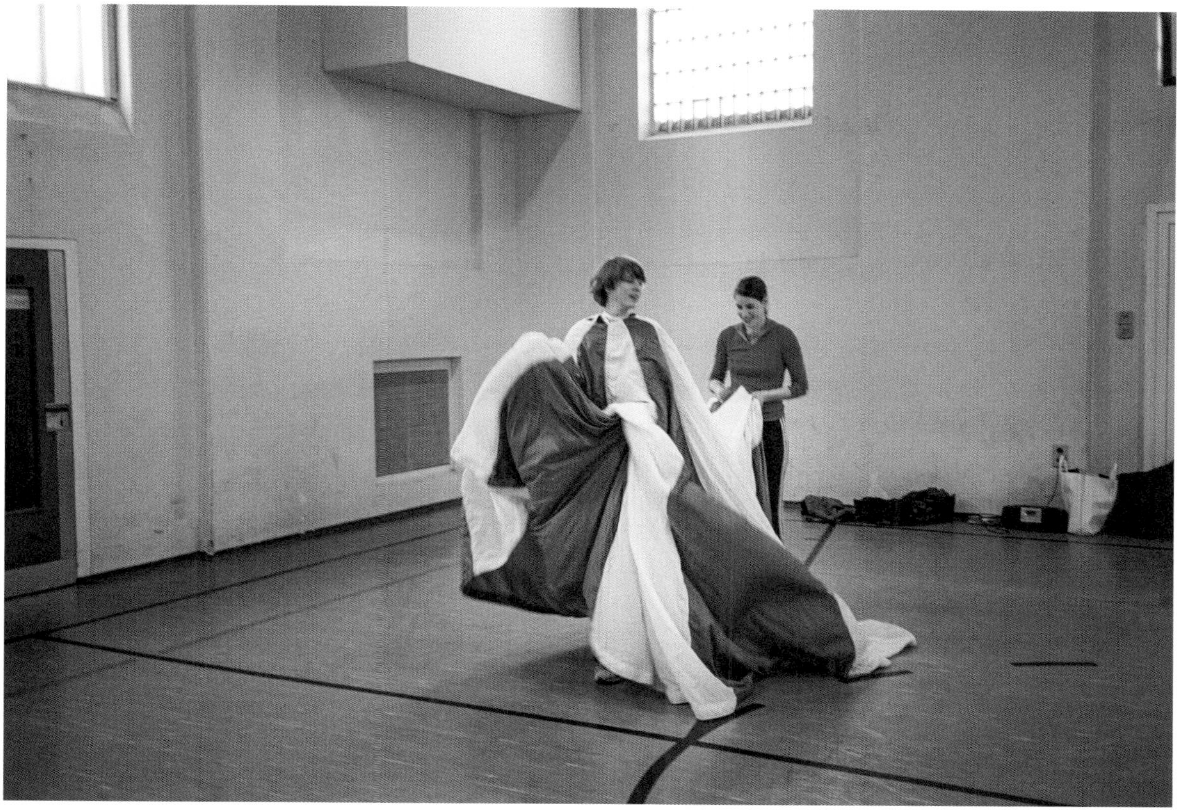

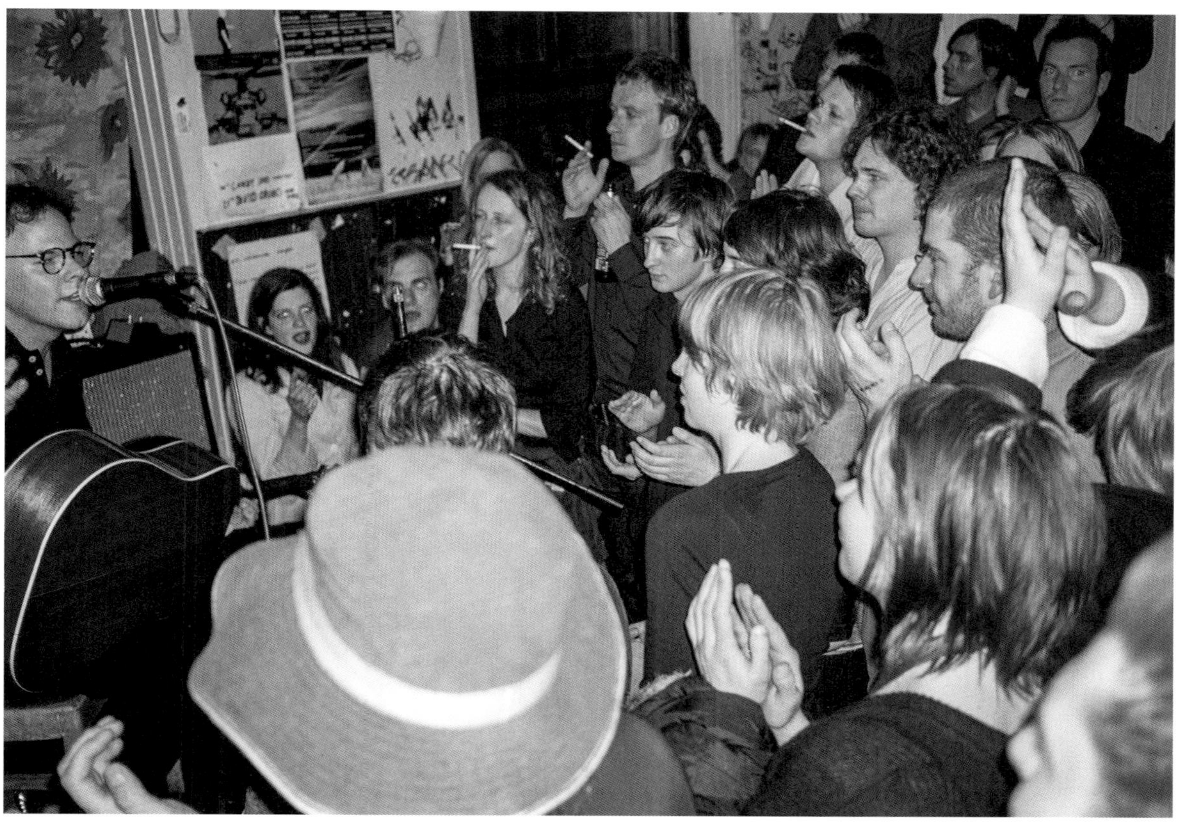

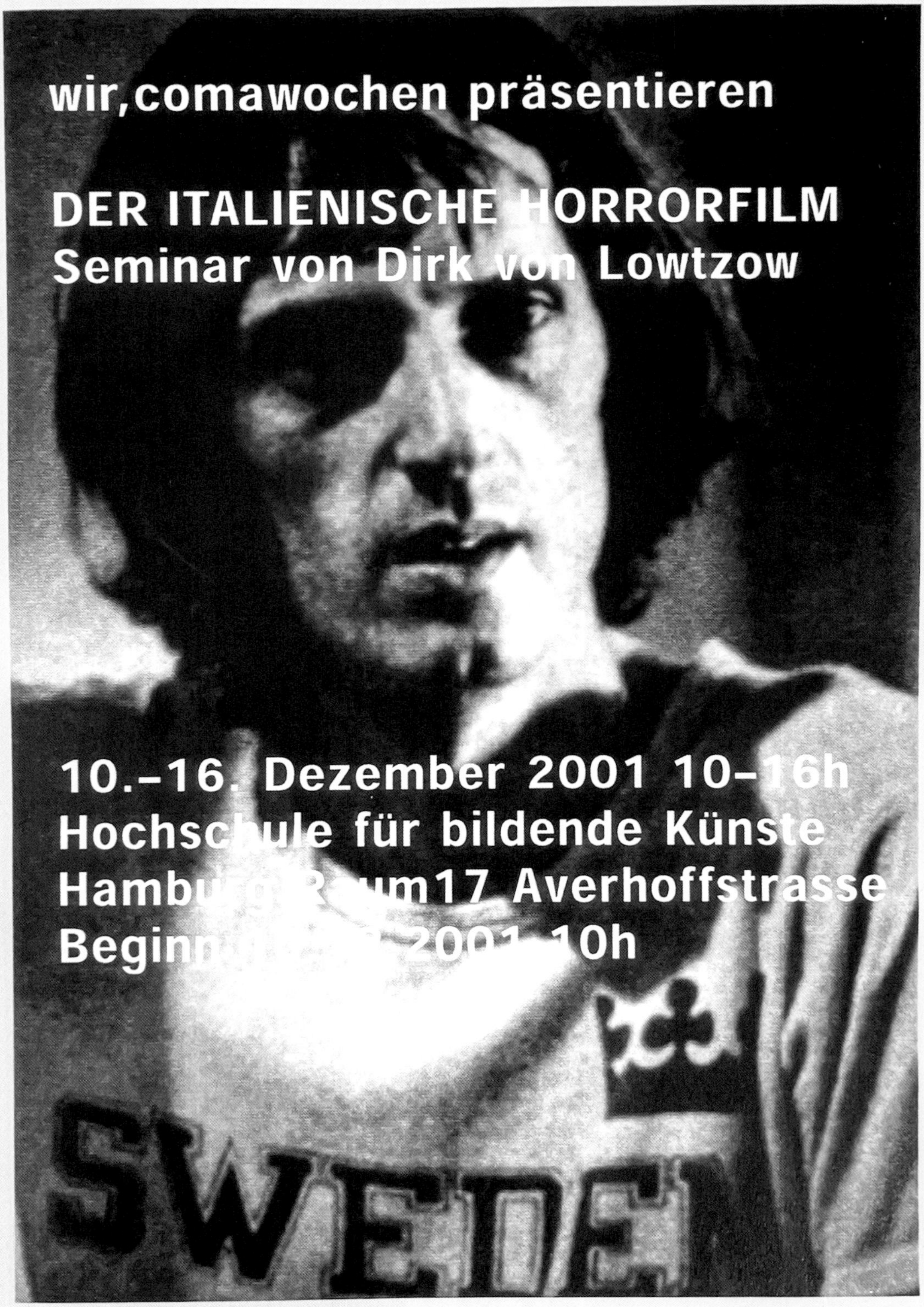
wir,comawochen präsentieren
DER ITALIENISCHE HORRORFILM
Seminar von Dirk von Lowtzow
10.–16. Dezember 2001 10–16h
Hochschule für bildende Künste
Averhoffstrasse
SWEDE

PLANCHE

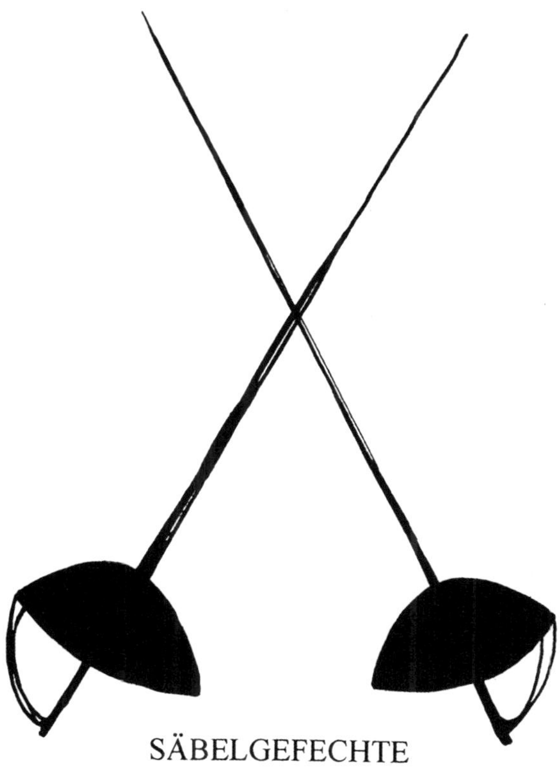

SÄBELGEFECHTE

FECHTER DES ETV HAMBURG FECHTEN SÄBEL
KLASSE COSIMA VON BONIN

HOCHSCHULE FÜR BILDENDE KÜNSTE HAMBURG
LERCHENFELD 2 RAUM 42

MI. 4.7. 20 UHR
FR. 6.7. 19 UHR
SO. 8.7. 17 UHR

Annual exhibition / CvB's class

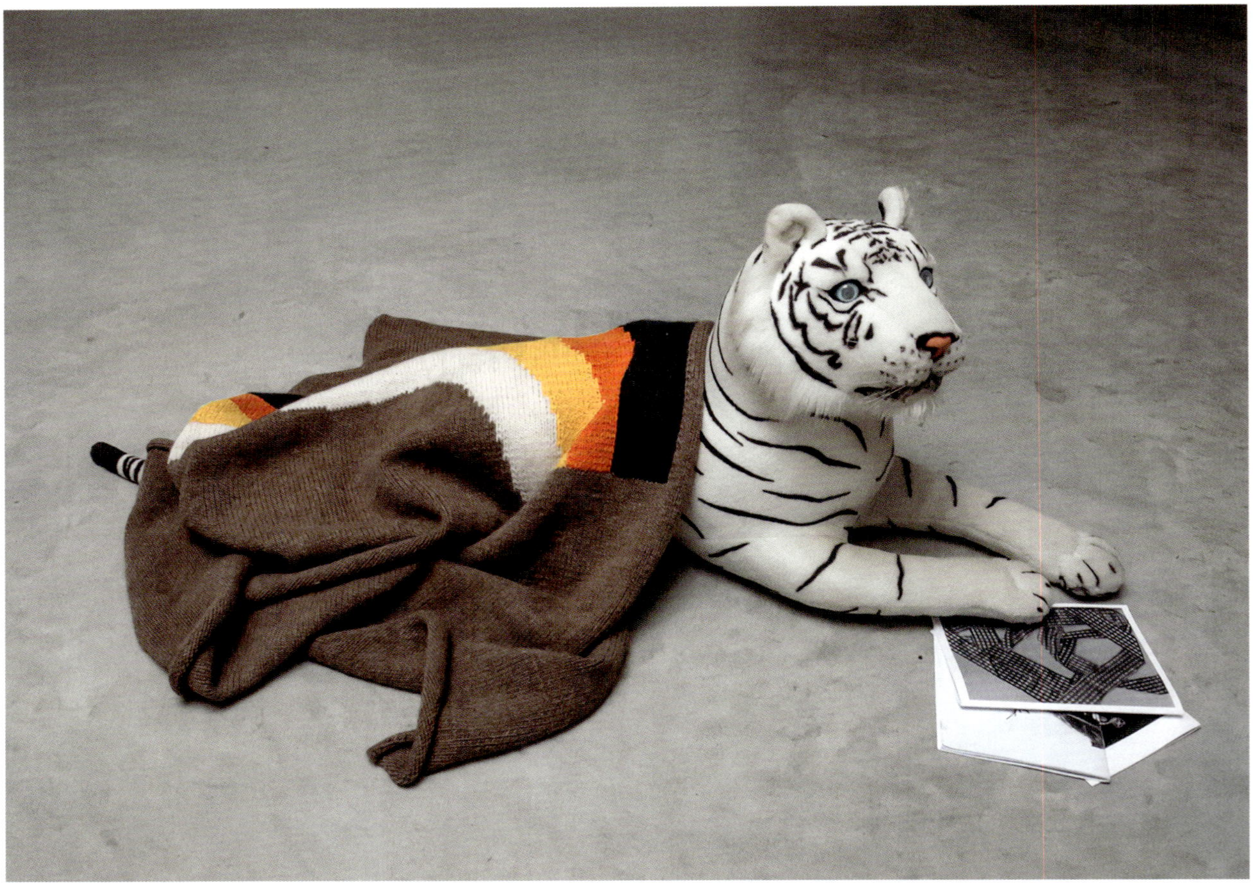

Josef Strau and Sergej Jensen, *Dear Little Tiger*, 2006

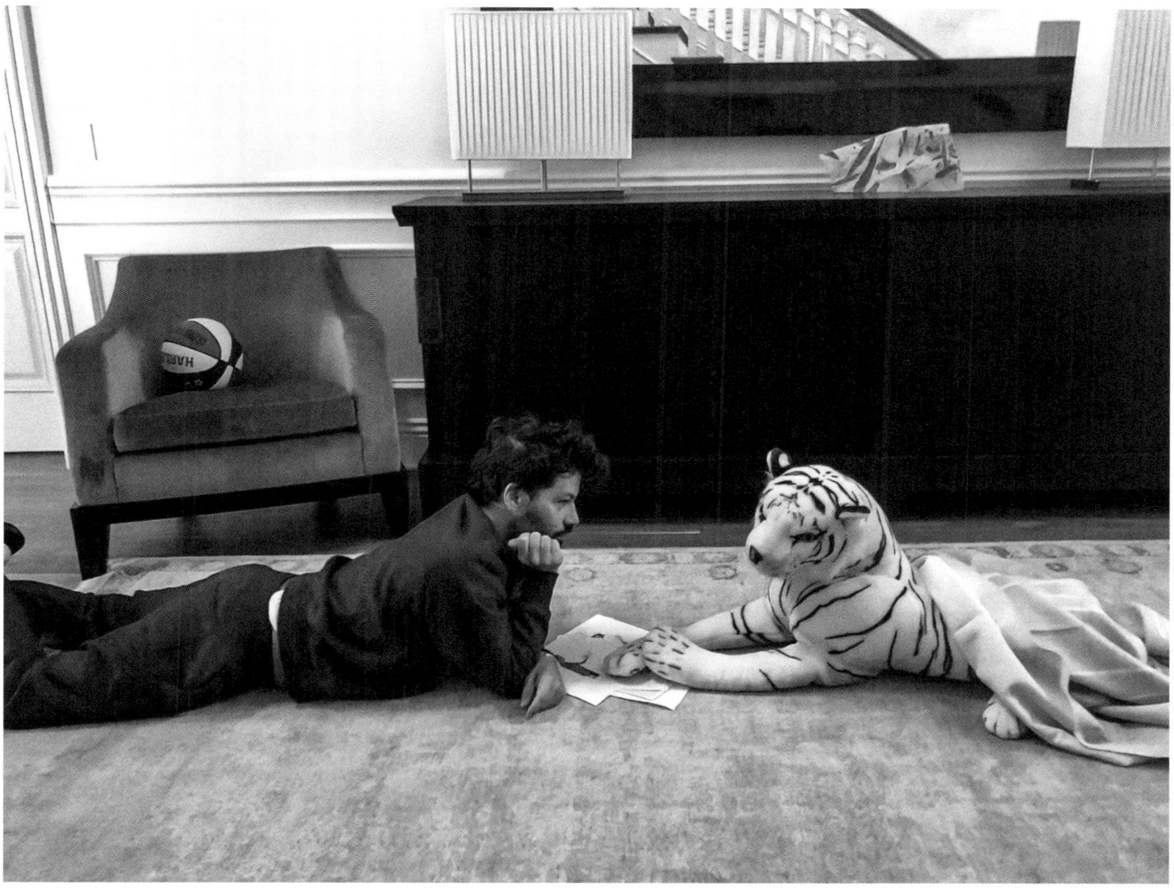

Fernando Mesta

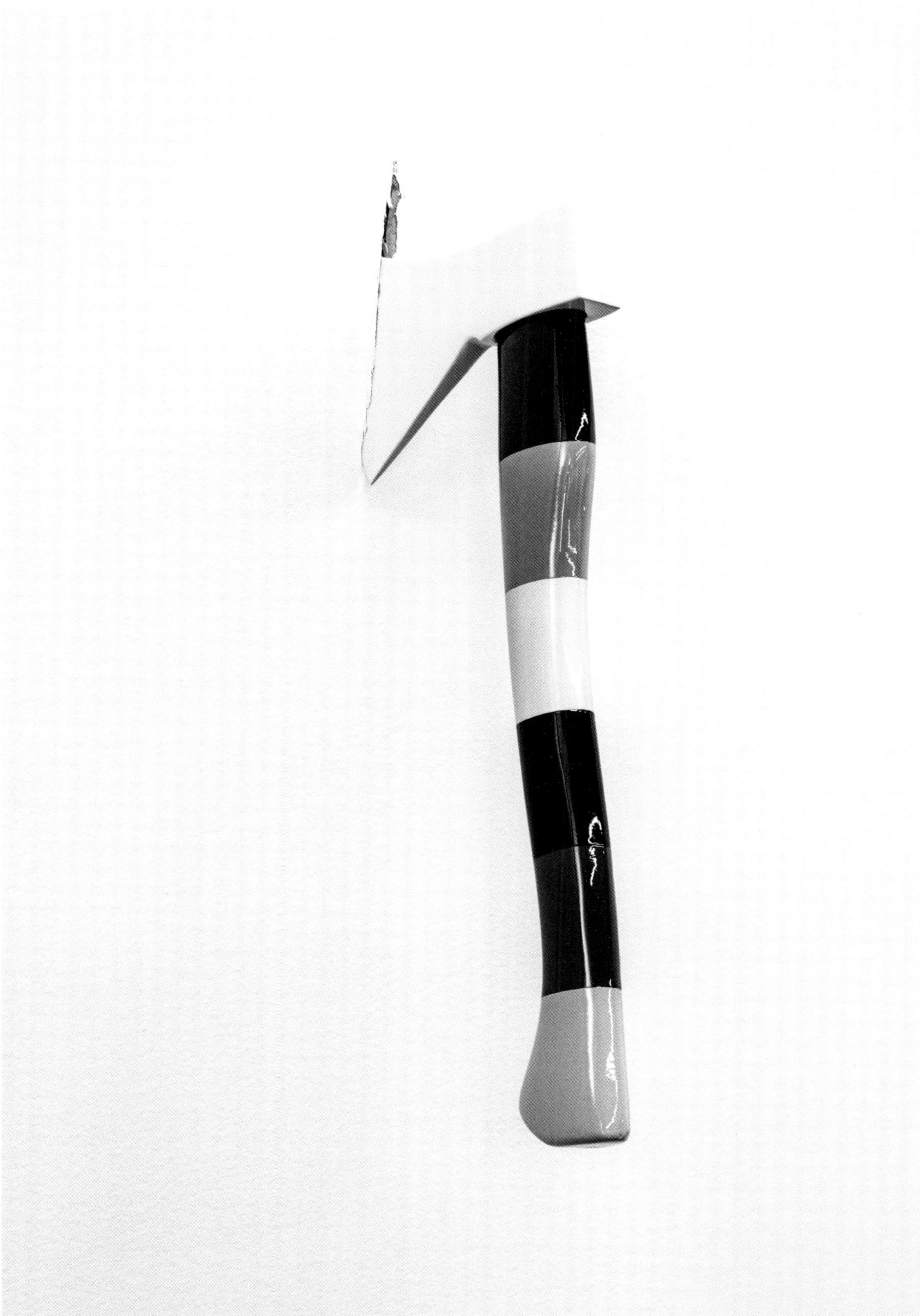

Axe, 2020

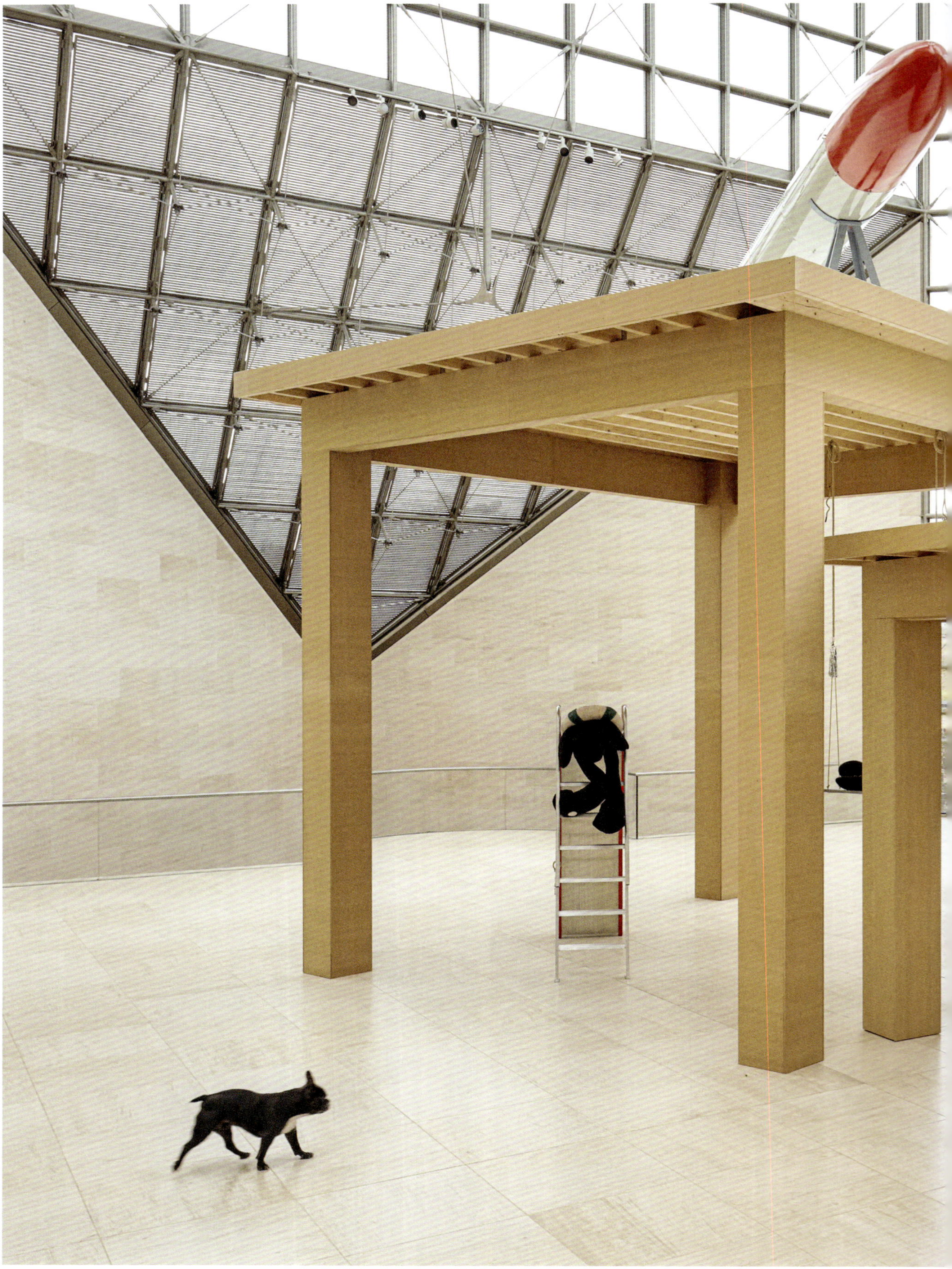

Songs for Gay Dogs
Exhibition Views, Mudam, 2024

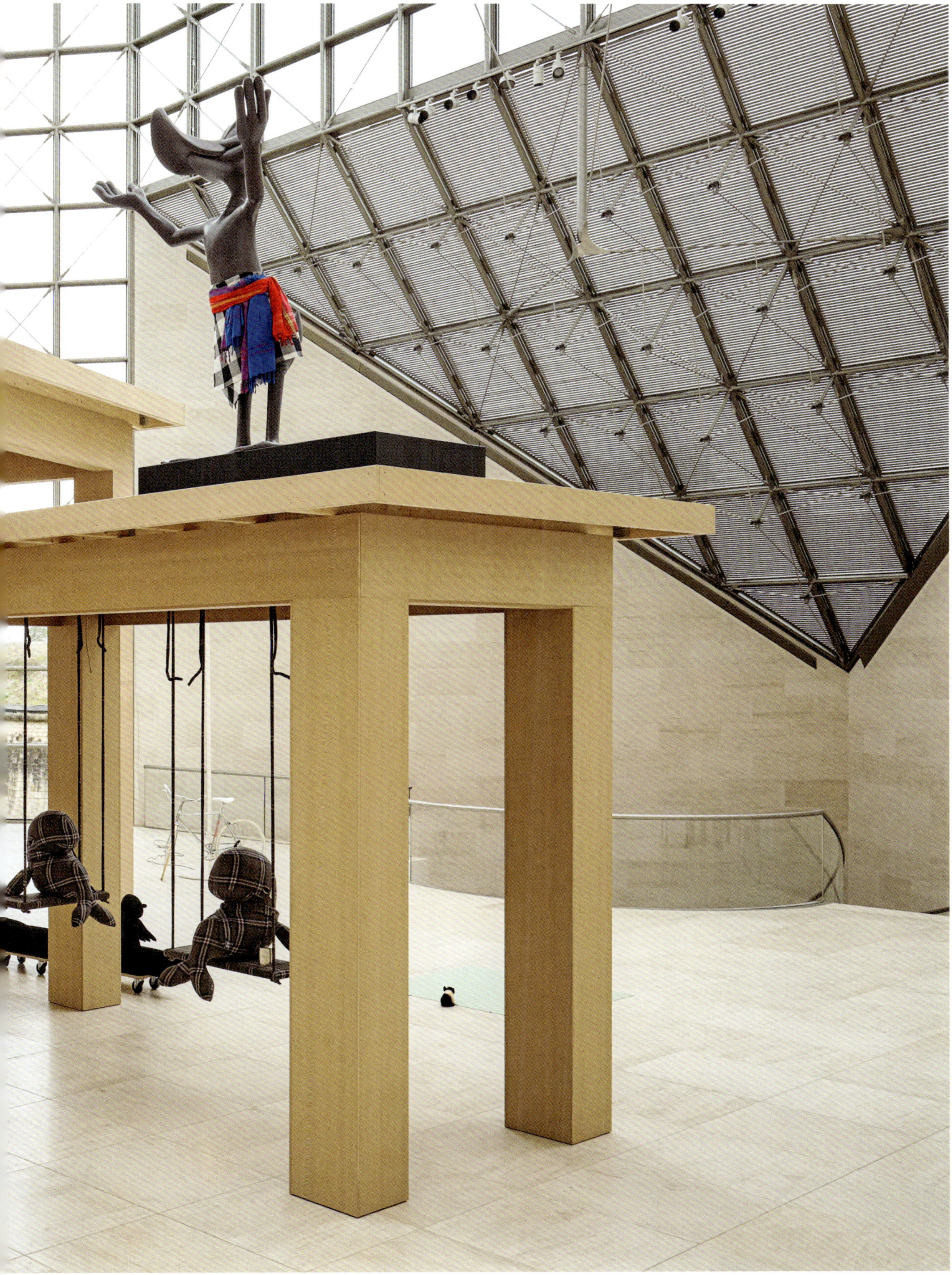

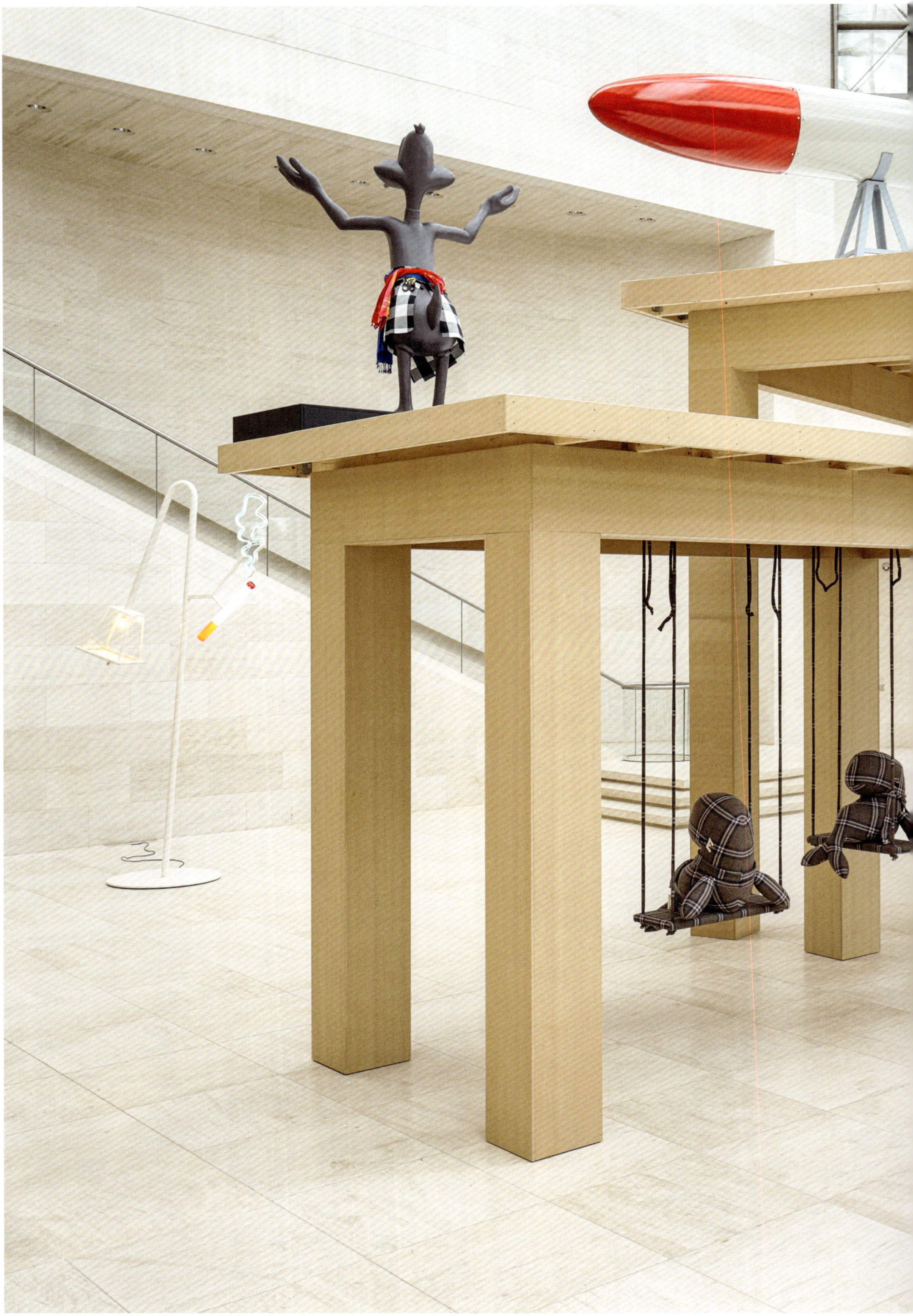

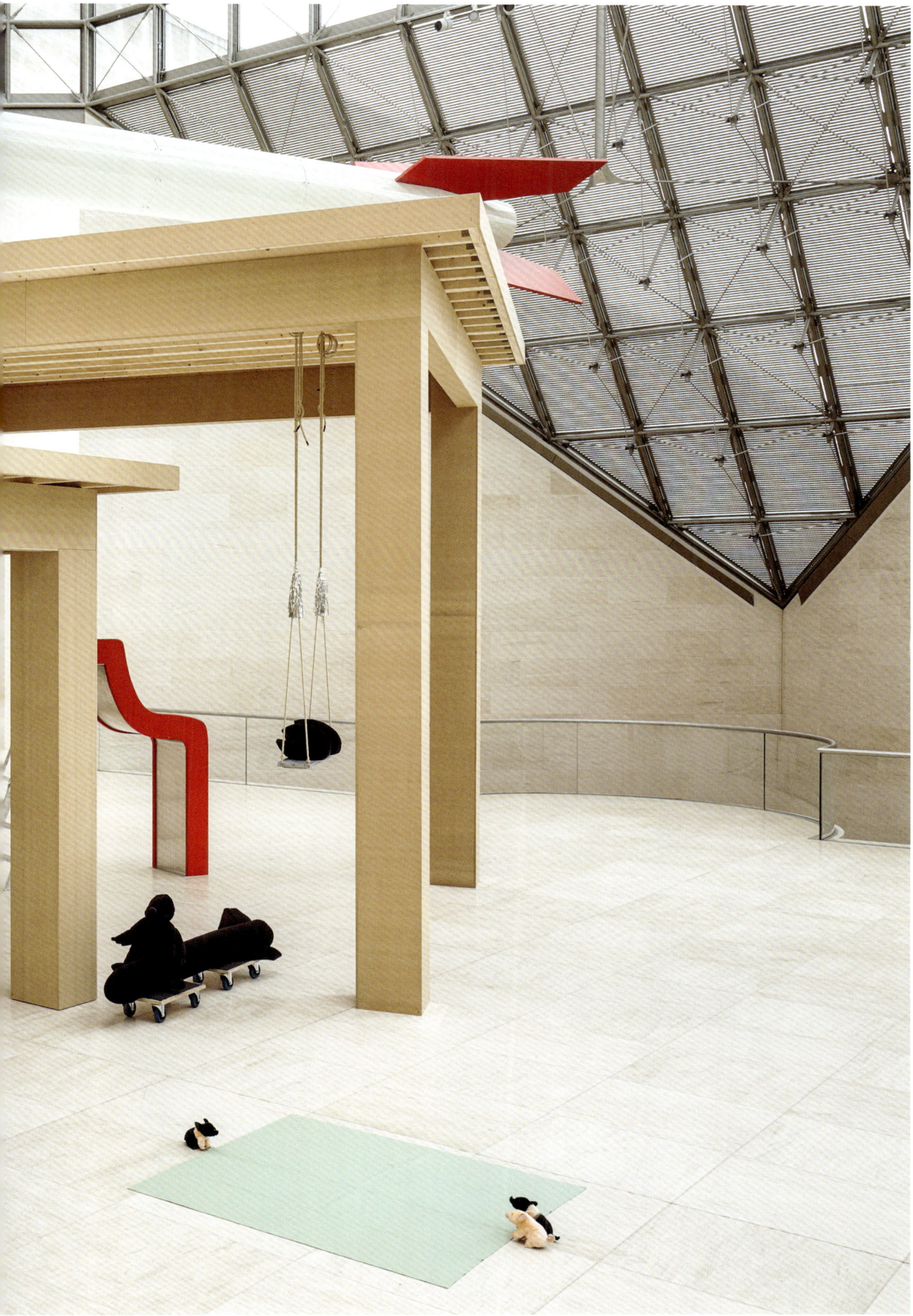

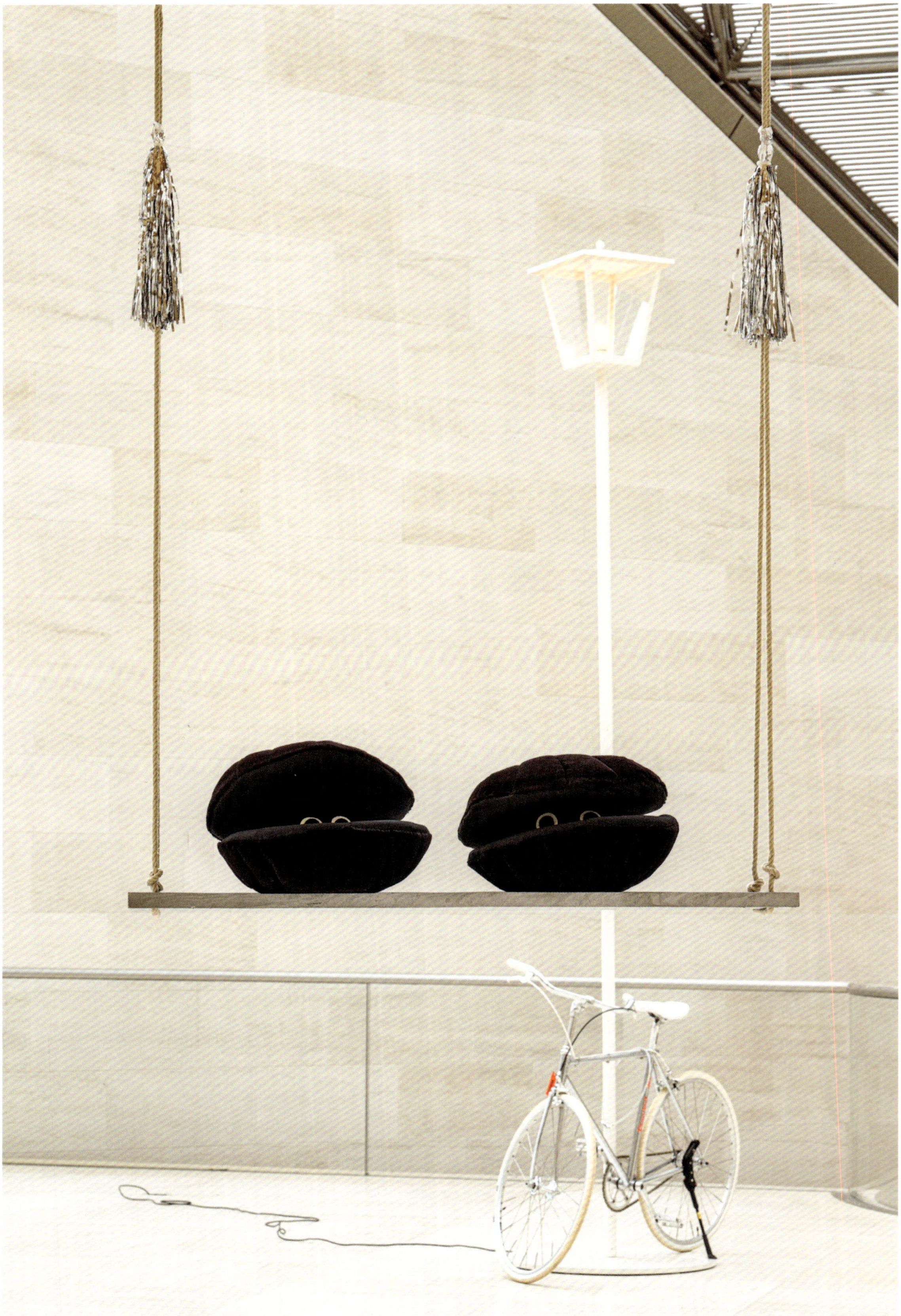

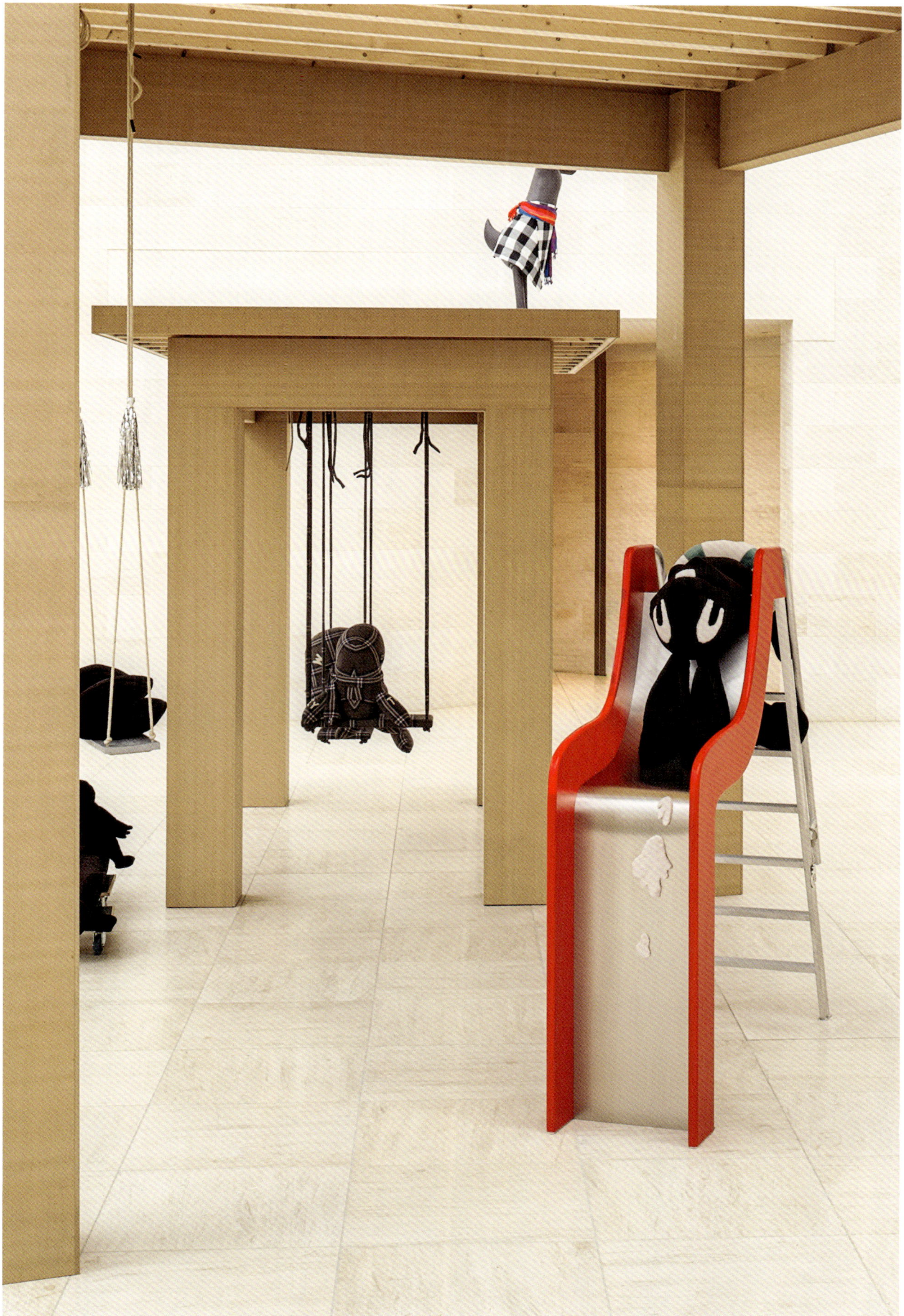

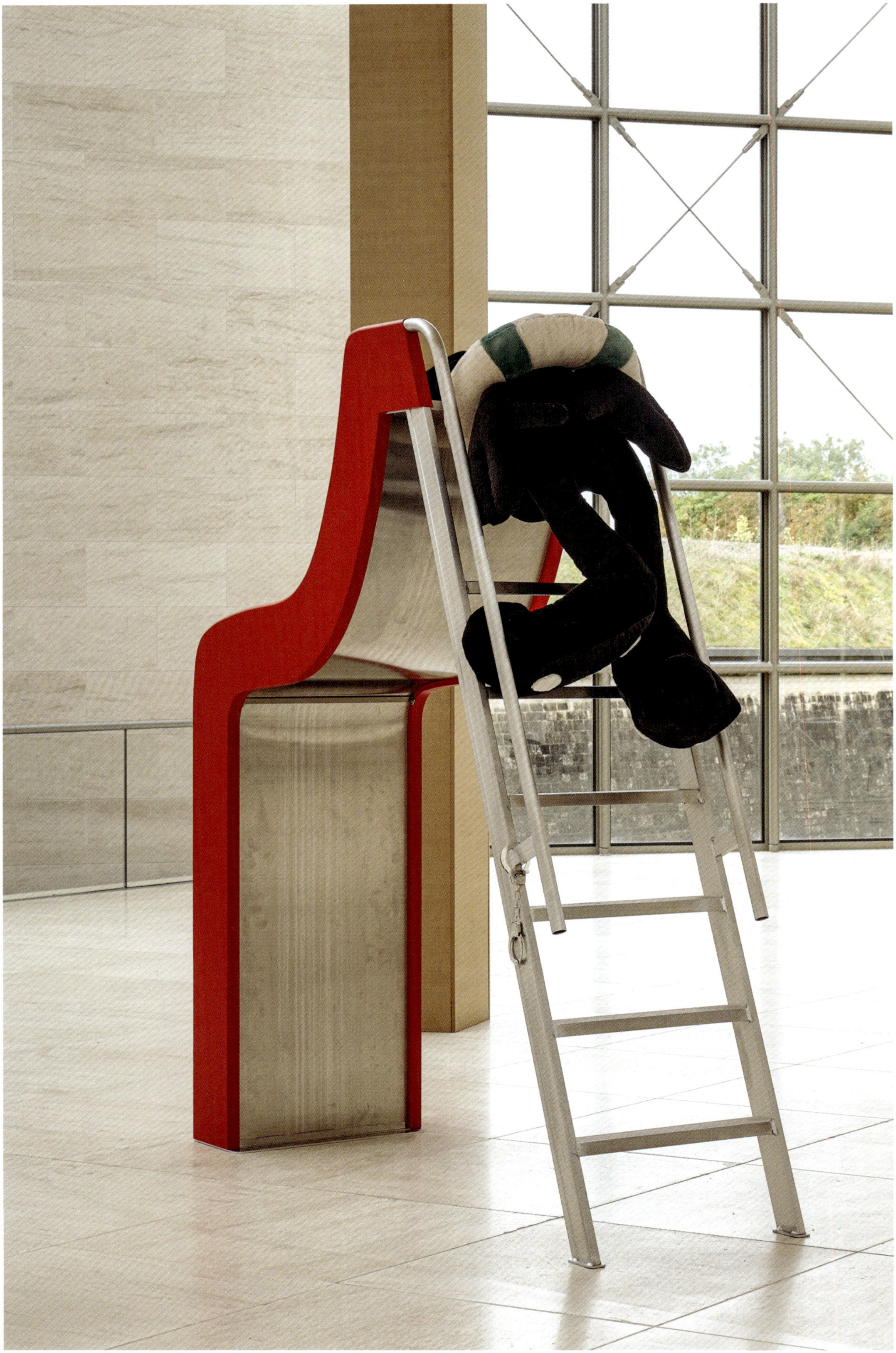

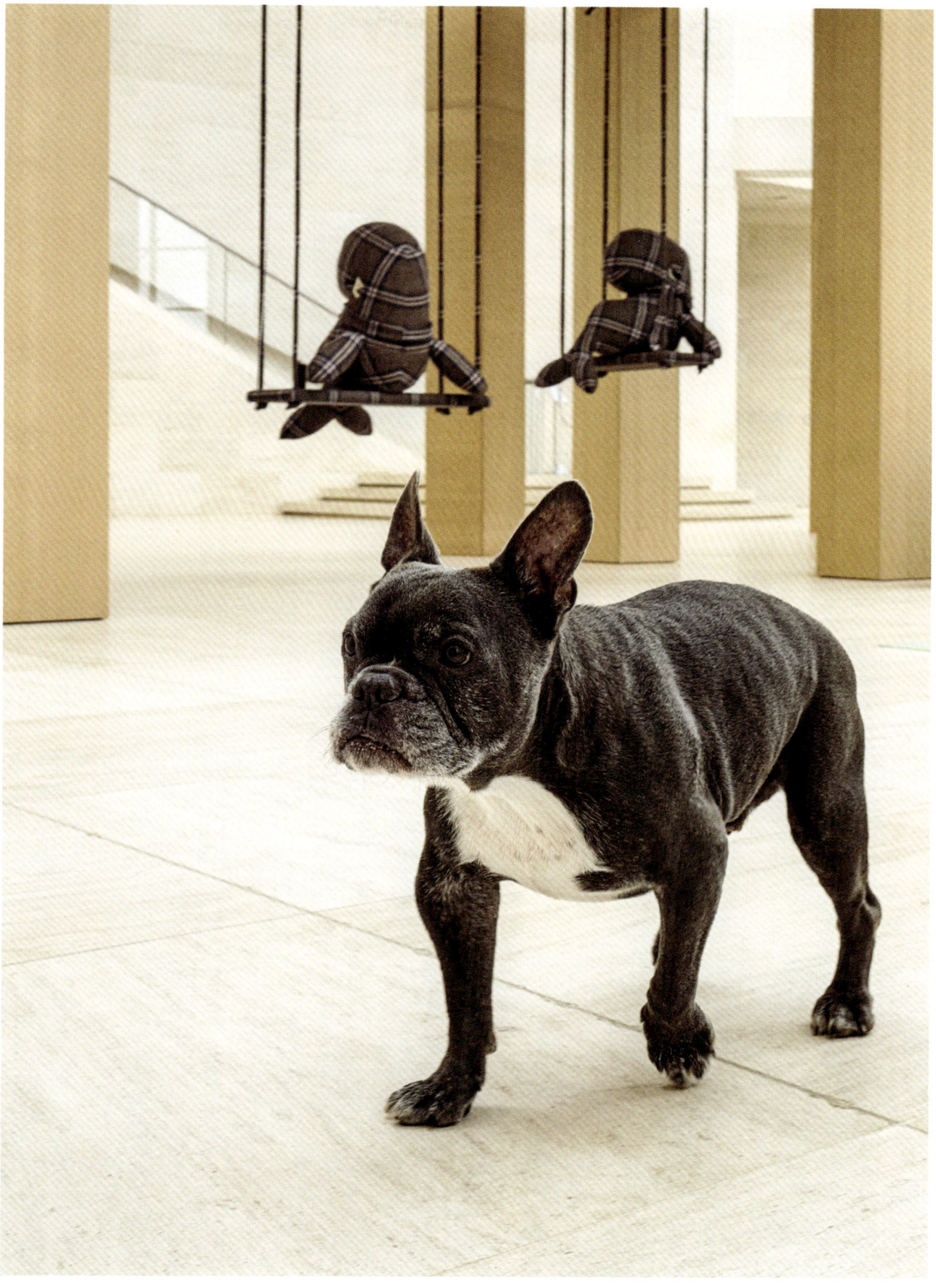

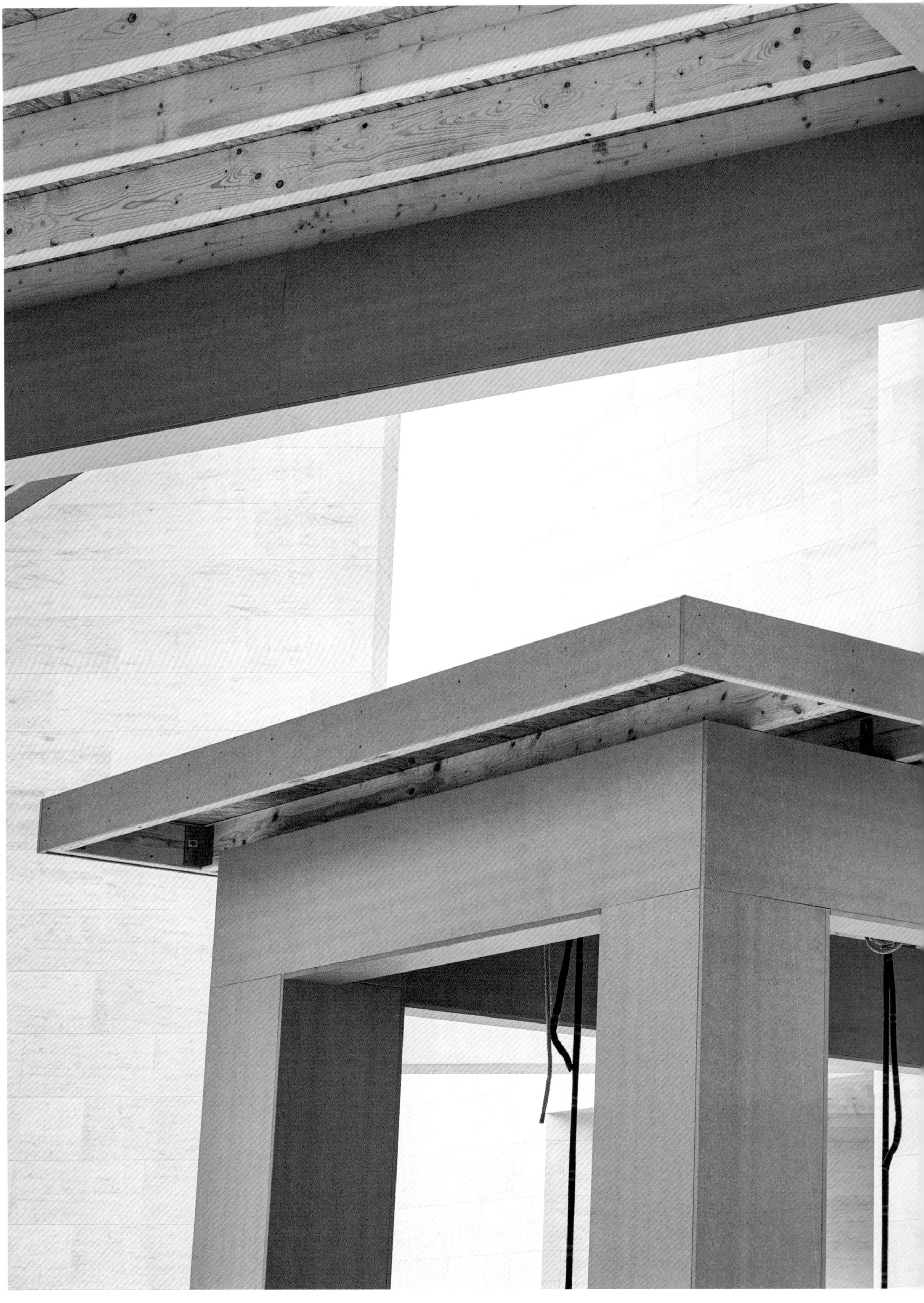

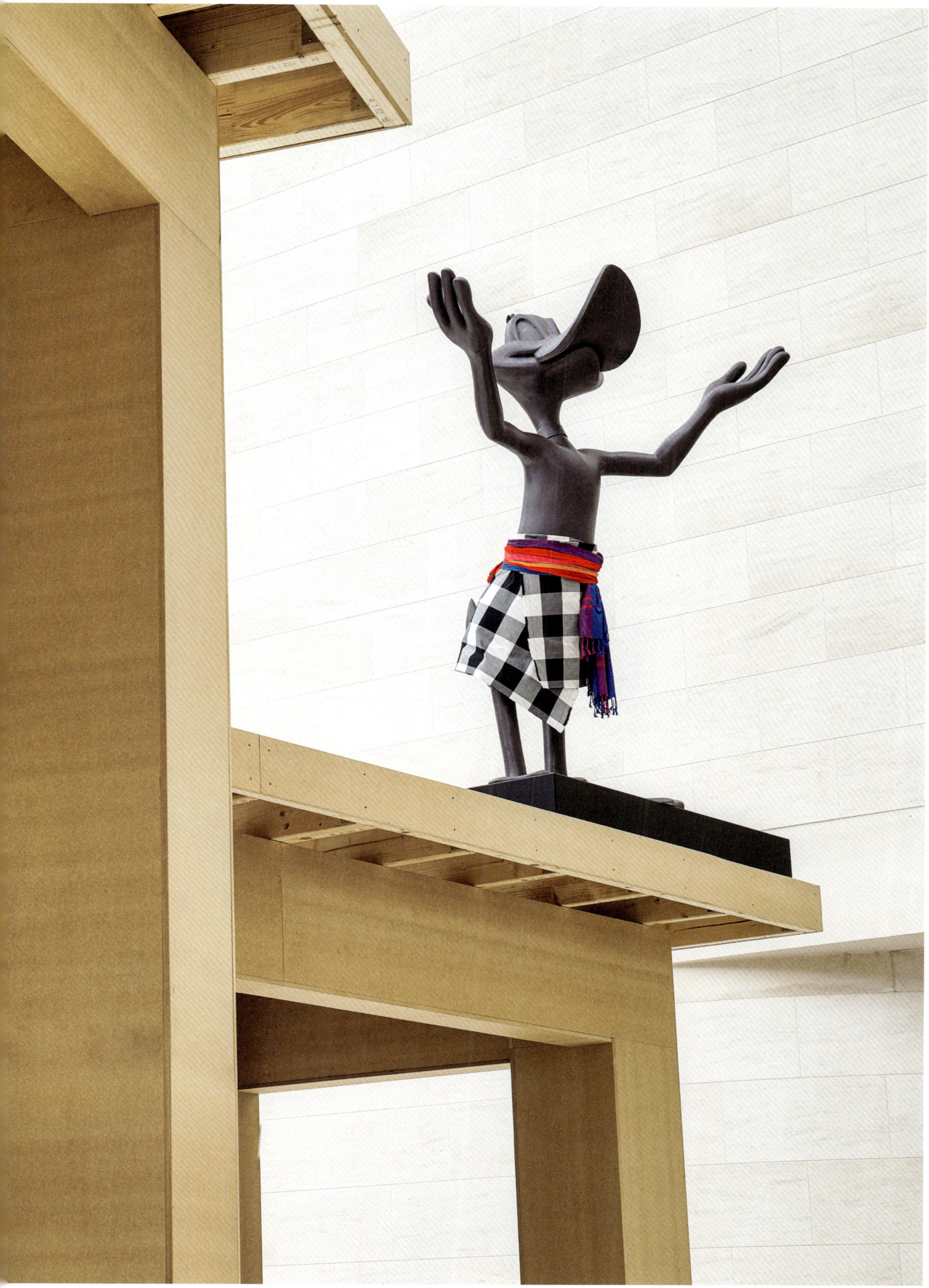

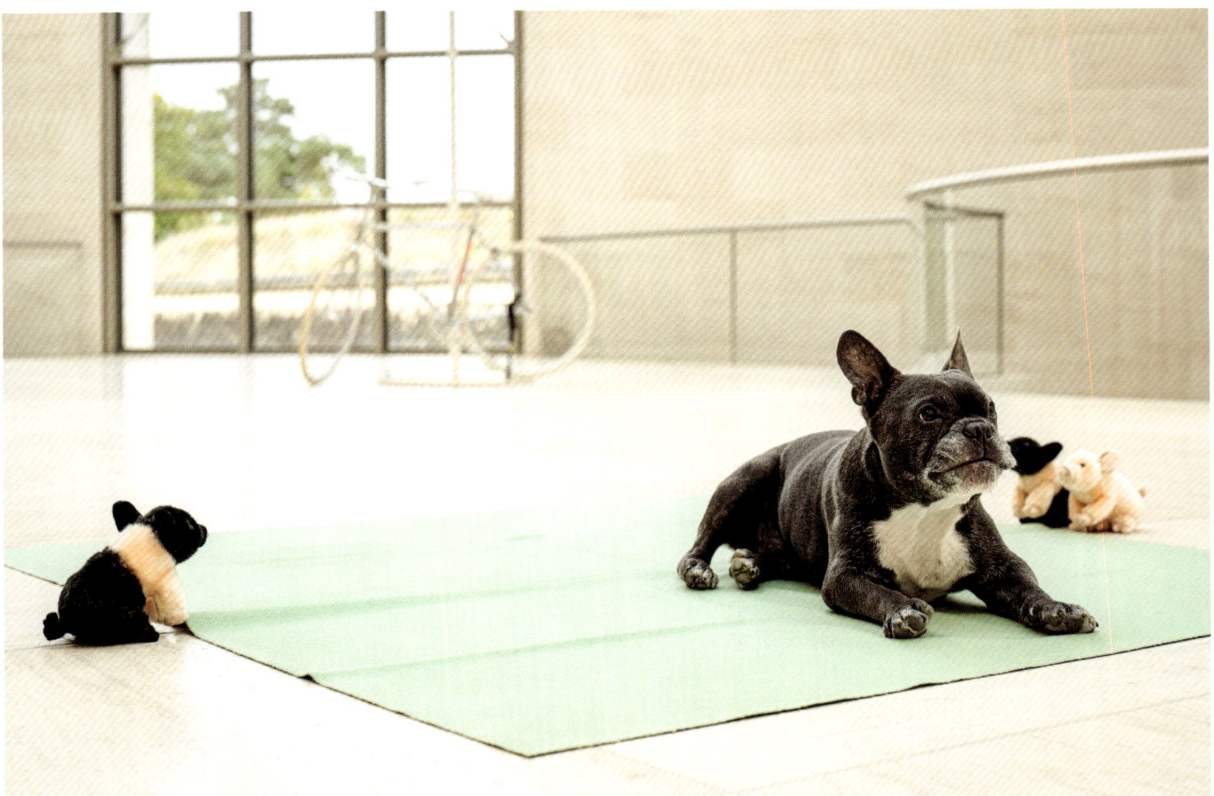

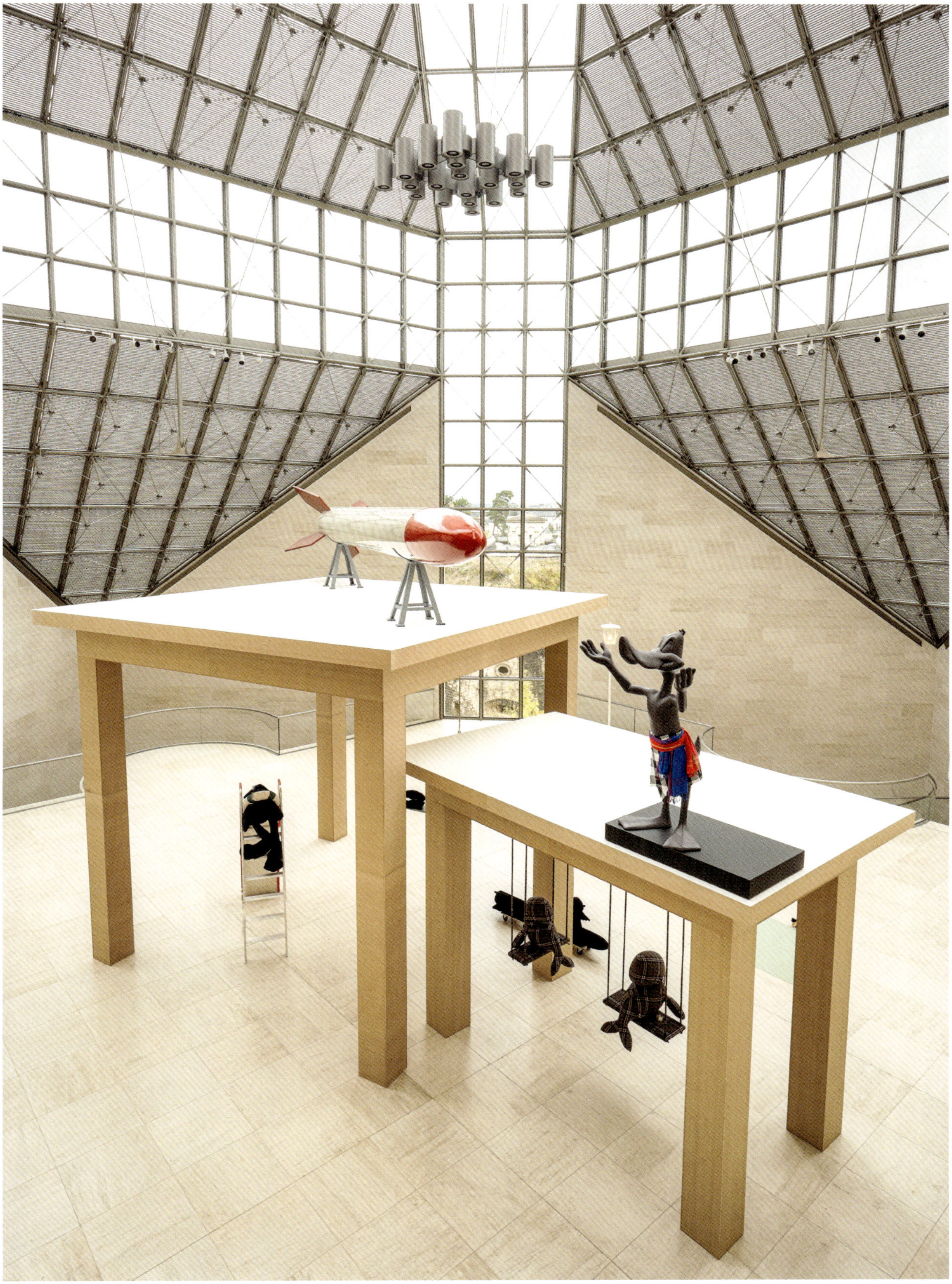

Biographies

COSIMA VON BONIN (b. 1962, Mombasa, Kenya) lives and works in Cologne. Her work has been the subject of major exhibitions at Schirn Kunsthalle, Frankfurt (2024); Magasin III Jaffa, Tel Aviv (2019); CCS Bard, Annandale-on-Hudson (2018); Oakville Galleries, Ontario (2017); Sculpture Center, New York (2016); mumok – Museum moderner Kunst Stiftung Ludwig Wien, Vienna (2014); Mildred Lane Kemper Art Museum, St. Louis (2011); Museum Ludwig, Cologne (2011); Musée d'art moderne et contemporain, Geneva (2011); Museum of Contemporary Art, Los Angeles (2007); Kölnischer Kunstverein, Cologne (2004); Kunstverein in Hamburg (2001) and Museum Fridericianum, Kassel (1994) among others. She participated in the 59th Biennale di Venezia (2022); Skulptur Projekte Münster (2017); Glasgow International (2016) and documenta, Kassel (2007 & 1982). Her work is held in numerous public collections including Mudam – Musée d'Art Moderne Grand-Duc Jean, Luxembourg; The Metropolitan Museum of Art, New York; Museum Ludwig, Cologne; mumok – Museum moderner Kunst Stiftung Ludwig Wien, Vienna; Museum of Contemporary Art, Los Angeles; The Museum of Modern Art, New York and Stedelijk Museum, Amsterdam.

ESTELLE HOY (b. 1983, Australia) is a writer and art critic based in Berlin. Her widely acclaimed book, *Pisti, 80 Rue de Belleville* (After 8 Books, Paris), was published in 2020 with an introduction by Chris Kraus. Her latest book, *Jus d'Orange* (NERO, 2023), in collaboration with New York-based artist Camille Henrot, was accompanied by an exhibition at Fondazione ICA Milano, Milan. Her latest book of essays, *saké blue*, was released by After 8 Books (2024). Hoy regularly publishes in the international art press, including *Mousse Magazine*, *Spike Art*, *e-flux*, *Artforum*, *Flash Art International*, *Flash Art Italia*, *Autre*, *CURA*, *Apartamento* and *Frieze*. She has exhibited text-based art in galleries including White Cube, Paris; Galerie Kamel Mennour, Paris; Fondazione ICA Milano, Milan and Museum of Contemporary Art, Tokyo, alongside artists including Louise Bourgeois, Anne Imhof, Mona Hatoum, Camille Henrot, Sarah Lucas, Bruce Nauman and Miriam Cahn. Hoy is Editor-at-Large for *Flash Art International*.

CLÉMENTINE PROBY is a curator and writer. She works as assistant curator at Mudam Luxembourg, where she has conceived public programmes; commissionned performances to artists such as Motoko Ishibashi and Billy Bultheel & James Richards; and recently co-curated the group exhibition *After Laughter Comes Tears* (2023) and the experimental artist residency *The Collective Laboratory* (2023–2024). She co-founded Maison Touchard in 2019, a nomadic curatorial platform that operates within domestic spaces. She has contributed to a number of publications, such as *what looks good today may not look good tomorrow: The Legacy of Michel Majerus* (Mudam & Sternberg Press, 2023), *After Laughter Comes Tears* (Mudam & Lenz Press, 2023) and *Radical Software: Women, Art & Computing 1960–1991* (Mudam & Verlag der Buchhandlung Walther und Franz König, 2024). She previously worked for the Louis Vuitton Foundation, Paris; Chisenhale Art Studios, London and The British Pavilion at the 59th Biennale di Venezia. She holds masters degrees from Sciences Po, Paris and Goldsmiths College, London.

BETTINA STEINBRÜGGE is director of Mudam Luxembourg – Musée d'Art Moderne Grand–Duc Jean. From 2014 to 2022 she was the director of Kunstverein in Hamburg. She has directed Halle für Kunst Lüneburg, was curator at La Kunsthalle Mulhouse and senior curator and collection director at Belvedere Museum Wien, Vienna. She has taught at Leuphana University Lüneburg and HEAD in Geneva. From 2014 to 2022 she was Professor of Art Theory at the Hochschule für Bildende Künste (HfbK) in Hamburg. From 2007 to 2017 she was a member of the programme team of the Forum Expanded at the Berlin International Film Festival. Steinbrügge has contributed to and edited numerous publications, most recently in the first volume of a series she edits, *what looks good today may not look good tomorrow: The Legacy of Michel Majerus* (Mudam & Sternberg Press, 2023); *Korakrit Arunanondchai: Songs for Living Songs for Dying* (Mousse Publishing, 2023) and *Proof of Stake: Technological Claims* (Lenz Press, 2022).

Biographies

COSIMA VON BONIN (1962, Mombasa, Kenya) vit et travaille à Cologne. Son travail a fait l'objet d'expositions majeures, notamment à la Schirn Kunsthalle, Francfort (2024) ; Magasin III Jaffa, Tel Aviv (2019) ; CCS Bard, Annandale-on-Hudson (2018) ; Oakville Galleries, Ontario (2017) ; Sculpture Center, New York (2016) ; mumok – Museum moderner Kunst Stiftung Ludwig Wien, Vienne (2014) ; Mildred Lane Kemper Art Museum, St. Louis (2011) ; Museum Ludwig, Cologne (2011) ; Musée d'art moderne et contemporain, Genève (2011) ; Museum of Contemporary Art, Los Angeles (2007) ; Kölnischer Kunstverein, Cologne (2004) ; Kunstverein Hamburg (2001) et Museum Fridericianum, Kassel (1994). Elle a participé à la 59e Biennale di Venezia (2022), au Skulptur Projekte Münster (2017), au Glasgow International (2016) et à la documenta de Kassel (2007 et 1982). Ses œuvres font partie de nombreuses collections publiques, dont celles du Mudam – Musée d'Art Moderne Grand-Duc Jean, Luxembourg ; The Metropolitan Museum of Art, New York ; Museum Ludwig, Cologne ; mumok – Museum moderner Kunst Stiftung Ludwig Wien, Vienne ; Museum of Contemporary Art, Los Angeles ; The Museum of Modern Art, New York et Stedelijk Museum, Amsterdam.

ESTELLE HOY (1983, Australie) est une autrice et critique d'art basée à Berlin. Son livre, *Pisti, 80 Rue de Belleville* (After 8 Books, Paris), a été acclamé par la critique et publié en 2020 avec une introduction de Chris Kraus. Son dernier livre, *Jus d'Orange* (NERO, 2023), en collaboration avec l'artiste Camille Henrot, a été accompagné d'une exposition à la Fondazione ICA Milano, Milan. Son dernier livre d'essais, *saké blue*, a été publié par After 8 Books (2024). Hoy publie régulièrement dans la presse artistique internationale, notamment dans *Mousse Magazine*, *Spike Art*, *e-flux*, *Artforum*, *Flash Art International*, *Flash Art Italia*, *Autre*, *CURA*, *Apartamento* et *Frieze*. Ses écrits ont fait partie d'expositions dans des galeries telles que le White Cube, Paris ; Galerie Kamel Mennour, Paris ; Fondazione ICA Milano, Milan et le Museum of Contemporary Art, Tokyo, aux côtés d'artistes tel·les que Louise Bourgeois, Anne Imhof, Mona Hatoum, Camille Henrot, Sarah Lucas, Bruce Nauman et Miriam Cahn. Hoy contribue régulièrement à *Flash Art International.*

CLÉMENTINE PROBY est curatrice et autrice. Elle occupe actuellement le poste de curatrice assistante au Mudam Luxembourg, où elle a conçu des programmes publics, commissionné des performances à des artistes tel·les que Motoko Ishibashi et Billy Bultheel & James Richards, et a récemment co-curaté l'exposition collective *After Laughter Comes Tears* (2023) et la résidence d'artiste expérimentale *The Collective Laboratory* (2023–2024). Elle a fondé Maison Touchard en 2019, une plateforme curatoriale nomade qui opère dans des espaces domestiques. Elle a contribué à des publications telles que *what looks good today may not look good tomorrow: The Legacy of Michel Majerus* (Mudam & Sternberg Press, 2023), *After Laughter Comes Tears* (Mudam & Lenz Press, 2023) et *Radical Software: Women, Art & Computing 1960–1991* (Mudam & Verlag der Buchhandlung Walther und Franz König, 2024). Elle a auparavant travaillé pour la Fondation Louis Vuitton, Paris ; Chisenhale Art Studios, Londres et le pavillon britannique à la 59e Biennale de Venise. Elle est diplômée de Sciences Po, Paris et de Goldsmiths College, Londres.

BETTINA STEINBRÜGGE est directrice du Mudam Luxembourg – Musée d'Art Moderne Grand-Duc Jean. De 2014 à 2022, elle a été directrice du Kunstverein de Hambourg. Elle a dirigé la Halle für Kunst de Lunebourg et a également travaillé comme commissaire à la Kunsthalle de Mulhouse et occupé le poste de commissaire en chef et directrice de collection au Belvédère de Vienne. Elle a enseigné à l'université Leuphana de Lunebourg et à la Haute école d'art et de design de Genève. De 2014 à 2022, elle a été professeure en théorie de l'art à la Hochschule für Bildende Künste (HfbK) à Hamburg. De 2007 à 2017, elle a fait partie de l'équipe de programmation du Forum Expanded du Berlin International Film Festival. Elle a contribué et édité de nombreuses publications, dernièrement le premier volume d'une série qu'elle édite, *what looks good today may not look good tomorrow: The Legacy of Michel Majerus* (Mudam & Sternberg Press, 2023) ; *Korakrit Arunanondchai : Songs for Living Songs for Dying* (Mousse Publishing, 2023) et *Proof of Stake : Technological Claims* (Lenz Press, 2022).

List of Works

6, 109, 111
Authority Purée, 2018
Aluminum and smoke machine
ø 185 cm
Courtesy of the artist and Petzel Gallery, New York

13
Whodunit, 2024
Aluminum, wood, lacquer, upholstery material and mohair
222 × 61 × 215 cm
Courtesy of the artist

15
Mae Day Petite Version (They), 2024
Textile, felt, fleece, wood and rope
77 × 68 × 70 cm
Private Collection

16, 18
Mae Day IX (We), 2024
Textile, felt, fleece, wood and rope
85 × 79 × 77 cm
Private Collection

19
Deer, 2024
Linen, lacquer, acrylic, velvet and fleece
194 × 146 × 4.5 cm
Private Collection

18, 20–21, 24
We, 2024
Velvet, wool and fleece
142 × 190 × 4.5 cm
Private Collection

22–23, 25
They, 2024
Velvet, wool and fleece
138 × 182 × 4.5 cm
Private Collection

27
How to Decorate Without Going Broke 1, 2024
142 × 148 cm
Wool, cotton and acrylic
Courtesy of the artist and Galerie Neu, Berlin

29
Hustlers, 2024
Velvet, cotton and fleece
170 × 192 × 4.5 cm
Private Collection

30
Mae Day VIII (Wal Visconti Hai Version), 2024
Wool, rattan, lacquer, iron, cotton and fleece
110 × 130 × 110 cm
Monika Schnetkamp Collection

46, 48
Church of Daffy, 2023
Epoxy with mineral components
175 × 45 × 40 cm
Courtesy of the artist and Petzel Gallery, New York

49
The Loser (White Green Version), 2023
Steel, plastic, epoxy resin and lacquer
221 × 56 × 56 cm
Meyring Collection

The Loser (Red White Version), 2023
Steel, plastic, epoxy resin and lacquer
221 × 56 × 56 cm
Meyring Collection

51
The Loser (Grey Green Version), 2023
Steel, plastic, epoxy resin and lacquer
221 × 56 × 56 cm
Courtesy of the artist and Galerie Neu, Berlin

52
Gaslighting, 2023
Cotton, silk, wool, linen and fleece
202 × 152 × 4 cm
Courtesy of the artist and Petzel Gallery, New York

53
Love Bombing, 2023
Cotton, silk, wool, linen and fleece
192 × 150 × 4 cm
Courtesy of the artist and Petzel Gallery, New York

55
Axe 152, 2022
Epoxy resin and lacquer
152 × 45 × 9 cm
Meyring Collection

59
Loser (White Purple Version), 2021
Steel, plastic, epoxy resin and lacquer
221 × 56 × 56 cm
Private Collection

60–61
Do Nothing Club, 2021
Books, lacquer, wood, steel, foam, rubber and velvet
Dimensions variable
Meyring Collection

Fence (Corner Version), 2020
Steel, foam and velvet
112 × 260 × 140 cm
Meyring Collection

60–61, 144
Privato (Weiss), 2010
Steel and lacquer
30 × 110 cm
Meyring Collection

66
Le Perdant Radical, 2021
Power-coated metal, stainless steel, Acrylic, LED,
neon and float glass
367 × 150 × 98 cm
Stavros Efremidis Collection

68
Idle Mafia, 2021
Velvet, cotton and stitching
205 × 175 cm
Private Collection

69
I Love Rilke, 2020
Velvet and cotton
194.3 × 164.5 cm
Richard Chang Collection / Domus Collection

71
L'Americano, 2020
Velvet and cotton
193.7 × 164.5 cm
Perić Collection

72
Smoke (black), 2020
Stainless steel, acrylic, LED, electronic transformer and neon
137 × 73 × 9 cm
Private Collection

74, 75
Hetero, 2020
Velvet, mohair, cotton, metal and box
251.5 × 175.3 × 73.7 cm
Collection of Eleanor Heyman Propp

77
Faust, 2020
Cotton
274 × 217 × 4 cm
Meyring Collection

78
Duck. Black. Ill-Tempered. Analogue. Knows Nothing. Friend., 2019
Velvet and cotton
185 × 155 cm
Andre Sakhai Collection

80, 82
Open Your Shirt Please 1, 2019
Velvet and cotton
155 × 185 cm
Collection of Eleanor Heyman Propp

81
Open Your Shirt Please 2, 2019
Metal, velvet and handcuffs
142 × 140 × 110 cm
Valeria and Gregorio Napoleone Collection

83, 85
Open Your Shirt Please 3, 2019
Velvet and cotton
155 × 185 cm
Valeria and Gregorio Napoleone Collection

86
Open Your Shirt Please 4, 2019
Velvet and cotton
155 × 185 cm
Collection of Eleanor and Bobby Cayre

87
Open Your Shirt Please 5, 2019
Steel, lacquer, crochet, fleece, velvet and handcuffs
148 × 141 × 86 cm
Courtesy of the artist and Gaga, Mexico City/Guadalajara/
Los Angeles

88, 89
Open Your Shirt Please 6, 2019
Plush toys, handcuffs and stainless steel
40 × 210 × 120 cm
Perić Collection

90
Open Your Shirt Please 7, 2019
Metal and plush toys
143 × 140 × 100 cm
Courtesy of the artist and Gaga, Mexico City/Guadalajara/Los Angeles

91
Open Your Shirt Please 8, 2019
Velvet and cotton
155 × 185 cm
Courtesy of the artist and Gaga, Mexico City/Guadalajara/Los Angeles

93
Open Your Shirt Please 9, 2019
Velvet and cotton
155 × 185 cm
Collection of Julien Wolf

112
What If It Barks 1 (White Bass Guitar Version), 2018
Plastic, fabric, bass guitar, scarves, chains, cords, steel base and rubber octopus tentacle
193 × 127 × 121.9 cm
Collection Mudam Luxembourg – Musée d'Art Moderne Grand-Duc Jean
Donated by Carlos and Rosa de la Cruz, 2024

113
What If It Barks 3 (Black Ukulele Version with Ghost), 2018
Plastic, wool fabric, scarves, cords, steel base, sleeping mask, appliqué, ukulele and chains
195.6 × 91.4 × 101.6 cm
Monika Schnetkamp Collection

116
What If It Barks 10 (Golf Club Ukulele Version), 2024
Plastic, fabric, chains, cords, concrete base, ukulele and golf club
205 × 90 × 115 cm
Courtesy of the artist

117
What If It Barks 4 (Black Ukulele Version), 2018
Plastic, wool fabric, scarves, trolley, steel base, ukulele and chains
205.7 × 91.4 × 114.3 cm
Courtesy of the artist and Petzel Gallery, New York

118
What If It Barks 5 (Petite Version with Blue Ukulele), 2018
Plastic, fabric, wood pedestal, ukulele, chains, rubber, scarf
106.7 × 61 × 45.7 cm
Magasin III Museum for Contemporary Art, Stockholm

119
What If It Barks 6 (Petite Version with Black Ukulele), 2018
Plastic, fabric, wood pedestal, chains and ukulele
109.2 × 58.4 × 50.8 cm
Magasin III Museum for Contemporary Art, Stockholm

120
What If It Barks 8 (Shark Dust Bin Version I), 2018
Plastic, fabric, wood and cardboard
111.8 × 116.8 × 68.6 cm
Marianne Boesky Gallery, New York/Aspen

121
What If It Barks 9 (Shark Dust Bin Version II), 2018
Plastic, fabric, wood and cardboard
124.5 × 71.1 × 104.1 cm
Collection Mudam Luxembourg – Musée d'Art Moderne Grand-Duc Jean
Donated by Carlos and Rosa de la Cruz, 2024

124
Killer Whale with Long Eyelashes (Rhino Version)*, 2018
Rhino by Renate Müller, Therapeutic Rhinoceros Toy, Germany, 1960s
Fabric, leather, canvas and wooden chair
106.7 × 266.7 × 99.1 cm
Courtesy of the artist and Petzel Gallery, New York

131
Scallops (Dark Version), Rocking, 2014
2 scallops and 1 swing: mohair velours, polyfill, foam material, satin, felt, wood, lacquer, hemp rope and glittering garland
Dimensions variable
Collection of Eleanor and Bobby Cayre, New York

134
Dark Chick, Soft Rocket, No Vomit, 2014
Linen, lacquer, emulsion paint, mohair velours, polyfill and foam material
ca. 58 × 248 × 47 cm
Meyring Collection

136
Who's Who 1, 2014
Two kickboards, camping table
Dimensions variable
Courtesy of the artist and Galerie Neu, Berlin

137
Who's Who 3. The Table (Simpson, Eeyore, Duck & Duck Version) / Rope Version, 2011–2014
Cotton, polyfill, hemp rope, two kickboards, two camping tables
Dimensions variable
Courtesy of artist and Petzel Gallery, New York

138, 139
The Bonin / Oswald Empire's Nothing # 01 (CvB's Vomiting Chick & MvO's Vomit!), 2010
Mohair, polyfill, Arne Jacobsen school table and stool
Dimensions variable
Collection de Bruin-Heijn

140–141, 142, 143
Amateur Dramatics (& MvO's Bone Beats: Wishful Thinking & Wishful Version / See The Light & Light Version), 2010
Steel, wood, aluminium, neon tubes, Sonus speaker, mohair velours, polyfill, cotton, plastic, ceramics, rope, corrugated cardboard and lacquer
280 × 400 × 400 cm
Private Collection

147
May And June 1 + Smoke (CvB & Michel Würthle), 2008/2010
Steel, plateglass, lacquer, light bulb, spruce, perspex, lacquer, neon tube and light-emitting diode
410 × 140 × 90 cm
Courtesy of the artist and Gaga, Mexico City/Guadalajara/Los Angeles

148
Smoke (White), 2008
Acrylic, LED, neon and steel
153 × 63 × 9 cm
Courtesy of the artist and Galerie Neu, Berlin

150–151
Marathon (#1), 2007
Powder-coated steel clothesline mountings, clothesline, soft toys, clothes-pegs
135 × 630 × 45 cm
Collection of Eleanor Heyman Propp

152, 153
Miss Riley, 2002
Plastic, wood and metal
140 × 900 cm, ø 65 cm
Private Collection

154
Wuzbian (#34), 2001
Cotton, (tile) batten, foam material, plywood and acrylic glass
230 cm, ø 102 cm
Grässlin Collection

155
Hasbian (#33), 2001
Cotton, (tile) battern, foam material, plywood and acrylic glass
208 cm, ø 98 cm
Grässlin Collection, St. Georgen

157, 158, 159
Untitled (Bikini Loop # 2), 1994/2007
Cotton
122 × 300 cm, 200 × 320 cm
Private Collection

175
Privato (Rot/Weiss), 2010
Steel, lacquer
30 × 110 cm
Meyring Collection

217
Mike Kelley is my Goddess, 2023
Wool and soft toys
175 × 145 cm
Meyring Collection

250–260
Songs for Gay Dogs, 2024
Installation views, Mudam Luxembourg – Musée d'Art Moderne Grand-Duc Jean

NOT ILLUSTRATED
Who's Who 2, 2014
Two kickboards, one camping table
ca. 95 × 56 × 46 cm
Meyring Collection

Fence (Long Version), 2020
Steel, foam and velvet
112 × 260 × 21 cm
Meyring Collection

Image Credits

All works of art, images and archival materials are copyright and courtesy of the artist unless otherwise indicated.

All works by the artist included in the exhibition are detailed in the List of Works.

Reasonable efforts have been made to obtain permission for all copyright-protected images; if there are any errors or omissions, please contact the publisher so that corrections can be made in any subsequent edition.

Front cover, pp. 13, 46, 62–65, 76, 81–83, 87, 89, 90, 112, 113, 115–119, 123, 129, 144, 159, 175, 178, 181, 182, 184, 185, 192, 194, 195, 201, 207, 228, 238, 239: CvB; back cover, p. 4: Leonard Fink, *Attendees with Dog, West Village*, 1977, © The Center of Lesbian, Bisexual, Gay and Transgender Rights, New York; p. 2: Francis Picabia, *La cigarette*, ca. 1943–44, courtesy of Comité Picabia, Paris, photo by CvB from *Francis Picabia, Catalogue Raisonné Volume IV, 1940–1953*, Brussels: Mercatorfonds, 2022; pp. 14–30: installation views, *The Faker*, 26 April–20 July 2024, Galerie Neu, Berlin; pp. 15–25, 27–30, 49, 51, 59, 68, 189: courtesy the artist and Galerie Neu, Berlin, photos by Stefan Korte; pp. 26, 31, 32, 38, 45, 54, 56, 70, 73, 94, 107, 109, 122, 135, 138, 139, 145, 147, 149, 157, 158, 161, 172, 174, 177, 190, 191, 193, 196–200, 213, 215, 216, 219–221, 229, 232–235, 244, 245, 272: CvB's archive/photographers unknown or wishing to remain anonymous; p. 47: Courtesy of Emilia von Senger-Etterlin; pp. 48, 52, 53: courtesy of the artist and Petzel, New York, photos by Dan Bradica; p. 50: courtesy of Schirn Kunsthalle, Frankfurt; pp. 55–57, 72, 148: courtesy of the artist and Galerie Neu, Berlin, photos by Simon Vogel; pp. 60–61, 69, 74, 75, 78, 80: courtesy of the artist and Gaga Mexico City/Guadalajara/Los Angeles; pp. 66, 152, 153, 230, 231: courtesy of the artist and Galerie Neu, Berlin; pp. 78, 108–109, 111, 120–121, 124, 136–137, 150–151: courtesy the artist and Petzel, New York; pp. 85, 86, 88, 91, 93, 249: courtesy of the artist and Gaga Mexico City/Guadalajara/Los Angeles, photos by Omar Olguin; p. 114: courtesy of Seth Kelly; pp. 126, 127: courtesy of La Biennale di Venezia, Venice; p. 128: courtesy of High Line, photo by Timothy Schenck; p. 129: courtesy of Oakville Galleries, Ontario, Canada; p. 132: courtesy of Sergej Jensen; pp. 133, 134: courtesy of Museum moderner Kunst Stiftung Ludwig Wien, Vienna/Deinhardstein; pp. 140–141: courtesy of Arnolfini, Bristol, photo by Carl Newland; pp. 162, 164–165, 168, 169, 171: courtesy of Andreas Zickgraf; p. 170, 247: courtesy of Fernando Mesta; p. 176: courtesy of Martin Kippenberger; p. 183, 237: courtesy of Michael Krebber; p. 186: courtesy of Totò Pichitello; p. 187: courtesy of Claus Richter; p. 188: courtesy of Nico Joanna Weber; pp. 202, 203, 204, 205: courtesy of João Pedro Rodrigues; pp. 206, 214: courtesy of Simone Junker; pp. 208–209: courtesy of Michel Würthle; pp. 210, 211: © / courtesy Joan Hecktermann; p. 212: Andreas Prinzig; p. 213: photo by Malcolm Varon, Ghost Ranch, New Mexico, 1977; p. 217: courtesy of the artist and Maumaus, Luniar Cité, photo by Daniel Malhão; p. 218: courtesy of Julia Korb; p. 222: courtesy of Harald Hellmann; p. 241: courtesy of Jutta Pohlmann; pp. 242, 243: courtesy of Annette Klemm; pp. 250–261: photos by Mareike Tocha ©Mudam Luxembourg – Musée d'Art Moderne Grand-Duc

Acknowledgments

Mudam is indebted to the following public and private collections, as well as individuals who generously loaned works to the exhibition: Marianne Boesky Gallery, New York/Aspen; Collection de Bruin-Heijn; Gabriela Cámara Collection, Mexico City; Collection of Eleanor and Bobby Cayre, New York; Richard Chang Collection; De la Cruz Collection, Miami; Stavros Efremidis Collection, Berlin; Grässlin Collection, St. Georgen; House of Gaga, Guadalajara/Los Angeles; Magasin III Museum for Contemporary Art, Stockholm/Jaffa; Meyring Collection, Cologne; Valeria and Gregorio Napoleone Collection, New York; Galerie Neu, Berlin; Perić Collection; Petzel Gallery, New York; Collection of Eleanor Heyman Propp, New York; Andre Sakhai Collection, New York; Monika Schnetkamp Collection, Düsseldorf; Collection Julien Wolf, Paris, and those who wish to remain anonymous.

Our most heartfelt gratitude to Carlos de la Cruz who donated two works by Cosima von Bonin in memory of Rosa de la Cruz.

The exhibition is produced with the support of of ifa – Institut für Auslandsbeziehungen.

The curator warmly thanks Cosima von Bonin for her close collaboration on the exhibition and her vision for this book. The artist worked hand in hand with her long-time collaborator Yvonne Quirmbach whom we thank for her skilful execution of this publication. We also wish to make a special acknowledgment of the generous contribution made by Clara Drechsler, Estelle Hoy, Mary Messhausen, proddy produzentin and Dirk von Lowtzow.

The artist, the curator and the editors would also like to thank Buzz, David Celli, Michelle Cotton, Aveline de Bruin, Clément Dirié, Katharina Dohm, Clara Drechsler, Eddie, Sarah Ferreira dos Santos e Sousa, Clara Froumenty, Fjóla Gautadottir, Jordan Gerber, Richard Goedert, Matthias Heitbrink, Luisa Hernández, Estelle Hoy, Eleonore Hugendubel, Paula Fernandes, Orit Gat, Thomas Judin, Simone Junker, Julia Koep, Julie Kohn, Clara Kremer, Oliver Krug, Gauthier Lesturgie, Gabriela Magaña, Mary Messhaussen, Clément Minighetti, Florence Ostende, Ludovica Parenti, proddy produzentin, Boris Reiland, Scott Roben, Pedro Serrano, Lourindo Soares, Bettina Steinbrügge, Oliver Tepel, Andrea Teschke, Mareike Tocha, Joel Valabrega, Joeri van Beek, Vere van Gool, Dirk von Lowtzow, Moritz von Oswald, Elke Walter and Jake Zellweger for their support in the research and development of the exhibition and publication.

MUDAM LUXEMBOURG –
MUSÉE D'ART MODERNE GRAND-DUC JEAN

CONSEIL D'ADMINISTRATION
Présidente d'honneur S.A.R. la Grande-Duchesse Héritière de Luxembourg
Président Patrick Majerus
Vice-présidente Beryl Bruck
Serge Allard, Anouk Crielaard, Luc Dhamen, Philippe Dupont, Antónia Ganeto, Florence Reckinger, Danièle Wagener

Directrice Bettina Steinbrügge
Assistante de direction Zuzana Fabianova

PROGRAMMATION ARTISTIQUE
Cheffe du département Florence Ostende
Curateur senior Christophe Gallois
Curatrice, responsable de la collection Marie-Noëlle Farcy
Chargée de la collection Vanessa Lecomte
Conseiller scientifique Markus Pilgram
Curatrices assistantes Sarah Beaumont, Clémentine Proby
Assistante du service curatorial Nathalie Lesure
Stagiaire Julie Kohn
Responsable de la production Paula Fernandes
Régisseurs des expositions Matthias Heitbrink, Boris Reiland
Régisseuse de la collection Juliette Hesse
Régisseur audiovisuel Tawfik Matine El Din
Technicien audiovisuel Jordan Gerber
Assistante régie Clara Kremer
Techniciens David Celli, Richard Goedert, Lourindo Soares
Assistante administrative Élodie Simonian

PUBLICS
Chef du département António Pedro Mendes
Chargées de médiation Sandra Biwer, Clara Froumenty, Camille d'Huart, Ioanna Madenoglu
Documentaliste Yousra Khalis

COMMUNICATION ET ENGAGEMENT
Cheffe du département Vere Van Gool
Responsable adjointe Alice Champion
Responsable contenu digital et relations extérieures Germain Kerschen
Coordinatrice communication Deborah Lambolez
Chargée des éditions Clarisse Fahrtmann
Attachée de presse Julie Jephos
Graphiste Olivier Hoffmann

DÉVELOPPEMENT DES RESSOURCES
Cheffe du département Carine Lilliu
Chargée mécénat et partenariats Ana Wiscour Conter
Assistante mécénat et partenariats Sylvie Fasbinder
Responsable des activités commerciales Mélanie Meyer
Chargée de marketing et développement commercial Laura Mescolini
Assistant Mudam Store / Hôte d'accueil Alexandre Sequeira
Hôte·esses d'accueil Pascal Aubert, Laurence Le Gal

RESSOURCES ET FONCTIONNEMENT
Directrice administrative et financière Diane Durinck
Responsable ressources humaines Frédéric Maraud
Comptable Susana Rodrigues
Assistante administrative Barbara Neiseler
Responsable bâtiment Geoffroy Braibant
Technicienne de surface Christine Henry
Responsable régie informatique Sam Wirtz
Informaticien Aurélien Thomas

MUDAM LUXEMBOURG – MUSÉE D'ART MODERNE
GRAND-DUC JEAN REMERCIE

Le Ministère de la Culture, les membres du Cercle des collectionneurs, l'ensemble des donateurs et des mécènes, et en particulier pour leur soutien exceptionnel

The Leir Foundation, M. et Mme Norbert Becker-Dennewald, Cargolux, Luxembourg High Security Hub, A&O Shearman, Banque Degroof Petercam, Clearstream, JTI

et également

Uniqlo, Arendt & Medernach, Baloise Holding SA, Banque de Luxembourg, PwC Luxembourg, The Loo & Lou Foundation, Atoz, Bank Pictet & Cie (Europe) AG, succursale de Luxembourg, CA Indosuez Wealth (Europe), Elvinger, Hoss & Prussen, Société Générale, Soludec, Spuerkeess, Bonn & Schmitt, Dussmann Services, Indigo Park Services, Fondation Indigo, Les Amis des Musées d'Art et d'Histoire Luxembourg et American Friends of Mudam.

This book is published on the occasion of the exhibition

Songs for Gay Dogs

Curator Clémentine Proby
Associate Curator Clément Minighetti

Mudam Luxembourg – Musée d'Art Moderne Grand-Duc Jean
11 October 2024–25 March 2025

Editors Cosima von Bonin with Clémentine Proby
Managing Editor Clarisse Fahrtmann
Graphic Design Yvonne Quirmbach, Berlin

Texts Estelle Hoy, Clémentine Proby, Bettina Steinbrügge
English translations Simon M. Benedict (pp. 7–8, 31–35)
French translations Nicolas Viellescazes (pp. 9–11, 99–104)
English copy editing and fact-checking Orit Gat
French copy editing Gauthier Lesturgie

Lithography Max Color, Berlin
Printing and binding Druckhaus Sportflieger GmbH, Berlin

First published by
Mudam Luxembourg – Musée d'Art Moderne Grand-Duc Jean
3 Park Dräi Eechelen
L–1499 Luxembourg
mudam.com

Distributed by
JRP|Editions
Rue des Bains, 39
CH–1205 Geneva
www.jrp-editions.com

JRP|Editions publications are available internationally at selected bookstores and from the following distribution partners:

Switzerland
AVA Verlagsauslieferung AG
www.ava.ch

Germany and Austria
JRP|Editions
books@jrp-editions.com

France
Les presses du réel
www.lespressesdureel.com

UK and other European countries, USA, Canada, Asia and Australia
ARTBOOK|D.A.P.
www.artbook.com

Printed in Germany
ISBN: 978-3-03764-630-4

Legal deposit October 2024

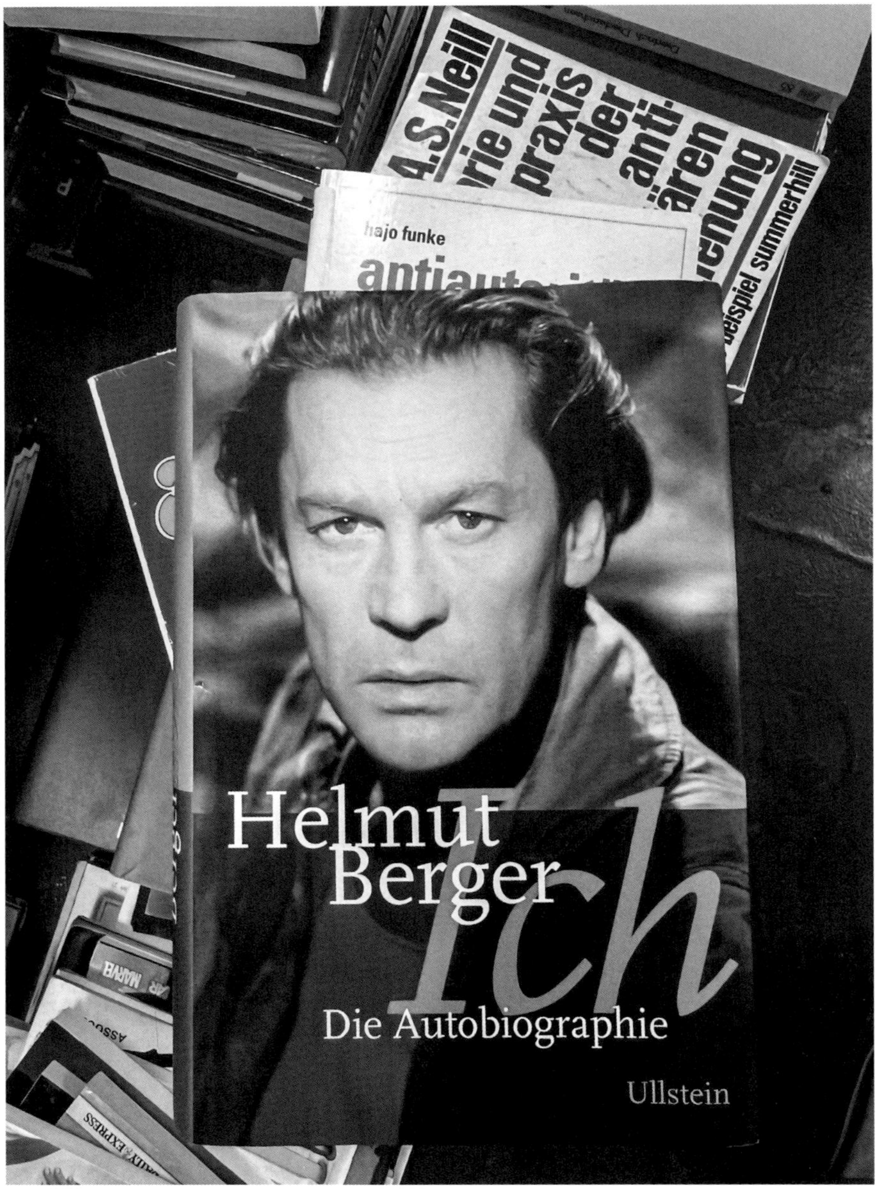
hajo funke
Helmut Berger
Ich
Die Autobiographie
Ullstein